中国社会科学院创新工程

U0681433

能源安全

全球和区域性问题、理论展望及关键能源基础设施

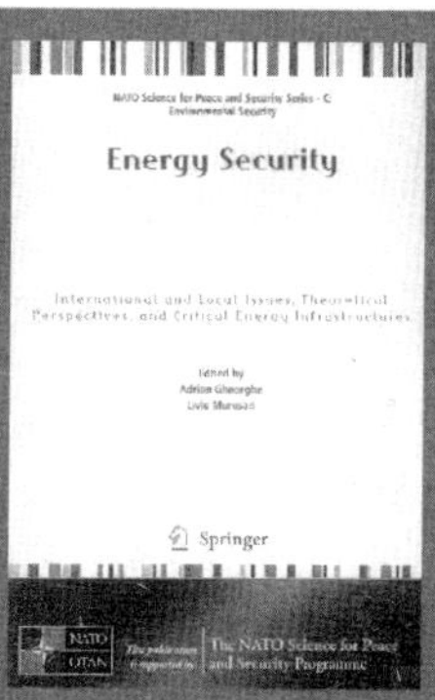

Energy Security

【美】艾德里安·格奥尔基 【罗】利维乌·穆雷桑 编著

锁 箭 张 晶 孙伟光 马维雄 薛 飞 黄 涛 等译

经济管理出版社
ECONOMY & MANAGEMENT PUBLISHING HOUSE

北京市版权局著作权合同登记：图字：01-2013-4779

Energy Security: International and Local Issues, Theoretical Perspectives, and Critical Energy Infrastructures By Adrian Gheorghe and Liviu Muresan ⓒ Adrian Gheorghe and Liviu Muresan 2011

First Published 2011 by Springer Science & Business Media BV

Chinese Translation Copyright ⓒ 2015 by Economy & Management Publishing House

This Translation of Energy Security: International and Local Issues, Theoretical Perspectives, and Critical Energy Infrastructures, The Edition is Published by Arrangement with Springer Science & Business Media BV

图书在版编目（CIP）数据

能源安全/(美) 格奥尔基，（罗）穆雷桑编著；锁箭等译. —北京：经济管理出版社，2015.6
ISBN 978-7-5096-3825-5

Ⅰ.①能…　Ⅱ.①格…　②穆…　③锁…　Ⅲ.①欧洲国家联盟—能源政策—研究
Ⅳ.①F450.62

中国版本图书馆 CIP 数据核字（2015）第 143720 号

组稿编辑：王格格
责任编辑：张　艳　王格格
责任印制：黄章平
责任校对：王　淼

出版发行：经济管理出版社
　　　　　（北京市海淀区北蜂窝 8 号中雅大厦 A 座 11 层　100038）
网　　址：www. E-mp. com. cn
电　　话：(010) 51915602
印　　刷：徐水县宏远印刷有限公司
经　　销：新华书店
开　　本：720mm×1000mm/16
印　　张：27.25
字　　数：536 千字
版　　次：2015 年 12 月第 1 版　2015 年 12 月第 1 次印刷
书　　号：ISBN 978-7-5096-3825-5
定　　价：98.00 元

《能源经济经典译丛》专家委员会

能源已经成为现代文明社会的血液。随着人类社会进入工业文明，能源的开发利用成为经济活动的重要组成部分，与能源相关的生产、贸易、消费和税收等问题开始成为学者和政策制定者关注的重点。得益于经济学的系统发展和繁荣，对这些问题的认识和分析有了强大的工具。如果从英国经济学家威廉·杰文斯1865年发表的《煤的问题》算起，人们从经济学视角分析能源问题的历史迄今已经有一个多世纪了。

从经济学视角分析能源问题并不等同于能源经济学的产生。实际上，直到20世纪70年代，能源经济学才作为一个独立的分支发展起来。从当时的历史背景来看，70年代的石油危机催生了能源经济学，因为石油危机凸显了能源对于国民经济发展的重要性，从而给研究者和政策制定者以启示——对能源经济问题进行系统研究是十分必要的，而且是紧迫的。一些关心能源问题的专家、学者先后对能源经济问题进行了深入、广泛的研究，并发表了众多有关能源的论文、专著，时至今日，能源经济学已经成为重要的经济学分支。

同其他经济学分支一样，能源经济学以经济学的经典理论为基础，但它的发展却呈现两大特征：一是研究内容和研究领域始终与现实问题紧密结合在一起。经济发展的客观需要促进能源经济学的发展，而能源经济学的逐步成熟又给经济发展以理论指导和概括。例如，20世纪70年代的能源经济研究聚焦于如何解决石油供给短缺和能源安全问题；到90年代，经济自由化和能源市场改革的浪潮席卷全球，关于改进能源市场效率的研究极大地丰富了能源经济学的研究内容和方法，使能源经济学的研究逐步由实证性研究转向规范的理论范式研究；进入

21世纪，气候变化和生态环境退化促使能源经济学对能源利用效率以及能源环境问题开展深入的研究。

需要注意的是，尽管能源经济学将经济理论运用到能源问题研究中，但这不是决定能源经济学成为一门独立经济学分支的理由。能源经济学逐步被认可为一个独立的经济学分支，主要在于其研究对象具有特殊的技术特性，其特有的技术发展规律使其显著区别于其他经济学。例如，电力工业是能源经济学分析的基本对象之一。要分析电力工业的基本经济问题，就需要先了解这些技术经济特征，理解产业运行的流程和方式。比如，若不知道基本的电路定律，恐怕就很难理解电网在现代电力系统中的作用，从而也很难为电网的运行、调度、投资确定合理的模式。再如，热力学第一定律和第二定律决定了能源利用与能源替代的能量与效率损失，而一般商品之间的替代并不存在类似能量损失。能源开发利用特有的技术经济特性是使能源经济学成为独立分支的重要标志。

能源经济学作为一门新兴的学科，目前对其进行的研究还不成熟，但其发展已呈现另一个特征，即与其他学科融合发展，这种融合主要源于能源在经济领域以外的影响和作用。例如，能源与环境、能源与国际政治等。目前，许多能源经济学教科书已把能源环境、能源安全作为重要的研究内容。与其他经济学分支相比，能源经济学的研究内容在一定程度上已超出了传统经济学的研究范畴，它所涉及的问题具有典型的跨学科特征。正因为如此，能源经济学的方法论既有其独立的经济方法，也有其他相关学科的方法学。

能源经济学研究内容的丰富与复杂，难以用一本著作对其包括的所有议题进行深入的论述。从微观到宏观，从理论到政策，从经济到政治，从技术到环境，从国内到国外，从现在到未来，其所关注的视角可谓千差万别，但却有着密切的内在联系，从这套经济管理出版社出版的《能源经济经典译丛》就可见一斑。

这套丛书是从国外优秀能源经济著作中筛选的一小部分，但从这套译著的书名就可看出其涉猎的内容之广。丛书的作者们从不同的角度探索能源及其相关问题，反映出能源经济学的专业性、融合性。本套丛书主要包括：

《能源经济学：概念、观点、市场与治理》（Energy Economics: Concepts, Issues, Markets and Governance）和《可再生能源：技术、经济和环境》（Renewable Energy: Technology, Economic and Environment）既可以看做汇聚众多成熟研究成果的出色教材，也可以看做本身就是系统的研究成果，因为书中融合了作者的许多真知灼见。《能源效率：实时能源基础设施的投资与风险管理》（Energy Efficiency: Real Time Energy Infrastructure Investment and Risk Management）、《能源安全：全球和区域性问题、理论展望及关键能源基础设施》（Energy Security: International and Local Issues, Theoretical Perspectives, and tructures）和《能源与环境》（Energy and Environment）均是深入探索经典能源问题的优秀著作。《可再生能源与消费型社会的冲突》（Renewable Energy Cannot Sustain a Consumer Society）与《可再生能源政策与政治：决策指南》（Renewable Energy Policy and Politics：A Handbook for Decision-making）则重点关注可再生能源的政策问题，恰恰顺应了世界范围内可再生能源发展的趋势。《可持续能源消费与社会：个人改变、技术进步还是社会变革？》（Sustainable Energy Consumption and Society：Personal，Technological，or Social Change?）、《能源载体时代的能源系统：后化石燃料时代如何定义、分析和设计能源系统》（Energy Systems in the Era of Energy Vectors：A Key to Define，Analyze and Design Energy Systems Beyond Fossil Fuels）、《能源和国家财富：了解生物物理经济》（Energy and the Wealth of Nations：Understanding the Biophysical Economy）则从更深层次关注了与人类社会深刻相关的能源发展与管理问题。《能源和美国社会：谬误背后的真相》（Energy and American Society：Thirteen Myths）、《欧盟能源政策：以德国生态税改革为例》（Energy Policies in the European Union：Germany's Ecological Tax Reform）、《东非能源资源：机遇与挑战》（Energy Resources in East Africa：Opportunities and Challenges）和《巴西能源：可再生能源主导的能源系统》（Energy in Brazil：Towards a Renewable Energy Dominated Systems）则关注了区域的能源问题。

对中国而言，伴随着经济的快速增长，与能源相关的各种问题开始集中地出现，迫切需要能源经济学对存在的问题进行理论上的解释和分析，提出合乎能源发展规律的政策措施。国内的一些学者对于能源经济学的研究同样也进行了有益的努力和探索。但正如前面所言，能源经济学是一门新兴的学科，中国在能源经济方面的研究起步更晚。他山之石，可以攻玉，我们希望借此套译丛，一方面为中国能源产业的改革和发展提供直接借鉴和比较；另一方面启迪国内研究者的智慧，从而为国内能源经济研究的繁荣做出贡献。相信国内的各类人员，包括能源产业的从业人员、大专院校的师生、科研机构的研究人员和政府部门的决策人员都能在这套译丛中得到启发。

翻译并非易事，且是苦差，从某种意义上讲，翻译人员翻译一本国外著作产生的社会收益要远远大于其个人收益。从事翻译的人，往往需要一些社会责任感。在此，我要对本套丛书的译者致以敬意。当然，更要感谢和钦佩经济管理出版社解淑青博士的精心创意和对国内能源图书出版状况的准确把握。正是所有人的不懈努力，才让这套丛书较快地与读者见面。若读者能从中有所收获，中国的能源和经济发展能从中获益，我想本套丛书译者和出版社都会备受鼓舞。我作为一名多年从事能源经济研究的科研人员，为我们能有更多的学术著作出版而感到欣慰。能源经济的前沿问题层出不穷，研究领域不断拓展，国内外有关能源经济学的专著会不断增加，我们会持续跟踪国内外能源研究领域的最新动态，将国外最前沿、最优秀的成果不断地引入国内，促进国内能源经济学的发展和繁荣。

丛书总编　史丹

2014 年 1 月 7 日

致谢
Acknowledgments

　　编者要向北约和平与安全科学项目致谢，感谢其提供的慷慨支持和对与本书相关的大型活动的组织工作所给予的帮助。同时，我们也要感谢研讨会的参与者、受邀作者和评阅本书及其原稿的同行所付出的卓越贡献。对于 Kim Bullington Sibson 夫人和 Ersin Ancel 先生在本书编辑协助和制作管理过程中的出色工作，我们深表谢意。这些支持与美国弗吉尼亚州诺福克市北约盟军最高统帅（SACT）James N. Mattis 将军的关心密不可分，这种关心对研讨会的参与者具有很大的鼓舞作用。北约为研讨会提供了经济支持，更多的支持来自美国弗吉尼亚州诺福克市奥多明尼昂大学 Batten 工程与技术学院院长 Oktay Baysal 先生、EURISC 基金会、罗马尼亚 Transelectrica 公司、布加勒斯特理工大学等共同进行的研究工作。同时，ROSTREC 项目组也参与了本书的相关研究工作，该项目涉及经济增长和可持续发展方面的内容，是由挪威在罗马尼亚进行的一项授权提供经济支持的两国合作项目。十分感谢本书编辑 Mrs. Wil Bruins 的耐心和不懈努力。

阿卜杜拉·塔里克 (Abdallah Tarek)	美国，美国陆军工程兵部队，工程研究与发展中心（ERDC）
博雷斯·拉杜 (Bores Radu)	罗马尼亚，布加勒斯特，EURISC 基金会
博斯坦·扬 (Bostan Ion)	摩尔多瓦，基希讷乌，摩尔多瓦科技大学
博斯坦·维奥雷尔 (Bostan Viorel)	摩尔多瓦，基希讷乌，摩尔多瓦科技大学
博斯沃思·艾瑞克 (Bosworth Eric)	美国弗吉尼亚，诺福克市，美国欧道明大学
卡修·塞普蒂默斯 (Caceu Septimiu)	罗马尼亚，布加勒斯特，EURISC 基金会
斯拉克·塞尔久 (Celac Sergiu)	罗马尼亚，布加勒斯特，EURISC 基金会，罗马尼亚持续性发展机构
迪格瑞提·克劳迪乌 (Degeratu Claudiu)	罗马尼亚，布加勒斯特，EURISC 基金会
迪卡萨拉·隆 (Dicusara Ion)	罗尔多瓦，基希讷乌，摩尔多瓦科技大学
迪特米·丽娜·D. (Ditmer Renae D)	美国，夏洛茨维尔，弗吉尼亚大学，弗吉尼亚州工程系统风险管理中心

道格赫鲁·瓦拉里屋 (Dulgheru Valeriu)	摩尔多瓦，基希讷乌，摩尔多瓦科技大学
法斯·亨里克 (Faas Henryk)	荷兰，佩滕，合作研究中心，能源机构
佛力·吉安卢卡 (Fulli Gianluca)	荷兰，佩滕，合作研究中心，能源机构
乔治·安德里亚·V. (Gheorghe Adrian V.)	美国，弗吉尼亚，诺福克市，美国欧道明大学
格雷斯瓦·弗朗西斯科 (Gracceva Francesco)	荷兰，佩滕，合作研究中心，能源机构
约翰逊·梅拉尼·D. (Johnson Melanie D.)	美国，美国陆军工程兵部队，工程研究与发展中心 (ERDC)
卡诺维迪斯·克里斯蒂安 (Kanovits Cristian)	EURISC 罗马尼亚，布加勒斯特，基金会
卡维提斯奇·克里斯托弗·W. (Karvetski Christopher·W.)	美国，弗吉尼亚州，夏洛茨维尔；弗吉尼亚大学， 工程系统风险管理中心
兰伯特·詹姆斯·H. (Lambert James H.)	美国，弗吉尼亚州，夏洛茨维尔，弗吉尼亚大学， 工程系统风险管理中心
利尼斯·李奥妮拉 (Lenes Leonela)	罗马尼亚，布加勒斯特，EURISC 基金会
林克福·艾格 (Linkov Igor)	美国，美国陆军工程兵部队，工程研究与发展中心 (ERDC)
马库斯·所罗门 (Marcus Solomon)	罗马尼亚，布加勒斯特，罗马尼亚机构
玛瑟拉·马克罗 (Masera Marcelo)	意大利，伊斯普拉，合作研究中心，居民安全保护 机构
米奇·兹拉托格 (Minchev Zlatogor)	保加利亚，C41 部门，并行处理机构，保加利亚科 学机构
米奴林·亚罗斯拉夫 (Minullin Yaroslav)	澳大利亚，拉克森堡，国际应用系统分析机构
穆棱·罗伯特·K. (Mullen Robert K.)	美国，独立顾问
穆丽桑·李维 (Muresan Liviu)	罗马尼亚，布加勒斯特，EURISC 基金会

纳里奇·乌威
(Nerlich Uwe)
德国，柏林，慕尼黑，欧洲安全战略中心

普利本森·克里斯
(Prebensen Chris)
挪威，奥斯陆，挪威大西洋协议联盟

丽芙·提格
(Refvem Trygve)
挪威，奥斯陆，挪威大西洋协议联盟

斯克拉滕侯泽·里欧
(Schrattenholzer Leo)
澳大利亚，拉克森堡，国际应用系统分析机构

瑟邦尼斯库·丹
(Serbanescu Dan)
拉克森堡，终止与传输，国防指南 ENER D2 部分的核能安全

沙拉曼努·韦丽莎
(Shalamanov Velizar)
保加利亚，C41 部门，并行处理机构，保加利亚科学机构

索契里阿奴·阿娜托尔
(Sochireanu Anatol)
摩尔多瓦，基希讷乌，摩尔多瓦科技大学

托米斯库—哈托·奥迪特
(Tomescu-Hatto Odette)
法国，巴黎政治科学院，国际关系与安全研究

阿姆巴奇·弗朗克
(Umbach Frank)
美国，弗吉尼亚，诺福克市，美国欧道明大学

阿姆巴格·哈罗德
(Umberger Harold)
德国，柏林，慕尼黑，国际关系与安全研究

瓦马努·丹·V.
(Vamanu Dan V.)
罗马尼亚，布加勒斯特，霍里亚·胡卢贝伊国家物理学院与核能工程

瓦拉·约翰
(Voeller John)
美国，博莱克·威奇，高级副主席

智欧·恩里克
(Zio Enrico)
法国，巴黎，法国巴黎高等电力学院；意大利，米兰，米兰理工大学

目录
Contents

第2部分 能源安全的理论前景

第❶章 引　言

　　众所周知，黑海地区的能源安全对欧洲至关重要。目前，关于能源安全的争论主要集中于俄罗斯、里海盆地以及中东北部的石油和天然气供给生命线。贯穿乌克兰境内的俄罗斯天然气运输通道反复出现传送中断问题，无论是其政治原因还是商业动机所致，都显示出了系统严重的脆弱性，并突出反映了当今欧洲在能源安全方面的战略性追寻。这是必然的，而且理由也很充分，许多注意力聚焦于黑海周边，并延伸至整个黑海区域那些已经存在或者即将兴建的能源管道上。但是正如本书将提到的，大家很少关注黑海能源市场基于自身权利的正常发展，也很少有人关注黑海所拥有的潜在优势，这个优势就是在国家层面上用多边区域而非单个国家的行为方式来处理现在或将来的能源问题。

　　本书致力于用通俗易懂的方式，阐述能源安全现存的问题，以及站在管道政治之外的视角，去呈现其重要性层面；致力于呈现一些涉及黑海区域能源系统持续性和恢复性应用方面的重大热门问题。一般来说，在能源安全的问题上，尤其是涉及碳氢化合物方面，其对抗模式，以及大陆与大陆内部之间的零和博弈等方面，依然存在诸多争论。这并不是要拿出来作为案例。本书的观点来自 2008 年10 月 19~23 日，在罗马尼亚首都布加勒斯特举行的 NATO ARW（北大西洋公约组织先进研讨会）活动，这并不是要天真地展示立场："让我们大家成为好朋友，抛开其地缘政治，把能源安全看成一个实现'双赢'的完美机会。"较为理想的情况是，即使目前对能源安全的态度没有变化，但是希望在将来可以发生改变。眼下，我们的行动受到诸多的现实限制，并不顺利。我们期待 21 世纪可以出现一种新形式的能源产品，并且能够在全世界范围内推广使用，但是这是一个漫长而复杂的过程。随着在能源资源控制上与传输事务中竞争的加剧，一些国家通过政治来操控能源市场，例如投机取巧与撕破协议，其弊端已经暴露无遗。能源系统需要长期巨额投资的特点将使整个过程变得更加复杂。

　　本书不同于目前出版的其他相关研究，从多个角度阐述了能源安全问题，主要内容如下：

● 能源安全的多样性和全球化视角。

● 能源安全的理论观点。

● 关键的能源基础设施：经营效率，安全及管理方法。

在这个方法中，我们将讨论如下几个概念：安全的 3.0 模式、能源战争的战场、实体与非实体、能源和信息等，并且采取新的模型和工具去处理当前能源安全的研究课题。

本工作的支持者认为，我们生存的地球正在承受巨大的压力。人类正在跨越现在的已知领域，推动着我们实现"全球交互"。其问题的重大性主要表现在水资源、大气资源、能源的消耗殆尽方面，但是更大的挑战是能源对我们支持的力度和时间。在环境中，人类是非稳定性的创造者也是承受者。人们现在要寻求什么？一些主要的国际组织由于受"二战"影响，目前正处于一个运作的恢复时期。他们之间有什么相关性？如何避免其重复性？如何克服这些机构对自己或对自己国家的优先权？所有这些都将处于一个繁杂危险的时期，会对一些国家和国际组织产生影响。这些问题的答案是什么？或许我们应该在公民基本的需求和安全的缺失中寻找答案。人身安全、能源安全、水资源安全、食品安全以及软性和硬性的安全都受到了威胁。目前，北约研究组织从一个新的角度指出了安全的相关概念，其结论是：

● 安全 1.0 级别：普通战争时期。

● 安全 2.0 级别："冷战"时期（没有战争但是并不安全）。

● 安全 3.0 级别：分散式安全期 vs 全球可持续性安全期。

新的 3.0 安全模式中的能源安全问题，通常与现实中可见的危险问题相关，如能源价格增长，多数来自中国和印度这样的经济大国，它们的快速增长会带来全球能源的竞争加剧，主要资源缺乏公平的分配方式，有时候，次发达地区将会付出巨大代价。危险通常发生在一些有争议的领域以及分散的主体中，例如与能源相关的可再生技术、与能源政策相关的突发性国际关系变化。在所有这些方面，长期的观点和短期的观点都是需要的。

尽管这些问题的重要性毋庸置疑，但是我们仍然需要从理论的角度来强调，通过回顾能源发展的历史来扩大眼界，并根据发展情况，强调信息和计算模式之间的相互影响。同时，我们把注意力放在了与安全模式紧密相连的普通模式，也就是平衡模式上。事实上，平衡就是安全的一种状态。这个模式跨越了机械、热力学、化学、生物学、经济学、社会学、语言学等，从拉格朗日的分析力学到纳什的战略均衡博弈理论，以平衡模式为基础和链接，所有类型的平衡主导者都具有数学思想。本书的一位作者提出，平衡学的数学理论适用于指明从量子力学到精神病学不同的不稳定性程度。

在能源安全研究中，另一个创新的源泉来自物理学的挑战。"物理约束的计算"、"无线传感网络"等内容带来了一个急需研究的新课题：能源成为一个新的可计算资源。这就使计算能源复杂性的理论成为目前迫切的需要。

在关于可持续性问题的检测中，能源安全是被讨论最多的话题之一；与此同时，这些讨论中大多涵盖了一系列话题中相同内容的不同观点，而这些观点大多聚焦于"什么可以直接定义"或是"安全等式中占首要地位的是什么"。毋庸置疑，这些形式都是最普遍或是最容易理解的，但是它们并不是最重要的，或者说它们不是最容易扰乱其真正安全的。

时下，大多数关于安全的观点都来自同一时期。在这个时期中，主要的西方国家既是最大的消费群体，也是能源问题从无人问津到高关注度的最大推动者。然而在今天，这些观点却没有一个是准确的了。由于时代的更迭，新兴国家不仅成为主要的消费者和生产者，而且由于早期的国家没有继续加强关注，还使得这些新兴国家成了创新者。在这样的情况下，这些观点变得更不正确了。在这里，能源安全在各种环境中的几个决定性因素也将逐步明朗化。

本章引入了一个新的图标范例来解释能源的不稳定性，并且指出该变化将是下一章最关键的重点话题。考虑到由于追求确定性而产生的诸多问题，该观点隐含着一个问题：安全性的关注方向倾向于消除或中和一系列未知的威胁。而更广泛也更重要的观点涉及了海洋环境的观测，并以此来确认可能存在但未记录在案的非安全性。

运用非安全性和未知威胁的观点是很重要的，有意思的是，这个转变的观点是由美国国家安全局于 2006 年在国会上的国家重要基础设施研发（R&D）更新计划中提出的。该观点也是首次出现在 2008 年欧盟主导的关于"构架 7"项目的研究会议上。然而在目前来看，大部分运作的成果和工业的支持仍然只是关注于已知的安全问题，接下来的部分就是与能源安全问题有关的、要求较高的一些因素。

在近几年中，我们通过关注能源安全的概念，肯定了对以下几项要求的理解：①为厘清所有关键基础设施的相关构成，采用一个系统化的方法；②将所有关于有形资产与无形资产、所有协同调和及非协同调和的部分都纳入考虑范围；③兼顾了所有利益相关者，周密权衡了决策结构。

最近，一个名为"基础经济"的新概念被提出，成为 21 世纪的一个重要原则。然而无论是当局、工业组织或是学术团体，都不能承担由于忽视新一代能源基础设施之类的建设而反复出现的机遇和危险。同时，我们的社会形态将取决于那些基础设施的特征，以及其所能提供的服务。在此现象中，一般通信、移动通信、商业、能源、健康、金融、教育、环境影响、安全性，甚至是国际关系——上述现象无论是全部还是其中任意的一项都不能被孤立地看待。

贯穿本书的信息是：在可以允许的情况下，我们的社会将由高效和安全的基础设施构成。互相连接的基础设施中，其中一项结构即该系统中的一个子系统，进化成为一个单元系统（一个三级系统）；而由于这个系统的某些特征，必须被当作一个整体来看待（即完整的形态概念）。从社会观点来考虑，当元系统的聚合度达到一定的水平时，我们可推测出两个新的原则：ASAIA（基础设施安全许可）和 AEAIA（实现高效的基础设施）。

虽然新一代的基础设施将构建于现存的基础设施之上，但那些新近开发的系统中所囊括的服务性能、建筑结构、商业模型和属性，都预示着这不仅仅是更多的相似，而是一个质的飞跃。

基础经济作为秩序的主体，支持了有关元系统的分析和决策。它是一系列的理论、假想、模型和方法，同时还是研究、概念、设计、发展、应用、运营、管理、维护、服务供给和元系统恢复力所需要的相关科学技术和工具。这是由于现存的秩序不能够提供一个完整的解决方案。

在本书的经济效益分析中，基础经济的作用可以显现在以下几个措施中：

● 分析利益相关者如何相互影响、协调，以及他们各自的作用；如何建立法律体系和正式性规则；如何设置其服务的经济性以及如何处理常规和非常规的情况。

● 分析基础设施系统如何运作，以及在何种情况下会失效（如停电）；分析它们对社会弹性的影响，同时需要将所有的技术因素、组织因素和外部因素都纳入考虑范畴。

● 分析如何将新技术引入并将其运用于基础设施中，以及在不同的安全方案中这些技术的强弱程度；分析它们随着时代的更迭，其性能需要降低到何种程度来满足需求。

● 发展的理论与方法的理论，其目的在于研究基础设施及其在建模、模拟、评估、批判性分析中的可靠性与实证调查。

● 考虑政治、法律和社会治理的经济性——最主要的是考虑跨境司法管辖区的设置——通过它们之间的相互作用来对基础设施的整体进行评估。

基础经济的关键目标之一应该是：为实现不同级别的企业、区域、国家甚至是国际之间的一系列目标而做出决定与支持。而为实现这一目标，基础设施应该整合工程、经济、政治和社会科学，同时还应该考虑基础设施及其利益相关者在多个国家和多个司法管辖区背景下的互动关系。

本书所采纳的能源安全主题，大体上是由"和平科学项目"中的"NATO 活动"始创；其宗旨在于通过综合使用一种新颖的方式，譬如"恢复力"、"管理"、"关键能源基础设施"等新概念，来解决这个跨学科的新型领域——能源安全。

编 者

美国弗吉尼亚州诺福克市　2010 年 11 月

能源安全的多样性：
国际视野

第❷章　欧洲能源安全
——欧洲的视角

　　摘　要： 在实际的应用中，尽管能源安全的角色很关键，然而它缺乏一个普遍的定义，但是实际情况并没有由此而变得复杂。各种各样的报告和文件中，常常不论其规格和意义而广泛地使用其概念。由此，本章以确保能源首要安全供给和地缘政治学为特征，几乎涵盖了所有的焦点。非常明确的是，不同国家之间的能源安全观点存在很大的区别。同时，本章将呈现欧盟处理能源安全的方法，该方法来源于 2000 年欧盟委员会 "关于欧洲能源供应安全的战略" 绿皮书，以及紧随其后所提出的几个政策立法和提案。

2.1　简　介

　　两次世界大战之后的惨状以及欧洲列国之间长期暴力冲突的历史，推动了欧洲各国之间分歧的弥合并引导了欧洲走向一体化的夙愿。1950 年 5 月 9 日，法国外交部部长罗伯特·舒曼提议，将法国和德国的煤、钢铁等重要军事资源，归置到一个相同的最高权力机构的管辖之下，"与欧洲的其他参与国开放和共享"。故其希冀通过千丝万缕的经济联系来创建一个欧洲煤钢共同体，以迫使战争 "不仅不会在想象中发生而且也无法成为实际的行为"。现今，欧洲的经济与其独特能源系统的紧密联系与合作，对于确保能源供应来说是非常必要的。

　　我们的经济社会和生活方式都与能源密不可分。因为大部分能源载体的生产地区和消费地区因为距离遥远而相互分隔，并且能源无法被轻易地替代和存储，所以能源安全一直是工业国家的一大隐患。然而我们不应忘却的是，能源匮乏仍然折磨着世界上超出总人口 1/3 的人们，而他们有的还生活在无电的环境中。

　　对于政策的制定者和以政策为导向的研究者来说，共同面临的最大挑战是为能源安全挑选出经济理性的战略目标。该目标应该慎重考虑其成本、收益和政策之间的相互关联及可能性。这将需要一个稳健、严密以及透明的方法，来对能源安全的未来挑战进行预期和评估。本章旨在呈现出该评估方法的关键要素，同时也强调了确保欧洲能源安全所面临的一些主要挑战。

2.2　能源安全的概念

尽管能源安全作用关键，但它缺乏一个普遍的定义，而由此被赋予的复杂性或许是不切实际的（Chester，2010）。各种各样的报告和文件常常不论其规格和意义广泛地使用该概念。因此，本书以几乎涵盖所有的焦点、确保能源首要安全供给和地缘政治学为特征。非常明确的是，不同国家之间的能源安全的观点存在很大的区别（Yergin，2006）。

任何关于能源安全问题的一致性评估，都需要其概念的明确及可论证性以及能源非安全的可衡量性。能源安全的模糊性为不同的政策或措施提供了恰如其分的借口，并"被不同的营利性组织用各种方式利用"（Loeschel，Moslender et al.，2010）。依据能源安全被曲解的程度（譬如，有几个部门牵涉其中）可以得出，同一个能源系统既可以被认定是安全的也可以被认定是非安全的（Winzer，2010）。从安全的一般定义出发，安全是指"在危险中受到保护或免于暴露在危险中的状况"（出自《牛津英语词典》），与此相对，从不同定义的回顾出发，Winzer将能源安全归纳为"不可或缺的，应对能源供应方面一系列威胁的保护系统"。而在这些定义中，存在两个关键因素，其中一个比较宽泛综合，另一个较为具体：首先是"不暴露"在危险中或是使威胁出现"缺乏"的情况，这需要一个对关键事件发生可能性大小和其潜在影响程度的评估；其次是在危险中被"保护"，或者是不易被那些可能出现的不利条件攻击，这些能够被整合进入能源系统弹性恢复力的概念中，即"能源系统容忍干扰的能力和持续传送给消费者可负担的能源服务的能力"。

关于能源安全的一个推断是：需将对供应安全限制性的概念延展至作为更系统化的"能源服务安全"的整体构成概念（Tosato，2007；DBERR，2007；Jansen，2009）。系统方法致力于：囊括所有研究系统中的全部重要元素并强调它们之间的关系和协同效应，同时着重于该系统的整体性。能源系统所蕴含的复杂性，使商品链和流程链相互关联，同时还与满足能源服务需求及其基本能源的损耗相结合。相比较于确保全球原油或天然气市场平稳的措施，能源服务安全的概念延伸,则有更为广泛的涉及。该概念涉及了能源链的所有方面和环节:从石油储备到旅客周转量或者从煤炭量到终端用户选择的水温(Tosato,2009)。

短期之内,用能源来替代资金和人力的行为,将会限制一个经济体的可选择性。这就意味着,对于工业化国家而言,能源具有的对生产者和消费者的作用因素皆会被有效限制。能源供应中断所导致的问题会因此而快速、广泛地影响到一个国家的社会福利。而能源安全方面可能发生的不利事件所造成的冲击力大小是由其经济系统决定的,另外也与事件发生的时间点有关。其原因在于,各式各样的因素决定了该系统处理事件的能力,而这通常被称作"能源系统的弹性"(Lovins,1982)。

总而言之,即使诸多的政策都注重于一条确切的供应链,综合性的能源安全评估仍然需要采取一个系统化的方法。而处理能源安全的一个有力措施是"应该聚焦于对社会成员幸福感的关注"(DBERR,2007)。

2.3 能源安全的定量方法

在能源安全方面,以政策为导向的研究中存在一个关键问题:不同的政策选择是如何塑造出能源系统的,这个系统面对破坏性事件时可以拥有足够的弹性来满足社会对能源服务的需求吗?解决这个问题就需要一个关于能源系统影响力政策的评估,以及对"足够的"弹性力是什么进行理解。所有的能源系统都在一定程度上保障了消费者的安全(NERA,2002),并且为弹性的增强而付出了相应的代价。当超过某一定点时,增加弹力的成本将高于预期收益。

假如接受了政策干预的必要性,则必须慎重地去评估其本质和范围,这是因为任何政策都会对能源系统产生很大影响。与此同时,还存在一个风险:在没有进行恰当评估的情况下(实质上与客观目标相去甚远),增强能源安全性的政策将会扰乱市场。气候变化和经济竞争力的政策直接瞄准了能源安全之外的目标,这将对能源系统的结构特点产生强烈影响。尽管这些政策之间存在协同增效应,但是检测它们将如何影响能源系统的弹性也是必要的。

能源安全量化评估的两大方法为:第一是以能源安全的指标为依据,间或结合对能源案例的分析。该指标是很有用的政策工具,其原因在于它们能使标准化达到一定的程度。然而综合指标的高度复杂丧失了透明化的优势,同时单一指标也因太宽泛或是太狭隘而不适用于现实情形。该方法还有一个结构化方面的限制:即便是最复杂的指标也无法衡量整个能源系统的弹性力。第二是围绕对能源安全的成本及收益进行评估所需要的支持。其中的一些评估仅是某些特别评估的衍生，但在其他情况下，它们则依据更复杂的微观经济学、计量经济学或是能源系统模型。该方法的一大优势在于提供了一种可能性：可以进行能源安全的量化评估以及进行缓解的措施评估（Gallaghar，2009）。

2.4　欧洲能源政策及能源安全的含义

　　欧盟处理能源安全的方法可以追溯到 2000 年欧盟委员会"关于欧洲能源供应安全的战略"绿皮书之后所提出的几个政策立法和提案。该方法阐述了"欧盟为保障能源供应而设立的长期目标，必须确保能源市场上的产品具有物理上的连续可用性，而且产品必须具有所有消费者均可负担的价格，还要在注重环境问题的同时放眼于可持续发展"。2006 年，一份标题为"一个旨在可持续、有竞争力以及安全的欧洲目标"[COM（2006）105]的绿皮书，将供应安全定义为欧洲具有竞争力和稳定性的三大能源政策支柱之一。

　　欧洲能源政策的一个中心因素是，意图从根本上改变其能源系统，使能源系统成为低碳经济系统。这需要一个明确的目标，这个目标就是打破以下三个"日益增长"之间的恶性循环，即"日益增长的能源消费、日益增长的能源进口总量和由于欧盟支付能源进口而导致的日益增长的财富外流"[COM（2008）781]。欧盟成员国亦达成了共识：于 2050 年之前大量减少温室气体的排放（2008 年第二次战略能源审查）。因此，能源战略技术计划的实现需要研发新的技术（SET Plan）。这些新技术囊括了可再生能源发电、第二代生物燃料、智能电网、蓄电、运输部门电气化以及最为特别的碳的获取和储藏。显然，基础设施的改建完成，截止到 2020 年的时限是远远不够的，而且与此同时包括金融市场构架在内的诸多基础设施也需要铺设。截至 2030 年，国际能源署（IEA）项目预计需投入 2 万亿欧元用于能源基础设施（IEA，2009），资金可通过碳排放计划的交易或是其他支持机构的回报来筹资。

　　2008 年 1 月，欧盟委员会将所谓的"20-20-20"能源气候"一揽子"计划（2007 年 3 月由欧洲理事会决议通过）投放市场。关于其推行，则需欧盟将其 GHG 排放量降低 20%；使可再生能源在能源消费中所占的份额增至 20%；并且参照对比基准（"一如往常"，即无主要变化），缩减基础能源消费总额的 20%——以上目标的完成时限都截至 2020 年，如图 2-1 所示。值得注意的是，欧盟 27 个成员国都致力于这个具有法律效力的目标，即于 2020 年之前，为它们的能源系统引入 20% 的可再生能源。而该目标的实现需要国家行动计划：建立发展新能源的模式，创建有助于实现成本效益目标的合作机制（Directive，2009）。在中长期内，欧盟"20-20-20"目标的实现需要"一个能源系统，这个系统拥有非化石燃料的多样化供应、可以灵活管理基础设施及其需求能力；在安全机制方面，这个系统将与当今的系统迥然相异"。而在短期至中期内，对供应危机有效预防和遏制的措施势在必行；其目的在于减少影响能源供应方面的薄弱环节。

图 2-1 2020 年目标，可再生能源在能源消费中所占的份额

欧盟能源和环境政策存在三个潜在的新目标，而实现该目标的关键因素是要将能源安全的观念看作欧盟的共同关注，并且要对能源市场的问题做进一步整合。"成员国之间的团结是欧盟成员关系的一个基础特征；风险的分散与共担，使

欧盟在处理世界事务中及实现目标方面能够完全发挥出其重要性，这比分散的国家行动更有效"[第二次战略能源审查，COM（2008）781 final]。"里斯本条约"虽已划定了欧盟的角色，然而能源的多样性仍是成员国的责任所在，由此也反映出国家能源系统日趋增长的独立性及协调其外部能源政策所带来的利益。尽管对市场机制和市场一体化的信任，逐渐成为应对能源安全最行之有效的方法，但是，"欧盟能源安全和联合行动计划"所提出的关于减少能源进口的明晰目标，仍然表明了对"能源供应自主权"未雨绸缪的态度，这其实是为了达到国际能源危机中减少经济外流的实用性目标（Gansounou，2008）。

但是，一味地追求能源独立将会使能源安全的观点过于狭隘。处于经济全球化的环境中，追求独立性会被西方自由贸易政策广泛地排除在外，同时就总体而言，还会对消费者产生消极影响。欧盟因此已经发起了国与国之间的高端对话，这些对话存在于重要的能源制造国、能源运输国和能源消费国之间，对话内容包括对能源供应中断的预警机制。同时，能源安全观念也因此而深深植根于各个国际组织、机构或是运行机制之中，譬如：能源共同体、能源宪章条约、国际原子能机构（IAEA）、国际能源署（IEA）、联合国欧洲经济委员会（UNECE）、欧盟（EU）—俄罗斯联邦盟友关系。

2.5 欧洲的能源安全挑战

为确定欧洲能源安全所面临的主要挑战，需要简略地考虑一些时下的趋势。世界能源需求在 2007~2030 年预计增加 40%（IEA，2009）。中国是现今世界第二大经济体，而非经合组织国家也已经占到了世界能源消费的一半以上。2007年，欧盟的内陆能源消耗量总计达到 1806 百万吨油当量——约相当于世界消费总量的 15%。截至 2030 年，欧洲的主要能源需求预计每年要增长 0.2%（IEA，2009）。同时，欧洲本土的碳氢化合物资源生产将与整体能源生产同步进行缩减。其结果是欧盟一半以上的能源需要依靠进口，且这一趋势预计将持续至 2030 年。俄罗斯将仍然是欧盟 27 国的主要能源盟友国，而且俄罗斯所提供的原油大约将占其总进口原油的 33%、所提供的天然气约将占其总进口天然气的 42%、所提供的煤约将占其总进口煤的 26%。国际市场上的价格波动和价格上涨正日益影响着欧盟。由于欧盟成员国在能源安全上所涉及的问题有所不同，因此将造成相异的国家能源消费模式。能源跨国运输日趋增长的同时，欧洲的基础设施更是需要高度的相互依存，甚至某些成员国将完全依赖进口。譬如，立陶宛的核反应堆"退役"后，其失去了80%的电力产能，而从俄罗斯进口的电力资源将极大程度地取代它。因此，诸如波罗的海能源互连计划和环地中海能源圈将对区域的一体化起到促进作用。

正是由于这些趋势，欧洲将仍是世界舞台上屹立着的重要消费者，但欧洲与其他新兴国家共享这一角色的趋势亦愈演愈烈。欧洲目前亦将继续高度依赖进口，这些进口来自于少数生产国并通过四通八达的交通走廊汇集进来。若价格可以自由调节，那么原则上可以保证能源供应的安全性（Helm，2002）。但如若市场失灵情况发生，那么纯粹的市场化运作方式将不会为社会创造出理想的结果。在一定程度上，能源的获取是由公益事业、公共干预（例如，通过补助金、税收以及碳等的定价）来判定其合理性。

通过引进可再生能源，会使得能源生产更具可持续性，但这也将呈现出能源安全所面临的挑战。烃类能源消耗的减少，不仅仅会降低其进口量，而且预示着欧洲电力系统甚至是更为广泛的能源系统的根本性变化。为遵循截至2020年欧盟能源和气候变化的政策目标，输电网必须能够运输"可再生能源电力"（RES-E）——与2006年所占份额为16%的记录相比，其至少要满足欧盟电力消耗的30%~35%。为达到这一目标，电力基础设施的改变是必不可少的，其根本目的在于处理由可再生能源诸如风能和太阳能之类发电而衍生出的大量新一代能源。而诸如"高级的"、"智能的"之类的形容词也因此而被渐趋采纳，并用于描述未来电网分析所呈现的特点，还有譬如性能提高后的妥善性、灵活性、可靠性和可控性等[SET计划蓝图（JRC，2009）]。

依据新架构组织的电力网络，其中嵌入了创新的解决方案技术，并且由于其灵活、协调和妥善的设计，是应对供应可靠性不可或缺的，也是应对安全性退化风险不可或缺的。信息技术和通信技术（ICT）有助于加强系统的妥善性和稳健性，因此也减少了监测和管理新基础设施构建的需要。

虽然对于如何实现欧洲的宏伟目标还存在诸多争议，但可以明确的是，最关键的方法之一便是提高能源利用效率。虽然消费者行为还无法支撑这些宏伟的目标，但是对于每一个家庭而言，每年可从能源节省中获得平均高达1000欧元的福利[COM（2008）772]，因为能源消耗超出必需的经济性使用需要约20%。

降低能源消耗的一个重要步骤是控制原油的使用，因为原油仍然是最重要的能源载体。欧洲现在的交通仍然几乎完全依赖于石油——这使其能源需求高度无弹性。所以，寻找作为运输燃料的石油替代品是发展和研究的一个关注点。欧盟决策者有效落实交通运输政策的能力，将发挥至关重要的作用。然而与此同时，与原油相关联的传统能源安全问题仍未解决，而且价格变动作为其中的一个主要问题一直都存在。

2.6　欧洲的特殊挑战和举措

我们接下来将通过例证来强调欧洲能源安全的三个特殊挑战，并描述解决这三个挑战的主要政策及举措。这三个挑战是：天然气作为能源载体的桥梁作用、欧洲电网的重塑需要以及计算机网络的安全问题。这些挑战的共同点在于它们的"网络性质"——其隐喻了应对这些挑战需要降低能源网络的脆弱性和依赖性，同时提高其应变能力。

2.6.1　天然气供给的安全性

在未来的中期规划中，天然气最有可能成为"低碳能源系统"前进道路上能源载体的过渡性桥梁角色而发挥重要作用。它的碳排放量远低于石油和煤，而且全球的天然气供应十分富足——预计是现在全球每年消耗水平的 150 倍（MIT，2010）。因此对于欧盟而言，保障天然气供应是能源安全的核心问题，其中尤以东欧的成员国为甚。

天然气是一个需要有能源网络来约束的载体，对整个欧洲而言，供应网络分布得相当均匀：欧洲大约各有 1/4 的天然气分别来自于南非、北海、中东和俄罗斯（如图 2-2 所示）。然而，许多东欧国家所能得到的天然气供给，几乎全都来自俄罗斯的油气田，而且俄罗斯天然气供应量的 80% 都需要经由乌克兰输送。天然气在一次能源结构中发挥的作用和替代其他能源载体的功能在各成员国中迥然相异，成员国储藏天然气的能力也由于地质差异而存在很大的差别，因此传输管道过去在冬季最寒冷时刻常常需要发挥最大的传送能力（欧洲天然气基础设施的冬季展望）。2009 年 1 月，俄罗斯与乌克兰之间的一场贸易争端使得诸多问题逐步浮出水面。该争端导致了欧洲天然气 20% 的供应中断了两周——这相当于其30% 的进口量。直到最后，天然气的运营商才终于恢复其供应。该事故表明，问题的核心在于天然气流量通往新线路时管道数量的不足，譬如反向流动能力；但同时，还有一些组织上的缺陷，例如各成员国在不同的紧急情况下，其应对措施没有充分协调。

欧洲委员会确定了有关天然气供应安全的二类市场失灵情况（SEC/2009/0980 final）：物理网络和网络管理方面整合能力的不足、天然气市场内部透明度问题，以及公共物品供给的安全性问题。因此，欧洲理事会和议会都需要修订现行"指令"（2004/67/EC）中的相关措施，以保障天然气供应的安全。而新规定中重要的方面是：信息交流的改进、个体成员国对其安全供气的风险评估以及国家应急计划的改进。

欧洲非常规天然气的角色还是一个巨大的未知数。长期以来，天然气是在有渗透性的地质中形成并提取出来的。鼓励发展先进的钻探技术和存储方式，可以使非常规天然气资源的产能速度大幅提升，也能使开发页岩气获得的产能具有经济效益。从区域性和长期性两方面来看，页岩气的出现被视为改变世界天然气市场游戏规则的驱动者，而且潜在的大量页岩气资源存在于美国、中国和欧洲。全球已探明可以长期开采的天然气资源超过 850 tcm（万亿立方米），其中非常规天然气就占了 45%。在欧洲，拥有数额庞大页岩气潜在资源的国家分别是：奥地利、法国、德国、匈牙利、波兰和英国。欧洲首个跨学科的页岩气倡议（GASH）

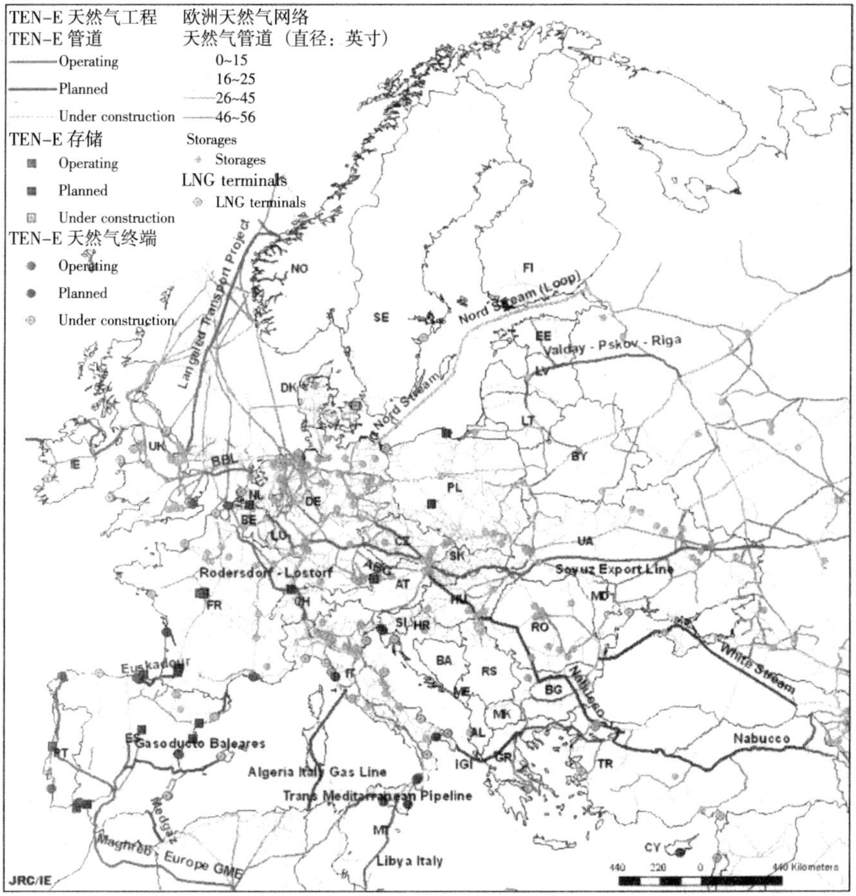

图 2-2　欧洲现有天然气管道网以及横跨欧洲的天然气项目

于 2009 年推出，并且主要集中在丹麦和德国。根据波兰国家环境署的估计，波兰的页岩气储备可能达到 1.4~3 tcm（万亿立方米）；然而，目前还没有关于页岩气开采在案的记录。尽管尚不知其预期情况如何，但是页岩气的提取已经引起了对环保钻探的关注，以及对地下水和地表水的保护。此外，欧洲的土地租赁条例与美国截然相反，这似乎对页岩气开发不太有利。

2.6.2　欧洲电力电网和可再生能源一体化

作为世界上规模最大、最为复杂的系统之一，欧洲的电力系统日益老化，正在经受着日益增长的拥堵，而且逐步承受着市场自由化和可再生能源一体化进程的挑战。在一定程度上，重塑和发展欧洲电网将是欧盟实现 2020 年及其以后有关竞争力、稳定性和能源供应安全等目标的一个关键步骤。

为了更好地理解重塑和发展欧洲电网的原因及方法，可以将欧洲电网划分为输电网和配电网。它们之间的差异表现在其功能、结构、规划和经营理念方面。泛欧输电网络承载了大型的电厂，构成了欧洲发电的最大份额（装机容量为 70%~80%），并可进行距离相对较长的输电。相对而言，它具有较高的电压和较多的终端，可以形成所谓相啮合的、相互连接的结构（布线几十万公里）。区域配电网络嵌入了数量较为稀少的小规模发电（装机容量为 20%~30%）并被动地将电力从上游输电系统转送至终端客户手中——其拥有相对较低的电压和大体上较为简单的径向结构（即囊括了数百万公里线路的点对点链接）。

欧洲逐渐成为低碳、资源高效利用和抵御气候变化的经济体，增强了我们对可再生能源以及所谓的"分布式能源"的依赖。其中包括一些小型发电厂，如可再生能源发电单元（如光伏电池板）以及存储技术和电力传输工具。欧洲可再生电力消耗所占的份额（以欧盟截至 2020 年所占份额为 30%~50% 的目标为依据）将在 2020 年进一步增加，同时将对输电网和配电网产生影响（并在陆上/海上的风力发电和太阳能发电一体化中发挥关键作用）。

欧洲电力系统的输电网和配电网都必须成为其所描述的"超级"输电网、"智能"配电网：

"超级"输电网：可再生电力的最佳发电地点并非在陆地均匀分布，而通常是在电网薄弱的连接地带。为了充分利用这些资源，电网必须得到加强，以使电力被输送到电力需求和储存的中心地区。超级电网可被定义为用来向电力需求中心远距离传输大量电能的电力传输系统。超级电网是叠加于传统传输系统之上的更高级的高传输能量层。

"智能"配电网：由于分散式能源的新部署，配电网络将必须改变其控制特性，并将与我们现行的输电网络更为适配——它们将需要更多的"主动"控制功能。分散的个体将完全集合在电力系统的管理下，这样集体进行服务的效果将可以与大型的常规电站相媲美。电网通过进行更多的相互连接变得"更智能"，将能够实现上述的功能。这就是所谓的智能电网，需要硬件、软件和数据网来实现信息的快速传递和回复。智能电表的安装可以减少能源消耗，令电力的需求者和消费者的要求都能得到更加灵活的回应和处理。

应谨慎地使用系统智能和科技智慧，通过监测和研究，可以推动电网的更新和重新设计。许多大规模的电力中断突出表明了风险来自电力系统的运行及发展过程中缺乏合作和远见。现代化的电力系统越来越容易受到威胁，同时影响了能源的供应安全和基本的社会职能（如图2-3所示）。

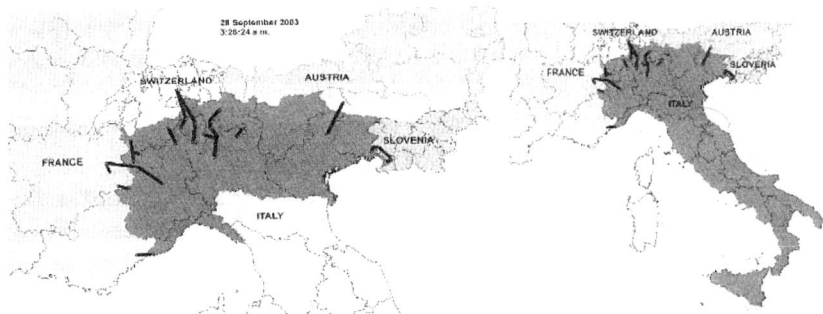

图2-3 2003年9月28日意大利电力中断

2008年，国际能源机构为欧洲需要引入的投资提供了说明，即从2007年到2030年期间需要引入超过1.5万亿欧元的投资，用来改造从生产（占投资的2/3）到传输和分配（占投资的1/3）的电网。而在对应的SET电网投资计划蓝图中，分配需求占75%、传输需求占25%（JRC，2009）。为升级对电网的监测、控制和保护功能，信息和通信技术（ICT）的部署预计会在这些结构上产生众多改变。通过使用计量部署、电信技术和远程控制技术来提升对电网的监测和控制，也将有利于随着分散式能源份额的增加，而实现更加可靠和安全的电网运行。譬如，大型电力传输工具的使用，会对配电网架构和运营产生很大的影响，有助于对电力系统的管理进行优化。智能电表等小型工具的安装，以及能源管理方法的需求方面，能够合理地解释能源的消耗并且使能源消费的负载更加敏感与灵活。高能存储系统在成本效益的协调提高上也将发挥重要作用。

2.6.3 信息和通信技术在新能源系统和网络安全方面的作用

将信息和通信技术广泛地运用于能源网络中，意味着它的控制、保护、测量和管理等都以公司的层面为基础，尤其是通过以网络手段计量的消费账单来与客户进行协调。另外，能源基础设施的运行需要通过广域的网络进行其运营商和当局之间的数据交换。能源网络在欧洲的演进过程中，将要求更多的信息和通信技术交互，来超越管理区域的限制。缺乏能共同接受的网络安全标准和规范，将损害在信息和通信技术系统中进行妥善保护的信心。

网络安全的风险在十年前还是微不足道的，但是对于像互联网这样开放的通信网络来说，能源系统必须加以考虑。工业化信息和通信技术的安全紧迫性是因为大部分技术在设计上没有考虑到程序的安全，而控制协议已经过于老旧且容易受到攻击。交互的安全措施起源于一般目标的信息和通信技术领域（如防火墙、反病毒库），而这仅仅是在能源系统中的一部分应用。解决这些问题的方法，极少会考虑到真实的情况和工业化信息和通信技术的特殊性。

一方面，这些信息和通信技术功能的安全性是管理工具进行有效管理的核心，也是重要能源供给的保障，但是恶意行为对数据及其整体的可获得性的影响将会直接作用于能源系统的运行。我们很容易想象到控制系统的失效会如何引起技术装备的弱化，并且很可能使其停止运行。所以解决它的一个关键方面是考虑在相同的装备上使用不同的技术。这也许会导致同样的失败——例如一些恶意软件影响了技术。另一方面，信息和通信技术部件老化迅速，甚至比能源结构中的电力和机械部件老化速度更快。这就需要有适当的反馈，即必须及时地对系统进行协调（如解决互操作性问题）。欧洲在这些问题的解决措施上还没有达成共识。

在欧洲能源基础设施的问题上，一些发起者曾尝试性地讨论了网络安全的问题，其中最显著的是欧洲标准委员会（CEN），它以"保护市民安全"的名义成立了能源供给专家组（官方称谓是 CENTBT/WG 161）。

2.6.4 欧洲重要能源基础设施的保护

从过去对欧洲能源网络关键挑战方面的一些简单讨论中可以看出，讨论的重点在于欧盟进行大面积能源系统部署时，受到多大程度的安全威胁。特别是液化天然气终端、管道、电网和变电站——这些都是容易受到攻击的目标。到目前为止，欧洲能源基础设施还没有被恐怖分子蓄意地严重攻击过，这或许是由于恐怖分子没有设定这些目标而并非他们没有机会 (Toft, Duero et al., 2010)。在欧盟管辖的范围之外, 恐怖分子的攻击是很频繁的, 例如 2008 年, 土耳其的 BTC 天然气管道就被袭击过。然而就目前而言, 能源供应的大规模中断只偶然出现 (如 2003 年供电中断对意大利的影响) 或是发生在贸易中断的时候 (如 2006 年和 2009 年的俄罗斯天然气供给), 随着复杂性的增加, 这些网络更容易受到恶意的攻击, 并且产生了更严重的影响。

议会 2008/114/EC 指令是对欧洲关键基础设施的定义和设计, 其目的在于查明其能源相关系统的脆弱性 (即可能会影响两个或者两个以上成员国的小事件), 并提升对它们的保护力度。在这种协同效应下, 欧洲项目核心基础设施保护协议 [COM (2006) 786] 强调各成员国需要管理好本国的核心基础设施。这是基于对危险的预防, 危险的并不一定是恐怖分子, 也可能是一些犯罪活动或者是重大自然灾害以及其他一些事故。

2.7 结　论

欧洲能源安全所面临的挑战, 需要一个可以理解而且有条理的能源安全政策方案。故决策者和以政策为导向的研究者都需要完成的一项主要任务, 即为能源安全选择理性的经济策略, 并估计不同能源政策间的相互作用。这需要采取一个严厉强健而且透明的措施, 用以估计未来能源安全的挑战——需要确定欧盟在政策的执行中不仅不会存在自相矛盾, 而且在不同的政策之间, 还有机会实现协同效应。

参考文献

[1] Chester L. (2010), "Conceptualising Energy Security and Making Explicit Its Polysemic Nature", Energy Policy 38 (2): 887–895.

[2] COM (2006) 105, "A European Strategy for Sustainable, Competitive and Secure Energy", Green Paper, Commission of the European Communities.

[3] COM (2008) 781, "An EV Energy Security and Solidarity Action Plan", Commission of the European Communities, Brussels, 2008.

[4] Department for Business, Enterprise and Regulatory Reform (2007), "Expected energy unserved", Contribution to the Energy Markets Outlook Report.

［5］Gallagher K. S. (2009)，"Acting in Time on Energy Policy".

［6］Gnansounou E. (2008)，"Assessing the Energy Vulnerability: Case of Industrialised Countries", Energy Policy 36 (10): 3734-3744.

［7］Helm D. (2002)，"Energy Policy: Security of Supply, Sustainability and Competition", Energy Policy 30 (3): 173-184.

［8］IEA (2009)，World Energy Outlook.

［9］Jansen J.C. (2009)，"Energy Services Security: Concepts and Metrics", ECN-E-09-080.

［10］JRC (2009)，Technology Map of the European Strategic Energy Technology Plan (SET-Plan).

［11］Loeschel A., Moslener U. et al. (2010)，"Energy Security-concepts and Indicators", Energy Policy 38: 1607-1608.

［12］Lovins A. (1982)，"Brittle Power: Energy Strategy for National Security".

［13］NERA (2002)，Security in Gas and Electricity Markets, London.

［14］Toft P., Duero A. et al. (2010)，"Terrorist Targeting and Energy Security", Energy Policy 38 (8): 4411-4421.

［15］Tosato G. (2007)，"Energy Security from a Systems Analysis Point of View: Introductory Remarks", Proceedings of the 1st International Conference of the FP7 Project REACCESS.

［16］Winzer C. (2010)，"Defining Security of Supply", IAEE European Conference, Vilnius.

［17］Yergin D. (2006)，"Ensuring Energy Security", Foreign Affairs 85 (2).

第❸章 欧盟和泛黑海区域：利益、机遇和挑战

摘　要： 北约和欧盟组织的扩大，北约对阿富汗的介入，欧盟能源安全对俄罗斯的日益依赖以及对里海潜能的关注，使得欧盟安全中心向欧洲东南部、高加索地区及亚洲中部这三个非常敏感的地区移动，这是依据"软安全"和"硬安全"得出的。本章讨论了欧盟成员的整体性的和个体性的安全，而这些都着眼于泛黑海区域及其周边区域能源状况不稳定性的增强和新威胁的出现。

3.1　简　介

泛黑海区域（WBSR）日益增加的重要性，成为欧洲—大西洋与欧洲—亚洲安全所关注的焦点，这个焦点锁定在该地区自身的概念中，而该地区的界定不仅是以地理的方式，还与当地的政治、经济、安全、文化等相关联。这一区域包含土耳其、俄罗斯、乌克兰、巴尔干半岛东部各国以及高加索地区南部，其环境安全是由沿岸的不同国家以及这些国家与它们的邻国所拥有的共同利益所决定的，其中的某些利益与欧洲—大西洋组织结构的利益相一致，但同时其他利益却影响了新老地域大国的安全进程。黑海地区同样也是冲突的发源地，包括格鲁吉亚的阿布哈兹和南奥塞梯、阿塞拜疆的纳戈尔诺和卡拉巴赫以及摩尔多瓦的德涅斯特。

这个地区所拥有的地缘政治资产，如同其所面临的一切机遇和挑战一样，刺激了美国 German Marshall 基金推动欧洲—大西洋在泛黑海区域（WBSR）的战略。这个战略即加强各国际组织与沿岸国家在多种角色间的合作，也意味着以协调一致的方式去迎接共同的挑战：从弱国的治理不善到僵持的问题冲突，比如能源供给方面有组织的犯罪等。美国已经公开声明支持 2007 年 4 月欧洲委员会发布的关于黑海地区的新区域协同合作倡议，这正是欧盟开始思考黑海战略意义的

实证。

    本章分析了泛黑海区域对欧洲安全的重要性。这个结论起源于对一个问题的回应：什么是欧盟的利益所在？在本章的第二部分里，依据黑海区域的各国利益所在，可分析出各个国家在过去十年间所提出的政策和战略。该地区的稳定，很大程度上依赖于国际组织以及此地区内各种各样的角色（俄罗斯、其他边界国家、NATO、欧盟、美国、各类国际组织）之间趋同和分歧的相互作用。本章第三部分则强调黑海地区已经建立起来的合作框架，以及评估这些合作框架对该地区的民主与稳定所发挥的作用。

3.2   什么是欧盟的利益所在？

    欧盟在此区域中所获得的利益可通过五个方面来定义。第一是民主化进程，表现为对人权的尊重和良好的管理方式。欧盟的核心利益之一就是在自己的邻国内推行民主化。过去的二十年是欧盟民主化最成功的时期，欧洲化的力量已经在欧洲中部和东部把一些专制的政权转变成了民主政权。泛黑海区域表现出的是一个混杂脆弱的自由民主情景，包括非自由民主政体（保加利亚、罗马尼亚）、专制下的虚假民主（乌克兰、土耳其）、虚弱的民主（阿塞拜疆、格鲁吉亚）以及独裁的政体（俄罗斯）。共产主义形势的衰落，以及紧随其后经济形势的不确定性和政治变革，对人们的生活质量产生了很大的影响，因而此区域深受贫困、腐败以及其他人为灾祸形式的荼毒。另外，黑海地区的许多国家拥有多元化的民族，所以它们的文化和宗教差异很难协调。最后，这个区域缺少民主化的周边国家。东亚、中亚地区呈现着多种多样的独裁统治，北亚越来越专断的俄罗斯开始统治前苏联的地域。泛黑海区域的民主赤字意味着欧盟将基于实用主义的立场并复制作用于中欧和东欧民主化的战略，并将其价值观和标准推行至整个黑海区域。

    冲突的僵持和地区的稳定性体现了利益的第二个方面。在地理与文化模式方面，泛黑海区域不仅处在文明进程的一个重要十字路口上，而且是欧洲与较远的动荡地区之间沟通的桥梁。这个政治和经济极度脆弱的区域面临着"冷战"结束以后有关"硬安全"的重要挑战。发生在德涅斯特、南奥塞梯、纳戈尔诺—卡拉巴赫以及车臣之间的冲突就是欧盟现在邻国的部分情况，它们增加了该地区的暴力冲突和不稳定性的危险。所以不必惊讶，欧盟安全战略（December，2003）、欧洲委员会的欧洲睦邻政策的通信战略文件（COM2004-373）以及东部盟友关系（COM2008-823）中强调，欧盟的任务是为接壤的邻国在国家治理上的稳定和良好做出特殊贡献，并且向欧盟东部的国家推行环形整治。

欧洲在泛黑海区域的第三方面利益涉及打击有组织性的犯罪和恐怖主义活动。欧盟的稳定繁荣，与那些处于黑海以及中东和中亚边界国家区域内的冲突和不稳定性，形成了鲜明的对比。冲突的对峙会刺激某些区域过度的军事化并且增加恐怖活动发生的概率。全球化进程刺激了武器、毒品和人口贩卖等犯罪行为。而恐怖分子的活动同样可以从有组织的犯罪中获利，并且利用洗钱网络进行有组织的犯罪活动或者组建犯罪集团。高加索地区因为分裂而形成的弱势状态，使其成了犯罪的天堂。所以欧盟面对这种威胁就必须要制定一个预先行动的章程。

欧盟在泛黑海区域第四方面的利益涉及欧盟对可替代能源的探索。自 2006 年开始，欧盟成员国就不遗余力地保障欧洲能源市场的外部供应。奥地利人在担任欧盟主席时就把能源安全放在了国家议程的最前面；欧盟委员会也颁布了"欧洲的可持续性，具有竞争力和能源安全的战略"的绿皮书，并且于 2006 年 3 月 23 日设立了能源委员会——所有的事情都发生在 2006 年 1 月 1 日到 4 日俄罗斯—乌克兰天然气中断时期之后，这是第一个关注进口天然气依赖水平的文件。另外，目前欧洲天然气消耗量超过 40%依赖进口的情况，到 2020 年将进一步加剧到 70%。2008 年，欧盟 27 国天然气的产量仅为 190.3bcm（亿立方米），而消费量却高达 490.1bcm，其境内产量还不到其消费需求的一半。2008 年，挪威是欧洲最大的天然气生产国（99.2bcm），紧接着是英国（69.6bcm）和荷兰（67.5bcm）。而在 2006 年，欧盟天然气消耗量的 62%都是依靠进口。尽管所有的欧盟成员国都在努力提高能源利用效率而且鼓励使用可再生能源，然而欧洲对进口能源的依赖程度仍将持续攀升。

天然气的供给在欧盟是一个敏感的话题，因为欧洲天然气的产量仅为其消费量的 37%。在 2008 年，原油和天然气最重要的供给者是俄罗斯（原油供给占进口的 33%，天然气供给占进口的 40%）和挪威（原油供给占进口的 16%，天然气供给占进口的 23%）。总体来说，2008 年欧盟 27 国的能源依赖度为 53.8%，最依赖进口的国家是德国（61.3%）、马耳他（54.6%）、爱尔兰（52.1%）和意大利（51.4%）。而挪威已经众望所归地成为欧盟最可信赖的西方天然气供给国，阿尔及利亚自 1970 年也开始给东欧供气，但是俄罗斯目前依然是欧盟最依赖的国家。

第五个方面，泛黑海区域为欧盟在其边界推行安全和稳定的宏伟目标提供了试验基地。黑海区域一部分是俄罗斯和欧盟的竞争区域，一部分是欧盟和美国的竞争区域。2005 年 5 月，在欧盟—俄罗斯峰会上，双方达成了关于共同区域和外部安全的共识。虽然其目的在于加强与邻国的共同合作，但是这个协定并没有在诸如前苏联的地域能源僵持和冲突之类的敏感问题上取得重大进展。如果欧盟想在此区域立足，就必须在不损害核心利益的前提下，与俄罗斯就"硬安全"方面的难题展开谈判。泛黑海区域对欧盟来说，在其与邻国的关系、合作手段的评估、稳定化和民主化等问题中挑战和机遇并存，其中就包括 ENP 和双边行动计划——这都将被视为严格的"软安全"工具。

欧洲委员会的黑海协同计划和新区域的合作举措围绕着五个方面进行，而且旨在描述欧盟在黑海区域的利益关系。然而该文件中几乎没有涉及欧盟关于"硬安全"方面的难题，只指出要和两个主要力量进行谈判，即土耳其和俄罗斯。

3.3　国家的利益和战略

为了解此地区的复杂情况并重视欧盟中此区域的不同情况，我们必须审查黑海区域内各个角色的核心利益。目前的泛黑海区域内含有三个利益团体：①如欧盟、美国一样的西方强国；②关系日益密切的俄罗斯和土耳其，在此区域内建立了强势的力量；③作为"充满希望的团体"的其他国家。对于欧盟、NATO 以及任何其他的国际性组织来说，要提升泛黑海区域的安全体制，存在的实际情况是：这个地区充斥着不同国家共有利益和安全需求的挑战。

俄罗斯在泛黑海地区的重要地位无可辩驳，并且主导着这一区域的稳定。对俄罗斯而言，泛黑海地域在其影响范围之内。据此，俄罗斯对于"邻国"的战略，采用了两种战略并行的方式：第一个战略基于对所有"西方化"形式进行防御的地区，采取被动对抗战略；第二个战略是主动以能源作为武器，集中地遏制独立的东方和西方国家。为了确保其在泛黑海区域的主导地位，俄罗斯利用了前苏联国家（格鲁吉亚、摩尔多瓦、乌克兰）的政治弱势以及它们的石油资源和能源。通过其天然气工业股份公司 Gazgrom，俄罗斯基于其能源主导地位，与其邻国建立了能源关系。俄罗斯—乌克兰天然气危机就证明了俄罗斯准备利用它的能源地缘政治去保护它的邻国。俄罗斯现在开始紧密关注里海区域以及天然气进入欧亚市场的方式。

随着经济的发展，俄罗斯试图通过在许多公开场合支持亲俄领导人的方式去影响邻国（摩尔多瓦和乌克兰）的政治选举进程。而且俄罗斯从不对后期的前苏联地区僵持和冲突进行调解。相反，俄罗斯竭尽所能地去维持现状。通过鼓励分裂主义的共和政府（摩尔多瓦的德涅斯特、阿布哈兹、格鲁吉亚的南奥塞梯）俄罗斯削弱了摩尔多瓦和格鲁吉亚，并堂而皇之地把军队驻扎于别国的领土上。俄罗斯在泛黑海区域的战略是广泛化战术的一部分，目的在于保持对前苏联领土的直接影响。

　　土耳其是该区域第二重要的角色。从其在海湾战争（1990~1991 年）中的活跃表现可以看出，土耳其作为该区域中的一大力量，实力已得到明显加强。自2005 年起，土耳其就成了实现欧盟一体化的官方候选人，同时安哥拉也把处理与布鲁塞尔的关系放在了政治议程的首项。从地缘战略方面来看，土耳其在欧盟黑海区域的任何战略中都处于重要地位。土耳其控制着博斯普鲁—达达尼尔以及连通里海和爱琴海的马尔马拉这两个海峡，从而控制了中东（伊拉克、伊朗、叙利亚）的水源供给。土耳其是把碳氢化合物和能源从里海运输到欧洲的必须之地。2005 年 5 月，在欧盟的援助下，"巴库—第比利斯—杰伊汉"（BTC）管道开通，这个管道是对俄罗斯资源需求的替代方案。另一条"巴库—第比利斯—埃尔祖鲁姆"天然气管道（2006 年开始运营）使阿塞拜疆和土库曼的天然气能够运输到欧洲，并实现了东西方能源的对接和交互。这个"双能源交互"走廊使里海地区更加靠近欧盟。

　　然而，土耳其对美国在伊拉克进行的干涉以及欧盟进一步扩张的犹豫感到失望。当美国和欧盟需要与安哥拉和俄罗斯进行谈判，以确保能源能在泛黑海地区稳定传输时，土耳其似乎就此很快远离了其西方盟友。从 1991 年苏联解体至今，土耳其和俄罗斯之间日益紧密的合作将毋庸置疑地成为最重要的地缘政治事件。虽然黑海区域的这两股力量都在为增强各自的实力和影响而奋斗，但它们也会相互合作以保持和西方的距离。1997 年，安哥拉与俄罗斯签署了一个关于跨黑海领域天然气管道的建设协议——蓝溪协议。尽管俄罗斯与土耳其在诸如 NATO 的扩大和科索沃事件之类的地缘战略问题上存在一些小的分歧，但是它们一直在加强经济和政治上的联系，甚至还发现了彼此之间的一些共同点。美国在黑海地区所受到的联合责难就是这些共同观点的另一个例证。

　　乌克兰是泛黑海区域的另一个重要国家。其政治文化和特性深受前苏联的影响，同时基辅（Kiev）也曾常常徘徊于选择西化还是东化，这一犹疑在其外交政策上表现得尤为显著。基辅选择的"多向量方案"可以允许其同时扮演多种角色：独立国家委员会（CIS）的参与者、北约和平伙伴关系的附和者（PfP，1994）、关岛集团的成员、自 2005 年以来的欧洲邻国政策的受益者、东部伙伴关系的一员（2008）。由于对俄罗斯的严重依赖，乌克兰成为俄罗斯在泛黑海区域的一个枢纽中心。俄罗斯为了维持其在此地区的实力并促使俄罗斯舰队进驻克里米亚，需要将乌克兰控制在其影响范畴内。在前一次的乌克兰大选中（2010 年 2 月），地方党（PoR）首领维克托·亚努科维奇（Viktor Yanukovych）以 48.9% 的得票率取得了第二轮的胜利，把勃洛克尤利娅·季莫申科（BYUT）的尤利娅·季莫申科以 3.49% 的差距远远抛在了后面。欧洲安全与合作组织（OSCE）宣称此次大选是"专业的、透明的、诚实的选举和选票计数"，并证实乌克兰的选举就像"大部分欧洲安全与合作组织和欧洲理事会的承诺会议"一样。据可靠分析，亚努科维奇大选的胜利被当作本国国内的发展和与欧盟的长远关系的双重警钟。

在黑海区域的六个国家中，格鲁吉亚的"软安全"和"硬安全"条件在安全模式下都呈现出了最为重要的挑战。格鲁吉亚是位于欧洲和高加索的交叉口处的一个弱小国家，它既是俄罗斯的近邻，又是欧盟的新邻居。阿布哈兹和南奥塞梯之间的僵持冲突威胁着格鲁吉亚的领土完整。这些冲突地区已经成了非法贩运和走私的天堂。与其他前苏联国家的情况一样，格鲁吉亚必须依靠俄罗斯的干涉才能处理国家内部的这些问题。俄罗斯在解决两大僵持冲突中的立场一直很模糊：一方面，其宣称支持格鲁吉亚的统一；另一方面，又对南奥塞梯的分裂分子大开方便之门，同时将南奥塞梯整合为俄罗斯联邦中的一员。为了制衡俄罗斯的影响，格鲁吉亚转而向西方寻求认可（如各国际组织、欧盟、北约、美国等）。格鲁吉亚战争（2008年8月）已经证实了欧亚大陆力量的平衡没有改变；它仅仅表明平衡力量出现了转换。美国陷入伊拉克和阿富汗之间的战争，同时与伊朗也存在潜在的冲突并卷入了巴基斯坦动荡的局势。这为俄罗斯重塑对后苏联地区的影响提供了机会。格鲁吉亚是强势国家和强势国际势力在高加索地区共同关注的核心地点。若考虑到能源的传输，格鲁吉亚地处里海和黑海之间、高加索的南部和北部之间，优越的地理位置使之成为可供"巴库—第比利斯—杰伊汉"管道（BTC）和南高加索管道（SCP）通过的理想区域。

经过数年的经济和政治改革后，保加利亚和罗马尼亚成了黑海区域内成功加入欧盟（2007）和北约（2004）的两个绝无仅有的国家。这两个国家过去都是前苏联的盟国，而且在"冷战"期间都是华沙组织的一员。另外，在20世纪90年代期间，它们都走上了同样的改革和民主化道路。作为黑海区域的两个重要国家，它们的安全环境非常复杂。加入欧盟后，这两个国家似乎都成为了动荡的东部和富裕的欧洲之间的缓冲地带。而且由于这两个国家与不稳定地区（科索沃）和德涅斯特河沿岸共和国（东北部）非常接近，因此其常被视为非法贩运货物、器械以及偷渡的过境国。同时，它们的地理位置的战略性也刺激到了美国，促使其重新部署从西欧到保加利亚和罗马尼亚的武装力量和军事设备。这两个国家也都是能源和原油重要的传输通道：连接了俄罗斯—土耳其并跨越了保加利亚和罗马尼亚东南部的"先进"管道。"纳布科"天然气管道在到达奥地利之前，也穿过了保加利亚、罗马尼亚和匈牙利。"纳布科计划"工程包含于欧盟的欧洲能源传输网络项目之内，而且对"纳布科"管道的可行性研究受到欧盟的项目资助。

尽管保加利亚和罗马尼亚拥有共同的过去，并且在其他方面也有很多类似的地方，但是它们在泛黑海区域内并没有共同的利益。罗马尼亚比其邻国——保加利亚在泛黑海区域内更积极主动。布加勒斯特（Bucharest）在黑海地区的利益可以通过以下几个事件来说明：伯塞斯库（Traian Basescu）总统把黑海地区放在了他政治议程的第一线。罗马尼亚举办了第一届黑海地区伙伴关系对话论坛（BSF）。对罗马尼亚而言，泛黑海区域为其提供了一个跻身西方大国并打破数年来被国际孤立和被俄罗斯压迫的机会。然而，在罗马尼亚关于黑海区域外交政策的制定问题上，俄罗斯却发挥了重要作用。布加勒斯特不断地关注着邻国摩尔多瓦的境况，并斥责了俄罗斯对德涅斯特割据的支持。北约和美国都认识到，支持布加勒斯特是在黑海区域内应对俄罗斯占据该地区主导地位一个最有价值的解决方案。

对保加利亚而言，2001~2005 年保加利亚的外交政策和战略都强调了其在泛黑海区域内的利益和地位，其中主要有以下三点：①发展与俄罗斯联邦之间的关系；②发展与摩尔多瓦和乌克兰的双边关系；③加强与高加索共和国之间的对话。然而，保加利亚在泛黑海区域中相较于罗马尼亚而言缺乏活力，这种被动的态度可以追溯到其与俄罗斯的历史渊源以及少数民族对土耳其的重要性。总之就是保加利亚受到了"现状势力"的压迫，它们对俄罗斯的态度发生了改变。2007 年 1 月所公布的欧洲议会关于对外关系的研究表明，保加利亚在与俄罗斯的关系中充当了"友好的实用主义者"，罗马尼亚则作为"冷淡的实用主义者"（与捷克共和国、爱沙尼亚、拉脱维亚并称），这意味着布加勒斯特在注重商业利益的同时也会在人权和其他问题上出言驳斥俄罗斯。

美国是最近进入泛黑海区域的角色，其在泛黑海区域内的利益既理想化又实用化。在理想化方面，它在支持此地区一些国家的民主化进程，并且成效显著。发生在格鲁吉亚和乌克兰的"蔷薇"和"橙子"革命都被美国认为是社会民主势力的复兴。这些很微小的民主化变革为美国决策者之间的争论指明了方向。一些分析师认为，在黑海地区，欧洲—大西洋组织，将欧洲安全和防御政策（ESDP）与北约的应对措施融为一体的战略，是将黑海地区国家牢固地锚定于西方的唯一途径。

而论及现实主义化的方面，美国所参与的黑海区域的事务，可看作基于美国国家利益下外交政策更广泛的一部分。"9·11"恐怖袭击事件改变了美国外交政策的方向，使其将诸如反恐和打击大规模杀伤性武器扩散之类的特殊挑战作为其首项政治议程。故在这方面，泛黑海区域对于美国而言是一个很需要关注的行动区域（邻近伊拉克、伊朗、阿富汗）。能源安全已经成为一个不仅是欧盟就连美国也很关注的主要问题。黑海已经成为从中东与中亚到欧洲、从俄罗斯的黑海沿岸港口穿过土耳其海峡之后，向地中海运输石油和天然气的重要路径。最后，美国在泛黑海地区日益增加的重要性，可能会有利于巩固美国在国际秩序顶部的霸主地位，同时也有助于削弱其他大国在这一地区的主导地位。然而 2008 年华盛顿领导人的换届暗示了东欧并不是必须要以奥巴马政府为优先。关于捷克和波兰的导弹防御计划的推迟（2009 年 9 月），以及莫斯科和华盛顿之间关于战略武器控制条约（START）商谈的暂缓，都加强了新欧洲（包括黑海地区）在迫切问题上要紧跟美国提出的意见。

3.4 当前的合作框架

泛黑海区域现存合作框架的建立，运用了该区域各种定义和主要外部行为者，涵盖了欧洲—大西洋机构，同时也采用了灵活的区域划分方法。

黑海经济合作组织（BSEC）代表了此区域中最具包容性的合作框架。该组织起源于土耳其在 1992 年的一个倡议，涵盖了 12 个参与国（6 个黑海区域的国家以及阿尔巴尼亚、亚美尼亚、阿塞拜疆、希腊、摩尔多瓦和塞尔维亚）和 11 个观察国（德国、白俄罗斯、克罗地亚、美国、法国、以色列、意大利、波兰、捷克共和国、斯洛伐克和突尼斯）。该组织在其存在的 18 年间经历了许多变化，并建立了一系列的机构，譬如黑海经济合作组织议会大会（PABSEC）、常设秘书处（PERMIS）、发展银行（BSTDB）以及黑海国际研究中心（ICBSS）。

自从黑海经济合作组织建立后，黑海经济合作组织在加强内部成员之间的经济合作中发挥了重要的促进作用。然而，渐增的政治不稳定性迫使其重新对目标进行审视。在第十次峰会中（2002 年 6 月，伊斯坦布尔），部长理事会号召加强泛黑海区域的安全和稳定，正式地将"硬安全"方面的合作涵盖在黑海经济合作组织议程中。然而在此领域中，黑海经济合作组织的作用却遭遇了诸多阻碍：①依据硬实力的安全条例，每个国家都存在自己的当务之急，而且它们在泛黑海区域内的安全战略并不可能总是保持一致。②黑海经济合作组织作为一个国际性组织，因其规模太小却涉及面很广，使其无力解决硬实力方面的安全问题；因为具备可靠防御能力的强大西方国家并不是该组织的一员，而其成员国具有多样性，也将使他们的合作较为困难。③其成员国的组成是多样化的政治团体和安全组织，这就使得政策协调极其复杂。④黑海经济合作组织的特点使其成员国政治参与度较低，大部分时间里，成员国优先考虑外交政策中的其他方式，而且它们比较希望通过与其他多边论坛的合作来实现自己的目标。⑤黑海经济合作组织的成员对于是否应该创建一个地区的安全框架感到犹豫，因为在该框架里强大的国家（如俄罗斯、土耳其）才可以发挥出它们的关键作用。⑥该组织尚未制定出具体的可行性机制，使其可以作用于硬实力方面的安全领域。⑦黑海经济合作组织与其他诸如欧洲安全组织、北约之类的国际组织之间，缺乏主要的沟通与合作端口。

1990年，欧盟开始涉入泛黑海区域，因为那时欧盟发起并参与了诸多的地域工程（巴库倡议、INOGATE、彼得雷斯、协同计划，TRACECA）。在协同计划的背景下，欧盟于1995年成立了黑海地区能源中心（BSREC）。2004年发起的巴库倡议，旨在促进能源领域的合作和法律协调，其包括了黑海区域和里海区域的所有国家（在"政治条件允许的情况下"，则也包括了土库曼斯坦和伊朗）。然而欧盟大部分工程和项目的商谈都建立在双边基础上，这是欧洲邻国政策和行动计划中的倡议。

黑海协同作用——这是成立于2007年4月新区域合作的倡议，首次试图把黑海地区作为欧盟的一个构成区域来对待。黑海协同作用的目的是重新组织现存的地域政策并加强现存区域的合作和对话。在该文件所提及的这些问题中，部分是关于民主化的推进和对人权问题的重视，反映了涉及僵持冲突、能源、交通、环境、贸易、研究和教育方面以及非法贩卖、有组织犯罪的问题。然而，该战略并没有表明出关于区域议程清晰、有效的政治立场，仅仅是表现为对举措的宣告但是并没有付出行动。

在过去的几年里，欧盟强化了与黑海经济合作组织的关系。1997年，它们的合作开始增多。当时，欧洲委员会向欧盟理事会提交了在黑海地区进行区域合作的信息，涉及欧盟鼓励进一步发展的事态与观点［Doc.COM（97），597 Final Brussels，1997年11月4日］。8年后，黑海经济合作组织成员国的外交部长在基希讷乌（2005年10月28日）采纳了一个声明，该声明涵盖了可以被该组织和欧盟同时接受的部分主要目标：①包括交通和能源在内的基础设施的发展；②囊括了跨境合作在内的经济和贸易活动；③环境保护；④机构和社会各界；⑤科学技术。然而，正如黑海国际研究中心的一些分析师所强调的：欧盟与黑海经济合作组织之间的合作框架其现实发展仅仅停留在概念的层次，既没有关于该结构的具体定义，也没有它们之间相互作用的内容。

开展东部伙伴关系是欧盟针对黑海区域国家的最新举措。欧委会建议与亚美尼亚、阿塞拜疆、白俄罗斯、格鲁吉亚、摩尔多瓦和乌克兰等国家开展新的伙伴关系，并使其成为改变关系的一步。这个充满野心的伙伴关系预见了其政治参与的水平将大幅提升，包括了以下内容：新一代相关联的协议前景；深入融合的欧盟经济；能够让公民更容易去欧盟旅游的安全需求得到满足；加强关于能源安全的利益统筹并增加财政援助。

自从增加了两个黑海区域国家（保加利亚和罗马尼亚）成员后，北约就成为泛黑海区域内的一股稳固势力。2002年北约公布了防御恐怖主义概念，这个概念强调了北约联盟在该区域内的利益，并且寻求为该地区的稳定和安全做出贡献。北约和美国在应对阿富汗和伊拉克的事务中，对黑海地区的领空进行了利用，这也加强了黑海地区国家与大西洋联盟的团结。为了加强该区域国家的军事力量，北约于2002年制订了个别盟友关系的行动计划（IPAP）。格鲁吉亚和阿塞拜疆分别于2004年和2005年首先签署了个别盟友关系行动计划，紧随其后的是亚美尼亚、哈萨克斯坦和摩尔多瓦。然而，北约在泛黑海区域的力量渗透，也致使北约联盟与其中的一些成员国（土耳其）以及非成员国（俄罗斯）之间的关系变得紧张。俄罗斯和土耳其对北约在泛黑海地区的力量渗透表达出了不满，警告并反对该地区的过度军事化。北约的门户开放政策以及与南高加索地区基于伙伴关系的进一步合作，意味着保加利亚和罗马尼亚将不再是北约联盟最后的扩张边界。

泛黑海区域内的另一个重要的地区合作框架是GUAM［格鲁吉亚（Georgia）、乌克兰（Ukraine）、阿塞拜疆（Azerbaijan）、摩尔多瓦（Moldova）］。GUAM组织于1996年在美国的协助下，由格鲁吉亚、乌克兰和阿塞拜疆三国的总统联合创建，其目的是削弱俄罗斯对此区域的军事和政治控制。摩尔多瓦和阿塞拜疆分别于1997年和1999年加入该组织，后者于2005年脱离。2006年5月，在基辅召开的一次会议中，GUAM组织正式制度化并更名为"民主和经济发展组织"（ODED-GUAM）。而接下来的一次峰会（2008年7月，黑海度假胜地巴统）关注了三个问题：区域民主化；与北约和欧盟的合作；包括吸引国际组织介入的新战略在内的解决僵持冲突的新方案。

为了增强黑海区域整合与协作的军事水平，土耳其于2001年4月发起了"黑海部队"行动（BLACKSEAFOR）。它是由保加利亚、格鲁吉亚、罗马尼亚、俄罗斯、土耳其及乌克兰的海军倡议的，其内容涉及了海军的营救行动以及对民间船舶的援助。

黑海对话与伙伴关系论坛，体现了泛黑海区域的最新行动，由关注黑海区域前景的利益相关者的参与和交互驱动。这次论坛的目标有多个：加强共识和互信；倡议促进不同地区的协同作用；支持务实的地区计划；共享该区域内国家与其他伙伴之间的信息及经验。

一个有关泛黑海区域现存的合作框架的分析表明，对于不同的机构参与者而言，凝聚其力量，并制定出一个关于泛黑海区域有凝聚力的全球化战略，是不大可行的。这个地区的复杂性使区域内各类角色之间的合作及对势力范围的争夺无法实现，而且一些机构框架内部盛行的争斗也不利于其协调和合作。

3.5 结论：路在前方

该区域自身存在的机遇和挑战、新旧参与者相对的利益以及现存合作框架的局限性，都表明西方力量对该区域的广泛涉入是必然的。现今，欧盟是此区域最强的组织之一，但是多元化的挑战需要欧洲—大西洋的战略联合，同时还要引入北约、美国和欧盟的软实力和硬实力。

对一种战略的需求引起了大西洋两岸的共同关注，就是北约和欧盟进行深入而广泛扩张的欧洲—大西洋战略。然而，在华盛顿和其他的欧洲首府中，决策者和分析师们开始意识到，想要变动这个战略是困难的。事实上，该如何设想一个没有对黑海区域国家联合和渗透（无论其有多么模糊）的欧洲—大西洋战略？从欧洲和北大西洋结构进行扩张的长期观察中可得出，争论已转移至北约或欧盟到底由谁来做领导，并向西方延伸至黑海周边脆弱的民主化道路问题。该争论从欧洲—大西洋结构扩张到中欧和东欧面临困境时就出现了，并非是新出现的。

2006 年，针对泛黑海地区欧洲—大西洋战略的前景，出现了三个并行的方案：①北约优先？②欧盟优先？③北约和欧盟齐头并进？

北约的布加勒斯特峰会宣言（2008 年 4 月）赞同乌克兰和格鲁吉亚加入北约的欧洲—大西洋组织的申请；北约联盟清楚地表明，它们支持这些国家进行成员国计划（MAP）申请行动，但是并没有给出进一步的承诺。格鲁吉亚的战争与欧盟—俄罗斯之间的紧张局势意味着北约的第一方案前景并不具有现实意义。再者，泛黑海区域的概念对于北约而言是全新的。北大西洋联盟在该区域中的作用及行动举足轻重，但它们的政治影响力却很有限。尽管与此区域内的国家机构关系渐增，但北约联盟仍然继续以双边关系为基础进行谈判。到目前为止，北约内部一直没有讨论出关于此区域长期性和全球性的方案。复杂的僵持与冲突遍及整个泛黑海区域，其对紧急问题的关注，譬如对巴尔干地区和阿富汗问题的关注，阻止了北约实施黑海地区协调一致的区域战略。另外，正如前文中已提及的，北约在泛黑海区域的利益处在俄罗斯以及该区域其他国家的对立面，而泛黑海区域被认定为激进的莫斯科和西方国家之间旧怨的延续。北约在莫斯科面前的形象是一个服务于美国利益的"具有侵略性的"组织。

"欧盟优先"的方案似乎更加实际。哈维尔·索拉纳（前欧盟共同外交与安全政策代表）乐观地说道："欧盟可以提供比此区域更大的机构框架，为区域合作提供安全和关键支持。最终，它将具备变革的力量并直接介入冲突事件中；这是因为其关注于一些共同的价值，如人权、法律规定和市场经济。"从地理上来看，欧盟通过参与许多项目以及双边协议，已经广泛地涉入了此区域。轮值主席国德国引进了"一揽子"欧洲睦邻政策（ENP+）改革后，又引入了欧盟的行动计划，使欧盟成员国与非欧盟成员国在黑海区域共存；欧盟对外政策领域内的瑞典—波兰合作，最终成就了东部伙伴关系。然而，尽管所有的特性已经存在而且所有项目和技术援助已经部署，但是对于西方来说，它介入的变革力量和它稳定黑海区域的能力还不是很成熟。

欧洲安全与防御政策（ESDP）的能力达到一定程度可以有助于该地区的稳定，或者说欧盟有处理危机和冲突的丰富经验，但是没有确切的证据可以证明，这一模式可以完全适用于黑海地区。2003 年 12 月被采纳的欧洲安全战略（ESS）聚焦于"在一个更好的世界中建设一个安全的欧洲"。欧洲安全战略的核心原则是通过与其他国际组织合作，实现有效的多边主义。"防御"而非"先发制人"代表了欧洲安全战略的核心。同时，为了有效地在该地区行动，欧盟应该重新评估其外交和安全政策以及欧洲安全和防卫的政策设置。这就要求再次考虑其软硬实力层次，以适应更为复杂的区域任务。布鲁塞尔应该再次考虑其与土耳其和俄罗斯这两个黑海区域重要国家的关系——这两个国家在该地区制定的任何战略都不能被忽视。区域的欧化/西化问题，其实仍然掌握在各种势力相互交织的复杂网络下（海岸附近国家、国际组织、地区势力）。

欧盟并非是泛黑海区域内唯一的利益追逐者。本章有意为此区域的每一个角色厘清困惑。在简要的分析中，既没有提议去预期争论的发展——关于欧盟对泛黑海区域举措的争论，也没有提议去预测该地区的未来。事实上，现在对其预测实在是言之过早，还不能设想欧盟、北约和美国的举措，因为这都将超出表面的层次和真正的政策行动。然而，可以建议的是，将泛黑海区域作为一个概念对其重要性加以反映，这是一个首要的目标，不仅是比利时和美国也将是泛黑海国家未来政策行动的目标。诚然，西方强国涉入泛黑海区域的原因就是在欧洲—太平洋与欧—亚交互中，找到了其作为桥梁或者边界作用的潜力。

第❹章　黑海地区的能源安全问题

摘　要：在能源安全方面，黑海区域对欧洲而言至关重要。到目前为止，关于这个主题的大部分讨论集中在来自俄罗斯、里海盆地、中东北端的天然气和石油的重要供给。已经提到的途经乌克兰的俄罗斯天然气在过境时的中断事件，无论是出于政治还是经济动机，都显示出了一些比较严重的系统脆弱性，并强调了当今欧洲在能源安全方面所追求的战略特性。这就很好地解释了为什么当前与将来计划围绕或穿过黑海建设的天然气管道会受到如此大的关注。然而，很少有人关注黑海能源市场及其自身权利的发展，以及用多区域形式而非个别国家行动来处理当前和将来的能源问题的潜在优势。本章建议在不降低管道维护意义的基础上越过管道政治，并且聚焦于一些可以适用于黑海区域、与能源系统的持续性和弹性有关的主要问题。

4.1　讨论的主题

屡见不鲜的是，关于能源安全的主题常常被讨论，特别是当它涉及碳氢化合物时，就其对抗性模式而言，这是作为洲际之间进行分配的零和博弈。事情或许并不一定必须是这样。本章并不是要天真地、不切实际地宣扬：让我们友好起来，忘记地缘政治并把能源安全看作一个实现"双赢"的绝佳机会。最理想的情况是，这种态度可能会在将来的某一时刻发生转变，但是也不一定。到那时，尽管不大乐意，我们也将不得不依从现实而行动。可以预期的是，21世纪全球能源生产和消费新格局的过渡将是长期而复杂的，而能源资源与过境路线的控制将会导致持续的竞争，同时由于一些国家通过政治来操纵能源市场、投机取巧或者撕毁合约，产生的后果会使脆弱性增加。而能源系统需要长期巨额投资的特点，也将进一步加剧该过程的复杂性。

即使是在早期阶段，我们仍可以瞥见许多产生积极变化的标志。至少有三个发展势头使用了隐晦或直接的方式在塑造思维方式和影响政治决策：①全球气候变化意识的增强，这的确是目前的一个危机，而其中的部分原因至少与能源生产和消费等人类活动有关——这些事情必须要妥善处理；②能源生产和分配上的技术突破成为现实，这样可以提高能源利用效率；③正在出现的联盟在商业利益和环境责任（清洁能源包括从可再生能源到可转化的能源）方面开始出现明显的商业意义。不考虑其潜在的政治背景及战略设置，这三个可变动力的洪流将不可抑制地在中长期内对能源市场进行刺激，使能源市场基本政策变得更加透明。

尽管能源最近在国际贸易中是受管制的角色，但能源贸易被期待了更多有意义的进展，这需要在诸多的利益基础上谋求达到一个理性的平衡，即意味着消费者的供给安全、生产者的需求安全，以及运输国家基础设施投资的收益稳定安全。这个平衡方案对黑海区域息息相关、影响重大，有些国家在碳氢化合物供应链中仅仅是其中的一个角色，有些国家却呈现出两个甚至三个角色。

事实上，黑海区域展示了国家干涉力量强弱和层次方面、社会经济发展的水平方面、民主构建成熟度方面、商业文化和财政结构专业化程度方面以及人类发展措施方面高度的不同。而且，一些国家属于不同的政治军事同盟或者属于一些类似于欧盟伙伴关系的联合，因此没有必然的敌对关系，于是一些国家可能有其他不同的计划，希望成为候选国。世贸组织的规则不能应用在黑海国家以及任何能源许可条约中。其结果就是基于现实的基础去谋求区域整合，这样的共识很难运用于中短期。然而，这种差异并不意味着障碍不能在广泛的合作上被克服，而是创造性的智慧和实际性的行动会在不同的政治文化背景下，由于明确的利益和复杂多变的环境而形成。什么是一个区域展示其构建新模式的价值能力呢？

黑海经济合作组织（BSEC）于 1992 年在土耳其建立后，地区前景被赋予了很高的期望。可以想象，"二战"以后煤铁对西欧的稳定和繁荣有着巨大的影响，能源合作在"冷战"结束后已经实现。BSEC 会议在管理和劳动团体层面上的统计，说明到目前为止最大的问题就是能源问题。结果，在能源问题总是出现之后，人们才开始谨慎起来。许多项目设想的目标太大很不实际，安全准备也不充分，而且最重要的是政策也没有倾斜支持。地缘政治的对手，往往扮演一个阻碍者的角色，拖延其地区冲突而且在能源使用上运用政治手段。

前面已经说过，大部分黑海国家都在过去十年里表现出经济的独立，成为世界上平均 GDP 增长最高的区域之一，这让人印象深刻。考虑到后共产主义国家向民主多元化和市场经济转变必将经受困难和痛苦，这无疑将成就非凡。当前危机涉及这一地区的所有国家，暴露出了大量的结构脆弱性，而且影响了能源的许多方面。不管什么时候，或者怎样去克服这些危机，很明显的就是，要对当前盛行的经济增长模式，即在非经济领域进行能源开发而不考虑其对环境的影响的模式进行改变。专家对此的共识是：困境的出路就在于对原则的执行和对目标的维持和发展。

目前对于黑海区域来说，最主要的责任是要连贯地整合成一个系统，在从现在开始的10年内要形成自己的地位。如果不能抓住地域合作的机会，那么地缘政治力量将仍然会对内和对外继续寻求前景，而不能集中在政策议题上，这也就不奇怪了。

美国早期就在黑海区域的复杂形势中发现了其潜在的价值，首先表现在欧盟对能源安全的支持上，其次表现在阿塞拜疆和伊拉克正在进行的区域战略价值模式运作上。美国—欧盟在涉及黑海区域能源安全方案时，由于分配的考虑会出现外交不对等。当前美国管理局在此地区的早期行为反复出现，说明美国打算在欧盟能源安全和里海油气开发中"扮演充分支持而非领导的角色"。美国和欧亚大陆以及黑海区域关于能源安全的政策有三个主要方面：①鼓励开发新的油气；②支持欧洲关于能源安全的寻求；③帮助高加索和亚洲中部的生产者找到石油和天然气的新市场。现在更多的新研究主要是美国技术转化以及中欧和东欧如何引进非常规气田的开发和探勘、碳捕捉和碳隔离、可再生能源、更高的能源利用效率和小型电池组。

保加利亚和罗马尼亚在2007年加入欧盟以后，欧盟在黑海区域就不再是外部势力了。经过开始的犹豫和广泛的咨询，欧盟采取了一个叫作"黑海协同作用——一个新的区域合作提案"的战略，而且已经按照这个战略初步执行了一年。这个方案着重指出了能源领域的合作，强调了它的生态特性，提高了能源效率，改善了新的能源基础设施结构。它也委托欧盟去开发全面规范的可行性框架，对生产者、运输者和消费者的交互提供清晰、透明和公平的原则。后来与黑海区域相联系的欧盟东部伙伴关系，是从协同作用下的双边模式行动中实现了多种协作方案后形成的。这两种欧洲政策初步的联合效果是考虑到中期运转，用充足的财政背景去提供真正的区域战略。

长期来看，20年后的黑海区域将与现在大不一样。一些分析师预测，不仅土耳其而且乌克兰甚至俄罗斯都会成为欧盟的一员，或者在2030年它们将紧密联合。更意味深长的是俄罗斯智囊团也认同这种前景预期。

同时，无论欧盟做什么，就算是没有成功，也必定会在黑海区域增加它的分量。欧盟关于能源和气候改变的一系列计划，就是在2020年减少20%的二氧化碳排放，提高20%的能源利用率，使可再生能源占电力生产的20%。自然地，有理由期待欧盟对此地区以增加责任的方式来施加影响，并开展一致的标准和领导的透明性。有趣的是，目前德国智囊团建议引进一种新的鼓励方式来对待欧盟成员，使它们信赖"名誉和赞扬"的理念。在限制性条件下，通过强调"胡萝卜比大棒好"，即多给奖励少做惩罚，可能会使欧盟将来可以更好地着眼于整个黑海区域。

对于增加的能源需求与缓解人类行为导致气候恶性变化的要求，没有什么单独的魔法可以同时解决这两个挑战。将清洁、环保的低碳经济成功地进行转变，需要从更广泛的主要能源中进行选择，包括逐渐减少的用于直接燃烧的化石燃料。最终，它们将不得不被转化、更新，并且被过程更稳定、保存方案更好的核能所取代。这需要时间、努力以及巨大的投资。

技术将是一个出路。自从核能出现，已经大量侵占能源市场，而且通过技术创新和生态经济的方法产生了热量和能量，在成本上增强了竞争力。风力发电场、太阳能平板场成为我们熟悉的陆地景观的一部分。目前技术上的突破使美国可以从非常规能源中大量生产天然气，致使国际 LNG（液化天然气）市场的天然气价格下降，从而导致高成本的上游开发投资战略延后。

黑海地区的国家将不可避免地成为此进程的一部分。作为欧洲的一部分，大部分国家不得不面临一系列需要克服的严重问题：过度依赖单一的主要能源，便利能源传输网络的老化、脆弱的电网和管道交互、单位能源生产的低产出，以及一系列的能源缺失。政策的全面展开以及前瞻性的方案大概可以定义为两类：①升级国家能源生产系统、传输系统、分离和使用系统等；②推行区域性解决办法在政治上可行的地区的国际合作，并且提供比单个国家单独行动更多的附加值。本部分主要集中在第二个方案并且指出了常见的处理方式，也是基于此来对黑海区域的组织框架及起始条件进行考虑。这里抛开了政治上关于能源重组深思熟虑的敏感性，碳氢能源与管理的开发在能源安全方面的著作中已被广泛讨论。

4.2　可再生能源和智能电网

黑海沿岸已经开发出一些大型的风力能源基地，一些来自太阳能和地热能的能源设备也开始投入使用。问题在于，目前所有地区及国家尚缺乏装备去适应这样的电网，大规模可再生能源的间歇性情况也缺少额外的电力输入。风力和太阳能是不可能不间断存在的。主要设施存在着间断的危险，包括电信中断，一旦新的能源危机出现，将会带来显著的恶劣影响。西欧一些国家早些年进行风能的开发时曾遇到过这种困难。因此，要多方面地考虑上述问题的复杂性和国际互动，这样电网才能够落实。黑海区域的国家，其系统将会非常脆弱。

解决问题是必须的，而且是紧迫的。这种解决问题的方法需要基于正当理由而大规模、有根据地进行，它需要经过足够多的尝试才能够成功实现。先进的数字技术使智能的传输和分配系统成为可能，这促成了生产者和消费者合作的一体化。这个系统由许多微型、小巧的电池组构成，把整个大陆连接成一个超级能源网络，全天候地保障能源供给安全。最近的研究表明，小型电池组技术可以增加系统效率的 60%（比当前平均水平多 33%），而且如果安装了智能仪表则可以降低电力消费多达 30%。这种系统的落实是十分迅速的。到 2014 年，全球累计花费在微电池上的代价将从 2008 年的 120 亿美元上升到超过 330 亿美元。这种新系统的引进预计需要每户每年少于 5 欧元的投资，它可以通过节约能源消费的方式来获得补偿。

针对黑海区域的具体情况并考虑到气候变化的预期后果，慎重考虑小型电网系统的可行性将极具意义，各个国家将不得不竭尽全力发展这种系统。通过集中国家财政资源，求助于各种方式去引进外资并为黑海区域的公私合作提供具有吸引力的激励，可以获得规模经济的优势，改进投资成本的效率并为城镇居民做好有实质意义的服务。

4.3 能源贫困与智能表计

能源贫困是指家庭在能源上的消费支出占总收入 10% 以上的状态。黑海地区的大部分国家，尽管在能源价格上对消费者进行了补贴，这个比例也都大大超出了 10%。许多受影响的居民不得不使用极端的方式，如自愿断电与断暖，或运用危险的临时代替品。能源偷窃变得非常常见。商业与居民在能源账单上的利用率极少公布，而且无论通过什么方式得到的统计数据都表现出惨淡的状况。由此可见，能源匮乏已经是值得忧虑的社会问题了。

这个问题没有简单的答案。这需要一系列复杂的方法，如社会和社区服务立法的改进，进一步规范能源市场、热电联产、加强建筑的能源利用效率等。这些解决方案中最重要的就是技术进步。意大利是欧洲第一个使用智能仪表系统的国家，用智能仪表系统来帮助居民保证正常的电力消费，果然极大提升了利用率，减少了一半多的服务中断问题，对消费者成本控制与节约意义重大。

这个经验对黑海非常重要，它涉及很多地区的协议而并非只是供应系统的国家标准。更重要的是，它需要贯彻国家支撑应急方案来进行复杂的网络大变革，而且许多区域中的国家需要对能源系统进行过渡性补助。

4.4　能源浪费

废弃物，特别是城市废弃物的收集、分拣、循环和处理成为黑海区域国家普遍面临的问题。几十年来，废弃物常常被简单地倾倒在专门的位置（不一定是合适的地方），而没有考虑到对环境的影响和因此导致的与周边国家的麻烦事。这些积累起来的垃圾山常常是有毒的，废弃物必须尽快被处理。甚至像保加利亚、希腊、罗马尼亚这些欧盟成员国，面对这些常规侵害，也无法采取强有力的措施去执行欧洲建立的最低标准。许多市政当局发现处理这些问题是很艰难的。因此，一系列的立法、监管和应对措施不得不在这些区域内被许多国家提起，这是可以理解的。

一些回应基于新技术的应用。就技术发展的最新水平而言，许多生态学家运用安全焚烧的装置可以很好地处理城镇的大量废弃物，但是这并不能覆盖中小型的废弃物垃圾堆。这就需要从各个地方运送大量的废弃物，距离很远。一个最近的例子就运用了现代化方案：运用瑞士技术的全生态化垃圾焚烧装置，在罗马尼亚境内的多瑙河沿岸城市建成，靠近乌克兰和摩尔多瓦共和国。这个计划比用船运送垃圾到毗邻区域费用更低，而且具有完全的处理能力，同时可以为附近区域社区提供可负担的价格。

在区域整合的垃圾管理成为可能之前，一些跨区域的工程，即使是在地区规模上，也是被鼓励的；运用地缘邻近的优势，可以改进能源服务造成的污染，同时安全地消解废弃物。

4.5　碳捕捉与碳隔离

在所有的黑海区域国家中，煤电装置依然是在能源构成中占据大部分的设备。出于国家自给自足以及系统可靠性的要求，低等的国产煤频繁被使用。超过一半以上的设施都已经老化过时，目前使用的还是三四十年前的技术，这些状况是二氧化碳和其他污染物排放的主要源头。每产生百万瓦电能会释放出一吨氧化物，而天然气只会释放出 0.4 吨。中期来看，所有的黑海国家都将把煤转变成为天然气，并且会减少对化石燃料的依赖，直到新的设施或者可以解决燃烧问题的方法出现。

　　关于碳捕捉和碳隔离方法的新技术将有很大的使用前景，该技术允许把煤电的排放物全部存储于地下自然的空洞或可渗透的岩层。多达15座此类令人信服的装置将被欧盟于2015年建成。这其中仅仅有一个在东部开发，现在也已经关闭。尽管欧盟的目标与国际排放的标准一致，但是这在欧洲的部分国家中仍然有很多的问题。

　　理所当然地，国际上减少温室气体排放的共同努力应集中于这样的区域：有更多可以通过成本效益高的方法做出实质性改善空间的区域。黑海地区就是这样的区域，而且碳隔离就是这样的一种方法。

第❺章　对于可持续发展和能源安全的考虑

　　摘　要：当前关于能源生命周期中所有阶段持续力的观点和方案，趋向于对直接因素、与第一层级相关的影响力及其潜在的问题进行关注。在整体的可持续发展模式方面，很少会分为第二级、第三级，甚至更高级别。在过去其他方面经常出现的案例中，我们往往过于关注其准备阶段，这意味着深层次的因素模式在确定性和操作性上缺少影响和推动。本章将讨论能源安全的高阶效应，这是由KISS原则（近距离接触原则）指导的、我们必须拥有的重要知识，可使我们对真正的漏洞有一个较全面的认识。

5.1　引　言

　　在关于可持续性问题的检测中，能源安全是被讨论最多的话题之一；与此同时，这些讨论大多涵盖了相同内容的一系列话题的不同观点。而这些观点大多都聚焦于"什么可以直接定义"或是"安全等式中占首要的顺序关系是什么"。毋庸置疑，这些形式都是最普遍或是最容易理解的，但是它们并不是最重要的，也不是最容易扰乱真正安全的。

　　时下，大多数关于安全的观点，都来自于同一时期。在这个时期里，主要的西方国家既是最大的消费群体，也是使能源问题从无人问津到高关注度的最大的推动者。然而在今天，这些观点却没有一个再是准确的了。由于时代的更迭，那些新兴的国家不仅成了主要的消费者和生产者，而且由于早期的参与者没有继续加强关注，这些新兴国家还成了创新者，于是这些观点变得更不正确了。在这里，能源安全在各种环境中的几个决定性因素将逐步明朗化。

　　本章提供的案例被称为能源的非安全。聚焦于这种观点的转变是本章最重要的主题。考虑到由于追求确定性而产生的诸多问题，笔者发现了该观点隐含的一个问题，即对安全性的关注倾向于消除或者是中和一系列未知的威胁。更广泛也更重要的观点涉及对海洋环境的观测，并以此来确认可能存在但未记录在案的非安全性。

若没有这种观点的转变，就要常常落后于别国，而且肯定会出现一段破坏的时期，直到这种非安全性变得明显安全，并且明确的安全方案可以被指导或出售。艾伦·格林斯潘承认，他从不能理解什么是担保债务凭证（CDO），也不能允许它们被创造和销售。同样的事实是，聚集在电脑上的病毒，正在用过去的"库"的问题来代替"零天"攻击（发现漏洞的同一天就进行攻击），这个攻击机制在过去十年中造成了许多实质性的伤害。运用非安全性和未知威胁的观点是很重要的，而且有意思的是，这个转变的观点是美国国土安全部于 2006 年的国会上，在国家重要基础设施研发（R&D）更新计划中提出的。该观点首次出现在 2008 年的欧盟主导研究关于"构架 7"项目的会议上。然而在目前，大部分的运作和工业支持仍然只关注已知的安全问题。接下来的部分就是能源安全问题的高阶组成部分。

5.2　特殊材料

2009 年后期，一些中国的组织获得了对世界范围内 17 个稀有地质材料主要供应商的控制权。这涉及许多已知的能源供应和过程。在过去，这并不是一个主要问题，但现在，它影响了每一部电话、每一辆紧凑型电动汽车、每一个高密度的磁换能器、许多化学和生物传感器、从手机到汽车的电池应用、涡轮叶片的蠕变预防、可取代白炽灯的电灯泡、大多数太阳能光伏电池、可供开发多核芯片的铪等。

中国没有偏安于市场的一隅，而是看到了其西化后自身将需要的很大一部分特殊材料。问题就在于甚至是最大的公司都不知晓这种情况的来临，例如，通用电气美国国家科学院的一个近期会议中解释到，它们没有意识到会发生，所以它们必须做好应急工作，但它们仅关于一种元素的处理就用了一年时间。从那以后，它们也已经发现了存在的其他问题，而其解决方法已经受限或者已经成为不可能。

这不是市场的改变或者是经济干扰的结果，本章作者早在 1999 年就已预测到，但是到了 2001 年，国家情报委员会才开始关注这个可能。这种独立性情况

直接导致了与供应链相关的更高级的模式、备件使用和成本、可能的扰乱、长期
经营或战略期间的亏损。

5.2.1 催化剂

在广泛的能源领域中，隐藏在制造和生产领域许多不同方面的，就是物理和
生物催化剂。这些催化剂以一种独特的方式促成了反应或是加快了进程。与稀有
元素一样，我们已经发现了在诸多情况下，只有很少的甚至仅有一种材料能实现
在商业上与安全上的可行性需要。在一些情况下，催化剂是消费的关键，而在另
外一些情况中也基本如此。在许多情况下，这些催化剂的可用量以及目前提供的
生产能力都是有限的，而且常常没有得到有效的控制。如若数天内不能处理好它
们，就会损失利益，几个星期不能处理的话，就会使公司破产。催化剂在石化工
业的运用广为人知，在特殊的合金、涂料和化学反应中的应用就更为明显。地缘
政治在财富和消费上的重新分配，将会对该区域及其事务造成重大影响，而且也
冲击到从新资产到多余部分的存在。

值得注意的是，2007年国家情报总监着眼于未来对关键技术的分析认为，
生物催化剂是最有意义的事物之一。与人工合成的化学催化剂和添加剂不同，生
物催化剂是活跃的，而且在一些方面展现出习得性行为。这也意味着我们可以削
弱、禁止或者控制它们去做超出我们需要的其他事情。

催化剂对所有能源问题的影响是很大的，它也一直控制着知识产权、方法和
材料，但是在介入、容量、过程或IP方面确实会造成持续的影响。而相反，在
未来的进程和材料方面，缺乏对催化剂进行积极而先进的管理，将意味着在能源
领域里出现突破性创新并与昙花一现相区别。随着诸多能源生产新形式的出现，
生产和使用催化剂将构成可持续能源的未来，而且会在未来许多新路径中潜伏下
不安全因素。

5.2.2 润滑剂

润滑剂可能存在安全问题的设想曾经或许被认为是不够聪明的，但它却是一
切移动和循环事物中的一个独特因素。在一些状况下，润滑剂可以有多种多样的
替代产品。但是在更多情况下，替代产品几乎不存在，因为具备普通润滑剂不具
备的性能需要具有独特的配方。例如，在超高压力控制下的大型转子系统中，传
统的润滑油要让位给几种日益稀缺的酯基物质。润滑油在影响蒸汽机、气体涡轮
机与涡轮压缩机使用的同时，也将影响下一代水平与竖直的风力涡轮，以及新一

代尺寸下需要制作成低成本的纳米材料设备的纳米颗粒。

5.2.3　合金

添加剂，从普通到特殊，如常见的铬、钛、钼、钨等，均被允许用于能源产业中的不同领域。然而，这些广为人知的元素正逐渐形成一个安全问题：无论这些元素是否是新出现的或者是可维持的，在推动现代能源系统前进的过程中，其消费和生产过程都会造成意想不到的后果。

传统的观点是在高镀铬能量装置的管道铺设中，加强其创建过程中对铬元素的取代并减少对其的处理，将会显著降低运转温度、功效、工厂产量、经济价值，同时增加其风险状况。

下个十年，我们可预见的大部分专业化新材料，其材料的成分将非常不同，不仅将运用纳米技术和分子操纵技术来创建合成材料，而且也有机会创造出金属合金或金属，它们可以自我规范其响应负荷或条件的行为。众多方案和可能需要的材料，是智力资产的一部分，不能被这些领域中成功的人创建或控制。虽然曾经明确地提到过，全球的战略应用，在关键知识产权控制下的主要领域，其转变是非安全的。

5.3　符合标准

标准往往被假定为双重的，在创建的时候是相关的，不再关注此问题时又是不相关的。贯穿在整个工业革命的过程中，我们在世界范围内制定了广泛的标准，而且使用这些标准不仅具有交互性和效率，还建立了"合法的、可接受的实践"。其目的在于表明：在许许多多的事务中，什么是被我们认为是足够的。我们还将它们作为贸易控制或贸易障碍的形式来使用，我们将看到该趋势在未来会再一次发展壮大。

伴随着在产品货物、材料和过程步骤、资源和材料的可利用性和选择性上的巨大改变，低碳进程中的压力，能源和水资源的使用，以及许多其他方面，过去一百年的标准必须主动地进行检测并加快转变，来面对在新环境下的压力并遏制其由于缺乏此类改变而导致的进步减缓。美国使用的 MilSpecs 标准是非常独特的，并且被世界各地所采纳。我们必须考虑所产生的巨大影响，而且在所有的工程和技术联合中，我们还必须尝试类似的努力。

这不仅仅是一个简单的技术问题，还包括创新的速度、新材料的引进、先进的方案、无支持意义的意见标准，以及在大范围创建法规的风险。当前标准创建和采纳的速度变得过于官僚主义，以至于在整个产业领域都需要重新设计，以满足我们彻底革新的需要。在这个彻底革新中，我们所假设的是其静态的标准。这并非是简单重写这些标准，而是其大部分将需要进行新的方法、材料、应用研究、产品趋势研究以及寿命研究，这些都是配置文件合法可持续性的一部分。关键标准的缺失涉及主要材料的变化，方案和运输是能源不安全性的另一种形式。

5.4 分布式电力资源

分布式电力资源有许多变化，从智能电网到正被南美洲纳入考虑范围的电力布局概念，这些变化都依赖大范围的方案与应用协议的连接，并且为不同的股东控制多种渠道。在显而易见的安全网络问题侵扰和服务拒绝之外，如果存在这样一种环境，那么有许多行为是有可能出现的。这个环境就是，如果没有特殊的社会与行为指导和监管，那么察觉就会极其困难。除非可以阻止这类行为，否则它们将造成经济的损失、消费者信心的丧失以及系统的阻碍。这种情况下持续力的问题是处理大规模投资过程中的一环，需要建立和支持这样的系统。投资回报的延迟是时间节点的延伸导致的，从而增加了干预的成本，带来了较低的吸纳水平。

在分布式电力资源的要素中，引入了服务、供应、连续性和应急管理的新形式，它们中的每一个都是新的隐患，而且不存在于当前的主能源系统中。把大系统拆分为小系统并不是一个问题，但其涉及了新形式级联，还有多种进入方式的安全隐患，许多命令会越过目前大容量的交货系统。

非常重要的是，要注意到智能电网中的大量算法、通信和智能设备，以及在扰乱的变动中，数据的敏感性和相似性的大量增多，可能都伴随着简单的技术生成。随着最近为 Windows 7 而设立了 DEP 防御系统，所有 Windows 系统的主要保护方案已经达成了一致。这使任何一个能源交付网络得以全面并最大限度地分配实施，但其在层次上与设备上的愈加脆弱，不能支持防御系统，不过 DEP 防御系统可以用来作为预防攻击的网关。

5.5　新一代通信

或许，依赖性最有意义的范例，以及由此产生的关注，不是能源设备，而是一个日益增加的未来核心要素，这体现在现今的手机上。十年前，平均每部手机用到了元素周期表中的 15 种元素。现在，一部智能手机所使用的元素超过了 60 种，而 iPhone 更甚。这意味着之前指出的稀有元素问题会对此设备有直接的潜在影响。

或许有人会问，这与能源安全有什么关系？答案为：用机器来控制机器，以无线控制系统作为技术核心，延伸并跨越了整个工业领域。在能源领域，智能电网和其后来网络的建立，必须有安全便捷的无线网络去连接分配网络，而且不会连接到广域网格。美国一直将其纳入考虑范畴，但是已经在新兴国家出现了，这是一个本质的因素。在能源的探测和生产，以及水资源、电力资源的运输中，如果我们可以维持，那么 M2M 因素将是一个游戏的改变者。

最后一句或许听起来很好，但是并无法进入新一代能源计划的关键因素和材料中，而且可支持的效用系统也可能由于不能达到我们需要的 M2M 水平，而被严格地限制。有线替代品的使用在经济上并不可行，在有线的环境下，端点的复杂性将不会有任何不同。从紧急管理和控制中心陈列的显示器，到一个先进的安防系统中边界的单个异常传感器，新一代通信系统的网络独立性因素是诸多类新隐患的一个巨大来源。

5.6　结　论

在许多地区，持续性的问题在很多方面被破坏和阻止，这是由于其在过去和当前的世界经济环境下没有被正确地对待。没有对会影响可持续性能源空间的所有部署进行全面审查，那么对于我们来说，将很容易误导自己——认为我们已经制作出了一个强大的解决方案库。以现今的智能电网观点为例，其就绿色和低碳步伐而言，可能在考虑前几代作为生物燃料的方面目光短浅。对于这两种情况的工程说法，由于控制众多的试验吸引力太小，而且不适合第二和第三命令模式，明显曾被绘制出合适的包容性边界。如果我们没有全面地看待安全隐患，那么可以列举几十个例子来证明这些替代能源观点。

在政府、大学和工业研究室（NAS 的 GUIRR 部分）所举办的一次国家科学院会议上，一系列目前非预期的能源特性问题大量被提出。其结果是把 2010 年关注的目标初步确定为国家目标。GUIPR 会议进程已经引发了接下来的几项工作。然而回顾这些问题，此处所呈现的四个不安全的问题是很清晰的。

世界贸易战争带来的广泛而深刻的影响已经过去 60 年了，贸易战中几乎各个方面都有人为的扰乱和阻碍，但是自"二战"发生后就悄然无声了，这是由于随着作为消费者和生产者的新兴国家成为全球的热点，如何行事来满足其公民的期望，为全球贸易战争带来了一些新机会。我们必须构想这个背景下的可持续发展和能源安全，同时考虑如何应对上述挑战及其额外负担，这些政治束缚将会在几年内显现并来临。

两个简单的习惯深深地影响了每一个工程师。早期教育阶段中牵扯到所有假设的记录，并试图围绕该问题分析其前面绘制出的恰当的控制量。合适的措施可以确保我们在遭遇所有能源状况下进行全模式整合。一个额外的习惯是，在遗弃它们之前对整个条款进行审核——可能不是很明显或很直观地去寻找安全隐患。如果我们继续将不同水平的能源安全观点过于简化，那么我们将不可挽回地严重损害能源的可持续发展。

第 6 章 区域和全球能源安全的经验教训

摘　要：从战略的目标观点来分析能源供应安全，可以加强能源建模方式下全球能源系统的长期弹性。确定的指标用以衡量能源长期安全，可以探究国际和区域能源模型领域内专家的经验观点。

6.1　简　介

一个在科学和技术上推动国土安全发展的主要力量是"应对恐怖主义而进行协调的科学和技术需要"（Voeller，2007）。作为一种对恐怖主义的政治回应，国土安全总统指令/Hspd-7 为联邦部门和机构建立了一项国家政策，以确认并优先考虑美国关键基础设施和关键资源，同时保护其免受恐怖分子的袭击（Bush，2003）。Voeller（2007，op.cit.）指出，总统指令没有强调，"动用国家科技能力的需要"与运营关切同等坚决。这种明显缺乏的重视是对国家研究理事会（NRC）所做出的研究的激励——使国家更安全：科技在打击恐怖主义中所发挥的作用（NRC，2002）。研究优先权被国家研究理事会的报告所证实和响应，本章的提起是为了创建一个新的主要参考资源。本章所提出的一个目标，即这篇概述文章中能源安全的视角，探究了"国土安全的国际范围"。

本章作者的研究背景是在系统分析领域。总的来说，他们拥有在应用系统分析国际机构（IIASA）40 年的工作经验。而该机构是一个非政府性的全球科研机构（CIASA，2008）。坚持科学的方法，要求严格限定条件和概念去进行工作。在这方面，不幸的是出现了"恐怖主义"，这是在政治上都已被含糊的定义（即绝对的时期，而非相对的时期），更遑论在科学上。因此，在以下的分析说明中不使用这个词。我们认为，"蓄意攻击"一词更为精确，而且也更贴切——更好地描述了何谓普遍意义上的"恐怖袭击"。

普遍被接受的简单系统分析定义并未明显地表现出来。一个原因在于，在一些领域中出现了确切的含义。甚至 IIASA 自身也不推荐以它的名字来单一地进行解释，但是很明显的是，系统交互的多学科研究是系统分析的关键特征。研究交互第一个重要的方面是要避免忽略系统之间相互依存关系的陷阱。对于一般的国家安全问题而言，任何系统的分析方法都必须考虑外部对国家政策的反应，包括从相互关联的外部到国家因素模式在内的国际相关方面（EIA、DOE，2009）（能源宪章安全，2007）。

第二个重要方面是基于我们想要限定的基础概念，这是系统分析一般基础性的原则，按照系统的脆弱性来匹配系统的有效性。系统随着减轻冗余会带来效果的增加，结论随之出现似乎是合理的，因为系统一般都有很多冗余，可能的替代品比系统冗余更多。进一步来说，如果我们理解与脆弱相反的弹性，我们将明白，一个重要的系统分析对研究弹性和效率之间的相互作用十分有效。因此，需要在弹性和效果之间找到冲突最佳（最大）的客观切入点。

对能源系统来说，脆弱性和弹性与安全的关系显而易见。能源安全可以通过增加能源系统的弹性来加强，这就是分析的目的。我们认为，区别短期内的弹性和长期内的弹性是有用的。短期弹性与自然灾害或蓄意攻击有关，长期弹性是由系统建设决定的。

接下来，将涉及两个主题：①能源安全系统设计的基本特点（能源安全模式，设计展示模型，燃气市场竞争模型的一些想象结果）；②分析当前呈现的政策内涵。

6.2　能源安全合作：弹性化的能源系统

能源系统分析中，弹性的一个重要表现是稳定的系统均衡（Hafele，1976）。想象一个一维的自动系统的最大情况：

$Y = \dot{x}(t)$，

状态 x_0（$\dot{x}(t_0)=0$ 被定义）是稳定的系统均衡，当且仅当：

$\ddot{x} < 0$，

在 x_0 的区间，系统将自动转向均衡点。

这个概念应用对一个能源系统来说，意味着系统可能是弹性的，如果它的设计方式是由一种自动的力量去决定系统的变化，当系统从均衡点被改变时，系统在处理完变化以后，可以返回到原始的均衡点状态。一个例子就是如果蓄意恶性攻击能源设施的某一部分，就会产生震荡。这个震荡可以显示出短时间内能源供给系统的弹性。

让我们转向长期能源弹性系统，结论就是，弹性是能源系统基础结构的特点（Holling，1973）。这要求关注长期的国家能源系统脆弱性。一个重点或者说最重要的一点是，长期安全可以威胁到任何国家的能源系统，因为即使按照签订的协议与建立的能源市场规则，国际能源的供给依然会失效。回望过去，我们发现供给中断常常是由合作者的意见不一致引起的（消费、生产、运输国家），或者是由于政治原因而非技术原因引起的。这里我们得出结论，长期的能源供给弹性要求能源出口者、进口者、传输者共同分享利益，这样可以稳定其平衡，处理"震荡"的问题。

系统设计的前期要求是对等地为系统中所有的利益相关者服务。如果从进口角度来说，供给安全对能源系统的长期弹性是主要标准，那么就要求能源安全也必须从出口者角度来制定相应的标准（Criado et al.，2006）。这两个标准的一致性能提高能源安全的合作，我们将在下面的主题中逐步涉及这个标准。

目前此领域的工作（Gheorghe and Vamanu，2009）可以概括为，涉及核心基础设施中的弹性概念（如能源设施）通过引入合作的系统模式，对复杂的交互结构定量地进行脆弱性估定。他们通过强调两种变换指示设置共存描述系统弹性，如实体的定义、投资、可获取的资源等，以及非实体的政治学、文化等方面。

6.2.1　供给安全

长久以来，能源安全或多或少地对涉及供给的安全问题保持沉默。因此，国家能源安全被认定为：充足且可信赖的能源供给，具有合理的价格，以避免伤害国家的基本目标和原则（Yegin，1973）。世界能源委员会将能源安全定义为"维持燃料和能源供给，不能损害居民安全、经济、社会和国家"，此定义也只考虑了供给。IEA 认为：能源需求所欠缺的是考虑其可理解的定义，而且其使命被定义为"能源政策建议 27 个国家，努力确保供给居民可信赖的、可承担的，以及清洁的能源"（IEA，2008b）。

目前，对能源供给安全的分析是：以可接受的能源模式从战略目标的前景来加强长期全球能源系统的强度。Schrattenholzer（2008）区分了长期战略安全争论的两种衡量结果。它们是一次矿物能源的资源产出比率（R/P）以及资产净值，我们在下面对其进行界定。

对 R/P 比率的界定是，对任意给定的年份和给定的资源，资源用以消费后留下的数量，除以给出的每年消费量所得出的比率。资产净值被界定为当前发展中地区与工业化地区的人均 GDP。全球大部分长期蓝本包括数据都是根据这些措施进行预测的。重要的例子是 IPCC 出版的关于 Emission 蓝本的报告（IPCC，2000）。

6.2.2 需求安全

正如我们上面已经讨论过的，匹配是稳定平衡所需的必要条件。能源需求安全的重要性是比较意义上的概念，我们从获得供给的角度来讨论确切的需求安全。

面对自然灾害和蓄意攻击时供给的脆弱性。能源供给的基础设施所受到的自然灾害和蓄意攻击对供给者而言是危险的，就如同在相对应的原则下的消费者一样。这意味着生产者和消费者在危险的风险暴露中具有天然的连带利益。

供给者利用能源作为武器。需求一端所面临的能源安全危险被公然掩盖。通常情况下，消费者利用相同的情形作为武器来对抗供给者而造成的危险，不在讨论的范围之中。考虑到这个事实，运输能源，例如天然气，需要大量的前期投资。所以消费者将沉没成本作为杠杆，对供给者来说其危险是很明显的。

能源价格。能源价格如此之高，以至于可以感受到能源供给安全面临的威胁，但是对供给者来说，能源价格过低就会亏损。

目前，我们讨论系统分析的主要方法，意味着能源供给安全和能源需求安全应该综合考虑。现在我们回到一个问题上：如何使供给安全和需求安全这两个不同的概念达成一致？

从程度上说，安全就是降低风险，风险是意外事件发生的可能性。概念是相同的，只是意外事件不同而已。如果消费者和生产者遵循这个可识别的概念，那么他们在实际行动中，面对能源安全的讨论，就会有不同的态度。而且，我们的分析意味着，阻断（供给或需求）能够被实时的计划所避免。分析和研究都表明，在消费者和生产者以及运输国家之间，这是另外一个着眼于理解进行对话的讨论。下面将讨论的是在不希望发生的事件中，如何尽可能地使连带性最小。

此外，全球有关能源安全管理的人员，希望主导未来发展蓝本中涉及其可能性应用的评估。因此，能源工程将在国家长期安全的相关问题中，扮演一个重要的角色，而且在中长期的决策中，出现这种顾虑的不乏政府与国际性组织，如国际能源局和欧盟。

6.3 能源安全模型

6.3.1 一个例证：天然气

为了说明如何将上面的概念运用到规范性的现实问题中，我们借用最有意义的一个例子：广阔能源安全领域中的国际天然气市场（Victor，2006）。

在概括这个模型之前，需要着重指出：我们认为，对于传统市场来说，天然气市场缺失的重要特征是什么呢？对此问题的主要观点是其缺乏全球贸易的规范化市场。提出这个观点的主要原因是缺少全球相关的价格规范（石油市场也一样）。因为，涉及环境友好，相对于其他的化石燃料如煤、石油等，天然气成为日益增长的首要混合性能源。国家首要能源的供应中，40%~60%是这种"蓝火焰"。尽管这"繁荣的事实"在 20 世纪 70 年代就开始了，但是并没有为天然气贸易的效率和信赖建立起制度性的框架。

为了获得合理化的战略，在天然气时代的开端，消费者和生产者都试图去规避两者的交易风险。通过对长期交易合同的谈判磋商，得到一个准则：通过引入最低价格机制和灵活可变的价格机制（在一些地区，有一种被称为"带走或支付"的情形，可以增加需求的安全，而且可以与消费者进行灵活的商定）。消费者的利益可以通过预测每年的价格来保证。相当于谈判重新回到"市场出清"的新阶段，这可能需要多年去实现。这种重新谈判并导致价格改变的机制，通过调整等式两边的系数，一步一步地接近每个参与者心中的接受价格。

今天，全球天然气贸易依然遵循这个规范：如果供应者和消费者没有很好的联系，就不会有天然气贸易。这种情况很快从经济领域扩展到政治领域，如果没有在战略上给予每个参与者利益，就不会有地缘政治领域。引入的这个规范可以在大多的事务中发出声音，如天然气运输的基本设施、重要的出口需求等，这个规范可以很好地处理双边甚至三边国家的关系。进口到美国的 LNG（液化天然气）只是一个小小的反例，只有 50%的进口以短期合同交付。同样地，在区域和当地的分配中，欧亚地区是以非市场的价格来供给终端用户的。

这种天然气贸易的独特性可以解释为，在它们中间，有这样的事实：①消费和生产中心是集中的；②天然气生产、运输、分配的基础设施是灵活的（由于长期经济服务装备涉入）而且成本是密集性的；②在天然气交付的灵活性上，以及交付过程的重复性上，几乎没有任何的改变；④几乎没有主要的天然气生产者，他们在地理上是分散的。

不管怎么说，这些类型的国际关系明显与国际能源安全有关。我们对这些关系的规范性分析建立在显著的均衡、价格和数量的形式上（Klaassan et al.，2002；Kryazhimsky et al.，2005）。

实际上，这个均衡有很多缺陷：首先，在消费者立场上的谈判磋商依赖于一系列地缘政治以及双边关系的状态；其次，在销售者之间几乎很少有竞争（主要是进口基础设施不灵活），这使供给者在谈判中优势增多。因此，均衡是界定在充分利用有限条件下，其敏感性是客观的，会受到许多非实体方面的影响。

这个均衡提供了两个重要的因素来保证能源安全的长期合作战略：它对供给者保证了长时期的需求，这对生产和传输的天然气基础设施投资来说，是一种重要的情形；另外，它允许消费者依据所给的容量和价格做出全面的能源计划。

在西方消费国家的公开讨论中，生产者和消费者彼此依赖，但是常常在不知不觉中成为消费者单方面的负担。其实明显的是，两方面的参与者应该基于共同利益去行动或制订关联计划，这对双方的能源安全都是一种促进。同时，我们认识到在长期相互依赖的时期，扩大双方能源部门的参与，可以减少双方的脆弱性，并且可以整合天然气长期谈判中的劣势。

察觉长期市场缺点后的反应是，建立一个短期的实时更新的目标——这个目标首要的是减少双方的负担，以弥补长期合同的不足。事实上，过去当地天然气市场的形成是随机的。新市场的形成类似于石油市场。在长期和短期合同的约定下，在市场贸易中利用其财政驱动是其主要手段。这个方案的优势是可以强调竞争空间、透明度（价格和数量公开化），以及供应者关心的程度。

然而，在长期合同中要解决关于供给的所有障碍，市场（单纯的形式）有一个很大的劣势，即出于需求安全的顾虑，市场的作用甚至可能是零。我们可以辨识这样的市场（消费者与供给者在能源安全传递中，效率和成本相互依赖），于是便有了本章在起始处提到的系统分析中的明确条款。这样来说，效率（从供给角度的市场效率）的脆弱性（供给）是一个比例。按照能源安全的合作逻辑，这种供给安全的降低将最终通过消费者反映出来。

对于未来的顾虑，其争论回归到了高投资的基础设施建设问题。成本回收的时间，即使以管道的最大能力运营，一般也要在10~15年，还没有严格考虑出口工程的需要状况。我们总结了两个市场的主要特征，如表6-1所示：

通过比较，可以明显看出这两个市场模式的优势和劣势。因此，和谐的能源安全合作解决方案，应该包括这两种情况的特点。

表 6-1 国际天然气贸易的主要特征

长期，双边市场	自由市场
● 几乎没有生产者、消费者	● 多个生产者、消费者
● 价格由可改变的燃料引导	● 竞争下的短期价格形式（季节性）
● "有吸引力"的价格规范	● 高价格具有易变性
● 双边信赖（价格和质量）	● 基础设施建设：大部分可以运作（存储），传输有风险
● 基础设施建设：小风险	
● 消费者、生产者和投资者的关系可预知从而相互可靠	● 供应者和消费者的关系不可靠从而不稳定
● 与需求有关的主要长期政策关系，创建相互依赖	● 分级化依赖

6.3.2 经济性视角及合理性

在前面的部分中，我们确定了竞争可以帮助缓解天然气贸易中一些我们不希望存在的特点，但没有提到竞争能源市场的培育，这是当前几乎大多数国家能源政策的关键因素之一，在这里，我们将对其进行概括。

这个模式叫作 GASCOM（天然气市场竞争模式），属于博弈论的范畴。这个模式背后的关键思想是：联合的竞争方式能提高出口工程的经济效率。天然气市场竞争模式涵盖了天然气的整个贸易，包括从国家水平方面的传输通道评估，到精确的供给时刻表以及相应的现金流。

在博弈方法中一个关键的特点是它提供了一个可接受战略（特殊的范例：市场渗透的时间性和供给容量）。这个模式证实了我们对系统分析的理解，因为它包含所有相关的反馈和关联的情况。这个结果是，对于所有的代理商而言，要最优化其供应安排以及把握最优的市场进入时机。

这里有两个关于这个模式问题的解释：

● 在长期合同中，这个模式在代理商谈判中被重复性地使用，代理商们也反复更新他们对竞争对手的认知，以做出相应的战略协调。因此，了解了对方对自己战略的反应，代理商可以定义"合适的"进入市场的时间，通过在最短时间内获得补偿来重点决策（这个准则的选择是接近其最大化的内部回归比率，即IRR，这是一个工程，而非当前价值净利的传统应用最大化，即NPV）。随着市场进入时间的结束，自然地表现出代理商控制了市场供给的另一种博弈。最后，（在大部分事务中）所有代理商将达到一个临界点（纳什均衡），在这个点的时间安排或供给安排改变将不能再提高他们的利益。因此，对于长期合同事务，如GASCOM博弈模型，允许每个代理商揭露进口方潜在的需求及其所对应的潜在供给，这就是一个战略优势。

● 在中长期合同中，该模式仿效市场价格规范（在我们的例子中，考虑的是将来一年时间内的变化），市场基础和工程经济的特点将识别出竞争的优势。

技术上，解决的方法类似于长期合同，但是本质却有所不同。第一，均衡解决方法涉及更高的市场风险，这是由于代理商供给战略会给价格带来影响。第二，解决方法还是假定代理商的内部协调：没有长期计划也可以由一个或多个代理商的合理行为来正确地得到（例如，寻求战略利益的均衡偏差）。

在提出例证的结果以前，我想提一下在事务应用中的大部分争论，那就是需要构建一个新的上游基础设施。随着世界天然气需求的增长和供给资源多样化趋势的出现，这个问题是很有意义的。另外，考虑到一旦天然气传输管理成本收回后，基础设施的外在风险就会变化。基于这样的事实，转折点的界定将把为能源安全而提供合作纳入考虑范畴：这是处于投资收回后的关键补偿时期；在此时期内，供给者将逐渐进行自由贸易。

下面的三幅图证实并描述了上面的进程。它们证明了对一系列案例的研究结果，GASCOM 过去常常用以分析其前景，中国可能出现的潜在天然气市场，一系列从俄罗斯、哈萨克斯坦、土库曼斯坦的出口项目，以及太平洋盆地的液化天然气（Minully, 2008a）。图 6-1 中，我们展现了在最优化之前的现金流量贴现，也就是说现金的流动将作为实现代表公司项目的结果。嵌入图表中的说明与曲线的形状表明，该模式反映了传输项目的所有特性。这个项目不仅没有得到最大化运用，而且直到 2050 年都不会得到补偿，其大部分具有较低的相关性 IRR（内部的回报率）。这种情况潜在的原因是，所有的代理商都竭力对新兴市场作出战略定位而且所有人都想尽可能快地进入。由于需求是有限的，得到的价格就不足以

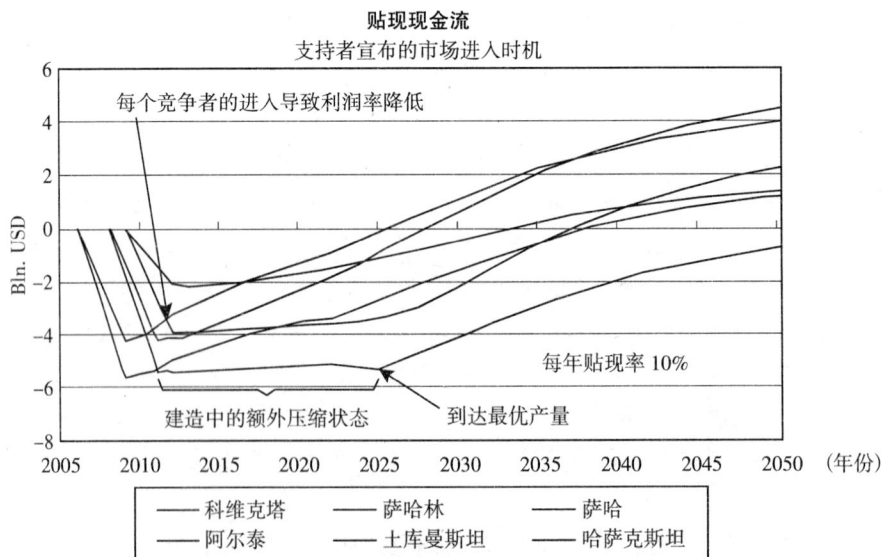

图 6-1　支持者所宣布的贴现现金流

使输送工程在经济效益上吸引人。

图 6-2 展示了 GASCOM 在一些最优化项目上的现金流。现在所有项目都以短期框架来实现支付,而且有较高的回报率。

贴现现金流
天然气市场竞争下的市场最佳进入时机

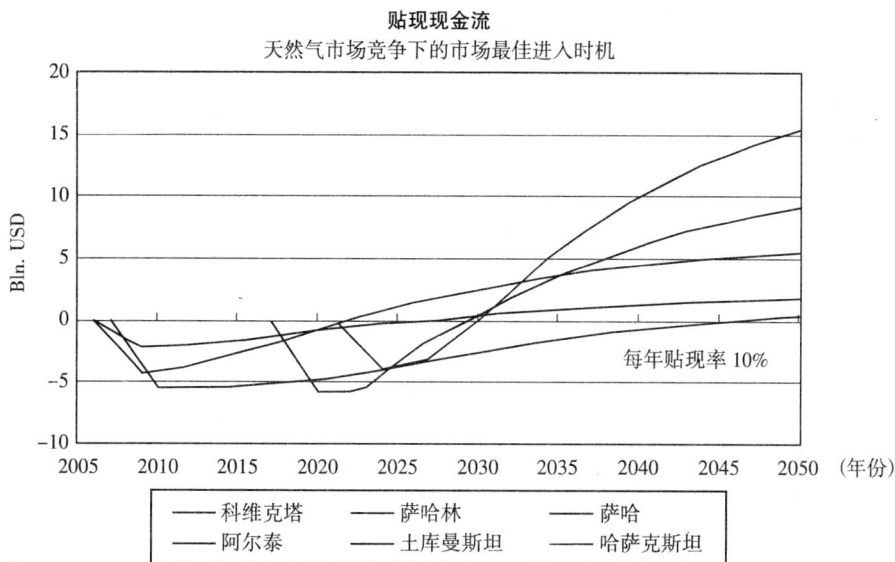

图6-2 GASCOM 时效最优化的贴现现金流

为了给出更多的图示,图 6-3 展示了代理商提出的供给计划,以及如何利用 GASCOM 进行比较,并使市场总需求最大化。

总供给,中国天然气市场
GASCOM 下的时效性和供给最优化

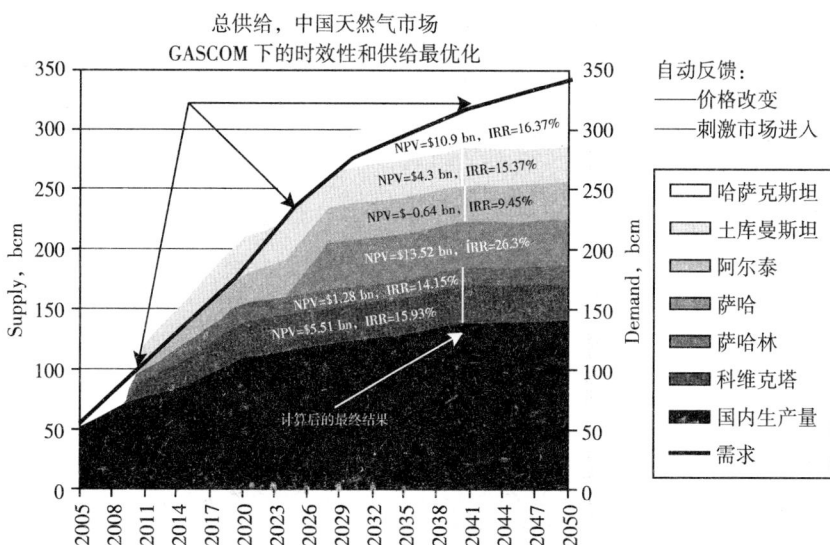

图6-3 市场总供给,GASCOM 下的供给计划

对于过去在 GASCOM 模式下的研究，我们想强调两个我们确信的重要结论。

在传统贸易中，基于长期契约的一致性，供给者会有这样的动机来进行合作：减少市场的风险并实现和达到各个参与者的最大利益。

在市场贸易中，我们已经觉察到，以供应商为代表的限制市场的举措（例如，大量的供应商，少量的消费者，是今天天然气市场的现状）趋向于保持其短缺的状态，因此，对他们来说，将不可能为增加现实利润而去建立一个长期的更有利的计划。

6.3.3 扩大规模：地缘政治与涵盖传输国家的分析

到目前为止，我们就能源安全在价格和容量方面进行了讨论。然而，就真实的世界而言，需要加强现实的分析工具，来关注与真实世界紧密相关的其他众多情况。

● 越来越多的事例表明，在国际能源交易决策过程中，战略考虑已经超越了传统技术和经济的可行性。

● 对于世界能源基础设施日益增长的复杂性，将要给予额外的关注，因为它强力揭示了短期和长期威胁中，层次性与敏感性的相互依存。

● 2009 年 1 月俄罗斯天然气出口的中断，意味着传输区域在安全供给方面的角色被研究者低估。传输地区将对社会经济具有重要意义；反过来说，也将影响能源安全的合作性。

GASCOM 需要重点考虑这些要点。

通过监控那些不想要发生的事情（如关键时期的供给中断），新系统将有能力回答下列问题：

——它在进出口策略和解决方法的网络中，能否保证不受欢迎的事件以最小的可能性发生？

——替代供给途径如何影响合作安全？也就是说，满足供给需求安全的程度。消费者的供给安全以及传输者的社会经济目标是什么。

6.4 政策影响

将国家能源系统弹性视为本土安全问题，还要持续很长时间，但是，在本章中我们已经讨论，国际长期能源安全的道路需要系统分析方法。其中，最重要的因素之一是协作，在需求安全和供给安全上的协作。我们已经举了一个广泛讨论的例子说明了这一点，也从协作的前景分析了这一点，最终推荐的战略为能源安全的合作战略。

第二个主要关注的方面是 GASCOM 所提出的一个具体的天然气贸易模式，它是长期国际能源供给和需求中最重要的问题。这个模式的核心是纳什均衡，它是在非常规情况下进行彻底的协同运作。

应用该模式我们分析了两种贸易模式：长期的模式、双边与自由市场的模式。从优势和劣势的分析中我们得出的结论是，最好的模式就是在安全战略下进行一致性的合作：长期合同中开始一直是偿还的时期，随后才是自由的贸易。另外，在安全方面，我们认为合作是必要的，因为天然气市场毕竟是有限的。

如何在真实世界中实施全球能源安全的协作？一般来说，消费者与生产者应该进行协作对话，他们对其中关联问题的解决将作为先决条件出现。在 2004~2006 年 IIASA 的自动系统（DYN）与环境友好的能源（ECS）项目中，我们采取了适当的方式，用系统分析的态度确立了一个框架，在这个框架中，基于天然气的特殊性，基于科学和中立的环境，定期进行学术、工业化与政策意见的交换（生产国与消费国定期地交换关于能源安全的意见）。

对于本章作者及合作者来说，框架行动是做出成就的基础。通过能源模式框架可以做出关于"价格和贸易在全球天然气市场"（EMF-23）的研究，可以为圣彼得堡的 G8 峰会的活动做准备，也可以进行工业化应用。

为了更好地理解本章所阐述的现象，应用系统分析的国际机构 DYD 项目针对关键基础设施的脆弱性（FCI）实施了措施。其目的是在系统分析的背景下观察核心基础设施，做出估定，其估定不仅包括其物理适应性而且还有运行、监管以及网络行为和代理商的涉入。

同时，该论坛转化成了所谓的 WIEN（世界独立能源网络）集团，被莫斯科的能源和财政机构所主导（Grigoriev et al., 2008）。世界独立能源网络是一个非正式网络，有众多研究机构、政府部门以及工业部门分别装配，拥有专职专家，其行动具有独立性。如果对工业背景下某些确切的问题感兴趣，则可以通过网络来进行交流。

另外，本章所提出的观点授意于论坛的讨论和世界独立能源网络集团，笔者对提出的内容负唯一责任。

参考文献

［1］Bush G. W., 2003, Homeland Security Presidential Directive/HSPD -7,

The White House.

[2] Criado R., Hernández–Bermejo B., Marco–Blanco J. and Romance M., 2006, Asymptotic Estimates for Efficiency, Vulnerability and Cost for Random Networks, Journal of Computational and Applied Mathematics, Volume 204, Issue 1, 1 July 2007, pp.166–171.

[3] EIADOE, 2009, U.S. Natural Gas Imports and Exports: 2007, Special Report.

[4] Energy Charter Secretariat, 2007, Putting a Price on Energy: International Pricing Mechanisms for Oil and Gas.

[5] Energy Modeling Forum, EMF–23, Prices and Trade in a Globalizing Natural Gas Market, Stanford University, 2007, http: //www.stanford.edu/group/EMF/projects/emf23/emf23.pdf.

[6] Gheorghe A., Vamanu D., 2009, Mining Intelligence Data in the Benefit of critical Infrastructures Security: Vulnerability Modelling, Simulation and Assessment, System of Systems Engineering, International Journal System of Systems Engineering, Vol. 1, NoS 1/2.

[7] Grigoriev L. et al., 2008, World Independent Energy Network, Draft Mission Statement.

[8] Häfele W., 1976, "Resilience of Energy Systems", in: Häfele W. et al., Second Status Report of the IIASA Project on Energy Systems, Research Report 76–1, International Institute of Applied Systems Analysis, Laxenburg, Austria.

[9] Holling C. S., 1973, Resilience and Stability of Ecological Systems, Annual Review of Ecology and Systematics 4: 1–23; Reprinted as Research Report 73–3, International Institute of Applied Systems Analysis, Laxenburg, Austria.

[10] IEA, 2008b, http: //www.iea.org/about/index.asp.

[11] IIASA, 2008, http: //www.iiasa.ac.at/.

[12] IPCC, 2000, Nakicenovic N., Alcamo J., Davis G., de Vries B., Fenhann J., Gaffin S., Gregory K., Gruebler A., Jung T. Y., Kram T., La Rovere E. L., Michaelis L., Mori S., Morita T., Pepper W., Pitcher H., Price L., Riahi K., Roehrl R. A., Rogner H. –H., Sankovski A., Schlesinger M., Shukla P., Smith S., Swart R., van Rooijen S., Victor N., Dadi Z., 2000, Special Report on Emissions Scenarios (SRES), A Special Report of Working Group III of the Intergovernmental Panel on Climate Change, Cambridge University Press, Cambridge, UK.

[13] Klaassen G., Kryazhimsky A., Minullin Ya., Nikonov O., On a Game of

Gas Pipeline Projects Competition, 2002, International Congress of Mathematicians, Game Theory and Applications Satellite Conference (ICM2002GTA), Proceedings volume, pp. 327-334, Qingdao Publishing House, China.

[14] Kryazhimsky A., Minullin Ya., Schrattenholzer L., Global Long term Energy Economy Environment Scenarios with an Emphasis on Russia, 2005, Perspectives in Energy Journal, Vol. 9, pp. 119-137.

[15] Minullin Ya., "Queuing to China's Gas Market", The Oil of Russia Journal, #5, May 2008a (in Russian).

[16] Minullin Ya., "Whose Pipeline will go East?", The Oil of Russia Journal, #3, March 2008b (in Russian).

[17] NRC, National Research Council Committee on Science and Technology for Countering Terrorism, 2002, Making the Nation Safer: The Role of Science and Technology in Countering Terrorism (Washington D.C.: National Academies Press).

[18] Schrattenholzer L., 2008, "Scenarios of Energy Demand and Supply until 2100: Implications for Energy Security", in: Hans Günter Brauch, Úrsula Oswald Spring, John Grin, Czeslaw Mesjasz, Patricia Kameri-Mbote, Navnita Chadha Behera, Béchir Chourou, Heinz Krummenacher (Eds.), Facing Global Environmental Change: Environmental, Human, Energy, Food, Health and Water Security Concepts, Hexagon Series on Human and Environmental Security and Peace, Vol. 4, Berlin-Heidelberg-New York: Springer-Verlag, in print.

[19] Victor D. G. Jaffe A. M. Hayes M. H., Natural Gas and Geopolitics: From 1970 to 2040, Cambridge University Press, 2006.

[20] Voeller J. G., 2007, Wiley, Handbook of Science and Technology for Homeland Security, A Guide for Authors.

[21] Yergin D., 1973, "The Energy Crisis: Time for Action" Time Magazine.

PART **2** | 第 2 部分

能源安全的理论前景

第❼章 广阔前景：能源安全的均衡、信息和计算

摘　要：类似能源价格上涨这样的问题在世界能源竞争加剧等方面的严重性是不容置疑的，需要提供方案去考虑，并通过追溯能源范例的发展历程以及更广泛的背景关系来理解其前景，以及按照这种发展模式，去强调范例中的信息和计算的交互。

7.1　主要动机

能源安全问题常涉及实质性的安全威胁，例如提高能源价格加剧了世界能源的竞争，而对于快速崛起的巨大经济体如中国和印度，在世界的主要力量中没有得到公平的分配，发达国家往往只付出很小的代价。危险可能出现在一些有争论的方面，如能源相关技术的革新、世界关系中一些没有预料到的相关能源政策的改变，以及各个的角色作用等。在所有这些方面，长期和短期的前景都是需要考虑的。

诸如能源价格上涨、世界能源竞争加剧等问题的严重性是不容置疑的，因此需要提供方案去考虑，通过追溯能源范例的发展历程以及更广泛的背景关系来理解其前景，并且按照这种发展，强调范例中的信息和计算的交互。我们集中关注与安全紧密联系的普通范例：均衡范例。事实上，均衡是安全的一种状态，是跨越机械学、热力学、化学、生物学、经济学、社会学、语言学、艺术学的一种模式。从拉格朗日（Lagrange）的分析化学到纳什均衡的战略博弈理论，均衡思想中数学的严密性给出了均衡中所有形式的基础联系和共同性质。Narston Morse（自然均衡——稳定与不稳定，美国社会哲学进程，1949，222~225）提醒我们数学理论的均衡理论应用从机械学到精神学的所有重要方面都是适宜的，而且指出

了不稳定的不同程度。均衡的思想在接下来的60年间在数学领域得到了广泛的发展，而且被所有的研究领域所重视，但是我们还远远没有得到均衡数学中全部的益处。

另外一个能源安全创新研究的出处来自物理学的挑战。例如"物质束缚估计"的主题和"无线传感网络"共同导致的紧急新课题：能源成为一个新的可估算的资源。目前，存在对能源复杂性估算的理论需要。这个思想将在本章中予以考虑。

7.2　19世纪，从机械学到经济学

在19世纪，一些思想从牛顿的机械学和汉密尔顿的分析机械学转移到了经济领域。为了得到对机械系统均衡状态分类的定义，汉密尔顿运用了拉格朗日的可变微积分。1874年，L.Walras（政治经济因素，Corbaz，Lausanne）注意到货物的数量和它的价格之间存在确定的联系。由这个观点出发，运用拉格朗日的机械均衡定义方法，Walras系统地陈述了货物数量和价格作为均衡问题的联系。一个货物的价值是能源共同联合给予的（Fisher"价值和价格理论的数学研究"艺术和科学康奈迪克事务机构，1892，111~126）。笔者有效地融合了边际效用、能源效用以及无效的机械劳动。F.Y.Edgeworth提出了理论领域和效用理论中一个普遍的分析（数学物理学、数学在道德上的尝试，Paul，London，1881）。麦克斯韦的方法中提到了这种形式，且在实现远距离交互状态的分析中非常有用。

7.3　19世纪的能量、熵和信息

19世纪，随着热力学的发展出现了能量模式。Clausius（1850）用公式 $ds = (dQ)/T$ 引入了熵的概念，这个 ds 是熵的数量增加率，dQ 是热量的微量增加率，T 是绝对温度。立足于原子的实质构成，Boltzmann 重新定义了在 M 状态下系统可能分配的熵 S。因此 S 位于 Boltzmann 的不间断 K 和 M 状态下的对数之间。Helmholtz 将内部热力学的系统能量 U 由 $U = F + TS$ 确定，这里 F 是自由能量，S 和 T 与上面所述一样。在一个孤立的系统中，U 是不间断的，T 和 S 是增加的，因此 F 是减少的。当 F=0 时，S 的最大值处于 U 和 T 的最大值之间是合理的。热力学定义 O 是由 S 的最大值和它不同的真实值给出。可以用热力学信息来解释 O。

7.4 能源阐述的紧要性

带着对能量本质的探索，普朗克在物理方面进行了展望，爱因斯坦提出了质能等价关系，能源的获得是这个方面竞争模式的解释力量。除了普朗克和爱因斯坦的成果，能源模式的出现还涉及 1927 年的重大事件：Heizenberg 的不确定理论和 Bohr 的补充理论。

7.5 从热力学到经济学的均衡

让我们回到热力学与经济学的联系上。它们之间有一种类质同象。能量意味着力量和效用。在市场均衡分析的瓦尔拉方法和机械均衡分析的拉格朗日方法中，它们的相似处被 A.Gpikler 和 L.Amoroso 讨论过了（经济学和物理学中的最优化分配，Weltwirtschaftrics Archiv，1951，97~132）。在他们关于预算理论的研究中，H. T. Davis（计量经济学理论，Pricipia，Bloomington，1942）与 J. H. C. Lisman（计量经济学和热力学：一个关于 Davis 预算理论的评论，计量经济学，12，1942，59~62）认为在熵和流通效用之间，存在进一步的相似之处，在热量的获得与释放之间，在能量的节约与内部化之间，在系统外的机械生产与消耗之间显露出了更多的相似之处。熵和效用的识别以及热量的收益是由 A.Gpikler 提出的（物理学和数学经济的效用理论，科学哲学杂志，1954，47~58；303~318）。另外一些相似之处由 J.Bryant 提出（关于经济学的热力学方法，能源经济，1982，36~50）。

7.6 萨缪尔森指南：从经济学到物理学

在 P.A.Samuelson 的工作中，类推的作用是很明显的，例如《经济学分析基础》（哈佛出版社，剑桥，Mass，1948）和《分析经济学中的最优原则》（美经济观察，1972，249~262）。在前者中，一些经济关系是对 Le.Chatelier 原则的差异化表述，认为在约束强加给系统的情况下，系统就会做出中立它们的反应。例如，比较来说，等温线会随着绝热状态的改变而改变。大量复合物的部分价值所呈现出来的压力并不比第二种情况更高。Samuelson 比较了两种生产过程中的入口、数量、价格的关系，当一些变化发生时，一些数量保持不间断，同时其价格保持固定。如果生产价格是 P 和 p，数量是 Q 和 q，我们可以辨别出两种情况。第一种情况，保持 Q 不变，同时增加 P（作为 Samuelson 展示），意味着 q 将减少，因此部分复合物 q 将不能确认出来。第二种情况，保持 P 不变，增加 p，q 将会使进程中的价值更加减少，因此，部分的 q 衍生物在 P 方面将是固定的，当 Q 值固定时，不会扩大 P 方面的 q 衍生物。这仅仅是对 Chatelier 的原则模拟，但是经济原则的独立出现，以及我们进一步的观察是对 Le.Chatelier 原则的科学模拟。

7.7　均衡状态：孤立、封闭和开放系统

在孤立的系统中，热力学的均衡是由最优熵联合起来的。在封闭系统中（不与外界交换能量，也没有物质交换），如果自由能量是最小的话，那么均衡是可以得到的。按照 Nicholas Georgescu Roegen 的观点，经济系统在低熵状态下将被开放。在他的《熵定律和经济进步》（哈佛出版社，剑桥，事务，1971）中，他陈述了经济过程被热力学第二定律所限制。这告诉我们，自由能量趋向于分散或者必然会消失。

Ilya Prigogine（不可逆的热力学进程，学科之间，纽约，1961；自我组织的非均衡系统，Wiley，纽约，1977）引入了消散结构的想法，并基于非均衡的热力学系统进行研究。在 Prigogine 看来，第一步和第二步是机械系统和熵系统，最重要的是第三步的自组织系统。1990 年，Prigogine 开始对不均衡状态下的行为感兴趣。他在其《必然终结性》（自由出版社，纽约，1997）中指出，决定论的说服性越来越小。它类似于另外一本拥有相似标题的由 Morris Kline 所写的名著，《数学：必然性的丧失》（Morris Kline，牛津大学出版社，纽约，1980）。

7.8　智力的均衡：Stephane Lupasco

Lupasco 提出了一个看待能源的新视角，涉及一个新的逻辑，不再是经典的

双边问题而是三边问题（Le Principe Dantagonisme et la Logique de Lenergie. Hermann, Paris, 1970; Lenergie et la Matiere Psychique. Julliard, Paris, 1974）。我们从热力学所得知的有序—无序两种特征被涉及物理学、生物学、心理学的三边关系类型所代替。在 Lupasco 看来，系统交互的缘由是能量之间对抗的冲突。一个系统，无论是物理的、生物的、心理的，还是社会的，仍然存在着它们作为系统元素之间吸引力和排斥力的共存。任何力量都是相互作用的，一方得到时，另一方就会失去。这意味着它们中的一个表现出来，另外一些就会成为潜在的可能，但是进程却不会被全部认知（不可知的自然力量包括：机械、化学、电力、热力、万有引力、电子力、核能力）。因此，不存在完全的同质化和异质化。除多样化外，它们之间的冲突常常来自同质化和异质化的作用力。较大物质的趋同情况涉及热力学第二定律，异化趋势是系统存在的特征而且它们符合熵减少的规律。

按照这些原则存在三种类型的系统：物质系统，同质化是现实的，异质化是潜在的；现存系统，同质化是潜在的，异质化是现实的；神经心理系统，存在着同质化与异质化的平衡，即一半潜在化另一半现实化。这就是 Lupasco 的 T 状态，其中不包括经典逻辑中情况否定的原则。但是我们注意到，以人的智力水平，太多的同质化和太多的异质化都会导致不正常的状态，健康的状态是以它们之间的均衡为特征的，例如 T 状态。

7.9 能源—信息的联系

能量和信息之间的第一个联系是由热力学平均信息量来衡量的。奈奎斯特提到了电报信息量、情报数量和通信系统传输的限定速度，他提出了一个关系：W = K·log m，这里 W 是指传输情报的速度，m 是在不同时间段所选择的不同电压水平的数量，K 表示固定值（影响电报速度的确定面，贝尔系统技术，1924，324）。随后，Palph Hartler（信息传输，贝尔系统技术，1928，535）提出信息是可衡量的数量，是接收者区别发送者发送连续性信号的一种表达。信号运载的全部信息量可由 M(s)=log (1/p(s)) 来确定，其中 p(s) 是 s 出现的可能性。所有系统状态都是出现的可能性。这种自然信息的单位是十进制，后来叫作哈特利（hartley，信息量单位）。相似的对数单位是基于可能性的 ban，以及由其衍生的 deciban（ban 的 1/10）。它由图灵于 1940 年引入，它的框架方法打破了第二次世界大战的计算难题。

　　下一阶段是香农的研究（通信的一个数学理论，贝尔系统技术，1948），他把热力学的熵和信息转化到了通信领域。香农整合了 5 个通信要素：信息、源、代码、信道及噪声。他详述了在信息的传递过程中，信息量不能大于其传输信道的能力，要使其信息的编码符合要求并达到足够高的程度。Norbet Wiener（神经机械学控制和通信的美国机器，MIT 出版社，剑桥，Mass，1948）将其整合为：系统的信息质量是对组织化程度的衡量，同时系统的平均信息量是对无序程序的衡量。但是另一方面，从热力学到信息量的过程可以被保存，如同 Leon 的描述，把热力学描述成一个特殊的信息理论（科学和信息理论，学术出版社，纽约，1962）。信息常由平均信息量的生产来获得，因此信息是平均信息量（熵）的反面。相伴随的，Concomitantly R.Ingarden 和 K.Urbanik（不确定的信息，colloq. math.9，1962）提出了定义信息而不涉及其可能性的方法，但是 Patrick Suppes（可能性信息，行为和智能科学，15，1983，457~458）强调了信息的自然可能性。

　　香农信息论的哲学意义同 Karl Popper 在 Logik der Forschung（1934，569）中提出的见解是一致的：状态 S 提供的信息量相对于普通状态来说，是不限定的数量，会被 S 状态消减。

　　在热力学中，能量和平均信息量的联系由热力学第二定律决定：一个增加，另一个必然减少。Octav Onicescu（能量信息论，C.Rendus de 科学学术机构，巴黎，263，1965，22，841~842）提出，热力学第二定律下信息分析的存在，是由可能出现的能源信息系统概念决定的。它的价值（能源表达中的类似性）在于给出可能性数量下的状态。Onicescu 说明了当信息能量减少（增加）时平均信息量将增加（减少）。

7.10　博弈论中的均衡和安全

　　战略博弈中的均衡意味着代理商所选择的所有计划都能执行，博弈后的安全水平可能是最小价值的结果。纳什均衡是参与者战略的选择，没有参与者可以通过仅仅改变战略来提升结果。这个想法是约翰·纳什的核心思想，他于 1994 年获得诺贝尔经济学奖。

　　涉及能源的许多问题都可以放到博弈论的框架里面。能源安全在这个方面，成为战略博弈中一个安全水平的问题。

7.11 物质的计算性方面：Richard Feynan

第一个提出要建立物理学和计算学之间的联系的人，是 MIT 的 Richard Fey-nan（1965 年获得诺贝尔物理学奖）。在那时，量子理论已经形成，计算科学开始确立并发展，计算机已经广泛用于物理计算，同时物理学和计算学之间的联系也已经开始被认真的关注，如：麦克斯韦的 Daemon（计算学和热力学的不可逆的联系），通用的可逆计算和均等的普通计算，定量形式下（经典）图灵模型的实现。一年以后，Feynan 在 MIT 国际会议理论物理杂志（1982，467~488）发表了直观而重要的想法，成为计算机模拟物理学的标志文章。Feynan 克服了以下几个问题：计算机如何用来模拟物理学，我们将如何仿效物理学？第一个重要的事实是"方向会对光的速度产生轻微的影响，而物理学中的各向异性可以被实验地侦测"。另一个困难是，计算机不会像自然规律那样可逆化运行。接下来的部分涉及模拟的时间、模拟的可能性、定制计算机与定量模拟的相对联系。同时下一个问题是：一个传统的算法能否模拟定量系统？

7.12 "计算带来的学科间交叉"

一个重要的物理学和计算学工作室于 2008 年 8 月 25 日到 28 日在维也纳由 Cristian S. Calude 和 Jose Felix Costa 建立。

Felix Costa 提出了研究的主题，他主要涉及的是 S.Barry Cooper 和 Piergiorgio Odifreddi 的自然中的不可计算力（S. Barry Coober and S.Goncharon eds.）、计算能力及其模型（Kluwer 机构，2003，137~160）。

从一开始，他们在计算理论上表现得比较悲观，认为不能深入地进行数学分析，因为在 400 年前的背景下，世界从来没有表现出奇怪的样子。

第一个论点是自然计算的伽利略远离，"当我们从物质实体中抽象思维的时候，计算就自然地存在了"。他们的第四个观点被称为 Gandlf 的隐形普遍计算的原则，包括图灵的设想，所有在适当条件下描述的计算与系统理性参数定义下的指令，或者一些可计算的实际数字相符合。从图灵的设想中，我们可以得到那些有限意义却不能描述的计算：无程序的算法。

我们注意到，有些我们身边的模式可能运用超大量的计算来完成，但是我们不可能在计算机上模拟它们的行为（Sir Roger Penrose，思想的角落，牛津大学出版社，1994）。

Martin Paris（超量计算的神话，in Christof Teuscher ed.；阿兰·图灵：生活和精神财富，Springer Verlay，柏林等，2004，195~212）按照 Cooper 和 Costa 的想法是建造超级计算机来进行超量计算。实际上，一些计算科学的发展可导致超级计算机。

7.13　无线传感网络和能源复杂性理论的需要

按照赵峰的研究（技术前景，物质计算方面，A.C.M 通信，2008），无线传感器网络（或感应网络）是一个新的计算平台，它融合了计算以及物质环境感应的通信。新程序模式和新的管理工具被不同类型的计算机所要求。全部这些状态促使计算机发生改变，因为下一代网络设计的挑战，不仅要把不同的人们连接在一起，还要满足已经连接上的人们，处于不同物质环境下的应用。这种新的计算平台以严格的来源限制为特征，这些限制的主要方面包括能量方面、不可信赖的硬件、通信连接、对实时事件的回应。因此，一个敏感的网络必须快速和集中地处理数据。基于电池容量有限的观点，感应节点受到安装存储器数量的限制。信息的收集和传播必须以能源有效利用的方式处理。赵峰对计算机科学的考虑，从基础设施的问题，上升到了传感网络角度的能量功能。传统上，计算复杂性的主要问题是由于算法的时间复杂性和空间复杂性。现在出现在我们面前的任务，是建立一个复杂计算上的能量理论。

这方面的研究是很让人期待的，而且将增强能源安全的确切性问题。

第8章 弹性方面

　　摘　要：物理分析中强调的系统合作行为，被认为是重要的能源博弈，为了更好地理解，在一些复杂的安全问题上，特别是在欧洲，好的监控和监管将促进能源系统的进展。需要相信的是，要试着去理解一些思想上温和的分歧，对于许多股东和工作人员来说，需要引进当前平衡和谐的政策，"在弹性潮流下，转变自身"。许多证据可以得出一个推断，对于能源系统，需要基于可持续性来实行彻底的改变（硬件、软件和思想方面），在相对较短的时间内，底线是不可能遭到破坏的。

8.1 简 介

　　2007年3月，欧洲会议采纳了"一揽子"能源和气候的"20-20-20"建议，要求欧盟在2020年将温室气体排放量减少20%，增加20%的可更新能源消费量并且增加20%的重要能源节约，这是可以被察觉的，其中有许多是来自于公共领域的分析和声音。欧洲联合智囊团已经为前半个世纪设置了四步举措，下一步可能仅仅是达成一致性意见的大陆宪法和管理。当目标和成本在计算上相去甚远时，20世纪70年代的石油危机触发了技术更新，但是油价急速下落扼杀了一切可能。可以确定的是，在相关政策文件的措辞之上是明显的冲突和即将爆发的危险，学术阶层可以处于决策和责任的不对称状态。对于欧洲官方的政策来说，基于能源系统的巨大变化，适应21世纪的挑战，确保改变后的结果将是一个可以长期维持现实的弹性系统，这将是我们寻找的能源安全的本质。小的方面，对于许多已有的确定性任务来说，27 MS Ayed考虑可再生能源的目标，不能也不应该排除工程分析的可行性反馈。相反，人们应该费力去思考做什么、做多少，几乎不可能在规定的时间内做到，正确的态度是相信可以做好（SDA，安全防御局，2010）。

我们回顾一下重点：系统服务的安全、可靠性、风险性、适应力、脆弱性、恢复力等，这些信息行为在时间衡量上存在细微的差异、交替、融合和分离。

在讨论中，我们过多地掩饰了脆弱性，当系统在没有计划或计划改变的沉重压力下时，拥有恢复力的方法才能更牢靠。我们在短期内采用实用主义的方案：开启模式，澄清设想，利益过程模式具体化，测试模式的判断力和预期力量等，让人们决定哪个模式是有益的。

8.2 脆弱性与切入点

仅有的事实是，把系统脆弱性模型输入到普通网络搜索引擎中，会得到 600 万个结果，其中系统脆弱性的定义有 427 万个。这可以解释另外一个事实：人们都对他们的理解水平高估而且放任。

对 600 万个搜索结果的粗略浏览，可以揭示脆弱性只存在于很少的模式中。实际上，对于脆弱性的规律，可以按照用于隐秘事情的及时性和乐观性来衡量，这也是我们智力的另一个反映。

脆弱性的定量估计（QVA）方式是对定量风险评估（QRA）类比分析的结果，后者出现于 20 世纪最后的 25 年中，并且在风险与安全管理在世界范围内出现后就已被广泛使用。QVA 是对这一脆弱性主题的表达，在数量上、科学防护中和实践方法上，与 QRA 不同的是，QVA 没有获得脆弱性方面的规范来面对困难。因此，存在多少风险，就要接受事件发生中断风险的可能性。而对事件结果的衡量需要基于客观结果的及时性和典型性。

QRA 的任务是对总体风险量级进行证实。QVA 的任务是对总体脆弱性的量级进行说明，对其实质进行反映。因此可以相信，QVA 比 QRA 更能在信号收集的脆弱性上进行定量分析，从而获得更多的意义，这是一个过程，反映触发系统的行为，以及对该模式的回应，使等式和数量得到表达。另外，所有历史上已经存在的学术意见方面的感性考虑，其分析可能会由于自然原因在比较过程中不被重用，一个重要主张是挖掘那些物理学中提供的，可能很有价值的分析学财富。

这种信任的行为来自于观察以及具体的物理统计学，尽管在领域中成功出现的历史比较曲折，如磁力、合金、弹性和材料的热性能等，但是对其的分类和理解仍然明显涉及对系统评估的运用。不存在对于这种设想的合理动机：其在基础

的层次上是思想、内心、智慧以及许多因素的结果，而对于受质疑的基础设施和
人类社团在外部影响下的交互部分的集合，至少我们应该试着去思考——弄明白
其发生的机理。

8.3 脆弱性的衡量

在统计物理学中，其核心是所有那些物质实体可衡量的、肉眼可见的特性，
其行为可以被微观模型所解释，提出各部分间的相互作用（有效半径、不同情形
等），以及各部分对外部的显著性影响。试图去建立一个关于脆弱性的物理分析
系统，如电力系统、能源系统，其挑战总的来说：①在可衡量的指示器上设计一
个概念化机械；②作为完全独立的观察者出现，相应地，内部细微主体的动力学
表现将肉眼可见。

8.4 所面对的事物

对一个系统的脆弱性规律来说，它可能被展示为一个肉眼可见模型，其可能
性基于以下几个设想：

设想1：我们可能会将脆弱性视为系统的实质，认为系统具有结构上的综合
性以及联合内外两个方面的作用，其开放性失去了设计的功能。

U——内部的，系统特色方面；

V——外部的，本质的管理/治理特色方面。

所有方面都认为在特有的指示下，其方向可以完全量化。U方面的特色是系
统部分的相互交互或交换（如何扩大，如何深化）。V方面的特色是在系统之上
的外部影响作用，以及涉及系统各部分的敏感性和相互影响。

因为U和V可能包含诸多指标，这就需要有一个通用的、无量纲的度量以
进行对比，这就引出了下一个设想：

设想2：系统的可衡量指标可能需要融合两个不同的检测变量U和V。

一种建议是将U和V都作为模糊状态理论功能的方案去影响指标。由此，
如果X_i（$i=1, 2, \cdots, n$）是正常系统的指示器，可以把U和V概括为欧几里得
距离（Euclidian）在n维的指示空间。

$$U = \left(\sum\nolimits_K X(k; \ U)_U^P \right)^{1/P}_U \tag{8-1}$$

$$V = \left(\sum\nolimits_K X(k; \ V)_V^P \right)^{1/P}_V \tag{8-2}$$

P_u，P_v 两个实指数。

标准指标 X_i 由可衡量的物质指标 Y_i 获得：

$$X_i = A_i \log_{10}(Y_i) + B_i, \ i = 1, 2, \cdots, n \tag{8-3}$$

常量 A_i，B_i 由标准化的两对物理指标 (Y_i^1, X_i^1)、(X_i^2, X_i^2) 得出，这里 $X_i^1 = 0.2$，$X_i^2 = 0.6$。

$$X_i^1 = A_i \log_{10}(Y_i^1) + B_i$$

$$X_i^2 = A_i \log_{10}(Y_i^2) + B_i, \ i = 1, 2, \cdots, n \tag{8-4}$$

由此可得：

$$A_i = (X_i^2 - X_i^1)/(\log_{10} Y_i^2 - \log_{10} Y_i^1)$$

$$B_i = (X_i^2 \log_{10} Y_i^1 - X_i^1 \log_{10} Y_i^2)/(\log_{10} Y_i^1 - \log_{10} Y_i^2) \tag{8-5}$$

设想 3：一旦 U 和 V 确定，就可以集合不同检测器的两种状态形成成分多样的系统。在物理学上，这种系统的模式是著名的 Ising 模型，覆盖了情况的可见性、问题的稳定性以及阶段性的转变等，如铁磁的双元素合金，有序—无序的现象。尽管不存在有效的方法，但有许多类似的方法，如贸易中流行的 Bethe-Peierls 方法，Bragg-Williams 方法以及 Onsager 方法都可使用（v.e.g.Huang, 1963）。

按照其中的一种方法，系统中的部分成员在两种状态下，可由设定的两种状态下独自获得传输的可能性，这将在下一部分论述。在实际的相互影响中，"物质性"，以及潜在的多数系统指示器将是多样性的集合参数。U 和 V 将会依次驱动系统状态的内外不稳定区域。

在传统意义上，运转的系统应该具有以下特点（见图 8-1）：

——稳定，低脆弱性；

——存在可能的不稳定/脆弱性；

——不稳定，高脆弱性。

除此之外，系统便无法运行。

设想 4：考虑到上面的情况，"脆弱性规模"可以定义为：基于系统在（U, V）空间的状态评估。明显地，这个定义并不明确。

一种可能是通过欧几里得距离成坐标横轴衡量脆弱性，在（U, V）空间中 U≥0，V≥0 区域的尖端线；以及标准化的指标，如所有尖端线区域，其脆弱性指标是完全等同于假定最大值的。

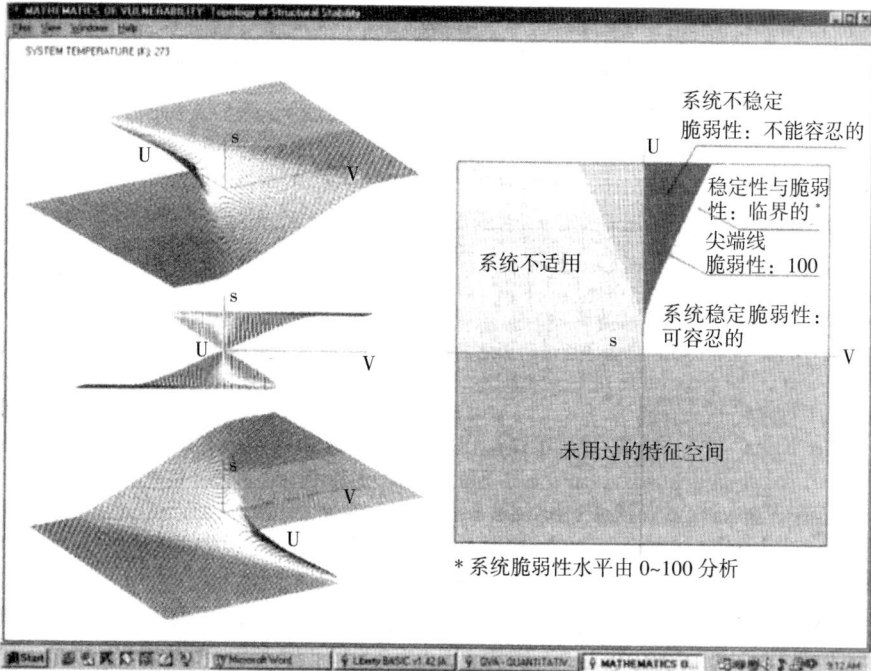

图 8-1　QVA 机器图表。系统的特点，稳定等式中的真实方案收集

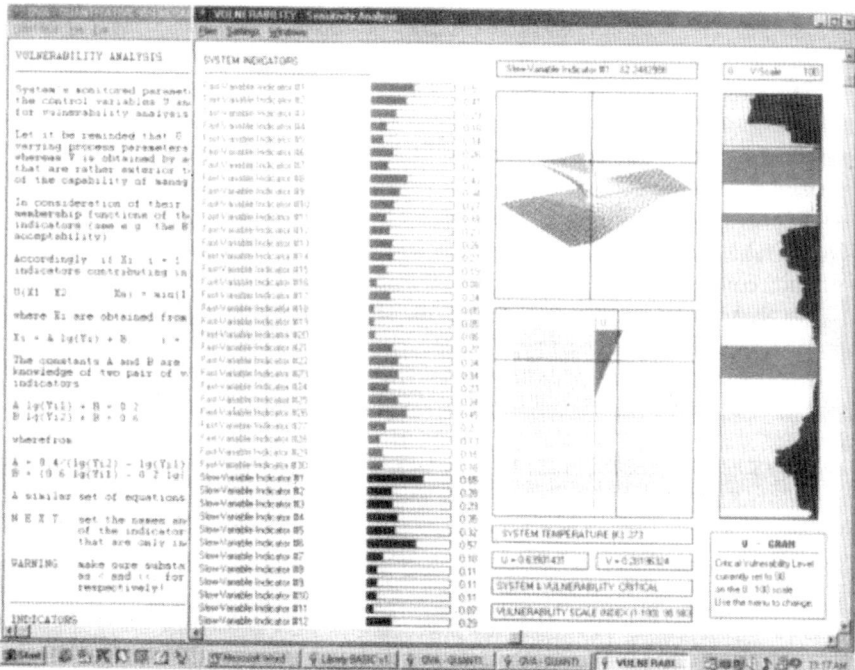

图 8-2　计算机辅助的 QVA 运用

由于模式缘故，这个系统由 30 个 U 型指器，20 个 V 型指器描述。这些相互影响的多样性的结果是中间成为放置集合 U 和 V 方面空间的参数，以下是系统的状态。

在图 8-2 中，"V-gram"右侧是以前在脆弱状态下开展的项目，定义了 0~100 的刻度。

尖端线区域界线，由以下等式描述：

$$\text{th}((U \cdot \zeta + V)/\theta) = 2\zeta \tag{8-6}$$

为系统的平衡起重要作用的一个方法是系统稳定的区域，因为此区域有三个起重要作用的方法（其中两种是物理方法而且已经成功），是系统稳定的区域。

大概的评定设想如下：

系统不稳定性　　最高的/不能容忍的脆弱性

系统稳定性　　　较低的/可容忍的脆弱性

在这些定义中，不稳定区域的脆弱性指标一律定为 100，这样它可以逐渐地从不稳定区域边缘减少。

应如何判断在系统空间的 U、V 中是否存在尖端线区域？以及人们如何在自然方式下得到等式 8-6？下一部分将回答这些问题。上面的模型仅仅是可见的冰山一角，但在内在作用力和外在压力的影响下，距离可视性和直接感知的可能性还很远。

8.5　深度事件，I 型

假定一个系统包含许多数据，M 是其中元素。"元素性"应该在该背景下被引入"原子"的含义中，如一定数量的 M 可以看作复杂不可见的黑匣子。

系统中的各部分原则上可以在不同的角度上相互交互。为了描述这种交互，已知或推论可以认定一个不间断的联结，或自身的参数 U。各部分状态会被系统的外部情况影响，影响的原因是有影响的领域或自身参数 V。

假定是系统的元素可以区分为两种状态，1 和 2。一般的状态可以看成是能够给出判断的正反面状态（如正常与不正常，上与下，赞成与反对，功能与非功能），尽管这并不重要；本质状态是 1 与 2 两者相互区分。在任意给定的时刻 t，M_1 参数适用于状态 1，M_2 参数适用于状态 2，由于仅有这两种状态是可能的，因此有：

$$M_1 + M_2 = M \tag{8-7}$$

系统全部的状态可以通过一组（M_1，M_2）来描述，当系统有活力时或者移入平和状态时，伴随着不同的 M_1 和 M_2，它们应该包含式（8-7）。在系统状态中最小的转变，所引起的变化应该明显地包括各部分单元。

$$(M_1-1, M_2+1) \underset{w_{21}\rightarrow}{\overset{\leftarrow w_{12}}{\longleftrightarrow}} (M_1, M_2) \overset{w_{21}\rightarrow}{\underset{\leftarrow w_{12}}{\longleftrightarrow}} (M_1+1, M_2-1) \tag{8-8}$$

假定各个转换过程都指明上面的关系，是由 w_{12} 和 w_{21} 的可能性来支配各自的转变。这个过程会导致系统分配功能状态的认可，这将遵循主要的方程：

$$\partial f(M_1, M_2, t)/\partial t = w_{12}(M_1-1, M_2+1) \times f(M_1-1, M_2+1) +$$
$$w_{12}(M_1+1, M_2-1) \times f(M_1+1, M_2-1) -$$
$$[w_{12}(M_1, M_2) + w_{12}(M_1, M_2)] \times f(M_1, M_2) \tag{8-9}$$

系统的（M_1，M_2）状态可以由下式来描述：

$$\zeta = (M_1-M_2)/(2M) \tag{8-10}$$

如果系统部分处于状态 1，这时 $\zeta=1/2$，如果处于状态 2，$\zeta=-1/2$。

由上可知，式（8-9）涉及以下状态：

（M_1，M_2）　　　ζ

（M_1-1，M_2+1）$\zeta-1/M$

（M_1+1，M_2-1）$\zeta+1/M$

因此可以写成式（8-11）：

$$\partial f(\zeta)/\partial t = w_{21}(\zeta-1/M) f(\zeta-1/M) + w_{12}(\zeta+1/M) f(\zeta+1/M) -$$
$$(w_{21}(\zeta) + w_{12}(\zeta)) f(\zeta) \tag{8-11}$$

假定最初设定的系统参数 M 允许在第二方程式限制下进行一系列扩展，在第二定律（1/M）下可得式（8-12）：

$$\partial f/\partial t + \partial J/\partial \zeta = 0 \tag{8-12}$$

式（8-12）是一个关联（保存）方程，涉及状态分配功能的趋势。

$$J = (1/M)(w_{21}-w_{12}) \cdot f - [1/(2M_2)] \partial((w_{21}+w_{12}) \cdot f)/\partial z \tag{8-13}$$

对固定的系统状态可以假设：

$$\partial f/\partial t = 0 \tag{8-14}$$

这里就生成了另外的公式：

$$\partial J/\partial \zeta = 0 \tag{8-15}$$

由此得到：

J=固定的常量，在特殊情况下：

$$J = 0 \tag{8-16}$$

用趋势 J 来表达式（8-13），式（8-16）就可以整合成：

$$f(\zeta) = \text{const} \cdot \frac{\exp\left[2M_1 \int_{-1/2}^{\zeta} \frac{w_{21}(\zeta) - w_{12}(\zeta)}{w_{21}(\zeta) + w_{12}(\zeta)} d\zeta\right]}{w_{21}(\zeta) + w_{12}(\zeta)} \tag{8-17}$$

式（8-17）中的常量可以由 $f(\zeta)$ 来确定为规范化 I 型：

$$\int_{-1/2}^{1/2} f(\zeta) \, d\zeta = 1 \tag{8-18}$$

标准化完全决定了分布公式 $f(\zeta)$ 决定分配功能，是一种需要，需要基于 w_{12} 和 w_{21} 转移概率的解析形式进行假设。

下面的表达将与转移是一种合作现象的观点相符合：

$$w_{12}(\zeta) = wM_1 \exp((-U \cdot \zeta + V)/\theta)$$
$$w_{21}(\zeta) = wM_2 \exp((U \cdot \zeta + V)/\theta) \tag{8-19}$$

已经介绍过，这里 U 是耦合常数（内部参数），V 是影响领域（外部参数），θ 是广义的系统温度。

现在做一个自然假设，使分布公式 $f(\zeta)$ 到达最大值的从属函数 ζ，构成了系统的可能状态。将转移概率式（8-19）代入式（8-17），就要求：

$$\partial f(\zeta)/\partial \zeta = 0 \tag{8-20}$$

为此，应实现：

$$\text{cth}\left[(U \cdot \zeta + V)/\theta\right] = (1/2 - 1/(U/\theta - 2M))/\zeta \tag{8-21}$$

其中 cth 指双曲余弦函数。

$$\text{cth}(x) = (\exp(x) + \exp(-x))/(\exp(x) - \exp(-x))$$

由于系统中参数 M 的数值较大，式（8-21）右边的圆括号里面的第二项可以忽略，因此，系统状态（U，V，ζ）可由以下方程给出：

$$\text{th}\left[(U \cdot \zeta + V)/\theta\right] = 2\zeta \tag{8-22}$$

其中 th 是双曲正切函数，$\text{th}(x) = [\exp(x) - \exp(-x)]/[\exp(x) + \exp(-x)]$。

依靠系统各组成部分中的交互程度，反映了耦合常数 U，以及所有系统外部因素 V，并把系统温度的 θ 考虑进来，式（8-22）可以显示以下实际解决方案 ζ，这可能与整体系统状态相关：

（1）稳定，成员在状态 1 和 2 之间平滑转移，具有低的/可接受的脆弱性。

（2）状态 2 同样具有决定性。成员可能在状态 1 与 2 之间出现急剧转变。系统严重脆弱。

（3）彼此相互区分，不稳定情况急速地在状态 1 和状态 2 之间转变是可能的。状态 1 与 2 逐渐发生的事实是相对的。尽管方程 8-22 有三个实数根，但是中间的过渡根是没有意义的，因此不必考虑。系统处于危险且不可接受的脆弱性状态。

图 8-3 给予了解决问题的方法。左列说明 $\zeta_{sys} = \zeta(U, V)$。右列的 (U, V) 平面的色彩编码中，强调系统拓扑空间中不同的区域。

事实证明，左列图形表明，系统的拓扑空间将因温度 θ 而改变。具体细节由采用的能量参数所决定。事实上，基于物理分析模型，可以得到 $\theta = K_B T$，其中 K_B 是 "Boltzmann 常量"，与系统成员自由度的能量水平有关，T 是绝对温度。同样的，考虑到铁磁体的伊辛模型，V 将带来外部磁场，并影响所有运转的系统组成部分。

为了实际运用，行动中试图采用一个 Boltzmann 常量，数值为 1/273，保留了绝对温度刻度，0℃即为 T=273.15。这将使参数 U 和 V 界定在 1~15。

通过这种方式来描述系统的结构脆弱性，形成于 Weidlich（1973）的早期工作。许多建议被提出（Ursu, et al., 1983, 1985），除此之外，主题工作中应该引入公正的认识，这项工作由 Thom（1975, 1983），Zeeman Climore（1977），Gilmore（1981）着手进行。

对于式（8-22），我们重新回到式（8-6），基于一般比率方程与系统方程组（M1，M2）进行评估。同时对于系统微观结构的识别，该方法不再要求一部分一部分地去分析。这种分析意味着一部分系统进一步降低的内在动力，而另一部分则竭力去展示这样做的意义，因为它不可避免地揭示了模板系统中的协调行为，以及当它面临脆弱性和弹性时，行为的首要方面：系统对于外部压力的反应会出现滞后。

8.6 深度事件，Ⅱ型

我们对系统做进一步的描述，作为交互部分对外部影响的反映。将 S(i)，i=1，2，…，M，看作满足部分 i 官能度的变量。S(i)=1 表示功能部分，同时 S(i)=-1 是非功能部分，这与前面 Ising 模型中的系统相适应（Gheorghe, Ramanu, 2008）。

让我们重复一下从功能到非功能状态转变的部分，相反的，在最终的分析中，过程被设定为在自然中可逆的和盖然的。

观察到自然系统是连贯的（由它们定义的范围内），以一定程度的自治为特点，或者其自身的准隔离状态，我们模型系统的整体行为可能会受到变分原理的约束，并适用于系统的全部能量。按照这个原则，在系统稳态中，部分独立状态

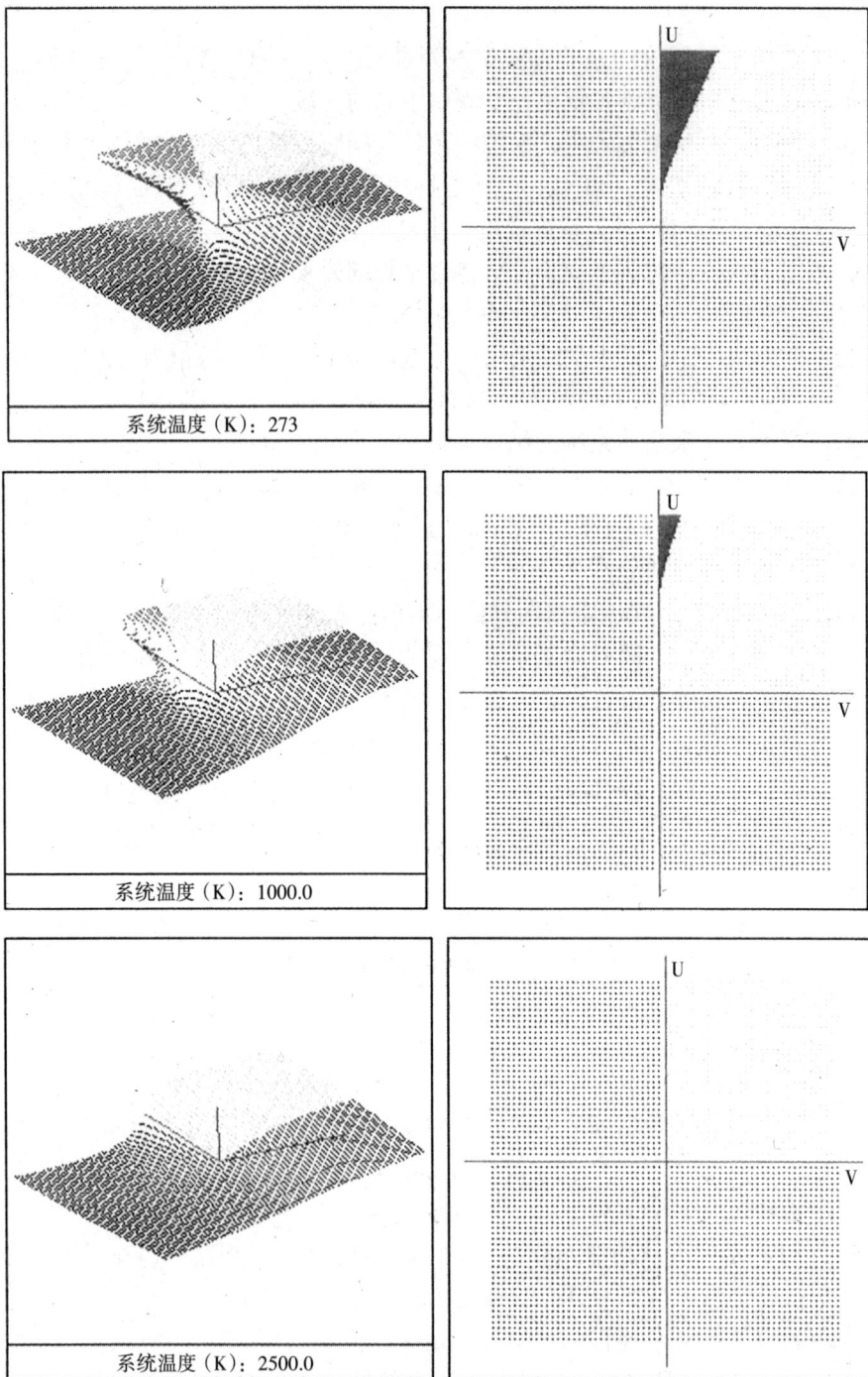

系统温度（K）：273

系统温度（K）：1000.0

系统温度（K）：2500.0

图8-3　不同温度下的一般系统特征

就是系统的能量。

$$E = -(1/2) \sum_{ij} \varepsilon_{ij} S(i) S(j) - H \sum_i u_i S(i) \tag{8-23}$$

式（8-23）是给定温度下的最小值。

式（8-23）中的第一项表示系统内部总能量，所交换能量为 ε_{ij}，$i = 1, 2, \cdots,$ M；$j = 1, 2, \cdots,$ M。第二项表示全部能量，通过与外部联结而向其他部分传递能量。

物理学家立刻注意到，在教科书中，Ising 或 Heizenberg 模型中（这是我们分析的根源）普通标准的设定包括耦合能 ε_{ij} 和磁场耦合常数，一个事实将不得不运用一个假定：所有部分相互之间是完全相同的（效果相同）。在这方面，式（8-23）是对许多不确定性主体的概括，其正确性是因为 ε_{ij} 表达的仅仅是部分之间相互联系的强度。

为了应用上面的设想，注意到对于任何部分的 i，状态变动（从功能性的 1 到非功能性的 -1 或相反）均需要系统能量的转变，

$$\Delta E = -S(i) \left(\sum_j' \varepsilon_{ij} S(i) + u_i H \right) \tag{8-24}$$

这里 $\sum_j'$ 指示的是一个总量，它实际延伸到部分 i 的附近，尽管理论上它可以延伸到所有部分而不仅仅是 i。

从 Ising 模型的观点来看，系统部分的行为被下面的规则所约束，这与上面的设想是一致的。

规则 1：如果 $\Delta E \leqslant 0$（系统处于低能量水平），系统部分将出现一些轻微的震动。

规则 2：如果 $\Delta E > 0$（系统处于低能量水平），系统部分出现轻微震动的可能性为：

$$p = \exp\left[-\Delta E / (K_B T) \right] \tag{8-25}$$

T 表示系统温度，K_B 表示"Boltzmann 持续性"，可以简化为 1 来表示。

实际上 [参考式（8-10）]，Metropolis 算法 [Metropolis, Teller, Rosenbluth, 参考式（8-9）] 一般是在规则 2 下实现的。这里，r 是 0 到 1 之间随机的数字，那么：

如果 $r \leqslant p$ [p 由式（8-25）给出]，

这时出现震动，否则就不会。

在这个模式下，原则上对于任何温度 T，M_1 系统的部分功能将发挥作用，$M_2 = M - M_1$，M_2 系统的部分功能将不发挥作用，因此可以重新定义系统的性能方式 ζ：

$$\zeta = (M_1 - M_2) / (2M) \tag{8-26}$$

式（8-26）的定义会使性能分数 ζ 处于（-0.5）与（+0.5）之间，这对下面的规则评价是有帮助的。

系统性能 ζ≥0 大多具有功能性，系统 ζ<0 大多不具有功能性。

关于系统管理战略的价值判断与对系统维持其大部分功能性程度的评价相关。系统的宏观行为，通过对多种相关指标的观察，显示出微观、合作的系统行为，宏观执行部分的反馈即为性能分数 ζ。

为了进一步明确这个关系，假设 $S(i)=1$，可以得到：

$$\Delta E = -\varepsilon(M_1 - M_2 - 1) - \mu H = -\varepsilon.2M\zeta - \mu H = U\zeta + V \qquad (8\text{-}27)$$

同样的，对于 $S(i)=-1$，则有：

$$\Delta E = \varepsilon(M_1 - M_2 - 1) + \mu H = \varepsilon.2M\zeta + \mu H = -(U\zeta + V) \qquad (8\text{-}27')$$

由于 ε 是系统相互影响组成部分的交换能量，$U=2M\varepsilon$ 与系统部分的总交换能量有关，数量特征为系统内部的自发性。相反，能量 $V=\mu H$ 是外部范围 H 各部分的连接。U 和 V 是在宏观理论定义中同时得到的。

式（8-27）提供了一个与微观解释一致的情况，轻微的震荡状态式（8-25）是宏观方面的模式，整个系统在转变，因此，从整体状态（M_1，M_2）到整体状态（M_1-1，M_2+1）的系统转换的概率是：

$$P_{12} = \exp[-(U\zeta + V)/(K_B T)] \qquad (8\text{-}28)$$

从整体状态（M_1，M_2）到 M_1 的功能部分和 M_2 的非功能部分，作为（M_1+1，M_2-1）的系统转换的概率是：

$$P_{21} = \exp[(U\zeta + V)/(K_B T)] \qquad (8\text{-}28')$$

根据综合变量 U、V、T 和其概率，系统微观视角和宏观视角之间的差距目前是完全未知的，而且统计物理学规则中要求微观和宏观都要具体化，现象和模型都能可视化。

对过程的描述可以用系统任意普通的部分来模拟。这种算法导致系统中前向描述的微观转变，在这种逻辑下，出现了自动化集成部分，以及外部链接部分中的周期性压力。这些压力测试使系统性能分数 ζ 作为外加场 H 的函数。

观察系统反应，会注意到系统对抗外部偏离的反应或倾向。换言之：

● 如果系统主体是功能性的，则它趋于维持功能性的水平，即使外加应力会使系统部分功能失调。

● 如果系统主体是功能紊乱的，则它趋于维持低水平的功能，即使外加应力试图使系统部分恢复其功能。

● 从功能性主导到非功能性的转变，或者反之，突变必须依靠系统的成熟度。

系统会出现我们熟知的"磁滞现象"行为。

系统状态评估
（基于系统在循环应用领域下的性能分数滞后反映）

　　——标准温度（KB、T）：20
　　——视野范围：−0.7~0.75
　　——性能功能范围：−0.50~0.50
　　——系统弹性（0~1）：0.83
　　——自发性能分数（0~1）：0.99
　系统状态：戒备状态 3

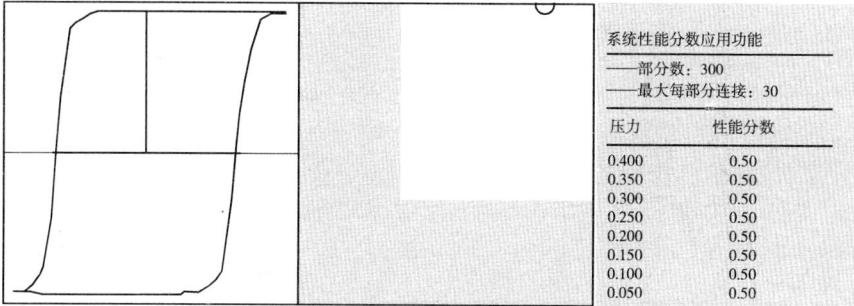

系统性能分数应用功能	
——部分数：300	
——最大每部分连接：30	
压力	性能分数
0.400	0.50
0.350	0.50
0.300	0.50
0.250	0.50
0.200	0.50
0.150	0.50
0.100	0.50
0.050	0.50

* Relating to, and proportional with the length of the HORIZONTAL blue segment.
** Relating to, and proportional with the length of the VERTICAL blue segment.
*** Relating to the position of the PINK CIRCLE in respect with the GREEN, YELLOW, RED Defcon areas.

Note: The apparent irregularities in the hysteresis curve reflect fluctuations in the Performance Fraction, that are consubstantial with the statistical nature of the processes determining system's overall condition. If excessive in frequence and/or amplitude, system performance fluctuations are a risk in themselves!

图 8–4　滞后于 300–部件，30–部件的链接/部分的系统中，在标准温度下 20 个单元：DEFCON3

系统状态评估
（基于系统在循环应用领域中的性能分数滞后反映）

　　——标准温度（KB、T）：50
　　——视野范围：−1.45~0.8
　　——性能功能范围：−0.50~0.50
　　——系统弹性（0~1）：0.50
　　——自发性能分数（0~1）：0.89
　系统状态：戒备状态 3

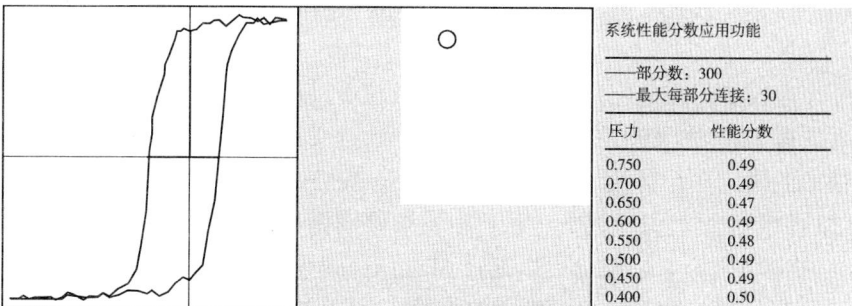

系统性能分数应用功能	
——部分数：300	
——最大每部分连接：30	
压力	性能分数
0.750	0.49
0.700	0.49
0.650	0.47
0.600	0.49
0.550	0.48
0.500	0.49
0.450	0.49
0.400	0.50

* Relating to, and proportional with the length of the HORIZONTAL blue segment.
** Relating to, and proportional with the length of the VERTICAL blue segment.
*** Relating to the position of the PINK CIRCLE in respect with the GREEN, YELLOW, RED Defcon areas.

Note: The apparent irregularities in the hysteresis curve reflect fluctuations in the Performance Fraction, that are consubstantial with the statistical nature of the processes determining system's overall condition. If excessive in frequence and/or amplitude, system performance fluctuations are a risk in themselves!

图 8–5　滞后于 300–部件，30–部件的链接/部件的系统中，在标准温度下 50 个单元：DEFCON2

系统状态评估
（基于系统在循环应用领域中的性能分数滞后反映）

——标准温度（KB、T）：100
——视野范围：–2.65~1.2
——性能功能范围：–0.48~0.44
系统高度不稳定，实质上无从管理，可能无法恢复
分析评估不可能的弹性和性能分数丢失相关

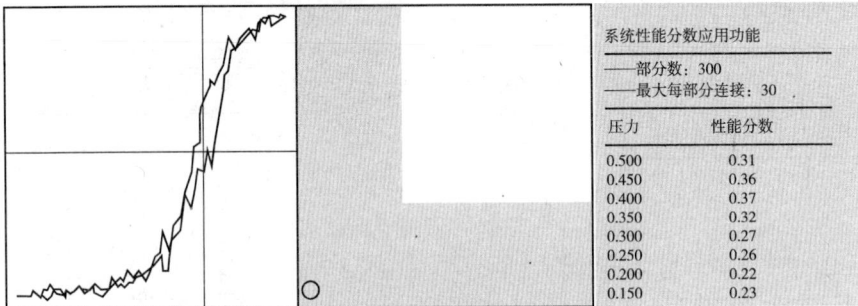

系统性能分数应用功能

——部分数：300
——最大每部分连接：30

压力	性能分数
0.500	0.31
0.450	0.36
0.400	0.37
0.350	0.32
0.300	0.27
0.250	0.26
0.200	0.22
0.150	0.23

* Relating to, and proportional with the length of the HORIZONTAL blue segment.
** Relating to, and proportional with the length of the VERTICAL blue segment.
*** Relating to the position of the PINK CIRCLE in respect with the GREEN, YELLOW, RED Defcon areas.

Note: The apparent irregularities in the hysteresis curve reflect fluctuations in the Performance Fraction, that are consubstantial with the statistical nature of the processes determining system's overall condition. If excessive in frequency and/or amplitude, system performance fluctuations are a risk in themselves.

图 8-6 滞后于 300-部件，30-部件的链接/部件的系统中，在标准温度下 100 个单元，系统不稳定，最终不可控制且可能不可复原

一种观点是协同系统可以在外加应力下，它的执行水平可以改变阻力，这种内部的相互作用可以由连贯性来表示，而且可以进行弹性分析。在这种解释中，一个弹性的系统，在外部压制移除后，不需要恢复其本源参数。它可以设计出维持满意的功能性水平，同时可以承受外部的改变。可以确信，正当的现实需求不是严格的数学化方式，但是可以使系统的稳定性方面更优，并使系统回归到开始状态。

一个建议是，在适应弹性的状况下，系统可以演变，可以承受实际的环境情况，并安排为新的运转方式。安全对于服务的意义，就是要在面对弹性时，有绝对可信赖的稳定性，自然状态下的相互影响、突变将会对长期战略的合理性产生影响。这就是说，弹性适应的方法可以得出协同循环与相互影响的差距（参考图8-4）。在应用压力下，质量可以通过 Magnetism 理论来分析其强制力和强制性。进一步分析的话，性能分数 ζ 最大的价值，是由"残余性能水平"（残余的磁性或残余物）的无压力状态来衡量。尽管转变及假定更适合自动执行（APF）的背景。APE 是良好系统拥有的特点，这是一种维持运转或者是当大部分刺激（财政、后勤等）平息后的一般要求，系统在运转中将其设置为降低或退回。

在这种方式下，系统认定的"优良秩序"和"状态展示"是：

● 高水平的可适应弹性，即较好的容忍性，在压力作用下的高适应能力（Cohen，Levinthal，1990）。

● 高水平的自动执行部分，即执行活动较高的可接受性，可以维持激发因素消退时的状态。

8.7 能源系统战略的注释和博弈

在宏微观模型的描述中，实质上，基于严密博弈的执行，为理解系统的弹性化和自动化提供了模式（V.SDA 安全防卫机构，2010）。

图 8-7 和表 8-1 显示了宏观模型的应用。这个表复制了界面的一部分，列出了用于分析的指标：实体 ［T］的集合（U 类模型术语）和非实体（V 类），若按照实体的架构去领会，会逐渐发生变化，同时非实体集合会更容易变化和盛行，因此具有更快变化的特色和影响力。

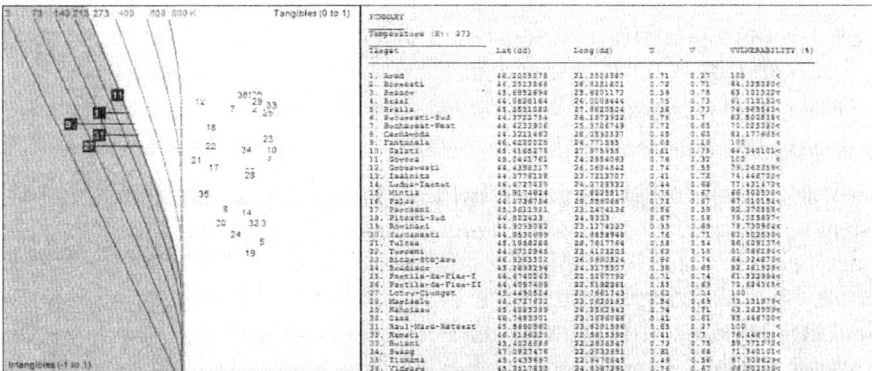

图 8-7 一个在国家层面上能量产生装置的脆弱性地图

表 8-1　指标和得分

指标评分分析
目标对象：Arad
经度：46.2005078
纬度：21.3508987
评价小组被引入一致性的设置：（1）设置低与高的分数范围；（2）评分将作为指标展示。缺陷将直接暴露出来
一切就绪时，重新输入进程
——实体指标中，最大的分数设置：10
——实体指标中，最小的分数设置：0.01
——非实体指标中，最大的分数设置：10
——非实体指标中，最小的分数设置：0.01
——规范化的 Xt1：0.1
——规范化的 Xt2：0.9
——规范化的 Xi1：0.1
——规范化的 Xi2：0.9
——实体因数的代表 pT：50
——非实体因数的代表 pI：50
脆弱性影响指标

表中对相关数据的引用是用来展示其脆弱性，图 8-7 所显示的是目标系统将来的脆弱状态，能量在一些国家的生产系统中分布，一个持续性的监测将为系统提供潜在有利的管理和计划。

根据性能指标的数值，可以计算出一对加成的脆弱性影响指标：一个有形因素和一个无形因素。

为了获得这些，可以采用模糊影响指标的概念，该概念来自 Swiss 的灾难性后果评估方法，这样就有：

实体因素指数：

$$U, \ U = \min \ \{1, \ \mathrm{Sum}(j = 1 - 50) \ X(Yt(j))^{\wedge} pT^{\wedge}(1/pT)\} \tag{8-29}$$

非实体因素指数：

$$V, \ V = \min \ \{1, \ \mathrm{Sum}(k = 1 - 53) \ X(Yi(k))^{\wedge} pI^{\wedge}(1/pI)\} \tag{8-30}$$

这里 $X(Yt(j))$，$j = 1, \cdots, nT$；$X(Y_i(k))$，$k = 1, \cdots, nI$ 是指标 T 和 I 的标准分数，从确定的绝对分数 $Yt(j)$ 和 $Yi(k)$ 中获得，分别是：

$$X(Yt(j)) = At.lg \ (Yt(j)) + Bt, \ \text{其中} \ 0.01 \leqslant Yt \ (\ ) \leqslant 10 \tag{8-31}$$

$$X(Yi(j)) = Ai.lg \ (Yi(j)) + Bi, \ \text{其中} \ 0.01 \leqslant Yi \ (\ ) \leqslant 10 \tag{8-32}$$

常量 A 和 B 分别来自以下规范化和物质化指标：

如果 Yt1 = 0.01 那么 Xt1 = 0，1 之间的用户假定值 \hfill (8-33)

如果 Yt2 = 10 那么 Xt2 = 0，1 之间的用户假定值，且 Yt2 > Yt1   (8–34)

同样的，

如果 Yi1 = 0.01 那么 Xi1 = 0，1 之间的用户假定值   (8–35)

如果 Yi2 = 10 那么 Xi2 = 0，1 之间的用户假定值，且 |Yt2| > |Yt1| (8–36)

由式（8-33）~ 式（8-36），可以得出：

$A = (Xi2 - Xi1)/(\log 10(Yi2) - \log 10(Yi1))$

$B = (Xi2.\log 10(Yi1) - Xi1.\log 10(Yi2))/(\log 10(Yi1) - \log 10(Yi2))$

pT，pI 是欧几里得空间两个伪欧式环"距离"的指数形式，以上算法的应用给出如下指数：

规范化指标：

燃料设备状态［T］	0.33
包括安装的水进程状态［T］	0.47
蒸汽产生状态［T］	0.41
蒸汽设备管理状态［T］	0.53
汽轮机及其附属设备状态［T］	0.62
能量生产和附属状态［T］	0.63
冷却设备状态［T］	0.52
安全和威胁预防技术［T］	0.60
气候相关危险的保护：雷雨，暴风雪，资源冰冻［T］	0.65
地震相关威胁防护的设计［T］	0.40
防火相关威胁防护的设计［T］	0.48
排水溢出相关威胁防卫的设计［T］	0.66
洪水相关威胁防卫的设计［T］	0.63
装置空间间隔的相关威胁防护的设计［T］	0.63
控制室状态［T］	0.65
天然气检测系统状态［T］	0.49
火灾检测系统状态［T］	0.45
绝缘密封状态：各部分密封箱，阀门，管道［T］	0.52
报警管理系统状态［T］	0.41
通风系统状态［T］	0.55
消防状态［T］	0.61
固定消防系统状态［T］	0.63
移动消防系统状况状态［T］	0.66
平台状态：功率输出能力［T］	0.63

人力资源：人员配置水平 [T]	0.49
人力资源：人员培训水平 [T]	0.68
人力资源：人员教育水平 [T]	0.66
人力资源：人员经验 [T]	0.67
人力资源：招新和实践充足性 [T]	0.65
人力资源：技能水平 [T]	0.43
安全工作实践：管理转变 [T]	0.68
安全工作实践：安全手册，会议，执行力 [T]	0.62
安全工作实践：备用程序 [T]	0.43
安全工作实践：安全系统损伤缓冲 [T]	0.65
事故管理的追溯和趋势 [T]	0.65
事故管理的调查和报告氛围以及补充报告推荐 [T]	0.56
事故管理的错失报告文化 [T]	0.57
安全性提高预算的充足性 [T]	0.49
紧急计划范围，更新的质量水平 [T]	0.68
紧急训练，模拟行动的充足性 [T]	0.63
组织化：关键管理思想层次 [T]	0.60
组织化：关键技术思想层次 [T]	0.68
组织化：冲突水平 [T]	0.58
组织化：集中决策水平 [T]	0.61
软件进程的改善和能力估价程序 [T]	0.31
具体标准和 IT 管理服务实践措施 [T]	0.64
管理技术和质量细节 [T]	0.62
可靠的成本—收益分析技术 [T]	0.42
优势、弱势、机会和威胁（SWOT）的分析方法 [T]	0.66
优先次序技术方法 [T]	0.56
对减少首要能源方法的回应 [I]	0.26
对减少重要资源方法的回应 [I]	0.18
紧急自然灾害的缓解 [I]	0.18
应对恐怖主义攻击的安全方案 [I]	0.26
异常环境中的运转安全，世界范围的文明动荡，战争 [I]	0.18
系统性连接风险，异常的行为和监管漏洞 [I]	0.23
对经济，管理，法律和社会挑战的回应能力 [I]	0.23
基础设施的保护：资产，硬件，软件以及传输 [I]	0.23

对破坏的识别能力和运转的脆弱性 [I]	0.23
资产风险克服方式和潜在的成本 [I]	0.23
运行风险进程的错误控制,执行失败和系统失败 [I]	0.18
运行风险的错误关系控制和物理保护安全缺失 [I]	0.23
法律声明、货币需求负担、成本控制、罚金 [I]	0.10
对系统转变的积极态度和管制解除 [I]	0.10
维持市场活力,顾客持续性和需求的稳定性 [I]	0.23
识别市场趋势、发展和机会的能力 [I]	0.23
市场非预期运转速度、方向和严重性的应对 [I]	0.18
对良好的流动性和资金管理的维持	0.10
公司市场占有率与公众形象的维持 [I]	0.23
保留合格人才的能力 [I]	0.23
人员能力、忠实、责任感和灵活性以及文化适用性 [I]	0.18
系统执行和行为模式力量监控 [I]	0.18
平台地位的历史和有效性 [I]	0.10
平台地位的历史和非计划性 [I]	0.23
平台地位的工艺时段 [I]	0.18
平台地位的改进和流行期限 [I]	0.10
运转成本的水平,非个体与不安全的关系 [I]	0.18
运转成本的水平,个体关系 [I]	0.26
运转成本的水平,安全关系 [I]	0.26
推广成本的水平 [I]	0.26
破坏程度与稳定性关系 [I]	0.23
必要进程水平和稳定性关系 [I]	0.10
预算水平充足的稳定性 [I]	0.18
项目视察质量的稳定性 [I]	0.23
内部整洁 [I]	0.18
人类工程学 [I]	0.18
风险管理:危险分析进程政策,专业性和执行力 [I]	0.23
风险管理:危险进程分析团队及培训 [I]	0.18
风险管理:预算建议的追溯、跟踪 [I]	0.23
事故管理:惨痛的历史定位 [I]	0.10
安全管理核查:内部和外部的渐进性和充足性 [I]	0.18
追踪和跟随审计建议 [I]	0.26

弹性问题

测试巨型系统压力下行为协作
效果注释系统的稳定性和滞后

系统状态单

System Condition is to be assessed, next, in consideration of system's response to a cyclically applied stress.
Two quantities featuring the response hysteresis are monitored: the RESILIENCE; and the AUTONOMOUS PERFORMANCE FRACTION
(see background notes), both normalized to cover a range of 0 to 1. The plane defined by these is divided in three adjustable regions:
DEFCON 3, 2, and 1, indicating a normal (green), tolerable (yellow), and intolerable (red) system condition, respectively.
A condition beyond DEFCON 1 is also defined, in cases when system's response to stress shows frequent and/or high-amplitude oscillations –
an occurence possible with small (low number of parts), weakly-coherent (low number of part links and/or low-strength links and part susceptibilities)
systems, and with virtually any system at high temperatures. In such cases the system is declared 'highly unstable, virtually non-governable,
and potentially unrecoverable'.

Please set accordingly the green-to-yellow, and the yellow-to-red DEFCON limits.

'DEFCON 3 (Normal, Green)', down to : 0.75
'DEFCON 2 (Tolerable, Yellow)', down to : 0.35

[Accept]

系统状态评定
（基于系统在循环应用领域中的性能分数滞后反映）

——标准温度（KB、T）：20
——视野范围：–0.95~0.85
——性能功能范围：–0.50~0.50
——系统弹性（0~1）：0.88
——自发性能分数（0~1）：1.00

系统状态：戒备状态 3

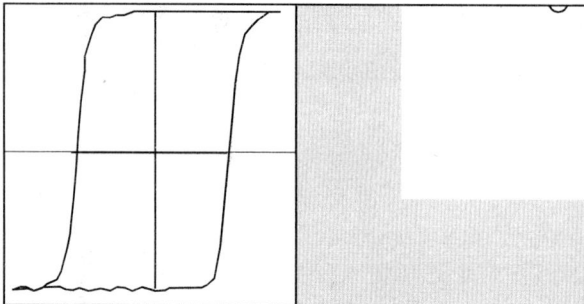

系统性能分数应用功能

——部分数：300
——最大每部分连接：30

压力	性能分数
0.400	0.50
0.350	0.50
0.300	0.50
0.250	0.50
0.200	0.50
0.150	0.50
0.100	0.50
0.050	0.50
0.000	0.50
–0.050	0.50
–0.100	0.50
–0.150	0.50

* Relating to, and proportional with the length of the HORIZONTAL blue segment.
** Relating to, and proportional with the length of the VERTICAL blue segment.
*** Relating to the position of the PINK CIRCLE in respect with the GREEN, YELLOW, RED Defcon areas.

Note: The apparent irregularities in the hysteresis curve reflect fluctuations in the Performance Fraction,
that are consubstantial with the statistical nature of the processes determining system's overall condition.
If excessive in frequence and/or amplitude, system performance fluctuations are a risk in themselves!

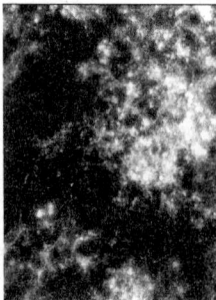

MEMENTO:
A. 一个巨大的（大量部件），内部一致的（各部分紧密相连），管理
很好的系统将正常地展示压力下的高度弹性，更高的自发性分数
（剩余的运转能力），因此这是相当好的运转状态。
B. 在这种系统相同的状况下可以论证是更脆弱性的，因为如果在强
烈的负面压力下崩溃，那么就会彻底毁坏没有警示（滞后倾斜）恢
复期是相当长的，昂贵的，而且困难因为需要更积极地实现目标
记忆碎片 真正地——没有免费的午餐

图8-8 界面网页，互动游戏实施的微观模型

在高级技师和运转人员之间沟通的水平和质量 [I]　　　　　　　 0.10

质量管理、预防性措施、遵循（ISO-9000-1994）[I]　　　　　　 0.18

进程有效性度量，过程改善，消费者满意度追踪（ISO-9000-2000）[I] 0.10

关于信息安全管理的最佳实践建议（ISO-IEC17799）[I]　　　　 0.18

全面质量管理原则与实践 [I]　　　　　　　　　　　　　　　　 0.18

创新技术（头脑风暴，头脑写作，方案 635，Delp hi，CNB，Morphology etc）[I]　　　　　　　　　　　　　　　　　　　　　　　　　 0.18

目标寻找方案 [I]　　　　　　　　　　　　　　　　　　　　 0.18

管理安全意识：感知与心理状态 [I]　　　　　　　　　　　　　 0.18

劳动力安全意识：顺从，执行，参与，严格接受 [I]　　　　　　 0.23

安全文化，在安全上的足够投入 [I]　　　　　　　　　　　　　 0.10

作为结论，有 CF.方程（1.1 与 1.2）：

——实体脆弱性指标 U：0.705667462。

——非实体脆弱性指标 V：0.270070852。

一个用于实践的不同宏观视角单位，更精确地强调了协同效果，并且解释所给出的事物，在这样的背景下，提出弹性适应的建议。

在一些耦合常数不断改变的历程中，容忍度、系统协同作用的温度感应行为成为主要的依据。主要研究结果如下。

8.7.1　明显性方面

所有获得期望的直观方面如下：

● 内在大部分的连贯系统趋于高度弹性适应和 APT，因此，高水平的状态在于细节的比较上，连贯性差的系统运行情况更加稳定。这将使欧盟"20-20-20"规划的综合特征得以初步证实：具有较高的电网连接性、冗杂性、能量通路、共享结构以及运行标准等。

● 在维持性、检测性和更新性的合理性自我评估中，系统的主题、弱点、忽视点、松弛度、管理、治理、合作精神、伦理以及不公平的商业环境下的运行方式，这些将会降低系统的弹性并使其执行部分出现混乱，甚至彻底崩溃。没有偏见地说，我们期望多关注欧盟后期进入的新角色，否则将会使它们陷入那些困扰、不稳定，并渐渐靠近西方的相关标准。

8.7.2 策划方面

以下发现虽不直观，但并不令人费解。

● 在系统的组成中存在改变和促使系统内部连接的力量，要考虑其弹性和能力，以产生比较好的相互促进效应。

这个局面由欧盟的"20-20-20"初步规划的独立内核限定，这需要一个重要的技术替代内容，作为探究政策的媒介。

事实上，在确定的部分，传统的运转宏观模型，就需要新的部分来代替。硬件、软件、管理和思维包括外来主义和古老思想的比较，反映了连接中监管的软弱性（系统网络的连接，负载治理，能量交换，其他交换，适应性接口等）。这立刻就会导致出现协同模式，以及 AFP 适应性和弹性的笛卡尔结果，而外来者会对该变化喜闻乐见。

因此，如果可以忍受一个过分简单化，甚至可能是过于保守的评价，按照20%的减少量，20%可更新，增加另外20%的要求，这三次20%即60%的替代和技术储备，及欧盟能量系统的保持，将使系统的应对模块和弹性结果出现，并使AFP 呈现图 8-9 的描述。

系统状态评估
（基于系统在循环应用领域下的性能分数滞后反映）
——标准温度（KB、T）：20
——视野范围：-0.14~0.34
——性能功能范围：-0.34~0.45
——系统弹性（0~1）：0.05
——自发性能分数（0~1）：0.27
系统状态：戒备状态 1

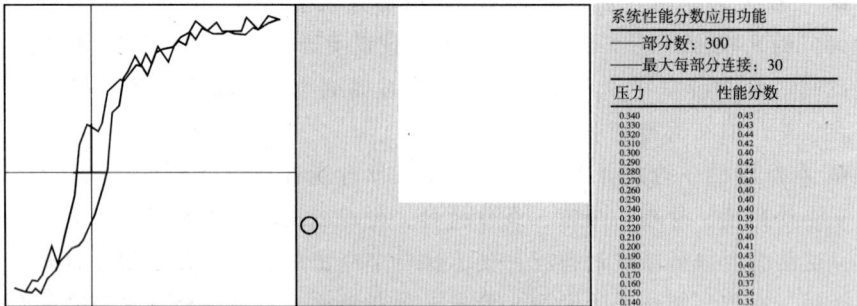

系统性能分数应用功能
——部分数：300
——最大每部分连接：30

压力	性能分数
0.340	0.43
0.330	0.43
0.320	0.44
0.310	0.42
0.300	0.40
0.290	0.42
0.280	0.44
0.270	0.40
0.260	0.40
0.250	0.40
0.240	0.40
0.230	0.39
0.220	0.39
0.210	0.40
0.200	0.41
0.190	0.43
0.180	0.40
0.170	0.36
0.160	0.37
0.150	0.36
0.140	0.35

* Relating to, and proportional with the length of the HORIZONTAL blue segment.
** Relating to, and proportional with the length of the VERTICAL blue segment.
*** Relating to the position of the PINK CIRCLE in respect with the GREEN, YELLOW, RED Defcon areas.

Note. The apparent irregularities in the hysteresis curve reflect fluctuations in the Performance Fraction, that are consubstantial with the statistical nature of the processes determining system's overall condition. If excessive in frequency and/or amplitude, system performance fluctuations are a risk in themselves!

图 8-9 系统给予占科技替代 60% 的循环应力的回应

　　假定仅有的两个支配性政策同时引起重视，负担 40% 的技术改造，效果将如图 8-10 所示。

系统状态评估
（基于系统在循环应用下的性能评分滞后反映）
　　——标准温度（KB、T）：20
　　——视野范围：-0.27~0.22
　　——性能功能范围：-0.44~0.43
　　——系统弹性（0~1）：0.18
　　——自发性分数（0~1）：0.64
系统状态：戒备状态 1

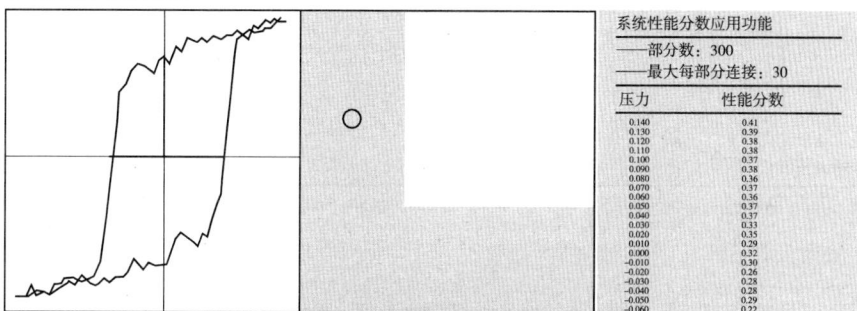

系统性能分数应用功能
——部分数：300
——最大每部分连接：30

压力	性能分数
0.140	0.41
0.130	0.39
0.120	0.38
0.110	0.38
0.100	0.38
0.090	0.38
0.080	0.36
0.070	0.37
0.060	0.36
0.050	0.37
0.040	0.37
0.030	0.33
0.020	0.35
0.010	0.29
0.000	0.32
-0.010	0.30
-0.020	0.26
-0.030	0.28
-0.040	0.28
-0.050	0.29
-0.060	0.22

* Relating to, and proportional with the length of the HORIZONTAL blue segment.
** Relating to, and proportional with the length of the VERTICAL blue segment.
*** Relating to the position of the PINK CIRCLE in respect with the GREEN, YELLOW, RED Defcon areas.

Note. The apparent irregularities in the hysteresis curve reflect fluctuations in the Performance Fraction, that are consubstantial with the statistical nature of the processes determining system's overall condition. If excessive in frequence and/or amplitude, system performance fluctuations are a risk in themselves.

图 8-10　系统给予占科技替代 40% 的循环应力的回应

　　最后，如果三种支配性政策的优先权被考虑，意味着在任一阶段 20% 的技术替代将如图 8-11 所示。特别应注意到，其数据指出了暂时性热度的提高，在商业和政策环境下也提高了它的边际化期望。

8.7.3　不合理的方面

　　● 最后，有证据的推测在这里几乎是违反常理的，智力冲突依据高弹性和执行系统来说，系统普遍重视高水平的发展趋势，不确定下的脆弱性具有确切意义，这种脆弱性涉及近乎理想的协同循环（见图 8-4 和图 8-8）：执行中处于近似矩形的大范围覆盖空间，以及 X-Y 平面。确切的是，如此形态可能会因为所有事物都正常而产生错觉，从而忽视了外部环境，例如萧条期的延长，将是规范化的表现。残留压力形势的正常发展和组成其维持的成本将增加其便捷性或刺激其财政、后勤、才智等的赤字。在消极的压力作用下，由于系统的内部相互作用

系统状态评估
(基于系统在循环应用下的性能分数滞后反映)
　　——标准温度（KB、T）：20
　　——视野范围：-0.48~0.37
　　——性能功能范围：-0.50~0.49
　　——系统弹性（0~1）：0.45
　　——自发性分数（0~1）：0.85
系统状态：戒备状态 2

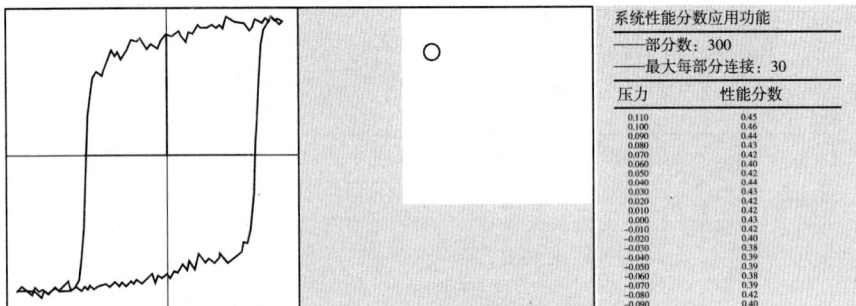

系统性能分数应用功能
——部分数：300
——最大每部分连接：30

压力	性能分数
0.110	0.45
0.100	0.46
0.090	0.44
0.080	0.43
0.070	0.42
0.060	0.40
0.050	0.42
0.040	0.44
0.030	0.43
0.020	0.42
0.010	0.42
0.000	0.43
-0.010	0.42
-0.020	0.40
-0.030	0.38
-0.040	0.39
-0.050	0.39
-0.060	0.38
-0.070	0.39
-0.080	0.42
-0.090	0.40

* Relating to, and proportional with the length of the HORIZONTAL blue segment.
** Relating to, and proportional with the length of the VERTICAL blue segment.
*** Relating to the position of the PINK CIRCLE in respect with the GREEN, YELLOW, RED Defcon areas.

Note: The apparent irregularities in the hysteresis curve reflect fluctuations in the Performance Fraction, that are consubstantial with the statistical nature of the processes determining system's overall condition. If excessive in frequence and/or amplitude, system performance fluctuations are a risk in themselves.

图 8-11　系统给予占科技替代 20% 的循环应力的回应

与项目（顺畅运行），即使功能部分处于较高水平，仍会发现系统可能处于接近危险的境地。因此，如果压力水平进一步明显降低或波动，将使全部的结构处于崩溃的状况。

脆弱性的主要原因：

——一个整体的事实是，在崩溃的紧急状况下早期警报的缺失（系统处于较高执行水平环境下而出现的恶化）。

——崩溃的严重后果，当它发生时，相当重要的情况将出现戏剧化状况。

——使用长期明显但昂贵的方式去恢复系统（较低水平协同循环平台的长期性）。

在这种情形中，唯一的好处是看到了缺点，如果恢复点较低，随之而起的过程将表现出快速而有效。

21 世纪的第一个十年被"9·11"事件和经济衰退打乱，但并非总是如此，本章作者已经给出的思考要点比较牵强。能够勉强排除协同因素在发展中的不正常情况：残忍袭击的出现和高弹性执行的特点。然而过多的冲突和隐藏的缺点比较容易被忘记。系统会被怀疑，管理是为了遏制衰退和设定长期战略，并取得更好的效果，为此把所有的资本都投入系统，使事实转向决策的要点，在其象征的意义中，由于物质的相似，在"协同圈的右下角"，尽管已经付出所有努力，但是真的已经达到了吗？

8.8 结 论

众所周知，大而复杂的固定系统与灵活的系统可能也有共同之处。对这些事情的判断具有智慧性、适度性和温和性。在这个隐性的前提下和比较放松的氛围中可以看出，事实上如果我们能够胜任，就可以把任何超出量的弹性，看成"胆固醇"类的弹性。物理分析不仅来自其自身的交换，也来自生物学、生理学、神经科学、社会学、经济学、电动学和电力学等并不关联的领域。ITC、心理学可以帮助理解和执行"20-20-20"的宏大计划，竭力把欧盟的能源安全水平带向一个新的高度。事实上，一个失败的替代技术（硬件、软件、管理思路以及所有）要求具备综合能力，以使执行的适应力得到维护。一个长期安全的要素是：①系统的吸收能力；②政策的接受能力以及网络对人们的影响。弹性与弹性之间的适应性并不缺乏，正如本章所说，它是模糊的。当较大的目标模型被假定后，可以说要有足够程度的自信，基于伦理来判断"太多、太快"是注定要失败的。

从广阔的前景来看，对即将到来的全球化进行短期的应付，趋于三种程度的假定：判断、改革和革命。对本章作者看来，刺激和诱因将在诊断后产生，作为改革的先决条件，自由的免除或解除能源领域改革目标的管制，作为革命的先决条件，大量的技术替代开始革新，能量系统不需要用核聚变的方式，去走向商业化的革新方式，20%的可再生能源增加，20%的减排，10%的生物燃料已经足够，这需要相当大的智慧和理解力。这就要求这个世界的管理者，去决定什么是合适的，什么是适时的，以及我们如何选择。

可以确信，模型开展的复杂性来自于新的多种困惑及问题的堆积。长期困扰我们的问题是弹性达到什么程度才是充足的弹性，超出弹性的程度与非实体治理的原则、管理等，这很容易被遗忘；其包含了工作的纪律和文化、适度性以及对较低适应性的理解力；早期警示成本的出现是由于愚昧，而这违反了系统自动判断的冷静性原则。

应该相信，政府体系对好的方面进行调节的要求、对弹性敏感度的改变以及对稳定程度的可接受性，以及在阻碍扰乱发展和挫折上，政策工具赋予的充足的警示特点，都可以经受挑战。建设这样的政府体系，这是在未来十年内，欧洲和其他地方所要面临的问题。

参 考 文 献

［1］Christen P., Bohnenblust H., Seitz S. (1995). *How to Compare Harm to the Population with Damage of the Environment? A Quantitative Multi-Attribute Approach for Risk Analysis based on Fuzzy Set Theory. In Loss Prevention and Safety Promotion in the Process Industries*, Vol. 1. Mewis J.J. Pasman H.J., De Rademaeker E.E., Editors. Elsevier Science B.V.

［2］Cohen W.M., Levinthal D.A. (1990). *Absorptive Capacity: A New Perspective on Learning and Innovation.* Administrative Science Quarterly, Vol. 35, Issue 1, pp. 128-152.

［3］EC Environment (2010). The EU Climate and Energy Package, http: // www.ec.europa.eu/environment/climat/climate action.htm.

［4］Gheorghe A.V., Vamanu D.V. (2004). *Towards QVA-Quantitative Vulnerability Assessment: a Generic Practical Model*, Journal of Risk Research, Vol. 7, Issue 6, September 2004.

［5］Gheorghe A.V., Vamanu D.V. (2008). *Mining Intelligence Data in the Benefit of Critical Infrastructures Security: Vulnerability Modeling, Simulation and Assessment.* International Journal of System of Systems Engineering, Vol. 1, Nos. 1/2, 2008, pp. 189-221.

［6］Gilmore R. (1981). *Catastrophe Theory for Scientists and Engineers.* Wiley, 1981.

［7］Huang K. (1963). *Statistical Mechanics.* John Wiley & Sons, Inc., New York, London.

［8］SDA Security and Defense Agenda (2010). *Is Europe's Energy Security Policy a Reality or an Ambition?* May 26, 2010, Bibliotheque Solvay, Brussels.

［9］Sprott J. (1993). *Strange Attractors: Creating Patterns in Chaos*, M&T Books, New York.

［10］Thom, R. (1975). *Structural Stability and Morphogenesis.* The Benjamin/Cummings Publishing Company, Inc.

［11］Thom, R. (1983). *Mathematical Models of Morphogenesis.* Ellis Horwood Limited Publishers, Chichester. Halsted Press: A Division of John Wiley and Sons, New York, Brisbane, Chichester, Ontario.

［12］Ursu I., Purica I.I., Vamanu D. (1983). *Towards More Safety: Observing*

Synergisms in Reactor Behaviour. In Nuclear Power Experience, Vol.IV, Paper IAEA-CN-42/139, pp.255. International Atomic Energy Agency, Vienna.

[13] Ursu I., Vamanu D., Gheorghe A., Purica I.I. (1985). *Socioeconomic Risk in Development of Energy Systems.* Risk Analysis 5, 315.

[14] Weidlich W. (1973). In *Synergetics—Cooperative Phenomena in Multi-component Systems*, Edited by H. Haken (Teubner, Stuttgart).

[15] Wikipedia (2010). *Hysteresis.* http: //www.en.wikipedia.org/wiki/Hysteresis.

[16] Zeeman E.C. (1977). *Catastrophe Theory*, Addison-Wesley.

第❾章　电力传输关键基础设施的随机模拟

　　摘　要： 电力传输的关键基础设施值得深入研究。同交通和通信等其他关键基础设施一样，为了有效保护系统，防止广延性的故障，它们的分布式动态特性要求用创新性的分析方法来识别漏洞。起初的局部错误会导致与系统行为相关的不确定性，这些不确定性要用适当的模型和随机模拟方法来对其进行分析。

9.1　引　言

　　通常，关键基础设施（CI）是指"由一系列独立的、大规模的人造系统（一套软硬件结构）组成的网络体系，这些人造系统能够协同运行，从而源源不断地输出重要产品和服务"（Ellis et al.，1997）。它们是高度相互依赖的动态复杂系统，这种依赖关系体现在物理结构以及运用信息通信技术的方法上。这些系统面临多种威胁（来自技术的、有意或无意人为的、物理的、自然的、网络的、上下游关系的），自身也可能会形成风险。根据（Dueas-Osorio et al.，2007），这些系统是由大量的交互构件（真实的或者是虚拟的）组成的，这些构件表现出以单一构件知识难以识别预测的突发性，它们具有很大程度的可变性来吸引随机的中断，在恶劣的工作条件下很容易受到广延性故障的影响。的确，在关键基础设施系统中，小小的扰动都会触发大规模的严重后果；此外，中断也可能是由针对性的攻击造成。

　　基于以上理由，这些生命线系统能力的丧失或破坏都会导致一个国家的健康、安全、经济和社会福利的衰弱。从该角度来说，这些生命线系统被赋予了"关键"的内涵。在这些基础设施中，一个失去持续服务的扩延性故障能够对社会（包括经济）的各个方面造成严重损害；而且，这种跨越基础设施边界的串联会导致相关基础设施的崩溃，引发空前的、跨边界的严重后果。

电力输送网络作为当前做出贡献的关键基础设施对象是一个很好的例子，它为我们示范了一个关键基础设施（或者说是一种新的间断性动力源泉）所面临的更大更紧密的整合度，这种整合追求大多数国家市场的自由化，并且与其他基础设施密切相关，尤其是信息通信网络。

在实验研究中，人们突出强调基础设施之间的依赖性（所谓的相互依赖）以及在建模过程中出现的固有困难。例如，（Luiijf et al.，2009）中的数据库主要根据关键基础设施被毁坏的有关报道来建立，这些报道主要来自诸如报纸和互联网的开放性资源。事件被分为"级联启动"（即一个事件导致另一个 CI 事件的产生）、"级联结束"（即一个事件因另一个 CI 事件而结束）和"独立事件"（即一个事件既不属于"级联启动"也不属于"级联结束"）。数据库中的信息特别展示了：①"级联结束"事件的发生比人们想象的更加频繁，同时"级联启动"事件发生的频率只是人们想象中的一半；②依赖性比一般想象更加集中、更有方向性；③能量和无线电通信是"级联启动"事件的主要组成部分。

例如，2004 年 1 月在罗马郊区发生了小规模通信中断，通信系统、交通系统以及配电网络系统之间的相互依赖性在该事件中扮演着消极的角色（IRRIIS，2007）。在某个关键通信服务节点，一个装有空调冷却液的金属管子破裂而引发了泄漏事件，进而导致了通信中断，这除了影响当地的交流/传送操作外，还对该国最大的印刷通讯社的传送工作造成了冲击。在菲乌米奇诺国际机场，这种通信中断还导致旅客不能登机、买票、寄托行李和办理转机业务，扰乱了邮局和银行的运转，引发了与意大利主要的研究机构相连的通信网络的相关问题。此外，电信中断还影响了电力分配网的操作，导致两个控制中心失去联系，罗马一些偏远地区的分电站也失去控制。

类似事件（Zimmermann，2001）的发生表明，很有必要识别基础设施的相互依赖性（Rinaldi et al.，2001）并且确定设计和操作的条件以阻止级联故障的爆发和传播。

基于以上观察和考虑，研究电力传输系统 CI 引发的风险和漏洞已经成为国内和国际的首要任务。

这里，风险的概念倾向把那些干扰或不良事件发生的概率定量结合起来，这些事件会导致各种损失、损害和伤害，并影响这些后果的严重程度。同时，与数量有关的不确定性事件也需要被量化处理。虽然这里没有明确的已经处理过的事件，但是人们都意识到存在一种用于度量社会心理经验和知觉的非技术风险维度，它会对基于技术分析的决策产生巨大影响。

这里，"漏洞"的概念是对危险源的一种补充，由于漏洞等级的不同，低强度的危险源可能会导致严重的结果，而高强度的危险源则可能产生微不足道的影响。

因此，应该重点注意：

● 因危险源（技术维度）影响而导致的损失及其大小；

● 暴露于危险源的程度，即暴露于危险源的可能性以及对损失和损害的敏感性；

● 适应能力，即系统预防、处理、对抗危险源的能力，以及对危险源影响的抵制和恢复能力（Bouchon，2006）。

这样看来，可以把电力传输系统的漏洞理解为关于该系统网络特征的一系列变化，这些变化可能是由某个结点和链的故障或攻击所致。而相关损失在规模和持续时间上的表现，实际上可以理解为重大断电事件（每年事故）的频率和这些事件的相关严重性（MW or MWh）。

考虑到单个基础设施的属性以及它们之间的相互依赖性，漏洞分析应遵循以下步骤：

（1）列出能导致损害和损失的事件集及事件序列。

（2）确定相关"初始事件"集并评估其对系统的级联影响。

（3）明确事件间的相互依赖性，并评估其发生故障时的交叉级联影响。

以上步骤的执行有赖于对系统内外各部分及其关系的分析；分析必须考虑系统生存和运行的环境、期望的运转功能及其与其他系统之间的物理和功能依赖性。分析的目的在于评估相互作用的基础设施对单个系统操作条件的影响和限制，通过试探、识别威胁，设计冗余和可选模式操作来避免故障的传播（Zimmermann，2001）。

CI 漏洞评估的输出主要包括系统漏洞指标的量化和其关键因素的识别两方面。它们所提供的信息是互补的：漏洞指标提供了一些关于整个系统的参数，这些参数包括静态和动态的特征；对关键因素的辨别来源于对这些因素的排列，而这些排列主要与个体通用性效能以及它们对于故障传播的促进作用有关。关于 CIs（关键基础设施系统）漏洞评估的实施，有许多方法可以采用，这主要取决于系统的类型、分析的目的以及所要获取的信息。考虑到这些系统的分散式布局和描述它们动态的突发特征，以及为了预防它们之间强烈相互依赖性的影响，以上方法需要超越一般的因果关系分析，把注意力集中于发生的溢出集群故障（IRGC，2006）。事实上，复杂系统的行为不能被简单描述为其内部各元素的行为总和。这对古典风险分析方法的适用性提出了质疑，例如故障树或事件树分析，这是一种典型的把系统分解成为子系统和基本元素，再把它们重新组合以实现定量化和预定义的因果链的分析方法。比如，通过事件树分析来辨别出现在一个复杂基础设施中的隐藏风险和漏洞似乎是不恰当的。

　　另外，随机模拟技术倾向于发挥"突发场景发生器"的功能。但是，其计算费用必须在真实尺寸系统的基础上得到控制。换句话说，该技术通常面临着必要的妥协，主要表现在对现实的坚持和对所需资源/费用的预算之间进行折中。用于评估模型参数的数据也起着决定性作用，这引发了人们对漏洞量化输出中存在的不确定性问题的关注。关于这点，最近核能科学基金会（NSF）的一个专题讨论报告实事求是地指出：在复杂系统的设计过程中，不确定性无处不在（Guckenheimer and Ottino，2008）。所以，面临系统模型中的大量不确定参数，建立可靠的系统行为预测机制是一个巨大的挑战。量化不确定因素以及明确不确定因素怎样在系统中传播是进行有效预测的关键，同时也能够对关键基础设施中的错误进行控制。

　　过去10年里，许多研究者已经把对有关相互依赖的基础设施的研究作为重点，并开发了各种方法来分析相互依赖的基础设施。根据（Rinaldi，2004），相关的建模和仿真技术分为六大类：①供需聚合工具。这些技术主要用于评估一个地区基础设施服务的总需求及满足这些需求所需的能力（Adachi and Ellingwood，2008；Apostolakis and Lemon，2005；Dekker，2005；Helseth and Holen，2009；Lee et al.，2007；Min et al.，2007；Piwowar et al.，2009）。②动态模拟技术。该技术可用于检查基础设施的运作、系统中断造成的影响以及与下游相关的结果（Carreras et al.，2007；Duenas-Osorio et al.，2007；Duenas-Osorio and Vemuru，2009；Johansson and Jonsson，2009；Newman et al.，2005；Ouyang et al.，2009；Svendsen and Wolthusen，2007）。③基于代理的模型。该技术主要用于对系统运作特征和基础设施物理状态的分析（Barton and Stamber，2000；Casalicchio et al.，2007；Panzieri et al.，2004；Schlapfer et al.，2008）。④基于物理的模型。该技术主要运用标准的工程技术来对基础设施的物理方面进行分析（例如有关电力网络的功率流和稳定性的分析或关于管道系统的液压分析）（Chen and McCalley，2005；Kodsi and Canizares，2007）。⑤人口流动模型，该技术用来检查通过地理区域的实体运动（Casalicchio et al.，2009；Germann et al.，2006；Hong et al.，1999）。⑥里昂惕夫投入产出模型。该技术在一般情况下能够为基础设施行业各种商品的生产、流通及消费提供线性的、聚合的及长期有效的分析（Cagno et al.，2009；Haimes and Jiang，2001；Jiang and Haimes，2004；Haimes et al.，2005a，2005b；Reed et al.，2009）。

　　目前的研究主要是在电力传输系统漏洞分析的框架下探讨类别②的随机模拟技术。由于主题的广泛性，在对该模型的处理和详细的讨论中，要做到完全和彻底是不可能的，在专业文献中也难以做到。研究的目的是为读者提供一种关于该仿真模型的概念性通用视图。出于典范目的，这里介绍两种建模方法以供参考；现有方法的选择不受任何所谓通过与文献中其他方法进行比较所得出优势的影响，而是受作者在这些方法的开发和运用过程中所积累的有关经验的影响。

9.2 一个分析电力传输网络的随机漫步模型

确定性负荷流量（LF）分析通常被用于在特定操作情景下对电力传输系统行为的研究。该分析能够发现网络中的节点电压和线路流动量。另外，在其生命周期的不同情形中，不确定性存在于网络即将运行的实际条件下（例如，由于总线功率值和网络配置的变化）。考虑到这一点，负荷流量问题可以通过概率论方法来解决，在此方法中，输入量被视为随机变量（Borkowska，1974；Dopazo et al.，1975；Sobjerajski，1978）。这些分析的输出结果依据充足率指数给出，这些指数包括一条线路流动量大于其设计等级的概率、一条总线电压超出其操作约束的概率等。这些指数通常是在稳定的操作条件下获得的。

通常，负荷流量（LF）概率分析仅说明了负荷量和发电数据中的不确定性，而网络配置常常被认为是固定不变的。然而，在实际情况中，电力传输系统接入网络中的任何改变都会更改其配置，并进一步影响输入和产出之间的关系。在这方面，由于与输出线路、变压器等的可用性有关的账户所需，需要给定一个相关的变量来源，在任何时间点都可能从属于由于故障和维护造成的中断。

在本节中，为了对电力传输系统进行分析，一位学者（Zio and Piccinelli，2010）先前提出的随机漫步模型将被作为一个概率模型例子来做简单说明。

电力传输系统被设计成一个网络，该网络由 N 个节点（也被称为顶点）和 K 条边（也被称为弧或链接）组成：电网的总线被表示为许多节点，这些节点被代表传输线路的无向边线连接起来；NS 节点代表电源（发电机），NT 节点代表目标（负载），剩下的是传输节点。N×N 邻接矩阵 {aij} 定义了网络的拓扑结构，即节点连接模型。如果有一条边线连接节点 i 和 j，那么矩阵输入 aij 就等于 1，否则就等于 0；矩阵中对角线上的元素 aii 的输入没被定义，为了方便，我们把这些元素设为 0。而矩阵 {qij} 定义了在此期间的连接故障概率。

为了解释它们的行为和操作中固有的不确定性，假定各链接的容量是随机变化的；而对于每一个容量值 wij 来说，它与可能值的概率分布 π（wij）相关。

随机漫步模型对以下可变性进行了适当的考虑：

● 用不能被超载的容量来对连接某两个节点的每个环节进行描述；

● 由于固有的不确定性，假定网络连接的容量是随机变化的；

● 在分析流的传播过程中，不仅仅考虑直接最短路径，通过对从某一节点输出流方向的随机选择，我们可以获得其他路径的相关情况，这种随机选择由外部流连接的容量推动，其中最高容量的链接最有可能连通流量；

● 根据给定的概率，假设连接各链接的网络易产生错误；

● 为了解释网络行为和操作固有的波动，假设电源的生产和负荷需求是随机变化的。

我们在三个嵌套的随机循环中来对那些可变性进行解释，具体程序步骤如下：

● 基于系统的每个元素（节或弧）发生故障的概率，通过抽样来检查整个传输网络的故障布局。

● 通过抽样调查获得各电源的产量、各目标节点的需求及各弧段的容量。

● 构建关于离开每个源节点的弧容量的离散积累分布函数。

● 对电流流经的每个源节点弧段进行抽样调查。

● 从每个源节点开发流量传播周期。

（1）流量的随机流动顺着弧段进行，我们可根据各弧段的实际容量来对这些有电流节点的弧段进行抽样调查；

（2）如果电流进入了一个脱离连接的孤立的节点，那么这次循环就会结束；

（3）一对节点之间的流动只能被记录一次（同一对节点之间的重复流动忽略不计）；

（4）当电流到达一个目标节点时，就要检查流入弧段的容量，如果各流入弧段的容量总和大于目标节点的最大容量，那么就会产生一个超负荷记录；

（5）如果电流不能到达目标节点，那么一个新的随机流动就会开始，如果没有电流到达任何目标节点（负载），那么将会记录一个停电状态。

IEEE 14 总线网络系统被用于演示运用中的模型；该网络代表美国电力系统的一部分，它由 14 条总线组成，每条总线把 20 条线路和变压器连接在一起。这些传输线路在两个不同的电压水平（132kV 和 230kV）上运转。这需要三个 230kV 或者 132kV 的联络站和电压校正装置以及两个发电机组。

为了进行分析，每个网络元件都被转变为具有代表性的拓扑网络结构的一个节点或一条边。需要注意三种不同类型的物理节点：源节点（电流从这里被输入到网络中）、负载节点（连接消费者的地方）、转移或传输节点（既没有消费者，也没有电源的节点）。网络中，每条边发生故障的概率由故障率文献数据和线路长度（考虑长度为 48 千米和 50 千米的两条线路）来定义；假设有变压器的线路长度为 0。源产量和目标需求量可以以任意单位（a.u.）从期望为 30，方差为 100 的正态分布中随机抽取。假定网络所有链接的容量值分布是一个期望为

100a.u.，标准差为10a.u.的正态分布。流量可以从各弧段的真实容量值中抽样获得。当电流到达一个目标节点时，流入弧段的容量就被检测出来：如果这些弧段的容量总和大于该节点的最大容量值，将会产生超负荷记录。目标节点是值得关注的节点：为了评估网络丢失的负荷和网络服务效率，我们要对电流的停止和接收流量进行记录。如果没有电流到达任何目标节点，将产生服务中断记录。

在表9-1的最后，我们对以下有关网络表现特征进行了计算：

表 9-1   网络指标

中断（%）	0.44
超负荷（%）	$3.33.10^{-4}$
网络服务效率	0.60
网络需求负荷（a.u.）	59.93
网络接收负荷（a.u.）	36.24
网络丢失负荷（a.u.）	23.70

中断和超负荷状态（没有到达目标节点的流量平均值，或超过传输线路容量的流量平均值）；

网络所需负荷（所有电源的发电量总和）；

网络接收负荷（到达目标节点的电量总和）；

网络丢失负荷（网络所需负荷和接收负荷之间的差值）；

网络服务效率（网络接收负荷与所需负荷的比率）。

中介中心度是衡量网络各元素危险程度的一个指标，可以在随机漫步模型的基础上对其进行计算。大概来说，一个节点 i 的随机流动中心度等于这样一个随机流动的时间数：这个随机流动开始于 s，途经 i，在 t 结束，计算出所有 s–t 的时间数的平均值就是所需要的时间数。这种度量方法合理地解释了该事实：电流会从源头出发，流经所有路径，并最终达到目标节点，而那些坐落在非电流流经路径上的节点就会获得一个值为 0 的中心度（Zio and Piccinelli, 2010）。这些结果合理地表明装有发电组的网络的较低一半比较高一半拥有更高数值的中心度。

9.3 电力传输网络中分析级联故障的仿真模型

在电力传输网络中，导致停电故障的事件级联反应经常发生，其发生的时间跨度从数分钟到数小时不等，但这些事件通常会在一天之内被解决（Dobson,

Carreras et al., 2007)。为了防止和减缓级联故障的演变，我们开发了抽象建模范例来研究级联故障的动态、它对拓扑网络的依赖性以及元素特征，以便分析系统对级联故障的反应。尽管表面上看似简单，但这些模型能够提供各种指标从而提供有关传播过程（Zio and Sansavini，2010）的关键元素信息，同时提供用来阻止和减轻不良反应的相关行为信息。

9.3.1 从随机故障开始模拟单－CIs 中的故障级联

各种级联故障的抽象模型已被运用于模拟单个 CIs 中的传播过程，这与破坏载荷的分配逻辑和级联触发事件的性质不同，即要么是随机故障，要么受到故意攻击（Motter and Lai，2002；Dobson et al.，2005；Zio and Sansavini，2008）。考虑到关键基础设施（CI）提供的服务类型（下面会进一步解释），在为模拟发生在一个既定关键基础设施（CI）中的传播过程选择最适合的算法时要十分慎重。

在本节，我们提出了一个典范方法，该方法可以对单一的 CIs 中由随机故障引起的故障级联建模进行抽象化（Zio and Sansavini，2008）。

正如前面提到的，与在静态分析中相似，仍然把 CI 模拟为一个图 G（N，K）。其中 N 元件被分配随机初始负荷，这些初始负荷是通过对最小值 Lmin 和最大值 Lmax 之间的值进行均匀抽样来获得的。系统运作使初始元件负荷在 Lmin 和 Lmax = Lfail = 1 之间变化。然后，平均初始元件负荷加载 L =（Lmin + 1）/2 会随着 Lmin 的增加而增加。

简单起见，假定所有元件都是完全相同的，它们受到相同的元件负荷阈值（Lfail）操作限制，超过此限制元件就会发生故障。为了在一个由许多元件组成的网络上模拟随机扰动的级联效应，我们给每一个元件施加一个额外的负荷 D 来启动级联效应。如果元件 J 的初始负荷 Lj 和扰动负荷 D 的和大于元件负荷阈值 Lfail，元件 j 就会发生故障。该故障事件的发生会导致一个额外负荷 P 被分配到与故障节点相邻的节点上，而在一个遵照网络系统连接模式的级联中，这种额外负荷的分配又会在相邻节点中引发下一轮的超负荷和故障。如果在一个故障元件的周围没有任何工作节点，那么该"方向"上的级联效应传播就会停止。

最后，我们可以通过已经发生故障的元件数来计量级联效应所引发的损失。当传播到达一个终点时，该级联大小为 S。

为了获得具有统计意义的结果，我们在蒙特卡洛模拟中嵌入级联传播算法。在该模拟中，大量的级联效应被触发，而触发的初始负荷值范围都相同，均取自（Lmin，Lmax）。我们可以通过发生故障的网络元件平均数量来对任何初始负荷水平（Lmin，Lmax）的级联效应所引发的危害进行计量。即平均故障流的大小为$\bar{S}$。模拟可以在不同的初始负荷范围（Lmin，Lmax）内重复进行，其中 Lmax = 1，而 Lmin 在 0 到 1 之间变化取值。在负荷大小图上画出（$\bar{L}$，$\bar{S}$）以便确定平均临界负荷 Lcr。该值具有重要意义（$\bar{S} \geqslant S_{cr}$，例如涉及网络元件的有关部分），它决定着级联效应是否会发生。

其他的故障传播假说也适用于此通用建模框架。例如，一个元件发生故障时，其运载的实际负荷会被转移到网络中其他（相邻）元件上。基于这种构想，当一个元件发生故障时其上的负荷会均匀地共享给其相邻的元件。

9.3.2　从随机故障开始模拟相互依存的 CIs 中的故障级联

从随机故障开始对相互依赖的关键基础设施中的故障级联效应进行模拟可以在一个概念性的框架中进行，该框架与先前提到的用于单个 CIs 的框架相似。在此框架中，我们通过连接相互依赖系统节点的链接来模拟相互依赖性；这些链接在概念上类似于单个系统中的链接，并且对于相互依赖的网络之间的"流"来说，这些链接可以是双向的。于是，可以通过对级联故障的评价来考虑局部的超负荷传播，它从一个故障元件开始向其第一相邻元件传播，并进一步传播给与该故障元件连接的相互独立的元件集（Newman et al.，2005；Zio and Sansavini，2010）。相关性链接的数量和流经这些链接的负荷是描述相互依赖系统之间的"耦合能"的基本特征。

在级联效应发生的过程中，我们通过蒙特卡洛模拟来解释两个网络系统之间各种关系的动态变化。在该模型中，相关性链接的数量 M 和流经这些链接的负荷 I 保持不变，但是，在每个蒙特卡洛试验中，各元件之间的相互依赖关系是随机重组的。

我们可以用平均级联大小$\bar{S}_i$来分析两个系统之间相互依赖性的效果。即在级联传播结束时，i-th 系统中发生故障的元件数量。与此相对的是系统中的平均初始负荷$\bar{L}_i$，代表该系统的操作水平。为了获得每个$\bar{L}_i$值，可重复进行蒙特卡洛模拟，每次模拟与不同的 M 相关性链接相对应。

这些相互依赖性导致了负荷阈值的降低，进而导致了级联现象的产生。为了定量评估相互依赖性的影响，我们可以在 i-th 系统中设置一个界值 Sicr 来代表允许的最大级联值，该界值确定了临界负荷 Licr，在系统中，超过该临界负荷 Licr 就意味着突破了阈值。允许的最大级联值 Sicr 可以解释为系统 i-th 中会丢失的元件的最大数量，而这些元件的丢失不会影响基础设施提供的全局服务。其中，界值会因系统的不同而有差异，这是所提供服务的一个特点。

临界负荷 Licr 是网络系统的一个相关特性，因为它能和梯度中的连续变化一起依据复合条件来确定级联安全区域并打乱初始条件下的级联。与平均级联值一起，它（临界负荷 Licr）提供了有关级联故障下系统漏洞的基本信息，同时还能帮助人们识别系统操作的边际安全。

在多个反映真实系统的操作状态下，我们通过进一步的敏感性分析来理解参数级联过程所受到的影响，这些参数描述了两个系统之间的相互依赖性。首先，对范围进行评估很重要，在此范围内，一个在不同或固定负荷水平上工作的相互依赖系统会因其漏洞引发级联故障，进而影响整个耦合系统。此外，在不同系统操作条件下，我们可以对引发级联故障的漏洞的相关性链接的数量影响进行评估。在为相互依赖的系统定义级联安全操作制度时，很有必要对这种关系进行描述：对于一个具有固定数量的相互依赖性链接的系统，我们可以确定一个临界负荷，系统可以在不超过该临界负荷的情况下安全运转。

9.4　从蓄意攻击目标开始模拟单一 CIs 中的故障级联

通过开发模拟框架，我们可以对网络元件受到有针对性的蓄意攻击时产生的效果进行研究。为了描述接下来的级联动态，我们假设：在每一时刻，每个网络处理数量单元将顺着连接每对元件的最短路径进行交换。从而每个元件的负荷就是流经该元件的最短路径的总数量，以此来和该元件的负荷容量相比较（这里的负荷容量指该元件能够处理的最大负荷）。这里的元件负荷容量常常受到技术和经济因素的限制。以此观点，我们可以假设：元件容量与为原始操作所设计的额定负荷对应成比例（Motter and Lai，2002），其中的比例系数代表容量公差。当所有元件都工作时，网络运行没有问题；相反，网络中元件的各种故障的发生都会导致最短路径被重新分配，并进一步导致剩余元件的负荷变化：如果某元件的负荷增加并超过容量值，该元件就会发生故障，同时将产生一个新的最短路径并对负荷进行重新分配，结果会进一步导致后续故障的级联效应。

当检查由于单个元件的移除而触发的级联效应的可能性时，预计会出现两种情况：如果在移除之前，该元件正在一个相对小的负荷上运转（即如果通过该元件的最短路径的数量少），则该元件的去除将不会导致负荷平衡方面的较大变化，随后的过载故障也不太可能发生；但是，当该元件负荷相当大时，其移除可能会对其他元件负荷造成重大影响，并可能引发一系列的过载故障。于是，我们可以直观地预测一下反应（Motter and Lai，2002）：如果该网络表现出一个高度非均匀的负荷分布，并且被移除的元件具有较高负荷，那么就会发生全面的级联效应；否则发生的可能性较小。

在所提到的建模方案中，负荷的分布和链接的分布高度相关：我们预计，链接异构分布的网络中的负荷也是异构分布的，所以具有大量链接的元件通常会具有高负荷量。这种行为证实了异构网络既健壮又脆弱的性质，该性质第一次在关于多个元件攻击的论文（Albert er al.，2000）中被提出。

9.5　结　论

系统漏洞指标的量化和关键元素的识别是关键基础设施（CI）漏洞评估的两大主要输出结果。我们通过一个彻底的系统分析来获得这些输出，包括：对其属性的表达和充分模拟（例如物理结构和逻辑结构以及运作模式）、对系统内部依赖性的识别和模拟、系统之间相互依赖性的识别和模拟、对危险和威胁的识别、对动态效果的模拟（例如级联故障）。

在对关键基础设施 CI 的漏洞评估进行量化的工作中，仿真模拟起着基础性的作用。作为一个"假设场景生成器"，仿真模拟能够处理许多不确定性带来的挑战，这些不确定性与系统特点、性质及其对变化的反应有关（例如系统元件发生故障或受到攻击）。

目前对于电力传输系统的研究贡献已经涉及仿真模拟的运用。我们已经提供了两个仿真模型的例子来分析这种类型 CI 的结构特点和临界状态，追踪级联故障的动态，以便在临界负荷和运作设置方面得出结论。

虽然仿真框架允许考虑系统结构特征和过程动力方面的相互作用，但是这会使模拟和分析工作变得非常复杂，因为在时空上每个元件的负荷和容量以及流经网络的电流数值通常高度可变。

在复杂的系统模拟中，为了在遵循现实的模型和分析的计算成本之间进行妥协，我们需要提出一些通常不可避免的要求。的确，由于系统自身的复杂性，以及缺乏有关基础设施完整精确的信息，对关键基础设施系统（CIs）的功能分析是一个复杂的工作。事实上，CIs 的功能模型需要非常大量的数据知识；网络拓扑描述需要大量的信息作为补充，这些信息包括线路和节点的技术特点、负荷需求等。但是，这些数据通常难以获得，因为它们被利益相关者作为机密信息保存。

在关键基础设施系统的特殊情况中，比如在电力传输网络中，模型中大量的不确定参数给我们提出了一个额外的有关不确定性传播的计算挑战。

当考虑网络物理流量动态的时候，作为例子，这里提到的功能模型能够帮助阐明传输网络对故障和攻击的反应方式，并评估这些故障和攻击带来的后果。由于节点故障的爆发，这种反应通常会产生剧烈的级联现象；伴随着对单独系统运作条件的重大影响，级联效应能跨越相互连接的 CIs 边界进行传播。

正如所提到的范例一样，一个模拟 CI 对级联故障反应的抽象建模范例能够指导一系列的详细模拟，这种模仿专注于最相关的物理过程和网络元件。与提到的电力传输系统类似的系统对此类分析工具有更强烈的需求。在这些系统中，级联动态变化迅速，网络调整被驱动来缓解级联效应的演变。

虽然看似简单，但这类仿真模型能够提供诸多指标。这些指标有的与传播过程的关键因素有关，有的与特定行为有关，这些行为能够阻止或减缓那些不受欢迎的影响。由于仅靠对网络元件的改进还不能确保系统的稳健性和免受不对称级联故障的影响，所以我们要在要求的公差水平上改变拓扑结构以增加级联稳健性。最后，对网络服务无效的风险管理需要融合以下因素：冗余拓扑、增加的流量运载能力、控制加载量和其他减少非常规后果战略，例如布局均匀化和仔细思考包含网络孤岛的弱链接。

最后，我们必须对不同关键基础设施系统间的相关性和相互依赖性进行模拟。首先，这些模拟可以评估相互作用的基础设施强加于单个系统运作条件的影响和限制；其次，这些模拟可以通过设计冗余和可替代操作模式来避免故障传播；最后，这些模型还可以监测和识别威胁。基础设施的相互依赖性来源于不同分布式系统中各元件之间的功能和逻辑关系。在允许多个相互依赖的基础设施进行耦合的框架中建模，简单地把现有的基础构架模型连接在一起并不能捕获相互依赖的基础设施中产生的突发行为，认识到这点非常重要，它是相互依赖性分析的关键要素。

为了描述影响基础设施的意外事故在何种程度上将被削弱或破坏，以及相互连接系统的安全操作，很有必要模拟基础设施内连接多个元件的链接的建立。在故障级联的模拟框架内，我们可以模拟网络系统之间的相互依赖性以及它们对故障传播的影响；耦合参数的敏感度能够解释相关性的强度，并对定义和指示相互依赖的 CIs 中的级联安全运作利润率很有帮助。

致 谢

本研究工作所接受的资助部分来自于法国图卢兹 "Foundation Pourune Culture de Securite'Industrielle" 的研究合同 AO2006-01。

参考文献

［1］T. Adachi and B. R. Ellingwood, "Serviceability of Earthquake-damaged Water Systems: Effects of Electrical Power Availability and Power Backup Systems on System Vulnerability", Reliability Engineering and System Safety, 93 (1), pp. 78-88, 2008.

［2］Albert R., Jeong H. and Barabasi A.-L., Error and Attack Tolerance of Complex Networks, Nature, Vol. 406, pp. 378-382, 2000.

［3］Apostolakis G. E., Lemon M. D., "A Screening Methodology for the Identification and Ranking of Infrastructure Vulnerabilities Due to Terrorism", Risk Analysis, Vol. 25, No. 2, 2005.

［4］D. C. Barton and K. L. Stamber, "An Agent-based Microsimulation of Critical Infrastructure Systems", Conference: International Energy Foundation's ENERGEX 2000-8th International Energy Forum, Las Vegas, NV (US), 07/23/2000-07/28/2000, SANDIA REPORT SAND2000-0808C, 2000.

［5］Borkowska B., "Probabilistic Load flow", IEEE Trans., PAS-93, pp. 752-759, 1974.

［6］S. Bouchon, The Vulnerability of Interdependent Critical Infrastructures Systems: Epistemologicai and Conceptual State-of-the Art, EUR-report, 2006.

［7］E. Cagno, M. De Ambroggi, O. Grande and P. Trucco, "Risk Analysis of Underground Infrastructures in Urban Area: Time-dependent Interoperability Analysis", Reliability, Risk and Safety: Theory and Applications-Briš, Guedes Soares & Martorell (eds), Proceedings of ESREL 2009 Europe Annual Conference, 6-11 September 2009, Prague, Czech Republic, Taylor & Francis Group, London, pp. 1899-1906, 2009.

［8］B. A. Carreras, D. E. Newman, P. Gradney, V. E. Lynch and I. Dobson, Interdependent Risk in Interacting Infrastructure Systems, Fortieth Hawaii International Conference on System Sciences, Hawaii, January 2007.

［9］E. Casalicchio, E. Galli and S. Tucci, Federated Agent-based Modeling and Simulation Approach to Study Interdependencies in IT Critical Infrastructures, 11th IEEE Symposium on Distributed Simulation and Real-Time Applications, 2007.

［10］E. Casalicchio, E. Galli and V. Ottaviani, "Mobile On Reàl Environment GIS: A Federated Mobile Network Simulator of Mobile Nodes on Real Geographic

Data", Proceedings of the 2009 13th IEEE/ACM International Symposium on Distributed Simulation and Real Time Applications, pp.255–258, 2009.

[11] Q. Chen and J. D. McCalley, "Identifying High Risk N–k Contingencies for Online Security Assessment", IEEE Transactions on Power Systems, Vol. 20, No. 2, 2005.

[12] Dekker A. H., "Simulating Network Robustness for Critical Infrastructure Networks", Conferences in Research and Practice in Information Technology, Proceedings of the 28th Australasian Computer Science Conference, The University of Newcastle, Newcastle, Australia, Vol. 38, V. Estivill-Castro, Ed., 2005.

[13] I. Dobson, B. A. Carreras and D. E. Newman, "A Loading–dependent Model of Probabilistic Cascading Failure", Probability in the Engineering and Informational Sciences, Vol. 19, No. 1, pp. 15–32, 2005.

[14] Dopazo J. F., Klitin O. A. and Sasson A. M., "Stochastic load flow method", IEEE Trans., PAS-94, pp. 1551–1556, 1975.

[15] L. Duenas-Osorio, J. I. Craig, and B. J. Goodno, "Seismic response of critical interdependent networks", Earthquake Engineering and Structural Dynamics, 36 (2), pp. 285–306, 2007.

[16] L. Dueñas-Osorio and S. M. Vemuru, "Cascading Failures in Complex Infrastructure Systems", Structural Safety, Vol. 31, pp. 157–167, March 2009.

[17] Ellis J., Fisher D. et al., Report to the President's Commission on Critical Infrastructure Protection, S.E. Institute. Editor Carnegie Mellon University, 1997.

[18] T. C. Germann, K. Kadau, I. M. Longini, Jr. and C. A. Macken, "Mitigation Strategies for Pandemic Influenza in the United States", Proc. The National Academy of Sciences of the USA, Vol. 103, No. 15, pp. 5935–5940, April 2006.

[19] Guckenheimer J. and Ottino J. M. Foundations for Complex Systems Research in the Physical Sciences and Engineering, Report from a NSF Workshop, September 2008 http://www.math.cornell.edu/~gucken/PDF/nsf_complex_systems.pdf.

[20] Y. Haimes and P. Jiang, "Leontief-based Model of Risk in Complex Interconnected Infrastructures", Journal of Infrastructure Systems, Vol. 7, No. 1, pp. 1–12, March 2001.

[21] Y. Y. Haimes, B. M. Horowitz, J. H. Lambert, J. R. Santos, C. Lian and K. G. Crowther, "Inoperability Input-Output Model for Interdependent Infrastructure Sectors. I: Theory and Methodology", Journal of Infrastructures Systems, Vol. 11, No. 2, pp. 67–79, 2005.

[22] Y. Y. Haimes, B. M. Horowitz, J. H. Lambert, J. R. Santos, C. Lian and K. G. Crowther, "Inoperability Input-Output Model for Interdependent Infrastructure Sectors. I: Case Studies", Journal of Infrastructures Systems, Vol. 11, No. 2, pp. 80-92, 2005.

[23] A. Helseth and A. T. Holen, "Structural Vulnerability of Energy Distribution Systems: Incorporating Infrastructural Dependencies", Electrical Power and Energy Systems, Vol. 31, pp. 531-537, 2009.

[24] X. Hong, M. Gerla, G. Pei and C.-C. Chiang, "A Group Mobility Model for Adhoc Wireless Networks", Proceedings of the 2nd ACM International Workshop on Modeling, Analysis and Simulation of Wireless and Mobile Systems, Seattle, Washington, United States, pp. 53-60, 1999.

[25] White Paper on Managing and Reducing Social Vulnerabilities from Coupled Critical Infrastructures, IRGC, 2006.

[26] EU project IRRIIS, Deliverable D222, "Tools and Techniques for Interdependency Analysis", pp. 45-51, June 2007. Available: http: //www.irriis.org/ File.aspx? lang=2&oiid=9138&pid=572.

[27] P. Jiang and Y. Y. Haimes, "Risk Management for Leontief-based Interdependency Systems", Risk Analysis, Vol. 24, No. 5, pp. 1215-1229, 2004.

[28] J. Johansson and H. J. Nsson, "A Model for Vulnerability Analysis of Interdependent Infrastructure Networks", in Safety, Reliability and Risk Analysis: Theory, Methods and Applications, Proc. ESREL 2008 and 17th SRA-Europe Conf., Valencia, September 2008, Taylor & Francis Group, London, pp. 2491-2499, 2009.

[29] S. K. M. Kodsi and C. A. Canizares, "Application of a Stabilityconstrained Optimal Power Flow to Tuning of Oscillation Controls in Competitive Electricity Markets", IEEE TRANSACTIONS ON POWER SYSTEMS, 22 (4), pp.1944, 2007.

[30] E. E. Lee, J. E. Mitchell and W. A. Wallace, "Restoration of Services in Interdependent Infrastructure Systems: a Network Flows Approach", IEEE Transactions on Systems, Man, and Cybernetics-Part C (Applications and Reviews), 37 (6), pp. 1303-17, 2007.

[31] E. Luiijf, A. Nieuwenhuijs, M. Klaver, M. van Eeten and E. Cruz, "Empirical Findings on Critical Infrastructure Dependencies in Europe", in Critical Information Infrastructure Security, Lecture Notes in Computer Science, Springer Berlin/Heidelberg, 2009.

[32] H.-S. J. Min, W. Beyeler, T. Brown, Y. J. Son and A. T. Jones, "Toward Modeling and Simulation of Critical National Infrastructure Interdependencies", IIE Transactions, Vol. 39, No. 1, pp. 57-71, January 2007.

[33] A. E. Motter and Y.-C. Lai, "Cascade-based attacks on complex networks", Physical Review E., Vol. 66, No. 6, pp. 065102, December 2002.

[34] D. E. Newman, B. Nkei, B. A. Carreras, I. Dobson, V. E. Lynch and P. Gradney, "Risk Assessment in Complex Interacting Infrastructure Systems", Proc. Thirty Eight Annu. Hawaii International Conf. on System Sciences, January 3 - 6, 2005, Computer Society Press, 2005.

[35] M. Ouyang, L. Hong, Z.-J. Mao, M.-H. Yu and F. Qi, "A Methodological Approach to Analyze Vulnerability of Interdependent Infrastructures", Simulation Modeling Practice and Theory, 17 (5), pp. 817-828, 2009.

[36] S. Panzieri, R. Setola and G. Ulivi, "An Agent Based Simulator for Critical Interdependent Infrastructures", Securing Critical Infrastructures, CRIS2004: Conference on Critical Infrastructures, October 25-27, 2004, Grenoble, FRANCE, 2004.

[37] Piwowar J., Chatelet E. and Laclemence P., "An Efficient Process to Reduce Infrastructure Vulnerabilities Facing Malevolence", Reliability Engineering and System Safety, Vol. 94, pp. 1869-1877, 2009.

[38] D. A. Reed, K. C. Kapur and R. D. Christie, "Methodology for Assessing the Resilience of Networked Infrastructure", IEEE Systems Journal, Vol. 3, No. 2, pp. 174-180, 2009.

[39] S. M. Rinaldi, J. P. Peerenboom and T. K. Kelly, "Identifying, Understanding and Analyzing Critical Infrastructures Interdependencies", IEEE Control System Magazine, Vol. 21, No. 6, pp. 11-25, December 2001.

[40] S. M. Rinaidi, "Modeling and Simulating Critical Infrastructures and Their Interdependencies", Proc. Thirty-Seventh Annual Hawaii International Conf. On System Sciences, January 5-8, 2004, Computer Society Press, 2004.

[41] M. Schläpfer, T. Kessler and W. Kröger, "Reliability Analysis of Electric Power Systems Using an Object-oriented Hybrid Modeling Approach" in Proc. 16th Power Systems Computation Conf., 14-18 July, Glasgow, 2008.

[42] Sobjerajski M., "A Method of Stochastic Load Flow Calculation", Archivfr Elektrotecnik (1978), pp.37-40.

[43] N. K. Svendsen and S. D. Wolthusen, "Connectivity Models of Interdepen-

dency in Mixed-type Critical Infrastructure Networks", Information Security Technical Report, 12 (1), pp. 44-55, 2007.

[44] Zimmerman R., "Social Implications of Infrastructure Network Interactions", Journal of Urban Technology, Vol. 8, No. 3, pp. 97-119, December 2001.

[45] Zio E., Piccinelli R., "Randomized Flow Model and Centrality Measure for Electrical Power Transmission Network Analysis", Reliability Engineering and System Safety, 95 (2010), pp. 379-385.

[46] E. Zio and G. Sansavini, "Modeling Failure Cascades in Network Systems Due to Distributed Random Disturbances", ESREL 2008, European Safety and Reliability Conference, September 22-25, 2008, Valencia, Spain, pp. 1861-1866.

[47] E. Zio and G. Sansavini, "Modeling Interdependent Network Systems for Identifying Cascade-Safe Operating Margins", Submitted to IEEE Transactions on Reliability Special Issue on Complex Systems, 2010.

第❿章 水能源可再生动能的转换：合成、理论建模和实验评价

摘　要： 本章涉及流水动能转换为机械能并最终转换为电能的相关概念。因运用领域有限，同时鉴于确保能源安全，本章一个明确的目标是研究摩尔多瓦共和国河流的潜在能量，这些河流包括德涅斯特河（Nistru）、普鲁特河（Prut）和 Răut。作为多瑙河的一条支流，普鲁特河流经摩尔多瓦共和国领土。本章主要研究该河流的潜在能量。在先前研究的基础上，微型水电站试验工厂的未来选址需要满足以下条件：充分获取底层水流速度；附近存在能源消费者；水边的地质特征允许河岸上微型水电站基础设施的连接。

10.1　引　言

能源，作为一种复杂的资源，是研究人类社会可持续发展的关键。空气污染和气候变化对周围环境造成的影响，正以令人惊异的方式迫使人类加强探索可再生能源资源的必要性。对于摩尔多瓦共和国，从经济和政治的角度来看，可再生能源的使用都很重要，因为该国家不拥有自己的化石燃料。摩尔多瓦共和国的能源系统与乌克兰的能源系统是相通的。其内部高压设施系统线路总长 7245 千米，其中线路分布如下：400kV 的线路 214 千米、330kV 的 530 千米、110kV 的 4104 千米、35kV 的 2397 千米。内部低压网络的分布包括 57698 千米的电线和 2174 千米的电力电缆。在 1991 年至 2001 年间，摩尔多瓦共和国的主要能源资源消费降低了 70%。国民经济能源强度从 1991 年的 2.3t.c.f./1000$降低到 2002 年的 1.9t.c.f./1000$。目前，摩尔多瓦共和国在很大程度上依赖于从俄罗斯进口的天然气能源。

经济的发展在很大程度上依赖于确保机械和热电能的需求能力。对于摩尔多

瓦共和国能源的供给，区分各种能源资源的能力十分重要。可再生能源和对环境产生更少负面影响的技术共同构成了未来的偏好。

本章涉及有关流水动能向机械能和电能转换的概念。其中一个明确的目标就是研究摩尔多瓦共和国河流的潜在能量。这些河流包括：德涅斯特河、普鲁特河和 Raut。作为多瑙河的一条支流，普鲁特河流经摩尔多瓦共和国。本章主要研究该河流潜在的能量。在研究基础上，微型水电站实验工厂的选址需要满足以下条件：

- 水流速度的可探索性；
- 附近存在能源消费者；
- 水边的地质特征允许河岸上微型水电站基础设施的连接。

根据先前的研究，并基于装有空气动力轮廓叶片转子的使用，我们建立了一个关于微型水电站的概念性方案。

10.2 普鲁特河的潜在能量

在摩尔多瓦共和国，有三条具有可探索水力潜能的河流：德涅斯特河、普鲁特河和 Răut。对于摩尔多瓦共和国来说，通过建设水坝来利用流水势能是不合适的，因为这将严重危及该国的生态平衡，事实上该国的生态平衡已很不稳定（过去对森林的砍伐造成该国现在只有20%的森林覆盖面积）。此外，蓄水大坝还会占用新的土地。

为了实施该工程，普鲁特河在一开始就被选中（见图10-1）。选择它的主要原因有以下几点：

- 普鲁特河是摩尔多瓦和罗马尼亚共和国的边界河流，自2007年以来，这条河流就是欧盟和北约的一个组成部分。
- 在普鲁特河的两岸，定居点的密度非常高。由于领土侵略，一个历史上拥有独特经济体制的地域被暂时分割开。这一事实将会使与罗马尼亚接壤的工程产生更大的收益，而这已有了以雅西（罗马尼亚）市长为代表的需求。

普鲁特河作为多瑙河的一条支流，起源于喀尔巴阡山脉（Carpathian Mountains）的东北海岸。该河流海拔1580米，流经 Moldo-Basarabean 高原。该河流总长度900千米，受水面积28400平方千米。距河流入口900千米的河段，是一条分割罗马尼亚、摩尔多瓦和乌克兰的天然边界线。流经喀尔巴阡山脉的河段水流迅猛，该河段长达200千米，流入一个山谷。在临近乌克兰城市 Cernauti 的地方，这部分河流以初始平均流量流入一个山谷，该区域的山谷宽度在 5~6 千米。这里的河岸很低，容易被淹没，涨潮时河水力量异常强大，而汛期河水密度较大，能产生新的河床。

● Stoienesti 村，微型水电站实验工厂的建设地点。
● 地区，已对普鲁特河流的流速进行了测量（V>1m/s）。

图 10-1　普鲁特河水力潜能地图

拥有平均流量水平的区域延伸到了 Ungheni，长达 380 千米。从 Ungheni 到河流各流入口属于普鲁特河的派生河段，该段长达 396 千米。该区域有一些次要山谷，它们的宽度介于 10~12 千米。在流量减少的大部分地区，河水已淹没了河床。为防止洪水，河流会在某个特定部分形成渠道；在低潮期，我们可以观察到排水渠道以及水侵蚀的部分情况。河流的支流系统并不重要，它们源于辐射地峡中出现的断裂。在这个区域，经常会发生山体滑坡，有时非常严重。例如，1982年，在 Taxobeni 附近发生的一次山体滑坡几乎填埋了整条河流。我们用值为 2 的弯曲平均系数来标记该河流的曲折度。河流的地面呈现不规则状，到处都是砾石，在河地上甚至能够找到被分开的巨石和积累而成的石堆。沿着河岸，生长着各种各样的乔木和灌木。

在冬季，温度的不稳定性描述了河流冰冻期的特性。在河流最宽的部分能发现临时冰板。10 年来有 2~3 次观察到了更稳定的冰板。河流上的冰板破裂主要发生在 2 月底，但早在头年 11 月底就能发现破冰现象。冰的平均厚度在 0.26 米与 0.35 米之间，在非常冷的时候，可以达到 0.6 米。一年中，该河流平均有 266天是可以通航的，其中有 50~60 天会出现河水溢出现象，190~210 天河流平静。

这里的风速相对较低，年移动量少。一年当中，大约有 35% 的日子没有风。风的平均速度在 3~4.9 米/秒变化。在该河流域的山脉地区，空气的年平均温度大约在 7℃。丘陵地区的空气温度是 10℃。该流域的气温绝对极大值是 40℃，绝对极小值是-31℃。

在该河流域的山区地带，年降水量达到了 800mm。流域其他地区年降水量在300mm 到 600mm 之间不等。该地区最大降水量在春夏季节。这里的大气降水主要源于普鲁特河流域的水资源。夏季的洪水会导致河流水位的格外增加，每年的夏秋季节，该河流会获得年降雨量的 50%，故河流水位增加。根据水文气象数据，我们积累了以下信息：

● 最大水位高度是 55 米（Criva 村地区）。

● 我们可以在普鲁特河的该部分开发水力潜能，即从 Criva 村出发，流经该国南部 Giurgiulest 村落的部分。这部分的水位海拔 20~27 米。

● 该部分河流大约有 80 个村庄，居住人口数量约为 200000 人。

为了对普鲁特河不同区域的水流速度进行测量，我们运用了一种美国生产的名为 FP 201 全面水流探针数字速度表的 IRIS 仪器（见图 10-2）。该装置的套管式伸缩结构允许我们在不同的深度测量水流速度。

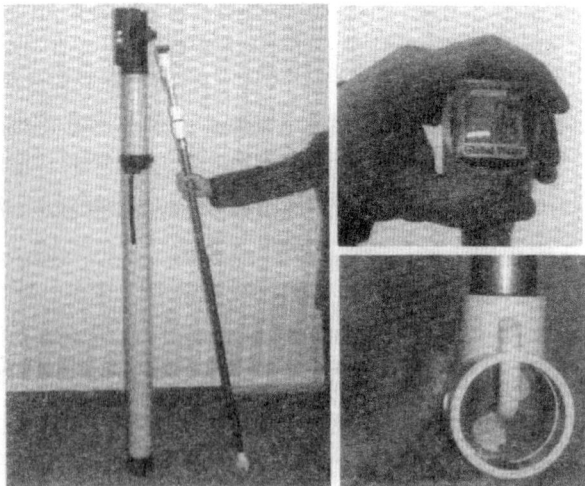

图 10-2　FP 201 全面水流探针

添加了 FP 201 的水流速度测量装置流量探针可以测量水流的最大速度和平均速度。FP 201 的校准和认证由生产者负责。

普鲁特河盆地的特征如下：$S = 28396km^2$；$L = 9529km$；$Q_0 = 86m^3/s$。虽然普鲁特河起源于喀尔巴阡山脉，但是其流域面积的 80% 位于森林和 Podolo-Moldovan 高原的草原上。在此地区聚集着源自具有欧洲气候的丘陵区的典型河段。Delaiin 山区的山谷在晚第三纪的磨砾层构造中扩张，普鲁特河下游贯穿其高原地带，使得河流两岸可以用充裕的河流水源来自给自足。在此山谷中，摩尔多瓦的边境有一个强有力的缓冲地带，那里的河岸地带蕴含着丰富的高质量地下水。

对所获取信息进行多方面的分析后，我们最后决定把微型水力发电厂的试点站（Pilot-station）安装在 Stoienesti 村附近的普鲁特河流域。其原因有以下几个方面：

● 从经济角度考虑，水流速度为 1.0~1.3 米/秒的河流值得开发利用；

● 与微型水力发电站试点毗邻的装配区是用于蓄水的三个大池塘，池塘可用于灌溉；

● 该区域以前是面积约 1000 公顷的灌溉农田，有时需要排水，这也是其在过去五年里不用于农业的原因；

● 在这里，电站可以与河岸自由连接，并有良好的条件为固定电站而建立地基；

● 在微型水力发电厂试点站的安装位置不远处是一个边防哨所和一栋建筑，建筑可作为可再生能源转换系统测试中心。该中心由理论机制和机器零件部门组成，作为高品质设备的储存和试验场地；

● 微型水力发电站试点的装配地点离 Stoienesti 村很近。

10.3　拥有水平轴和螺旋涡轮机的浮动型小型水力发电站的概念设计

10.3.1　多叶片螺旋涡轮机的解析模型

螺旋涡轮机的设计（见图 10-3）包含轴 1 以及固定在轴上的两个具有连续螺旋线的刀片。翼剖面（见图 10-4）前部迟钝后部锋利。中央线是剖面中的环绕线路的中心几何位置。以下是该剖面的主要几何参数：

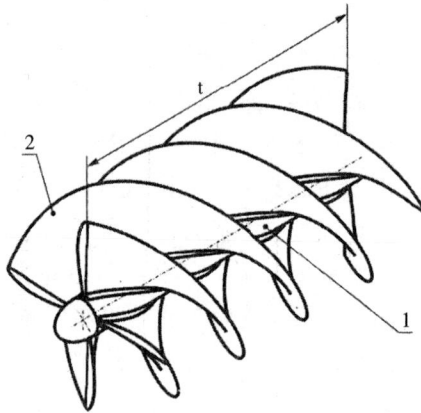

图 10-3　螺旋涡轮

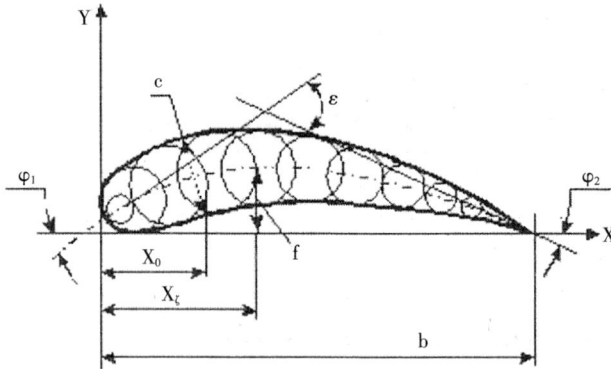

图 10-4　旋翼剖面

● 剖面的相对厚度$\bar{c}$由剖面 c 的峰值厚度与弦长 b 确定：$\bar{c}=c/b$；

● 相对空心度$\bar{f}$由轴曲线的峰弯曲挠度 f 与弦长 b 确定：$\bar{f}=f/b$；

● 通过中央线的弯曲度可以确定曲线弧度 ε；它是剖面前后端两条中心线切线之间的夹角；

● 我们可以通过相关横坐标来确定$\bar{c}$和$\bar{f}$的位置：$\vec{X}_c=X_c/b$ 和 $\vec{X}_f=X_f/b$。在十字线中，我们用速度 t 和位置角度 θ（轮廓的弦和十字线的侧面的夹角）来描述螺旋剖面的相反位置；角 φ_1 和 φ_2 是中央线的切线和十字线侧边的夹角；十字线的相对速度 (pace) $\bar{t}$ 由速度 (pace) t 和弦长 b 确定：$\bar{t}=t/b$；网状密度，即相对速度的倒数，由以下关系确定：$\tau=1/\bar{t}=b/t$。

这种精细的数学设计能够使我们对螺旋涡轮的基本动力和能量参数进行测定。为此我们采用了一个完美不可压缩的 isoenthropic 流体运动方程系统，它以一个相当高的精度描述了涡轮转子周围的水流运动状况：

● 连续性方程 $\rho \, \mathrm{div}\overline{V}=0$

● 脉冲方程 $\rho \dfrac{dv}{dt}=-\mathrm{grad}p+pf$

● 能量方程 $\rho \dfrac{de}{dt}=-p\mathrm{div}V$　　　　　　　　　　　　　　　　(10-1)

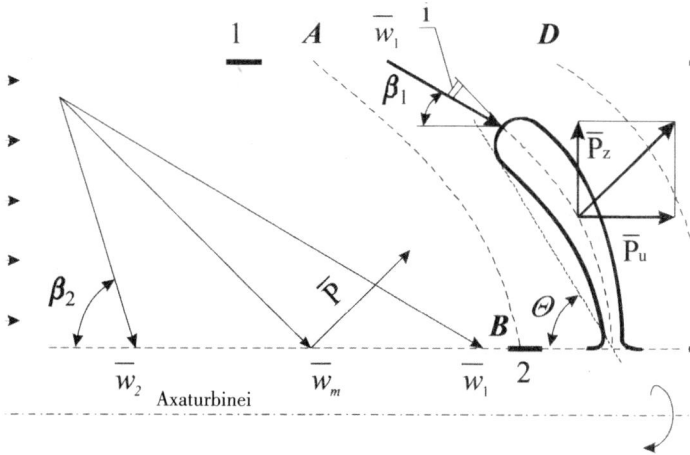

图 10-5　流体力系图解

这些方程的求解需遵循有关涡轮旋翼推进器的限制条件，并在不受干扰的流体区域内进行。一般来说，对这些限制条件的设置有一定的困难，这些困难与水螺旋涡轮机结构的形式和运转条件有关。这就是为什么要决定某些最佳运转条件的原因。在这些条件下，我们可以获得旋转体的液体流出速度和推进器刀片中的诱导速度。通过给定的积分方程系统（用于已检查过的螺旋涡轮），我们可以对气动特征进行即时演算。

我们通过以下工作来确定水流速度和水流产生的作用力。我们可以在无限十字线剖面倾斜试验中通过连续的平行气流，来对平面图中交叉方向上作用在单个刀片表面的作用力进行分析。我们在流体图中标出了平行于图两侧的部分 1 和部分 2，两部分被十字线隔开，隔开的距离能够接受恒定的速度和压力，以保证水流不会在此处受到干扰。当前的线 AB 和 CD 由远端的十字线速度 t 决定。

运用于 ABCD 空间的运动数量方程：

$F\Delta T=m\overrightarrow{w_2}-m\overrightarrow{w_1}$　　　　　　　　　　　　　　　　(10-2)

作用于 Z 轴和 U 十字线侧面空间内的所有力的合力投影：

$P_U'=M\left(-w_2\cos\beta_2+w_1\cos\beta_2\right)=M\left[-w_{2U}+w_{1U}\right]$　　　(10-3)

方程中 P_U' 指作用于 U 轴上的合力投影。

$M = m/\Delta T$ 为气团以速度 t 和单位长度（指向数字平面图的交叉方向）通过十字线的每秒通过量。

从连续方程：

$$M = \rho_1 w_{1z} \cdot t \cdot 1 = \rho_2 w_{2z} \cdot t \cdot 1 \tag{10-4}$$

得到不能压缩的气体：

$$\rho_1 = \rho_2 = \rho$$
$$w_{1Z} = w_{2Z} = w_Z \tag{10-5}$$

同时，投射在 Z 调制盘轴上的合力由以下关系决定：

$$P_Z' + (\rho_1 - \rho_2) \cdot t \cdot 1 = M(w_{2Z} - w_{1Z}) = 0 \tag{10-6}$$

作用在单位长度剖面翼上的 $\vec{P}$ 力投影：

$$P_U = -P_U' = -M(w_{1U} - w_{2U}) = -\rho w_z t(w_{1U} - w_{2U}); \quad P_Z = -P_Z' = (\rho_1 - \rho_2)t \tag{10-7}$$

因此，$\vec{P}$ 是指作用在剖面的合力，而 $\vec{P}'$ 指运用于计算负荷的力。

根据伯努利方程：

$$P_1 + \rho w_1^2/2 = P_2 + \rho w_2^2/2 \tag{10-8}$$

此处的 P_1 和 P_2 是出现在部分 1 和部分 2 的静态压力；

$\rho w_1^2/2$ 和 $\rho w_2^2/2$ 指对应部分 1 和部分 2 的动态压力。

因此：

$$P_1 - P_2 = \frac{\rho}{2}(w_2^2 - w_1^2) = \frac{\rho}{2}(w_{2U}^2 + w_{2Z}^2) - \frac{\rho}{2}(w_{1U}^2 + w_{1Z}^2) = \frac{\rho}{2}(w_{2U}^2 - w_{1U}^2) \tag{10-9}$$

假定逆时针方向为正，ABCD 轮廓上速度循环为：

$$G_{ABCD} = G_{AB} + G_{BC} + G_{CD} + G_{DA} \tag{10-10}$$

因为 AB 和 CD 流线是一致的，所以分配在它们上的速度相同，因此有：

$$G_{AB} = -G_{CD}$$

$$G = G_{ABCD} = \int_{ABCD} c \cdot \cos(\vec{c}, \ \vec{s})ds = -w_{2U} \cdot t + w_{1U} \cdot t = t(w_{1U} - w_{2U}) \tag{10-11}$$

$\vec{W}_m$ 速度的中介几何向量由以下关系决定：

$$\vec{W}_m = (\vec{W}_1 + \vec{W}_2)/2 \tag{10-12}$$

这个向量在 U 轴上的投影等于 $\frac{w_{1U} + w_{2U}}{2}$，而在 Z 轴上的投影是：

$$w_{1Z} + w_{2Z} = \frac{2w_Z}{2} = w_Z$$

介质几何速度向量的方向取决于：

$$ctg\beta_m = \frac{w_{mU}}{w_{mZ}} = \frac{w_{1U} + w_{2U}}{2w_Z} = \frac{1}{2}\left(\frac{w_{1U}}{w_Z} + \frac{w_{2U}}{w_Z}\right) = \frac{1}{2}\left(ctg\beta_1 + ctg\beta_2\right) \tag{10-13}$$

因此，所有速度等于密度、介质几何速度和剖面周围速度循环的乘积。速度的结果又反作用于部分压缩气体的网状结构。其结构方向垂直于介质几何速度向量的方向。为了确定 P 力向量的方向，我们将矢量 w_m 按逆时针旋转 90°。

10.3.2　螺旋涡轮的一个三维动态模型阐述

借助三维动态仿真模型的开发，人们可以通过计算机来使特定阶段的设计过程变得更加简单，这与昂贵的产品推出过程形成对比。

有许多商业 CAD 软件产品可供选择。市场上人们最熟知的 CAD 软件产品有：CATIA，SolidWorks，ProINGINIRING，ANSYS，Mechanical Desktop 等。所有这些 CAD 设计软件系统都拥有相同的工作理念，只是在发展潜能和专业化方面有所不同。在对这些设计软件进行一些长期的演练之后，研究人员选择了 SolidWorks。这款软件能够进行大型设计，操作简单，而且界面友好。SolidWorks 允许对不同的模块进行集成分析，例如，负荷作用节点的计算、动态分析、标准元素的库运算等。

根据已有研究成果制作出了一个螺旋体的计算机模型。该旋转体在标准部位拥有四个初始连续螺旋叶片，每一个叶片都具有空气动力轮廓。随后，通过改变流体的几何参数和动态静力参数，我们可在 CFD 环境下对模型进行模拟。因为微型水力发电站的工作元件代表一个复合体，所以很有必要对与流体相互作用的工作元件进行空间互动仿真（3D）。根据理论研究和对螺旋涡轮机功能参数的认定，我们通过改变功能参数来设计动态模型。在图 10-6(a)、图 10-6(b) 中，我们通过改变几何参数演示了 SolidWorks 环境下的动态模型设计。

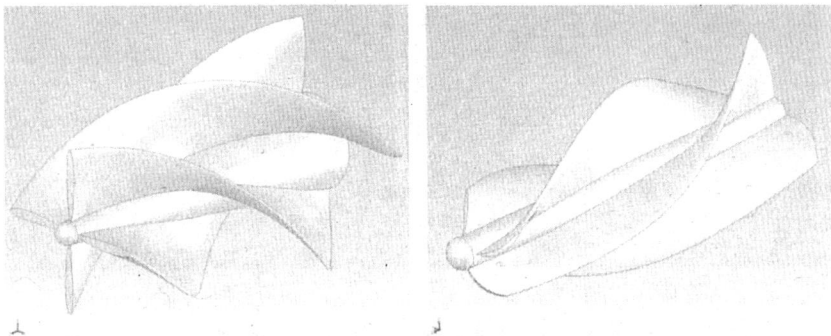

(a) 具有恒定剖面和锥形芯的螺旋转子　　(b) 具有可变剖面和恒定芯的螺旋转子

图 10-6

10.3.3　叶片及流体互动建模

为了研究流体特性（动态静力参数、密度等）的影响，我们利用 CFX 软件来进行有关螺旋转子［见图 10-7（a）、图 10-7（b）；图 10-8（a）、图 10-8（b）；图 10-9（a）、图 10-9（b）］的一系列模拟。运用 CFX5.7 软件进行建模可以确定一些最优几何参数，不但能够确保最大能量效应，还能减少湍流现象。基于之前的模拟，我们阐述了更多关于可漂浮电气液压站的概念图，这些电气液压站拥有水平轴以及一个或多个螺旋涡轮机（见图 10-10（a）、图 10-10（b））。解决方案已获得专利（Bostan et al., 2005-Patents）。

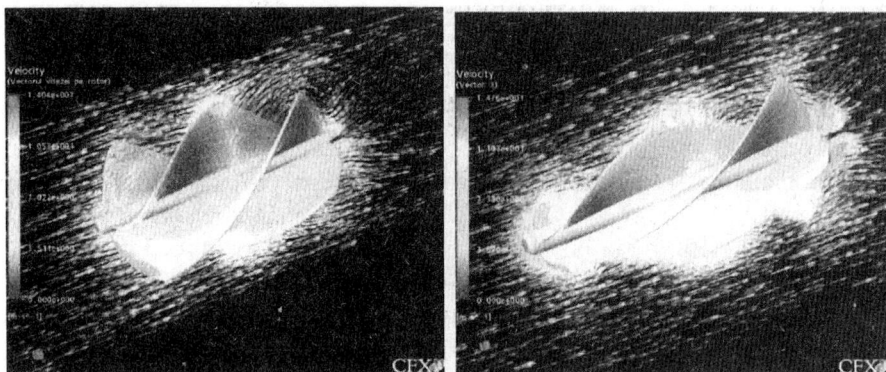

(a) 旋转方向上的恒定剖面　　　　　　(b) 旋转方向上的可变剖面
图 10-7　CFX 公布的沿着转动轴方向作用于一个平面的速度矢量

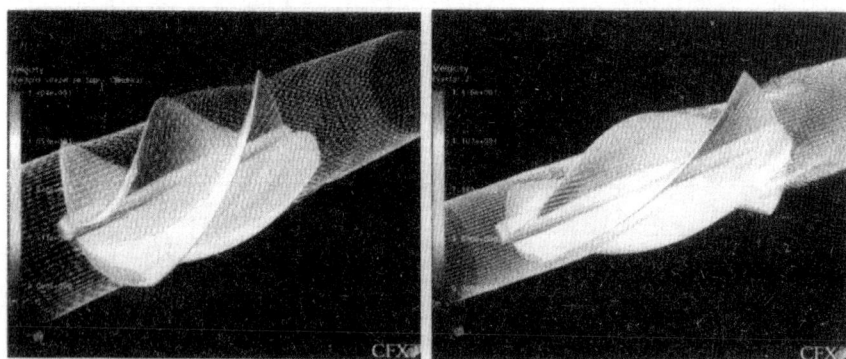

(a) 旋转方向上的恒定剖面　　　　　　(b) 旋转方向上的可变剖面
图 10-8　CFX 公布的沿着转动轴方向作用于一个圆形面的速度矢量

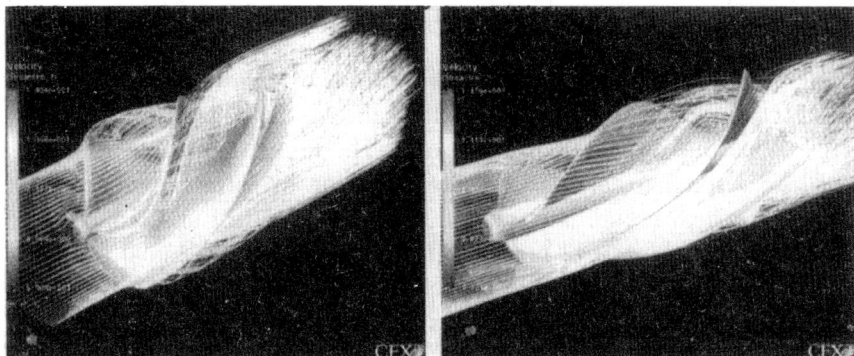

（a）旋转方向上的恒定剖面　　　　　　（b）旋转方向上的可变剖面

图 10-9　CFX 公布的旋转体周围的流动体流动形式（投影在与旋转体同轴的圆柱面上）

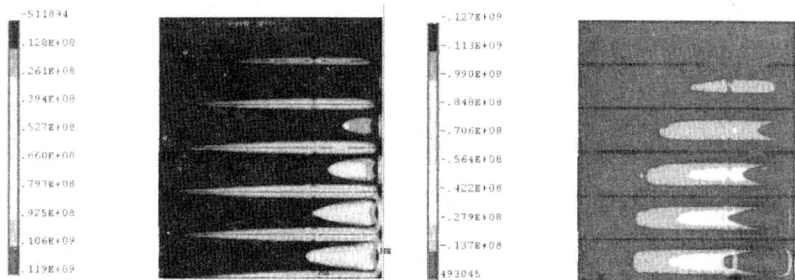

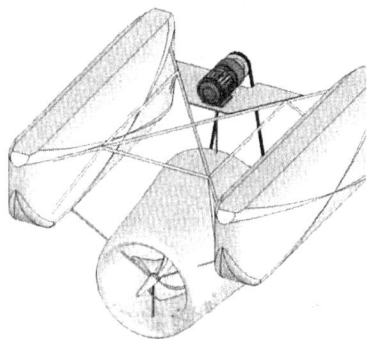 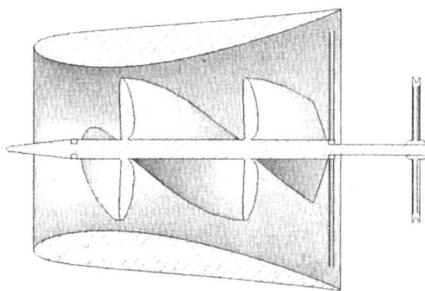

（a）　　　　　　　　　　　　　（b）

图 10-10　螺旋涡轮机

为了优化多叶片涡轮机的工作参数，我们通过 CFX5.7 软件来进行计算机模拟。这些方程的解满足有关涡轮机转子推进器的边界条件，同时也满足远离微扰流体区域的条件。

一般情况下，这些条件的确定必然给我们提出了一些困难，这些困难与螺旋涡轮机的构造形式和运作体系有关。因此它们的定义涉及某些确定的最佳运行条件，即已知的转子流速值和螺旋桨叶片的感应速度。因此，通过整合既定方程组

(转录了检查过的螺旋涡轮机)，我们已经直接计算了空气动力学技术参数。根据所获得的结果，我们对螺旋转子的计算机模拟进行了精心制作。这个螺旋转子拥有四个初始结构以及标准位置的气动轮廓叶片（见图 10-11）。随后，在 CFD 环境下，我们通过改变流体的几何和静态动力参数来模拟该模型。因为微型水力发电站的工作元件是一种复合体形式，所以有必要对流体中的工作元素进行空间互动仿真（3D）分析。

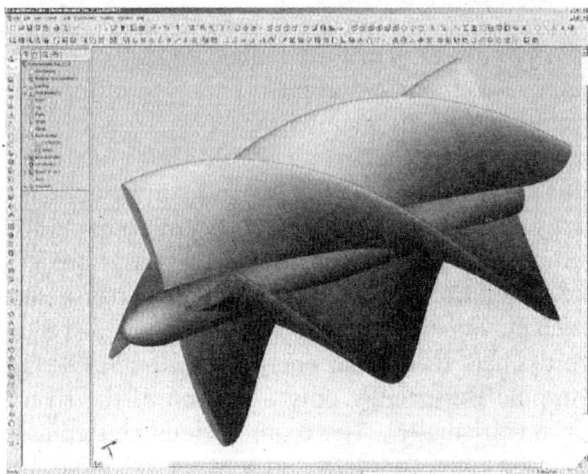

图 10-11　螺旋轮廓

根据理论研究和对螺旋涡轮机运作参数的验证，可以通过改变运作参数来设计动态模型。接下来我们通过改变几何参数（初始量-4，（见图 10-11））、推进器角度、恒定螺旋桨螺距（见图 10-11）、可变螺旋桨螺距（见图 10-12（a））、螺旋桨的前后直线紧靠程度（见图 10-12（a））、锥口钻紧靠程度等来演示在

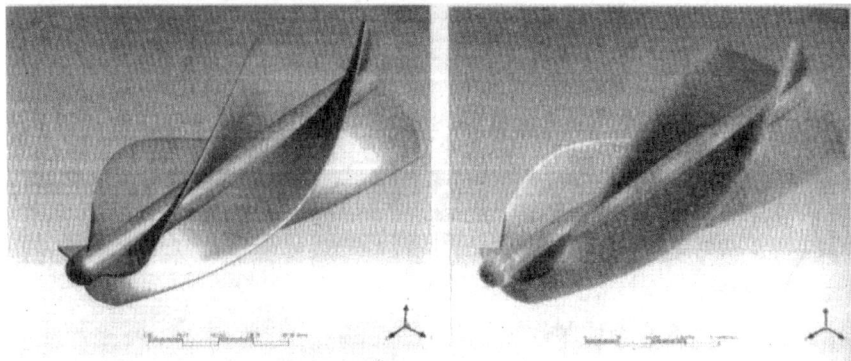

（a）螺旋轮廓　　　　　　　　　　（b）螺旋轮廓
图 10-12　螺旋轮廓

SolidWorks 环境下的动态模拟。为了运用 CRF5.7 软件来研究螺旋转子与流体环境的互动，我们已经将叶片轮廓离散化为一系列有限元素（见图 10-12（b））。

10.4　将流水动能转化为机械能和电能的微水电站电气概念设计

为了避免建设水坝，我们可开发水流涡轮机来利用水流动能。这种型号的涡轮机容易安装，容易操作，维修保养成本合理。虽然 1 米/秒的水流速度代表了相交位置 500w/m² 的能量密度，但是其中只有一小部分能量可以被吸收并转化为可利用的电能或机械能。这取决于涡轮转子和叶片的类型。水流速度非常重要，因为速度提高 2 倍则能量密度将提高 8 倍。普鲁特河流有一段 60m² 的部分，其在可探索区域的平均水流速度介于 1~1.3 米/秒，理论上这相当于一个大约 30~65 千瓦的能量。考虑到一个涡轮机只能占用河床的一部分，所以产生的能量可能会很小。虽然有各种各样的概念性解决方案，但是需要进一步解决提高水流动能转换效率这一问题。从该角度看，之前检测过的可漂浮微型水力发电站的结构并不令人满意。在传统的液压轮水平轴中（见图 10-13（a）），叶片入水的最大深度，也即其中某个叶片被浸没在水中的深度，大约为叶片长度 h 的 2/3。即整个叶片只有这个区域参与了把水动能转换为机械能的工作。同样，前一块叶片的入水深度又约为当前叶片入水最大深度的 2/3（h″≈2/3h′）。这个事实凸显了水流在叶片上的明显压力。在叶片已最大限度浸入水中之后，叶片被完全覆盖，几乎不参与水动能转换。所以这种液压轮子效率较低。

考虑到叶片的水动力剖面所产生的水动力效应和最佳位置方向（就水流而言），以及涡轮机旋转体每个旋转阶段的能量转换，我们在图 10-13（a）中展示了促使有关可漂浮微型水力发电站的一些先进技术的解决方案精细化和专业化的工作。我们有必要对叶片的最佳水动力剖面进行选择并且面向水流的定向机制设计进行大量的多标准理论研究。

这种类型的微型水力发电站的基本优势有以下几个方面：

● 对环境的影响小；
● 居民建筑不需搬迁；
● 不需要改河道；
● 有可能利用局部知识来生产可漂浮涡轮机。

另一个重要的有利条件是：沿着河道可以在短距离（大约 30~50 米）内增加

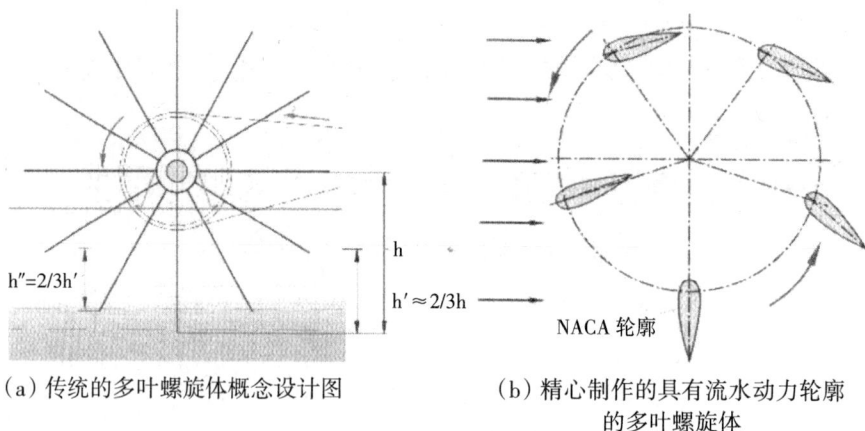

（a）传统的多叶螺旋体概念设计图　　　（b）精心制作的具有流水动力轮廓
的多叶螺旋体

图 10-13　多叶螺旋体

一系列这样的微型水电站。因为，这段距离可以排除相邻设施激起湍流的影响。

本章的研究主要关注了以下几个方面：所选微型水力发电站位置的水流速度；安装锚固地基的河岸地质勘探；潜在的能量消费需求；为微型水力发电站及其工作元素概念设计提供原始数据。

我们对带有水力动态剖面叶片的微型水力发电站结构的概念设计基于以下三个概念性方案：

● 带有枢轴和叶片的微型水力发电站的刀片被安装在垂直轴上，而轴被金属结构所固定。

● 带有枢轴和叶片的可漂浮微型水力发电站的叶片被安装在垂直轴上。

● 带有水平轴和叶片的可漂浮微型水力发电站的叶片被安装在水平轴上。

人们已经设计了若干可漂浮微型水力发电站的构造图，并申请了专利［1-4］，其目的在于增加水动能的转换系数（称为贝茨系数）。这些结构图由一个带有舵栓的螺旋体、若干垂直的叶片和一个流体动力学剖面组成。各叶片通过一个定向机制联系在一起，定向机制的方向朝向水流方向。装有枢轴的螺旋体的旋转运动和一个机械传动系统相连接，并把动能传送到一台发动机或一个液压泵。前面提到的结构（发动机/液压泵）被固定在一个平台上，平台又被安装在可漂浮的主体上。该平台通过一个铰链式金属支架和应变电缆与河岸连接。

在对微型水力发电站的功能进行优化的过程中，一个重要的方面就是选择最佳水动力轮廓，以此来增加转换系数（贝茨系数）。由于向上的水压，我们可以通过运用叶片定向机理，确保在旋转体不同的旋转阶段，叶片的最佳位置朝着水流方向，以此来提高转换效率。因此，几乎所有的叶片（甚至包括那些与水流做相反运动的叶片）都同时产生了总转矩。沿着水流方向运动的叶片运用水动作用力以及作用在叶片表面的水压来产生转矩（即使机械转动的力矩）。与水流反方向运动的叶片仅利用向上水动作用力来产生转矩。由于叶片在逆水流方向运动时，它们迎向水流的相对速度几乎变成两倍，所以向上水动作用力比较大，可以测量出其产生的力矩，而由水压产生的力矩则不能被测量。这种效果形成了所有专利技术解决方案的基础。

　　● 在设计转换河水动能的微型水力发电站工业原型的过程中，我们需要考虑以下标准和要求：

　　——减少大坝建设从而消除对环境的消极影响；

　　——成本最低；

　　——结构简单，便于操作；

　　——运转状况引发的动态应力超限具有高可靠性；

　　——利用防腐蚀和防潮湿的复合材料；

　　——水位变化时，微型水力发电厂平台位置能自动控制。

为了对微型水力发电站及其工作元素进行概念化的精心设计，我们从微型水力发电站装配位置附近的水流速度研究结果中、锚固地基位置处的河岸地质勘探中，以及潜在消费者需求中挖掘原始数据。

基于以下三个概念设计，我们对微型水力发电站结构进行了概念细化：

● 微型水力发电站：枢轴和叶片被固定在水平轴上；

● 微型水力发电站：枢轴和叶片被固定在垂直轴上；

● 可漂浮微型水力发电站：装有水平轴和螺旋涡轮。

根据初步的研究，我们详细阐述了两个具有 NACA 定型叶片的螺旋体结构，这两个螺旋体分别有 5 个和 3 个叶片。各叶片朝着一个设定的角 α 随着流水速度矢量的运动路线不断变化。考虑到转轴的最大转矩，理论研究减少了对具有各种对称 NACA 定型叶片（0012，0014，0016，0018，63012，63015，63018，66015，66018，67015——总共研究了 32 种定型叶片）的结构参数的优化。

10.5　水动力定型叶片的数值模拟和最佳几何特征的推导

在一个具有均匀速度 $\vec{V}_\infty$（见图 10-14）的水流中，考虑叶片的一个对称剖面。点 A 和点 B 分别相当于后部的边缘和前部的边缘。在吊杆上的对称叶片的固定点 O′展开三个坐标系统，即在坐标系中，坐标轴 y 指向速度矢量$\vec{V}_\infty$的方向，坐标轴 x 与该方向垂直；在坐标系中，坐标轴 y′指向沿着吊杆 OO′的方向，坐标轴 x′与该方向垂直；最后，在坐标系中，轴沿着轮廓的弦指向叶片后缘，坐标轴 x 通常指向这个方向。迎角 α 是轮廓弦 AB 和速度$\vec{V}_\infty$之间的角度，而定位角 φ 是吊杆 O′O 与速度$\vec{V}_\infty$之间的角度。水动力$\vec{F}$别在 x 轴和 y 轴方向上分力，命名为升力和曳力，可通过以下公式来表达：

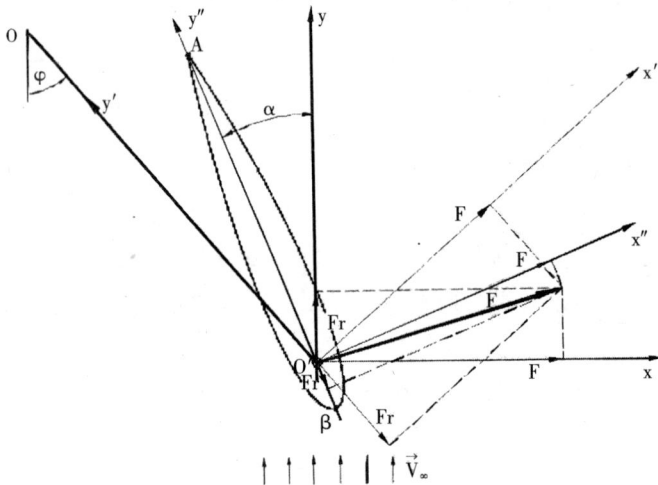

图 10–14　NACA 方向和角度

$$F_L = \frac{1}{2} C_L \rho_\infty V_\infty^2 S_p, \quad F_D = \frac{1}{2} C_D \rho_\infty V_\infty^2 S_p \tag{10–14}$$

俯仰力矩通过以下公式给出：

$$M = \frac{1}{2} C_M \rho V_\infty^2 c S_p$$

此处的 P_∞ 指流体密度，V_∞ 指流速，$S_p = ch$（c 指弦长，h 指叶片高度）表示叶片侧表面区域面积，C_L 和 C_D 为无量纲水动力系数，分别称为升力系数和阻力系数。这些水动力系数，C_L、C_D 和 C_M 取决于迎角 α，雷诺数（Reynolds Re number）和气动叶片轮廓的外形（见图 10–15（a）、图 10–15（b））。

一种名叫非黏性边界层的方法被用来对 C_L、C_D 和 C_M 进行分析。一种高阶面元法（来源和涡流线性分布）用来计算沿叶片轮廓表面的速度分布。升力和力矩系数就是通过它计算出来的。为了计算给定迎角的阻力系数，这里用到黏性边界层分析。运用面元法得到的速度分布，使积分边界层方法得以实现。对于层流部分，采用了一个含有两等式的方程，在湍流层部分，采用了 Head 模型。接下来，

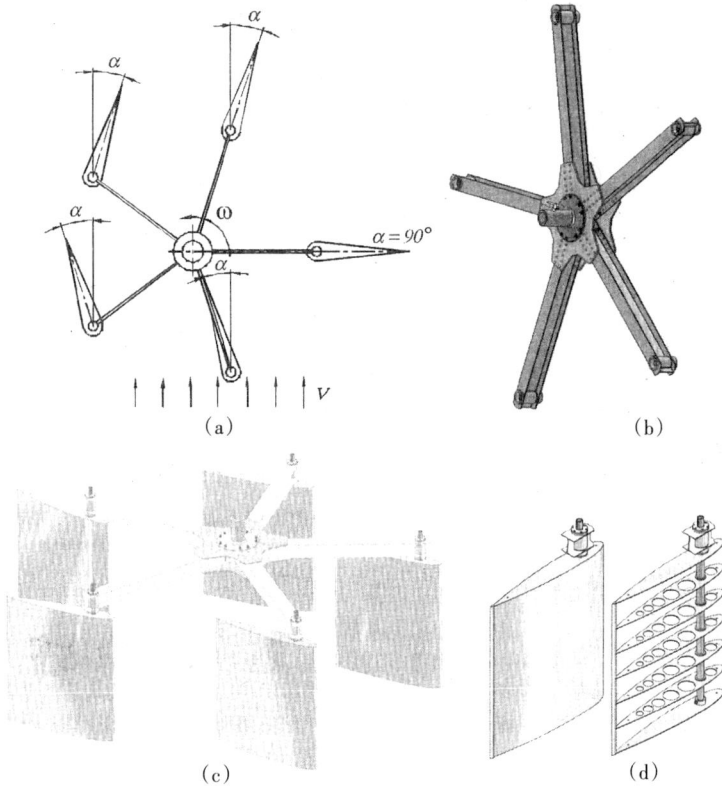

图 10-15　各种气动叶片轮廓的外形

可以通过 Squire-Young 公式来计算阻力系数。在 Mat 实验室里，在对水动力系数进行的计算中，速度分布运用了 120 个面元，边界层分析运用了 250 个网格点。在为一齿条轮廓标准计算水动力系数之后，一种 NACA 轮廓的弦长是 C=1.3m。我们通过运用上面描述的计算方法来计算与 NACA 0016 轮廓有关的系数，弦长 $c_{ref}=1m$：$C_{L,ref}$，$C_{M,ref}$ 和 $C_{D,ref}$。与弦长为 1.3 米的轮廓相关的系数可以通过以下关系来计算：

$$C_L=C_{L,ref}\cdot 1.3，\quad C_M=C_{M,ref}\cdot(1.3)^2，\quad C_D=C_{D,ref}\cdot 1.3 \tag{10-15}$$

由于流水动力在叶片坐标系的原点处没有作用点，俯仰力矩因此产生。该力矩的确定与一定的参考点有关。作为一个参考点，点 P 落在距离前缘 B（见图 10-16）1/4 弦长的点。坐标系通过式（10-16）给出：

$$F_{x''}=F_L\cos\alpha+F_D\sin\alpha$$
$$F_{y''}=-F_L\sin\alpha+F_D\cos\alpha \tag{10-16}$$

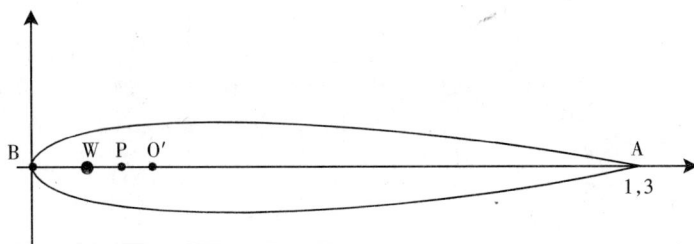

图 10-16 叶片轮廓

通过运用先前的计算中获得的 F_L 和 F_D 的值，$F_{x''}=1601.2N$ 和 $F_{y''}=-413.8N$。

因此，$|O'P|=|M|/|F_{x''}|=0.0249m\approx25mm$。

为了确保叶片运动的稳定性，固定点 W 的选择必须满足 $25mm\leqslant|O'W|\leqslant H$，其中，$H_{min}\leqslant H\leqslant H_{max}$。$H_{min}$ 和 H_{max} 的值应该在今后的工作中得出，以便使得定位机制的耦合中的摩擦力最小。

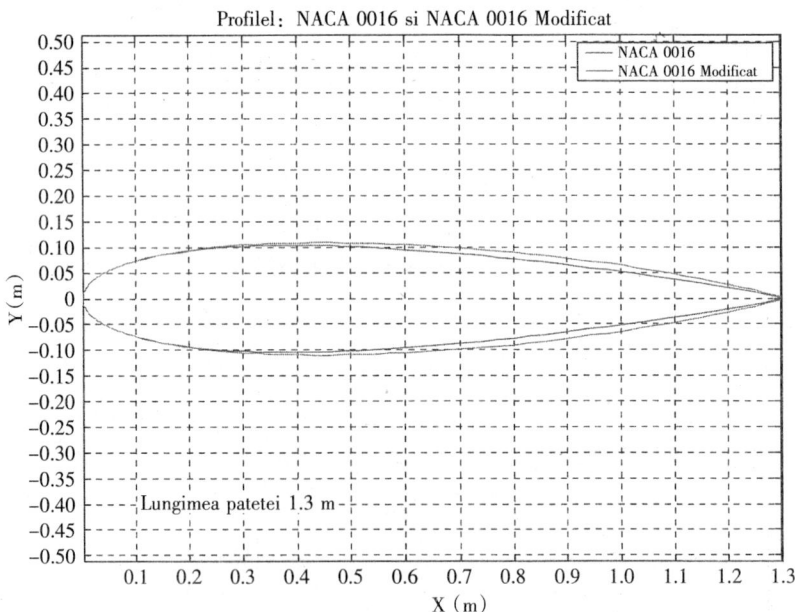

图 10-17 叶片轮廓——一份计算表示法

为了使微型水力发电站的扭力矩最大化，我们对叶片的轮廓进行形状优化。该叶片的轮廓选自 NACA 4-和 5-的数字库，其外形可表示为一个具有三个参数的函数：最大厚度、最大弯度、最大弯度位置。作为一个外形参数，只有最大厚度会被考虑。由于我们使用的是具有对称轮廓的叶片，所以最大弯度外形参数被认为是 0，而最大弯度位置被认为是任意的。迎角被认为是第二个参数。形状优化的目标是使升力最大化，同时确保俯仰力矩系数和曳力系数不会太大。

以下是优化设计时要考虑的问题：

在 C_D 和 C_M 的约束下使 $C_L = C_L(\theta, \alpha)$ 最大化。

其中 θ 是最大厚度，α 是迎角。参数界限值由以下关系导出：俯仰系数最大负值的被设定为与迎角为零时的解决方案相等。曳力系数的最大值的被设定为与迎角 $\alpha = 18°$ 时的解决方案相等。这些参数本身的边界也应该被考虑进来，以保证是在合理的轮廓空间里进行：$10\% \leqslant \theta \leqslant 20\%$ 和 $0° \leqslant \alpha \leqslant 20°$。为了找到一个给定函数 $f = f(x_1, \cdots, x_n)$ 的最优值，可以运用变量度量迭代方法来帮助解决。

当给定的精度不能达到时：

$B_i s_i = -\nabla f(x_i)$

$x_{i+1} = x_i + \alpha_i s_i$

此处的 α_i 是进阶乘数，而 B_i 是海赛函数 f 的正定近似值。我们可以通过中心差方公式来估计函数 f 关于第 i 分量的导数：

$\dfrac{\partial f}{\partial x_i}(x) = \dfrac{f(x + he_i) - f(x - he_i)}{2h}$，其中 e_i 代表第 i 个基底矢量。

形状的优化是在 Matlab 的优化工具箱中进行的：具有线性搜索和 BFGS 海森更新的序列二次规划算法。运用一种叫作修改投影的方法可以解决二次子问题。我们可以通过恒定步长为 $h = 1e - 04$ 的中心差分公式来计算梯度。作为优化的初始点，我们考虑了迎角 $\alpha = 18°$ 时的对称性 NACA 0016 轮廓。图 10-17 显示了最初和最佳的叶片形状。为了获得适当的收敛效果，在优化子程序中，需要进行大约 30 次迭代计算。

10.6　对旋转体叶片上的流体作用进行数字模拟并确定旋转体叶片的最优位置，以实现能量损失最小化

为了确定这些叶片的最佳位置，我们对单个叶片的扭矩和所有具有不同迎角的叶片共同产生的扭矩进行比较。结果如图 10-18 所示。

可以看出，最佳的迎角是 $17° \leqslant \alpha \leqslant 18°$，因此，扭矩就迎角而言是稳定的。所有计算工作围绕 NACA 0016M 最佳轮廓和流速为 1m/s 展开。

为了选择最合适的旋转体配置，我们分别对具有 3、4、5 个叶片的旋转体进行了分析。在图 10-19 中展示了针对所有这些叶片组合算出的总扭矩。对于未来的工作，我们应该在 CFX5.7 软件环境下进行一系列的计算机模拟来研究旋转区

域的湍流。换句话说，我们将通过对旋转体与流体之间的相互作用研究来获得各种功能参数以增加涡轮机的效率并减少能量损失。

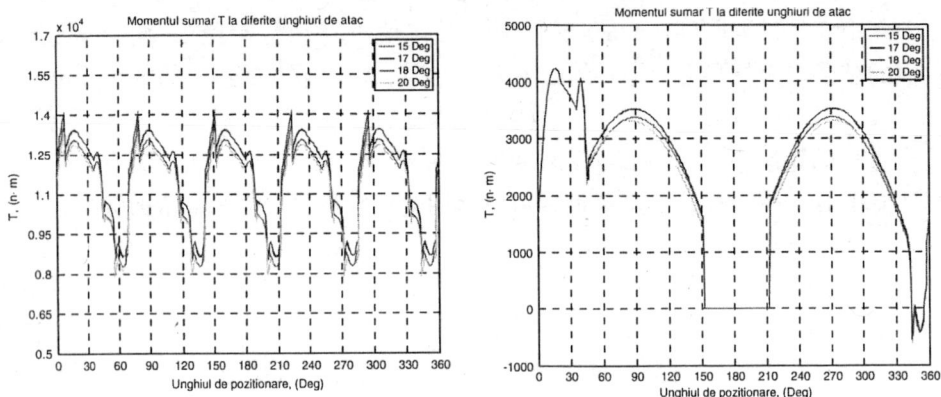

图 10-18　扭转动量的计算结果

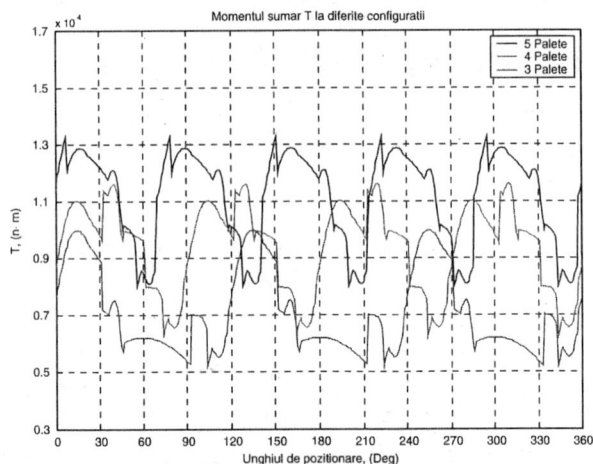

图 10-19　所有叶片组合的扭转动量

10.7　扭转力矩和应用于装有流体动力学定型叶片的旋转体的力

接下来，有关一系列轮廓标准的流体动力系数被计算出来，其中包括弦长 C=1.3 米的 NACA 轮廓。通过运用先前描述的计算方法，那些与 NACA 0016 轮廓，弦长 $c_{ref}=1m$：$C_{L,ref}$，$C_{M,ref}$ 和 $C_{D,ref}$ 匹配的参数被分别计算出来。而那些与弦长为 1.3m 的叶片轮廓相匹配的系数可通过以下关系计算出：

$$C_L = C_{L,ref} \cdot 1.3, \quad C_M = C_{M,ref} \cdot (1.3)^2, \quad C_D = C_{D,ref} \cdot 1.3 \tag{10-17}$$

图 10-20（a）展示了依赖于输入角的升力和曳力系数。图 10-20（b）展示了流体动力功率系数 $\vec{F}$，该系数能驱动叶片，其切线方向分量和垂直方向分量 $F_{x'}$，F_y 都依赖于角度的确定。图 10-21（a）展示了由一个叶片产生的力矩 Tri，该力矩依赖于式（10-4）计算时的定位角度。图 10-21（b）展示了总冲量 $T_{r\Sigma}$，该冲量主要依赖于式（10-14）中计算所得的定位角度。

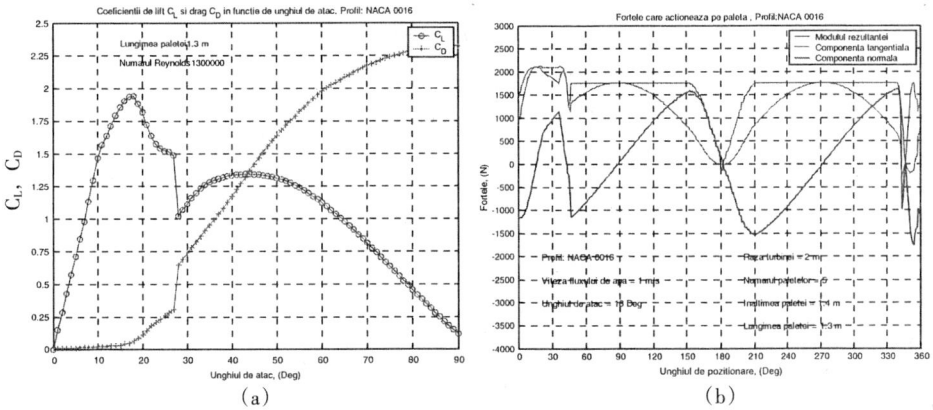

(a)　　　　　　　　　　　　　　　(b)

图 10-20　升力和阻力系数

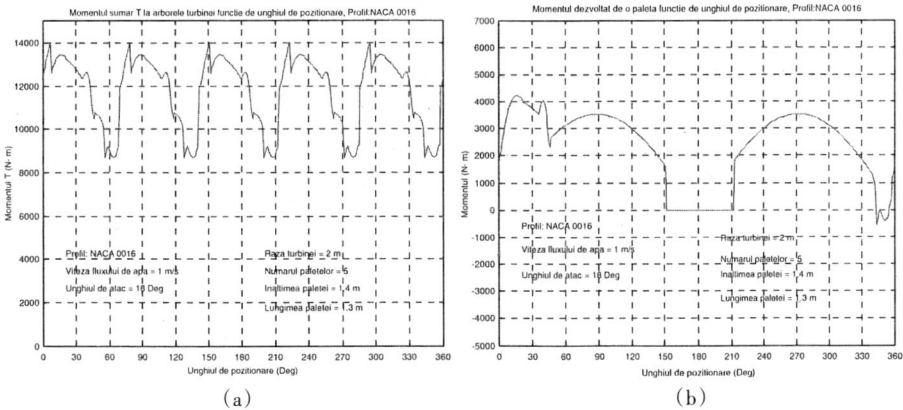

(a)　　　　　　　　　　　　　　　(b)

图 10-21　总力矩 $T_{r\Sigma}$

10.8　通过从结构上优化叶片，将湍流对多叶片旋转体技术特征的影响降至最小

一种名为非黏性—边界层的方法被用来分析流体动力学参数。一种名为高阶面元法的方法（资源和涡轮的线性分配）被用来计算沿着叶片轮廓表面速度分配。升力和冲量系数就是通过这种方法计算得出。可以采用黏性边界分析来计算给定迎角的曳力系数。运用面元法得出的速度分配，可以实现对积分边界层法的运用。对于层流部分，可以使用一个含有两个等式的公式；对于湍流部分，可以使用 Head 模型。我们可以运用 Michael 的标准来对层流向湍流的转变进行定位，曳力系数可以通过 Squire–Yong 公式来计算。

由于该软件不能处理好湍流分离，所以我们运用 Martin Hepperle 开发的 Java Foil 软件来研究湍流区域的情况。图 10-22 包含了 NACA 0016 轮廓周围的迎角为 18°的流速场。

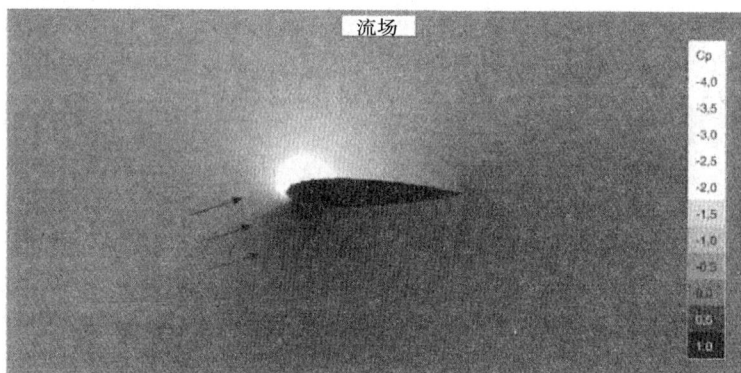

图 10-22　切水角为 18°的流速场

雷诺数：

$$Re = \frac{\rho c \vec{V}}{\eta} = \frac{c \vec{V}}{v}$$

其中，水流在 20C°时 $\rho = 998.4 \text{kg/m}^3$，运动黏度指数 $v = 1.012 \times 10^{-6} \text{ m}^2/\text{s}$，弦长 $c = 1.3 \text{m}$。

由于流速 $\vec{V} = 1 \text{m/s}$ 和 2m/s，所以我们用以下值求得雷诺数 Re=1284600，

1798400，2312300。图 10-23 包含叶片轮廓上/下表面的湍流分离。T.U.和 T.L.分别代表了上下表面层流向湍流过渡的点；S.U.和 S.L.分别代表叶片上下表面的分离点。

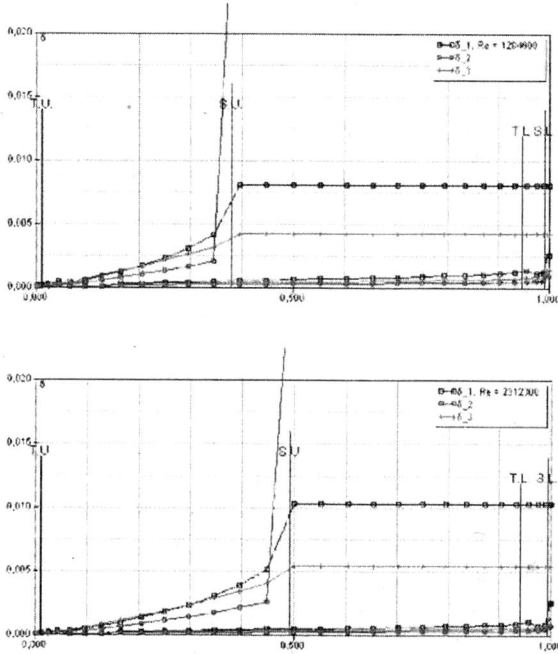

图 10-23　流速为 1m/s 和 2m/s 时的转换点和分离点

可以看出，在所有层流向湍流转换的实例中，转换会在驻点附近的上表面发生，而流动分离预计会在弦长的 40%~50%处发生。在下表面，层流向湍流的转换和分离将会在叶片后部发生。

10.9　流体与工作元素之间相互作用的数字模拟

运用 ANSYS 8.0 软件，我们研究了那些将会出现在被水浸没的叶片上的变形和拉伸情况。研究中，作用在叶片表面的流体静压力和总液体动力（相当于流速为 2m/s）被考虑进来，各种厚度的叶片也将被考虑进来。根据对所获得结果的分析，图 10-24 展示了叶片的抗压结构。

为了进行变形分析和应力分析，我们运用 ANSYS 8.0 软件。我们在流水静压力和流速相当于 2m/s 的流体动力（升力和阻力）的作用下，对流体动力叶片进行研究。这样，作用在叶片上的力的最大值约为 11KN。我们通过壳式元素来离散化，网眼是局部精制的。叶片所用的材料是型号为 H37 的铝合金，其 $E = 1.97 \times 10''$，$v = 0.27$。一些设计参数和应力结构的组合被考虑进来。第一个方案考虑了三叶片应力结构，并展示在图 10-24 中。

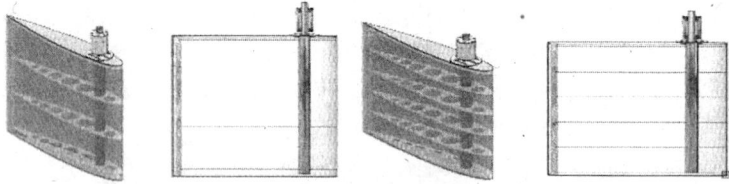

图 10-24　叶片的应力结构

侧壁厚度被设为（a）1mm 和（b）1.5mm。在进行了有限元素分析后，求得大约 8mm 的最大位移（相对于厚度 1.5mm 的侧壁厚度来说），这种程度的位移会对叶片的功能特性产生消极影响。因此，这个设计方案是不可接受的。于是，我们考虑了图 10-25 中的三叶片设计。和先前的实例相似，我们考虑两个厚度：1mm 和 1.5mm。同样，最大位移是不可接受的，甚至对于 1.5mm 厚的设计来说也不行。最后，我们考虑了图 10-26 中的结构设计，该设计有 5 个叶片，其侧面厚度分别为 1mm 和 1.5mm，图 10-26 展示了变形的位移值。本实例中的最大位移值大约为 3mm。这个值同样是不可接受的，因为叶片轮廓的变形会对涡轮机功能特性造成消极影响。因此，一种新的结构设计被提出，这种设计采用了合成材料，是对图 10-25 中的设计进行的改进。

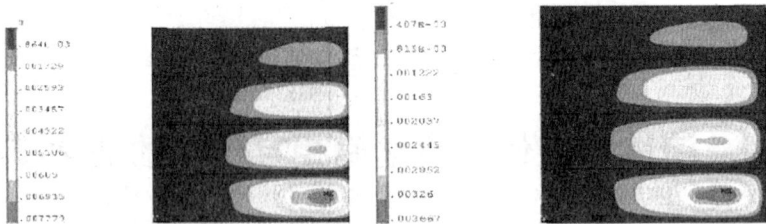

图 10-25　装有 3 个交叉构件防挠材料，表面厚度 S=1mm（a）和 S=1.5mm（b）的具有流体动力轮廓 NACA 0016（mm）叶片的外壳变形状况

对两种变体的叶片应力结构进行检查：它们分别有 3 个和 5 个交叉构件防挠材料。有限元素的自适应数字化由 shell 63 元素构成。图 10-25 和图 10-26 展示了叶片的变形情况。通过对装有 3 个和 5 个交叉构件防挠材料、表面厚度为 1mm

的叶片的变形状况进行数字分析得出：外壳最大下陷区域的变形程度分别为
7.8mm 和 3.5mm。这些局部的表面变形会对与流体动力剖面相邻的流水状态产生
负面影响，并影响有用水流动能的转换效率。这也是为什么那些表面厚度为 1mm
的叶片轮廓会被放弃的原因。与此同时，我们可以明确地得出，那些安装了 3 个
和 5 个横向板，表面厚度为 1.5mm 的叶片的外壳变形分别减少了 2.1 倍和 2.6 倍，
即为现在的 3.7mm 和 1.3mm。其中，内部装有 5 个交叉构件防挠材料、表面厚度
为 1.5 mm 的叶片表现出 1.3mm 的最大变形。从使流水动能向合适的能量转化的
消极影响最小化这一角度来说，这种叶片外形是可以接受的。这也是为什么只有
装有 5 个交叉构件防挠材料、表面厚度为 1.5mm、材料为型号 H37 铝合金的水阻
结构通过了审核。

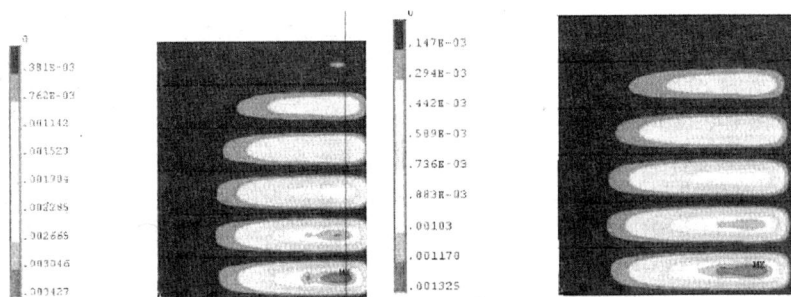

图 10-26　装有 5 个交叉构件防挠材料，表面厚度 S=1mm（a）和 S=1.5mm（b）的具有流体动
力轮廓 NACA 0016（mm）叶片的表面变形状况

　　增加交叉构件防挠材料数量和叶片表面厚度会表现为更高的成本和更大的叶
片重量。转换效率源于施加到叶片的液体动力，它依赖于对项目确立的几何外形
的考虑，这种几何外形不仅与弦长有关，还与叶片的高度有关。这就是为什么有
必要对那些处于最大流体静压力和最大水动力区域内的叶片高度和弦长变化值进
行计算。图 10-27（a）中展示了位于两交叉构件防挠材料中间 A 部分的关于弦长
的表面位移。根据图 10-27（a），最大位移处在标记为 235mm 的位置，位移程度
为 1.3mm。位移部位的位置对应于 A 部分中叶片轮廓上具有最大弯曲直径的表面
部位。偏移大于 1mm 的区域被扩展到 130mm 和 530mm 的标记之间，这导致了
对角度在 ±0.29° 调整的修正，从流体动力学的角度来说，这种修正是可接受的。
图 10-27（b）展示了 B（位于叶片后边缘，标记为 235mm 处）部分中的位移，依
据有关叶片高度（0~250mm）的标记，位移位于最后的横向板之间。大于 1mm
的位移位于 78~172mm 的高度标记之间。

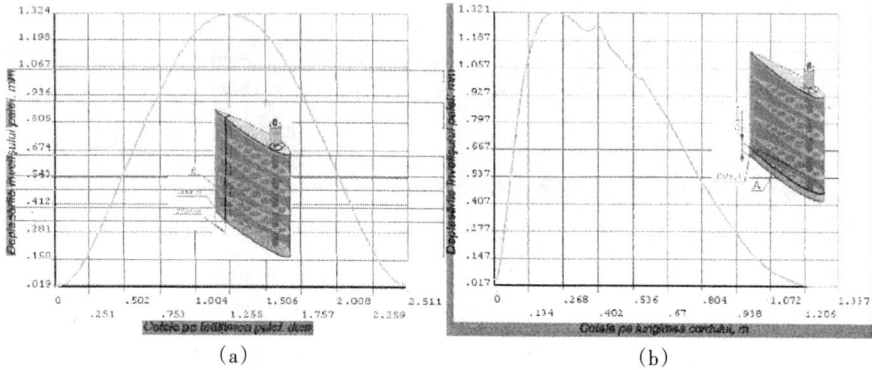

图 10-27　区域 A（a）和区域 B（b）中沿着弦长的表面位移

为了理解宽度为 1.5mm（图 10-28（a）、图 10-28（b））的 NACA 0016 型的流体动力轮廓叶片的表面张力状态，考虑其主要的张力为 σ_1，σ_2，σ_3，它们三个是降序排列的张力张量的特征值。图 10-28 展示了主要的张力 σ_1（a）和 σ_3（b）。同时，我们也考虑了张力强度，它可以根据以下公式来计算：

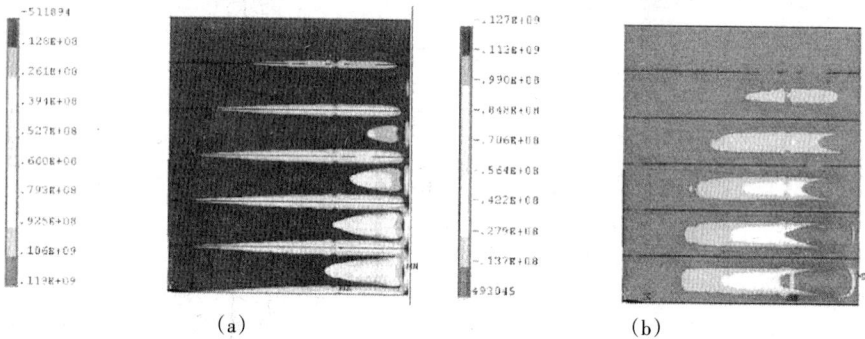

图 10-28　装有 5 个交叉构件防挠材料，表面厚度 S=1.5mm 的流水动力轮廓叶片 NACA 0016
外壳上的主要张力（N/m²）σ_1（a）和 σ_3（b）

$$\sigma_1 = \frac{1}{\sqrt{2}}\left[(\sigma_1-\sigma_2)^2+(\sigma_2-\sigma_3)^2+(\sigma_1-\sigma_2)^2\right]^{1/2}$$

冯米塞斯变形（Von Mises Deformation）可以根据公式来计算：

$$\varepsilon_e = \frac{1}{1+v}\left[\frac{1}{2}\left((\varepsilon_1-\varepsilon_2)^2+(\varepsilon_2-\varepsilon_3)^2+(\varepsilon_1-\varepsilon_3)^2\right)\right]^{1/2}$$

其中，v 是泊松系数，ε_1、ε_2 和 ε_3 是主要的变形张量值。图 10-29（a）展现了张力密度 σ_1（N/m²），而图 10-29（b）给出了 A 区域中叶片表面上的冯米塞斯变形，该变形可以通过水动压力和水静压力产生的最大压力来计算。由于流体动力产生的压力要比流体静力产生的压力小得多，因此，我们进行了一个有关流体动力效应压力限制的计算。其中，流体动力效应以其最大值均匀地分布在叶片的表面上。根据张力强度的变动分析和区域中冯米塞斯变形的暗示，确定了在弦长402mm 处的标记。该标记位于 NACA 0016 型外形的过度边界，即从一个小的曲率半径区域（标记为 1337-402mm）到一个较大曲率半径的区域（标记为 42-0mm）转变的边界。这种张力强度的性能和冯米塞斯变形必须考虑一种复合材料制成的面板，这种复合材料能够为叶片表面提供多种厚度，且厚度临近于在弦长上标记为 402mm 的区域。

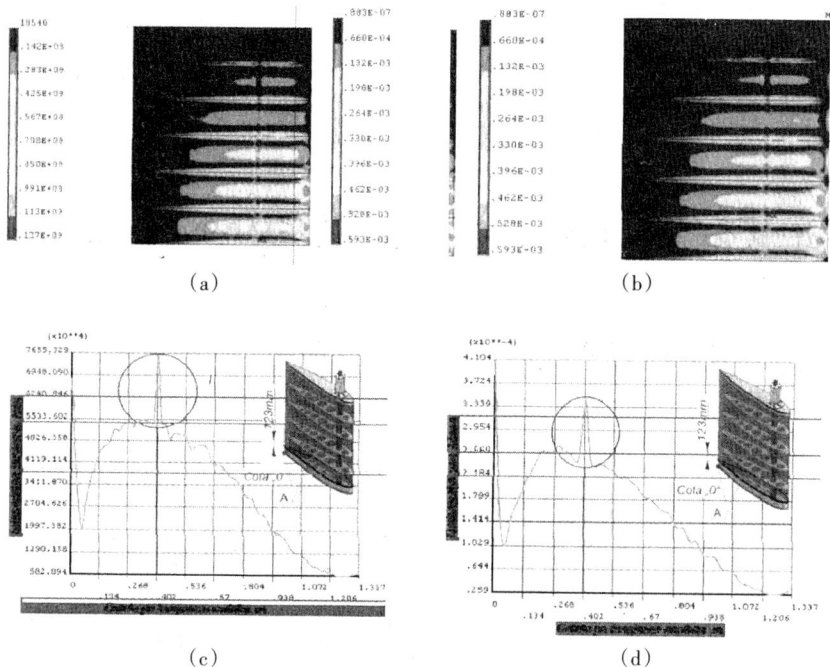

图 10-29 在区域 A 中，叶片表面上的张力密度（N/m²）σ_1（a，c）和冯米塞斯变形（b，d）

10.10 对装有垂直轴和流体动力定型叶片的多叶片转子的能量潜力的评价

根据以下设计参数，我们可以对水流能量潜力和装有垂直轴和流体动力学定型叶片的转子所产生的力进行推算（见图 10-30）。

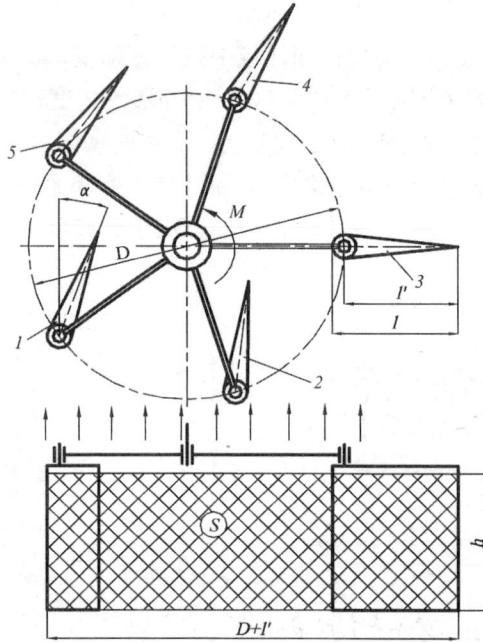

图 10–30 装有 5 个叶片的转子及其定位设计图

—— 装有 5 个叶片，流体动力轮廓为 NACA 0016 型叶片的转子；

—— 叶片在水中的有效浸入深度 h = 1.4m；

—— 叶片弦长 l = 1.3m；

—— 有效叶片 l' = 1m；

—— 旋转体直径（垂直轴的刀片所形成的圆的直径）D = 4m；

—— 安装角度 α = 18°；

—— 位于中立区中第三叶片的安装角度 α = 90°。

在转子截面尺寸中，水流能量潜力推算为：

$$P = \frac{1}{2}\rho \cdot V^3 \cdot S$$

在转子轴上，水流产生的能量为：

$$P_a = P \cdot K$$

其中，ρ——水密度，kg/m^3；

V——水流速度，m/s；

S——转子截面范围内的水流横截面；

S = H（D + l'）；

K——能量转换效率。

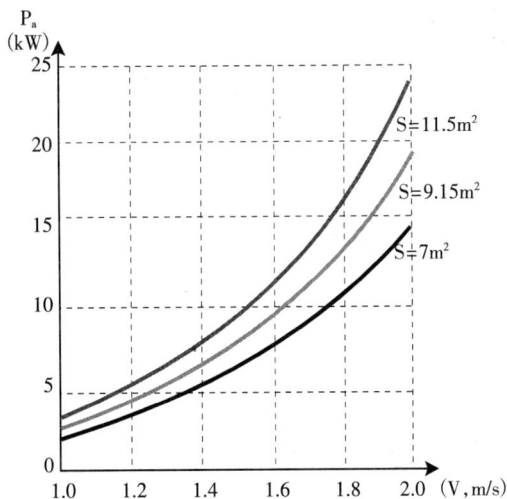

图 10-31 转子产生的能量

在图 10-31 中展示了转子轴依靠水流速度产生力 P_a，这一依赖关系的转换效率为 50%（K=0.5）。

水流推动转子产生的力 P_a 为：

$P_a = M_\Sigma \omega$

其中，M_Σ——运用于转子轴的总扭矩，Nm；

ω——旋转体的角速度，sec^{-1}。

为了感应由每个叶片在特殊条件下和转子在一般条件下所产生的扭矩，该软件集中关注并阐述了对德流体叶片（Defluid-blade）的相互作用力的含量测定，对每个叶片在形成、运用于转子轴的总扭矩进行成分测定。图 10-32 中，运用于转子轴的总扭矩 M_Σ 依赖于不同水流速度下的顶角的依赖关系也在图中得以描述。

例如，对于水流速度 V=1.3m/s，M_Σ=19893Nm。

在图 10-32 中，根据水流速度为 1.3m/s 时的能量潜力，可以计算出转轴处的功率 P=3.84kW。

转子的角速度 $\omega = \dfrac{P}{M} = \dfrac{3840}{19893} 0.1913 sec^{-1}$。

而转子的旋转频率为 $n = \dfrac{30\omega}{\pi} = 1.843 min^{-1}$。

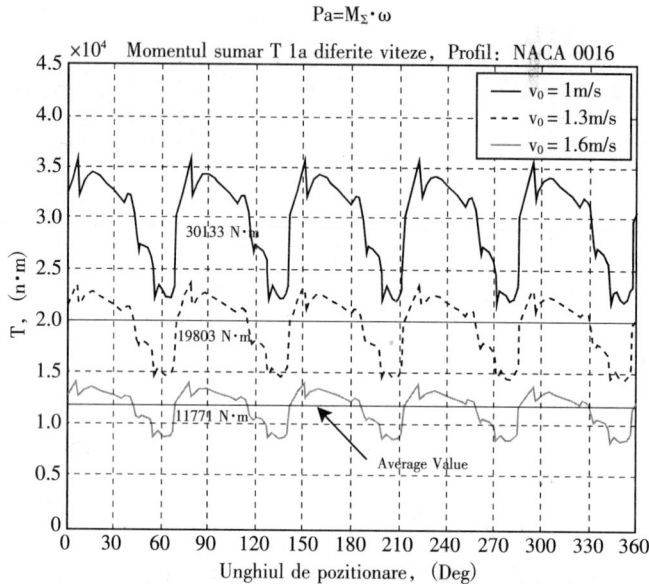

图 10-32　流速分别为 1m/s，1.3m/s 和 1.6m/s 时，总扭矩与顶角的关系

10.11　对装有枢轴和流体动力轮廓叶片的微型水力发电厂的阐述

10.11.1　对装有枢轴和流体动力轮廓叶片的微型水力发电厂的阐述

基于先前的理论研究和计算机模拟，我们对双能微型水力发电厂的试点站进行了阐述。这个试点站将会作为一个实验研究场所进行服务，其任务是研究更多的技术解决方案，研究自然工作条件下的工作元素，并对具有流水动力轮廓的高效能叶片进行研究。这个试点站将会通过装有可调节长度的缆绳的通信桥固定在河岸上。

装有流体动力学轮廓叶片的转子、旋进倍增器、离心泵、发电机均被固定在这个由金属框架构成的机架上，该框架又被固定在 4 个登陆浮筒上。

用缆绳连接的通信桥和对岸边的调整模型让试点站能漂浮在不同水位的流水中。控制叶片位置的设备没有展示出来。

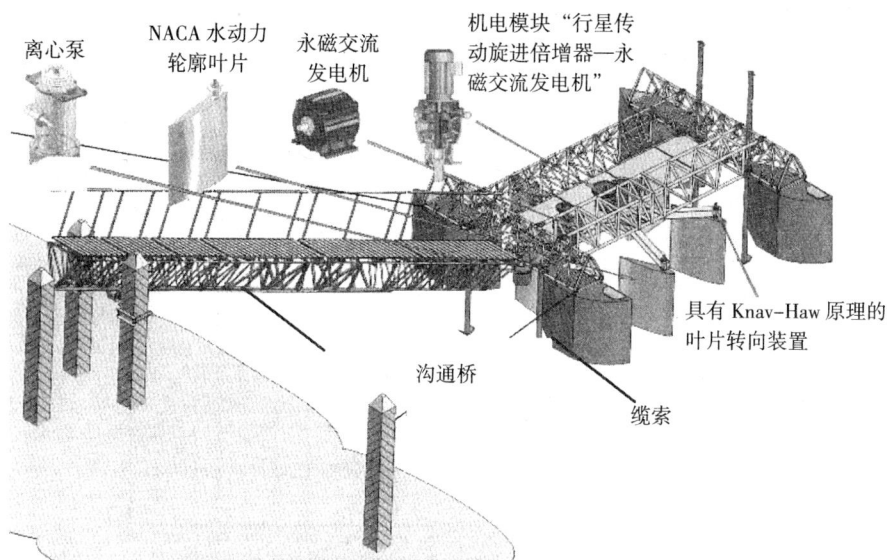

图 10-33　水能聚合装置

图 10-33 展示了固定于 2 个浮筒的微型水力发电站的设计理念。这个设计理念将被提议用于实施和投入市场。

微型水力发电厂的试点站（见图 10-33）包含以下基础设备：

● 多叶片转子；
● 低速离心泵；
● 低速永磁发动机；
● 一个倍增器。

在生产了离心泵、永磁发动机和倍增器后，我们把实验研究从摩尔多瓦科技大学和基希讷乌（摩尔多瓦的首都）联合指导委员会"Hidrotehnica"工业单元的试验室搬到了这个平台上。

10.11.2　微型水力发电站设备的制造过程

叶片是影响水动能转换效率的基础工作部分。为了确保转子的高效能量转换，在现实工作情况中，对叶片的几何外形参数和结构应力参数进行保存是非常必要的。当然，也有必要确保生产出的能源的低成本。最初，一种叶片的制造技术被提出，它由应力结构和外壳组成，外壳由壁厚为 1mm 和 1.5mm 的 H37 铝合金制成（见图 10-34）。变形分析显示了一个不可接受的变形程度，这种变形会导致叶片的工作性能降低。

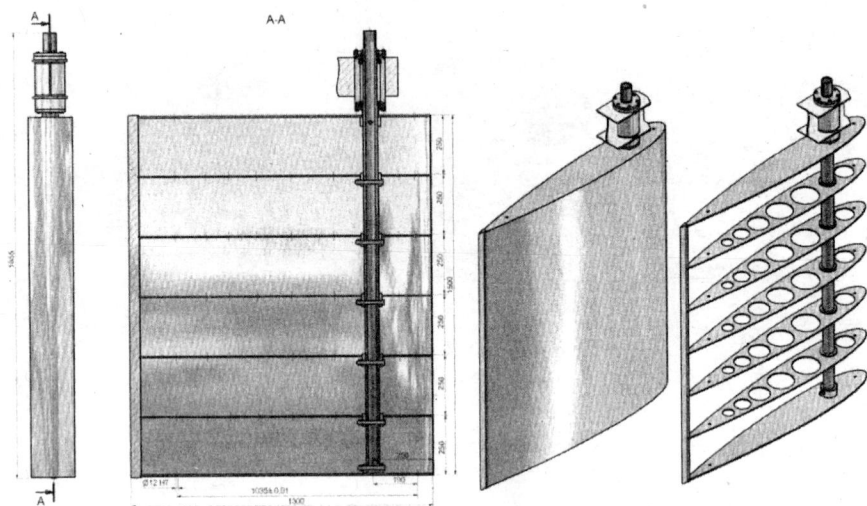

图 10-34　叶片系统

本章研究的目的是从一种现代化制造技术的角度对这种基于复合材料的叶片进行阐述。现代技术的研究成果使得研究者们能够采用玻璃纤维塑料来阐述一种新的微型水力发电站旋转叶片的制造技术。

该复杂技术包括以下几个阶段：

● 叶片轮廓模具的描述、设计、制作；

● 叶片应力结构的描述、设计、制作；

● 以玻璃纤维强化的塑料制造多层外壳；

● 塑料外壳和应力结构模具的布置，以及向模具中填充可膨胀材料（聚氨酯）。

根据已完成的理论研究，我们确定了叶片的水流动态轮廓。应力结构应该适应这种制造技术。为了做到这点，我们对多种结构版本进行了提议和研究。最后我们选择了最佳的结构版本（从结构的抗压效率和成本效率方面看）：叶片的水流动态轮廓被分为相同的两部分（对称性），分开进行叶片边缘的制作（见图10-35（a））。这个组合具备了材料的经济性和可执行力，并且保证了制造质量和对先前所获得的几何参数进行的保留。

用于制作叶片外壳模具的材料（见图10-36）：

● MDF 板，厚度分别为 30mm，16mm，4mm；

● 胶水（Glue）Cleiberit D3；

● NOVAL APP；

● 聚氨酯底漆、聚氨酯涂料。

（a）

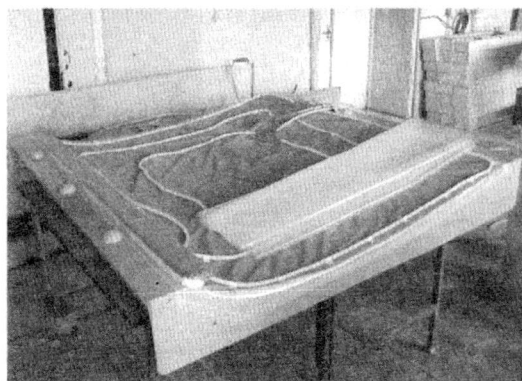

（b）

图 10-35　叶片的水流动态轮廓

（a）

（b）

图 10-36　模具制造

磨光机 OSKAR'S M100 型，M50 型。

● 分离剂 OSKAR'S W50；

● Meriguards Miror Glassm nr.8；

● NorSlip 9600。

用于制作叶片外壳的材料：

● 固化剂 MEKP（Methyl–Exil–Keton–Pirexit）；

● 法国阿托菲纳公司 K1 标准的有机过氧化物架桥剂；

● 聚氨基甲酸乙酯树脂 CRYSTIC；

● 凝胶漆（白色和黑色）；

● 型号为 M440 300/1250E 和 M440 450/1250E 的玻璃纤维有裂缝绞合线毡子；

● Scrint Gobain Vetrotex；

● Woven Rowind；

● UpRowind 喷雾剂；

● 氢氧化铝板 ATH；

● 法国聚氨酯胶料 IMF。

叶片的生产通过使用真空技术来注入。为了实现这一点，叶片被分割为三部分（见图 10–36（b））。

1. 叶片外壳制造的技术阶段：

（1）模具的准备；

（2）技术维护（4 层，每层 6 小时）；

（3）聚乙烯材料（Norslip 9600）的运用；

（4）技术维护（15 分钟）；

（5）凝胶涂层物质的运用；

（6）技术维护（干燥）；

（7）玻璃纤维强化材料的制作；

（8）模具的安装：

● 第一层 Woven Rowind；

● 第二层 Multimatelite300/600/300；

● 第三层 Shaped Strand Mat M440/450；

● 第四层 Phil ply。

（9）真空吸尘器和树脂注入装置的安装；

（10）粘贴模具，密封；

（11）裁剪薄膜（聚酰胺多层膜）；

（12）贴膜；

（13）树脂的注入；

（14）技术维护（直到树脂聚合，2~3 小时）；

（15）技术维护，消除剩余的压力；

（16）从模具中取出叶片；

（17）去除叶片上多余部分。

叶片的前杯（Frontal Cups）的制造也是采用同样的技术过程。

2. 叶片的前杯制造的技术阶段

（1）模具的准备；

（2）技术维护（4 层，每个 6 小时）；

（3）聚乙烯材料（Norslip 9600）的运用；

（4）技术维护（15 分钟）；

（5）凝胶涂层物质的运用；

（6）技术维护（干燥）；

（7）玻璃纤维强化材料的制造；

（8）模具的安装；

（9）树脂的注入；

（10）技术维护（直到树脂聚合，2~3 小时）；

（11）技术维护，消除剩余的压力；

（12）去掉薄膜；

（13）去除多余部分。

3. 叶片的装配

对所有的组件——两个对称的叶片外壳、两个前杯、叶片的边缘、轴的应力结构进行装配：

（1）技术结合点是清洁过的；

（2）技术孔已经开孔；

（3）叶片的内部空间已填充聚氨酯；

（4）技术孔已堵塞；

（5）叶片表面已抛光。

图 10-37 展示了基于所提出技术所制造的叶片。

图 10-37　叶片的前杯

10.12　用微型水力发电站的泵进行的小规模测试

根据以下有关泵的功能参数，我们对所制造出来的泵的几何参数（见图 10-38、图 10-39 和图 10-40）进行调查和优化：

版本一：

——转速　　　　　　　500min^{-1}；

——生产能力　　　　　40m^3/h；

——压力水柱高度　　　10m。

版本二：

——转速　　　　　　　300min^{-1}；

——生产能力　　　　　30m^3/h；

——压力水柱高度　　　10m。

在 JSC "Hidrotechnica" 工业单元的一个专业平台上，我们进行了有关微型水力发电站的泵的实验研究。该专业平台允许：转速在 n = 300~600min^{-1} 之间进行变化；确定泵送效率；模拟压力水柱高度。

图 10-41 呈现了实验研究的结果，图中描绘了压力水柱高度 H 的变化范围，机械效率 η，功率 P，以及转速分别为 n = 300min^{-1}、n = 500min^{-1} 和 n=600min^{-1} 时，生产力为 Q 所产生的水流 I 的变化范围。实验结果分析表明，当泵的转速为 n = 500min^{-1} 时机械效率较高。对于要将 Prut 河流中的水泵送到 Stoienesti 村庄的

三个蓄水库来说，10 米压力水柱的高度是必需的，而要达到这个高度就必须保证泵的转速。泵的生产力 $Q = 40m^3/h$ 是令人满意的；这允许泵在 24 小时内输送 1000 立方米的水。

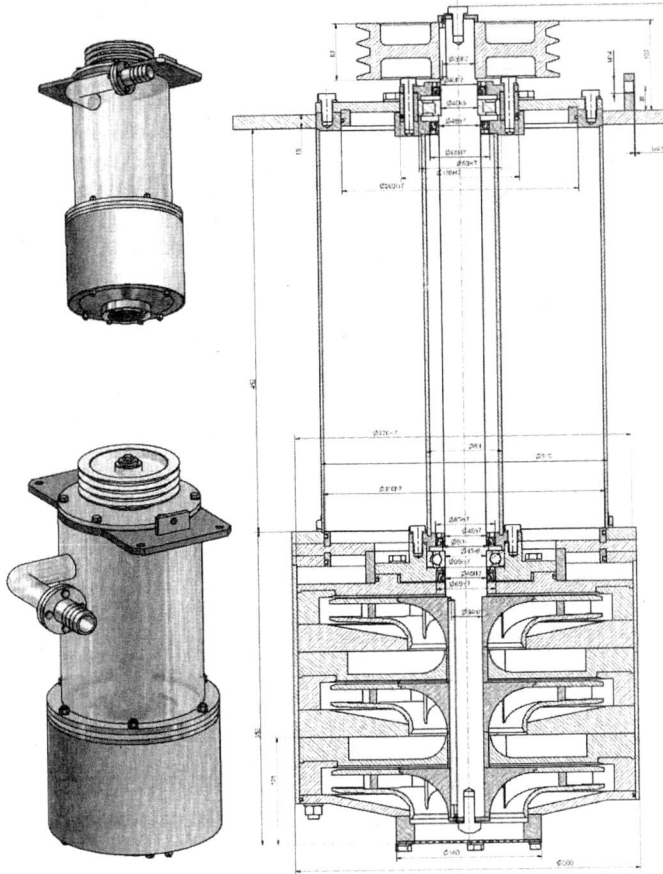

图 10-38　计算机 3D 模拟和离心泵的装配设计

为了更好地解释被测试泵的技术性能，在图 10-39 和图 10-40 中，我们以图的形式，在生产力 $Q = 40m^3/h$ 恒定的情况下，对三个重要参数——H、η 和 P 进行对比分析。正如预计的一样，在最高转速 $n = 600min^{-1}$ 时，压力水柱高度取得最大值。最大功率产生于泵在最高转速的时候。图 10-41（a）、图 10-41（b）、图 10-41（c）中，展示了在转速分别为 $n = 300500600min^{-1}$ 的情况下，有关泵的基本定性值 Q，H，P，I 的测量结果。

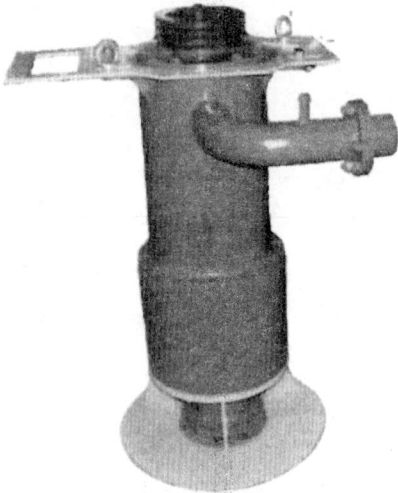

技术特征：
转速 n=300min^{-1}；
泵的机械效率 η=0.7；
生产力 Q=30m³/h。

图 10-39 潜水离心泵

技术特征：
转速 n=500min^{-1}；
泵的机械效率 η=0.7；
生产力 Q=40m³/h。

图 10-40 潜水离心泵

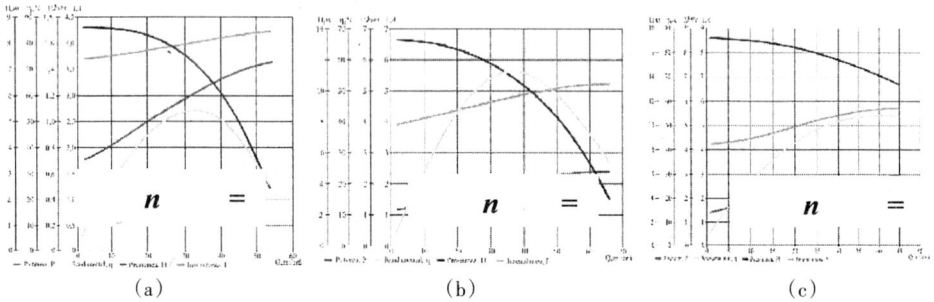

(a)　　　　　　　　　(b)　　　　　　　　　(c)

图 10-41 计算结果

泵的总效率可以通过以下关系进行计算：

$$\eta_p=0.54/(0.81\times0.95)=0.7$$

其中 0.81×0.95 表示平台效率。

我们还对转速为 300min^{-1} 的泵进行过类似的调查研究。结果是得到了以下参数：泵送能力为-30m³；压力水柱高度为-10m。两种泵都将被安装在微型水力发电站的实验场，并在真实条件下进行测试。

根据实验研究成果，我们可以得出以下结论：微型水力发电站的转子的转动频率 n≈1.75min^{-1}，成倍增加到 n≈500min^{-1} 的液压泵轴上，在实验研究中获得这些运行参数是令人满意的。

10.13　将微型水力发电试点站连接到河岸的绑定装置的制造

在一年中由于水位经常发生变化，要想通过绑定装置将微型水力发电试点站与河岸连接，一个基础条件就是：该平台要能够根据水位的变化自行调节。为了模拟绑定装置根据水位波动的运作情况，我们建立了一个 3D 模型（见图 10-42）。它由一个金属构架构成，该金属构架同时与平台和河岸地基相连接（接合处具有两级自由）。大多数组件都由金属制成（见图 10-43 和图 10-44），该模型在最后阶段显示。此外，平台还通过两条长度可调节的缆绳与河岸连接。这些缆绳已经购买。

在 Stoienesti 村庄旁边的 Prut 河流上，安装微型水力发电站的地基已经准备好（见图 10-45）。

图 10-42　绑定装置的 3D 模型

图 10-43　微型水力发电站示意图

图 10-44　微型水力发电站

图 10-45　人们在工作

10.14　对有舵栓和水流动力轮廓叶片的微型水力发电厂工业原型的阐述

在图 10-46 中，我们展示了装有两个浮筒的微型水力发电站的工业原型概念。此概念将被用于实际中并投入市场。根据运动力学图（见图 10-46），我们设计了两个微型水力发电厂的概念性工业原型。上面我们已对微型水力发电站的聚合利用做过描述。装有水流动力轮廓叶片的转子、进动倍增器、离心泵和永磁发电机都被安装在一个由金属框架构成的机架上，这个金属框架又被安装在四个登陆浮筒上。沟通桥梁和固定于河岸的模型通过缆绳使得微型水力发电站能够根据流水的水位波动漂浮在河面上。有关控制叶片位置的设备在这里没有显示出来。

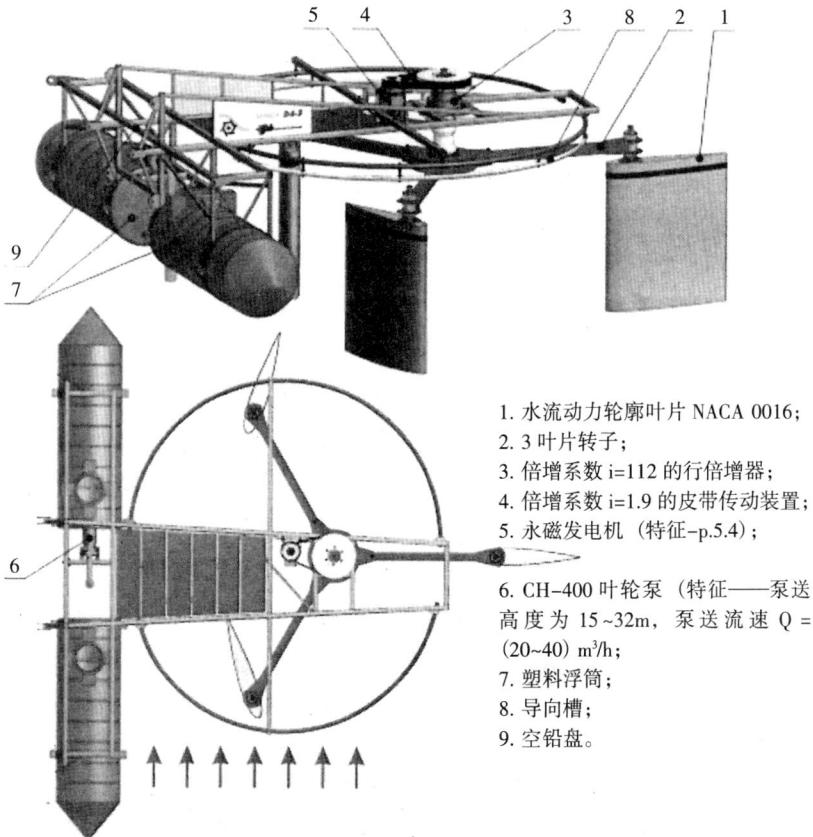

1. 水流动力轮廓叶片 NACA 0016；
2. 3 叶片转子；
3. 倍增系数 i=112 的行倍增器；
4. 倍增系数 i=1.9 的皮带传动装置；
5. 永磁发电机（特征-p.5.4）；
6. CH-400 叶轮泵（特征——泵送高度为 15~32m，泵送流速 Q = (20~40) m³/h；
7. 塑料浮筒；
8. 导向槽；
9. 空铅盘。

图 10-46　将河水动能转化为电能和机械能的，装有水流动力转子的微型水力发电厂（旋体直径 D=4m，入水叶片高度 h=1.4m，叶片弦长 l=1.3m）(MHCF D4×1.5ME)

这些已被采纳的技术解决方案已经使可再生能源转换系统设计中心和机械部件理论部门得到了充足的理论和实证研究。我们通过运用 ANSYS CFX5.7 软件中的补充数字建模和仿真模拟来验证这些建设性和功能性参数。作者为 MathCAD，AutoDesk MotionInventor 等软件开发了一些子程序。为了增加不同的水流速度下采用 3 叶片或 5 叶片转子时，河水动能的转化效率，名为"可漂浮稳定的叶片和水流相互作用的模拟"以及"叶片水流动力轮廓的优化"的软件就派上了用场。在微型水力发电厂的设计过程中，我们运用了在实验场的研究、设计、制造中所积累的经验。

私人消费者基于特殊目的对微型水力发电厂进行操作的效率依赖于微型水力发电厂建设组合的正确选择，以及在把流水动能转化为有用能源过程中组件聚合的功能性特点的正确选择。

为了满足目标和消费者对微型水力发电厂的需求，同时也为了增加在河流特定区域的流水动力学潜在转换率，基于模块化装配，作者设计了以下建设性和功能性概念：

● 装有流体动力转子的微型水力发电厂将河水动能转换为机械能——为了水的泵送（MHCFD4×1.5ME）；

● 为河水动能装有流体动力转子的微型水力发电厂；

● 向电能和机械能的转换（MHCFD4×1.5ME）；

● 在小的转子中，装有流体动力旋转体的微型水力发电厂将河水动能转换为机械能（MHCFD4×1.5ME）；

● 装有流体动力旋转体的微型水力发电厂将河水动能转换为电能（MHCFD4×1.5ME）。

模块化设计的微型水力发电厂，允许我们更换特定的聚合组件（发电机、泵、不同流体动力剖面的叶片，3~5 个叶片旋转体）来对目标和功能特征进行修改。

微型水力发电厂拥有与建筑物相似的应力结构，可以从抗压和硬度的视角来计算应力结构以应对动态需求。在河流水位变动的情况下，通过受到保护的专利技术解决方案来保证微型水力发电厂转子轴的浮动性和垂直性。为了得到一个关于水流方向的恒定切入角，叶片的即时定位机制代表了这方面的技术诀窍，但是这里并没有对其进行阐述。将动能转化为有用能量数量的主要工作元素依赖于具有 NACA 0016 型水流动力轮廓的叶片，该叶片的开发依据是之前演示过的数字建模。前面提到的微型水力发电厂设计了两种分别装有 3 个叶片和 5 个叶片的转子。微型水力发电站的装机容量，在直径 D=4m，叶片入水高度 h=1.4m，叶片弦长 l=1.3m，水流速度 V=1~2m/s 的河流中，P 能达到 2~19kW。

这种将河水动能转换为电能和机械能的，具有 MHCF D4×1.5ME 建设性配置的微型水力发电厂具有多种功能，它可以被用于街灯照明供电、供暖、为滴灌泵送水，以及为河边的农业区域排水。

我们采用与微型水力发电站 MHCF D4×1.5ME 相同的装配方式来将具有 NACA 0016 轮廓的叶片 1 装配到流体动力转子 2 上，并将转子 2 安装在倍增器主动轴 3 上。以下是有关 MHCF D4×1.5ME 电站的动力学构造特性：通过倍增器 3 和有效倍增系数为 $i=212.8$ 的皮带传动 4，流体动力转子 2（见图 10-47a）的旋转运动的角速度 ω_1 被增加到了做小半径旋转运动的永磁发电机的角工作速度：

$$\omega_3 = \omega_1 \cdot i_1 \ (s^{-1})$$

运用于转子 5 的转矩 T_3 为：

$$T_3 = \frac{T_1 \cdot \eta_1 \cdot \eta_2 \, \eta_r}{i}, \ (Nm)$$

其中：η_1——倍增器的机械效率（$\eta_1 = 0.9$）；

η_2——皮带传动的机械效率（$\eta_1 = 0.95$）；

η_r——流体动力旋转体轴承的机械效率（$\eta_1 = 0.99$）；

i——有效倍增系数，由行星转动倍增器和皮带传动倍增率组成。图 10-47 中的图解显示了在不同水流速度下，多叶片水动力旋转轴处的总转矩 T_1。

装有永久性磁铁 5（见图 10-47b）的发电机生产的电能不但能够用于满足私人消费者的能量需求，还能够为叶轮泵 6（CH 400）供电，将水泵入滴灌系统，

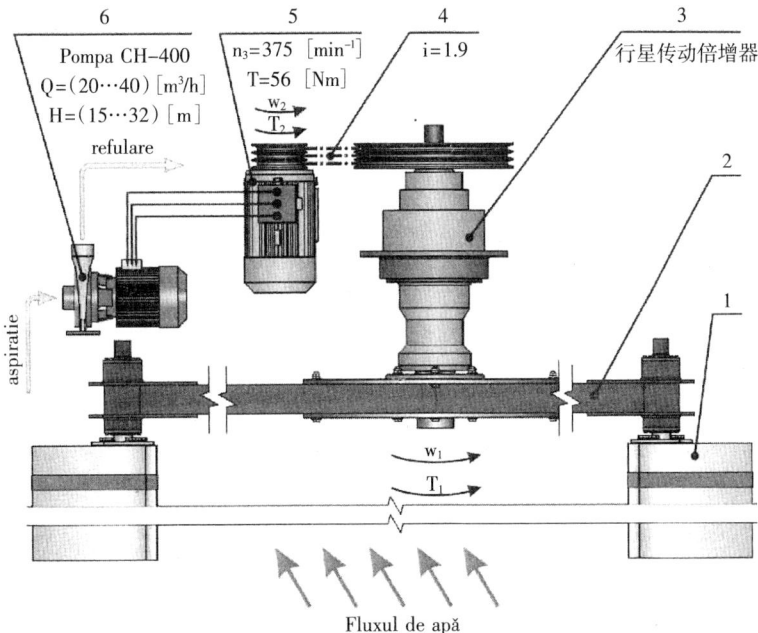

图 10-47a　微型水力发电厂 MHCF D4×1.5ME 动力学图

或为河流附近的农业区域排水（通过搬迁叶轮泵 6）。就电力能源生产而言，考虑到微型水力发电厂的运动链和永磁发电机中的机械损失，能量的利用率为（在发电机终端）：$\eta_{\Sigma} = \eta_1 \eta_2 \eta_r \eta_g = 0.9 \times 0.95 \times 0.99 \times 0.87 = 0.736$。而就水泵而言（在叶轮泵的传动轴处）：$\eta_{\Sigma} = \eta_1 \eta_2 \eta_r \eta_g \eta_{me} = 0.9 \times 0.95 \times 0.99 \times 0.87 \times 0.91 = 0.67$。其中，$\eta_g$ 代表发动机效率，η_{me} 代表电动机水力泵的效率。

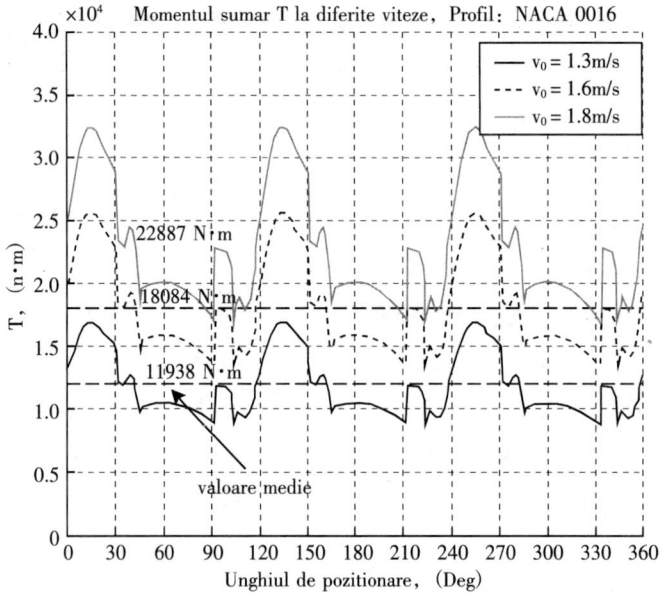

图 10-47b　装有 NACA 0016 轮廓叶片的水动力转动轴处的转矩 T^1

基于以上设计的网络概化图，技术文档的开发完成并制造了两种将河水动能转化为电能和机械能的微型水力发电厂工业原型（见图 10-48（a）、图 10-48（b））。这样，微型水力发电站 MHCF D4×1.5ME 提供了高达 73.6%的转换效率，并为电力生产和用流体动力转子从流水中捕获能源潜力形成泵送水提供了 67%的有用能源。

（a）

（b）

图 10-48　微型水力发电站的工业原型

参考文献

Monographs:

［1］Bostan I., Dulgheru V., Sobor I., Bostan V., Sochirean A. Renovable Energies Conversion Systems (Textbook). Tehnica lnfo, Chişinău, 595.

Article and conference participations:

［2］Bostan I., Dulgheru V., SoChirEanu A., Ciobanu O., Ciupercă R. Floatable Micro-hydro-power Station with Hydro-dynamic Profile Blades. International Conference on Technological Transfer in Electronic Engineering, Multifunctional Materials and Fine Mechanics, 17 September 2005, pp. 188-192.

［3］Bostan I., Dulgheru V., Sochireanu A., Ciobanu O., Ciupercă R. Floatable Micro-hydro-power Station with Adjustable Hydro-dynamic Profile Blades/Conference "Energetica Moldovei-2005", 21-24 September 2005, Chişinău, pp. 604-608.

［4］Bostan I., Bostan V., Dulgheru V. Numerical Modelling and Simulation of the Fluid Flow Action on Rotor Blades of the Micro-Hydropower Station. Ovidius University Annual Scientific Journal. Mechanical Engineering Series, Volume VIII, Nr. 1, 19-21 May 2006, Ovidius University Press, Constanta, 2006. ISSN 1223-7221, pp.70-78.

［5］Bostan I., Dulgheru V., Ciobanu O. Some Constructive-technological Aspects Regarding Elaboration of Mycro-hydro Power Station's Multiblade Rotor. Buletinui Institutului Politehnic din Iaşi, Volume LII (LVI) Fasc. 5D. Sectia Machine Building Section, Iaşi, May 25-27, 2006, pp. 1275-1279. ISSN: 1011-1285.

［6］Bostan I., Ţopa M., Dulgheru V., Oprea A., Ciupercă R., Ciobanu O. Helicoid Wind Turbine. The Second Meeting of the National Club "Science & Business" "Energy-saving Technologies and Alternative Energy Sources", May 19, 2006. Catalogue of Innovation in Energetics, Vol.2, Chişinău, 2006, pp.22-23.

［7］Bostan I., Dulgheru V., Bostan V., Ciobanu O., Sochireanu A., Trifan N. Hydroelectric Station. The Second Meeting of the National Club "Science & Business" "Energy-saving Technologies and Alternative Energy Sources", May 19, 2006. Catalogue of Innovation in Energetics, Vol.2, Chisinău, 2006, pp.32-33.

［8］Bostan I., Cebotari D., Dontu, V., Dulgheru V., Ciobanu O. Elaboration of the Low Speed Centrifugal Pump. Journal "Meridian Ingineresc", Nr. 2, 2006, pp. 11–15.

[9] Bostan I., Cebotari D., Donțu V., Dulgheru V., Ciobanu O., Kokidico A. Low Speed Centrifugal Pump. Nasosy & Oborudovanie, VNIIAEN, Ukrain, Nr. 2, 2006, pp. 32–34.

[10] Bostan I., Bostan V., Dulgheru V., Ciobanu O. Elaboration of Design of the Minihydrostation Multiblade Rotor. National Seminar on Parts of Machine "Ioan Drăghici", University "Petrolși Gaze", Ploiești, Romania, 13–14.07.2006, pp. 67–70. ISBN (10) 973–719–110–0.

[11] Bostan I., Dulgheru V., Bostan V., Sochireanu A., CiupercăR., Ciobanu O., Ciobanu R., Trifan N. Micro–Hydropower Station with Multiblades Vertical Rotor and Hydrodynamic Profile of the Blades. A XVIIIth International Conference on Inventics "Researches and Advanced Innovative Technologies", Iasi, 5–9.07.2006, pp. 60–64.

[12] Jula A., Mogan Gh., Bostan I., Dulgheru V. et al. ECOMECA–ECO–Mechanical Engineering (Monograph). Brașov, Publ. House of "Transilvania" University, Brașov, pp. 324.

[13] Bostan I., Dulgheru V., Bostan V., Ciobanu O. Design of the Construction for the Micro–hydro–power Station Multi–blade Rotor. The 8th National Symposium with International Participation "Computer Assisted Design PRASIC'–06". BRAȘOV, November 9–10, 2006, Proceedings, Vol. Mechanisms. Tribology, pp. 67–70.

[14] Bostan I., Dulgheru V., Bostan V. Micro–hydro–power Station for Flowing River Water Kinetic Energy Conversion without Dam Construction: An Ecologically Clean Method for the Satisfaction of Energy Needs of Rural Consumers. International Symposium on Socio–Economic Entanglements after Romania Accession to the European Union. November 3–4 2006, Brasov, Romania. Proceedings, pp. 34–38.

[15] Bostan I., Bostan V., Dulgheru V. Numerical Modelling of the Hydrodynamic Profile Blades and Simulation of the Fluid Flow Action on Rotor Blades of the Micro–hydropower Station/Meridian Lngineresc, Nr. 4, 2006, pp. 16–22.

[16] Bostan I., Bostan V., Ciobanu O. Aspects Concerning the Constructive and Operational Optimisation of the Multiblade Rotors with Hydrodynamic Profile Blades for Energy Conversion from the High Power Station//Acta Technica Napocensis. Series: Applied Mathematics and Mechanics 50, Vol. II. ISSN 1221–5872. pp. 255–258.

[17] Bostan I., Bostan V. Conceptual Design of the Electrical Micro–hydro–power Station for Conversion of Flowing Water Kinetic Energy into Mechanical and

Electrical Energy//Journal of the University "Dunărea de Jos" of Galati, Brochure XIV. Mechanical Engineering. Year XII. ISSN 1224–5615, 2006, pp. 34–38 pp.32–33.

[18] Numerical Simulation of the Fluid Flow Interaction with Hydrodynamic Profile Blades of the Rotor of Micro–hydropower Station for River Kinetic Energy Conversion//Pro–Activ Partnership in Creativity for the Next Generation/Proceedings/31ˢᵗ Annual Congress of the American Romanian Academy of Arts and Science/ARA Doval E. (Coord.) –Quebec Canada. Presses Internationales Polytechnique, 2007, pp. 59–62. ISBN 978–2–553–01412–3.

[19] Bostan I., Dulgheru V., Bostan V., Sochireanu A., Ciobanu O., Dicusară I., Ciobanu R., Trifan N. Minigidroczentral' Dlya Konversii Kineticheskoj Energii tecushchei Vody rek/Catalog III Mezhdunarodnogo Salona Izobretenii i Novyh Tehnologii "Novoe Vremea", 26–28 senteabrya 2007g, pp. 35.

[20] Bostan I., Tighineanu I., Dulgheru V., Sobor I. The Aspects Regarding the Energetic Factor in the Durable Rural Development. International Symposium "The Business Environment in the Context of Romania Joining the European Union", Braşov, 1–2.11.2007.

[21] Bostan I., Dulgheru V., Bostan V. The Aspects Regarding the Use of Microhydropowers in the Irrigation Works on Agricultural Lands. International Symposium "The Business Environment in the Context of Romania Joining the European Union", Braşov, 1–2.11.2007.

[22] Bostan I., Dorogan V., Dulgheru V., Vieru T. The Aspects Regarding the Use of Micro–hydropowers for Illumination the Streets of the Communes Situates Along the Rivers International Symposium "The Business Environment in the Context of Romania joining the European Union", Braşov, 1–2.11.2007.

[23] Bostan I., Dulgheru V., Ciupercă R. Computational Modeling of the Helical Wind Rotor's Functional Parameters in ANSYS CFX 5.7 Software's. The 30ᵗʰ Annual Congress of the American Romanian Academy of Arts and Sciences. Central Publishing House, Chişinău, Republic of Moldova, 2005, pp. 531–534.

[24] Bostan I., Bostan V., Dulgheru V. Numerical Modelling and Simulation of the Fluid Flow Action on Rotor Blades of the Micro–Hydropower Station. Annals of the Ovidius University. Section: Mechanical Engineering, Vol. VIII, Nr. 1, 2006, Ovidius University Press, Constanta, 2006. ISSN 1223–7221, pp.70–78.

[25] Bostan I., Dulgheru V., Ciobanu O. Design and technological Aspects of the Micro–Hydropower Station Rotor Multiblades Elaboration. Bulletin of the Polytech-

nic Institute from Iaşi, Romania, Vol. LII (LVI) Fasc. 5D. Section. Machine Build-ing, Laşi, 2006, pp. 1275-1279. ISSN: 1011-1285.

[26] Bostan I., Dulgheru V., Bostan V., Ciobanu O., Sochireanu A., Ciobanu R., Dicusară. I. Elaboration of the Flotable Micro-hydropower Station with Multiblade Vertical Axis / CSE. The 2nd Conference on Sustainable Energy. 3-5 July 2008, Brasov. Proceedings, Ed. Transilvania, pp. 23-29. ISBN 978-973-598-316-1.

[27] Bostan I., Bostan V., Dulgheru V. Numerical Modelling of the Interaction Between Fluid Flow and Working Elements/CSE The 2nd Conference on Sustainable Energy. 3-5 July 2008, Brasşov. Proceedings, ISBN 978-973-598-316-1, pp. 381-386.

[28] I. Bostan, V. Bostan, V. Dulgheru, O. Ciobanu. Study of the Microhydro-station's Hydrodynamic Blades and Water Flow Interaction. Scientific Bulletin, Serie C, Volume XXII. Fascicle: Mechanics, Tribology, Machine Manufacturing Tech-nology, Part 2. Ed. Universitatea De Nord, Baia Mare, 2008. ISSN 1224-3264, pp. 47-52.

Patents:

[29] Bostan I., Dulgheru V., Ciupercă R., Ciobanu O. Helical Aeolian tur-bine. Patent hr. 2995MD, 2006.

[30] Bostan I., Dulgheru V., Bostan V., Sochireanu A. Trifan N. Hydraulic turbine. Patent hr. 2993MD, 2006.

[31] Bostan I., Duigheru V., Bostan V., Sochireanu A., Ciobanu O., Ciobanu R. Hydraulic station. Patent nr. 2992MD, 2006.

[32] Bostan I., Dulgheru V., Bostan V., Ciobanu O., Sochireanu A. Hydro-electric station. Patent hr. 2991MD, 2006.

[33] Bostan I., Dulgheru V., Bostan V., Ciupercă R. Hydraulic station. Patent nr. 2981MD, 2006.

[34] Bostan I., Dulgheru V., Ciupercă R. Hydraulic station. Patent no. 2288, 2004.

[35] Bostan I., Dulgheru V., Cartofeanu V., Ciupercă R., Ciobanu O. Float-ing Hydrolectric Station. Patent No. 2916, B.Nr. 11, 2005.

[36] Bostan I., Dulgheru V., Ciupercă R., Ciobanu O. Helical Eolian Rotor. Patent MD Nr. 2994, BOPI Nr. 2/2006.

[37] Bostan I., Dulgheru V., Bostan V. Sochireanu A., Ciobanu O., Ciobanu R. Dicusară I. Hydraulic Station. Patent MD Nr 3104. BOPI Nr. 7/2006.

International Exhibitions:

［38］ Bostan I., Dulgheru V., Bostan V., Sochireanu A., Ciobanu O., Ciobanu R., Dicusară I., Trifan N. Floatable Micro–hydropower Station with Adjustable Hydrodynamic Blades. Geneve' 2006. 4 –8 April. Official Catalogue. 2005, pp. 47 (*Gold Medal Awarded*).

［39］ Bostan I., Dulgheru V., Bostan V., Sochireanu A., Ciobanu O., Trifan N. Mycro–hydro Power Station with Multiblade Rotor Inventions and Innovations–the 2nd International Trade Fair of Innovations, Inventions, Useful Models, Ideas in Various Spheres of Scientific and Engineering. Vinahodi +Innovacii, April, 10 – 13, 2006, Kiev. Official Catalogue, pp. 68.

［40］ Bostan I., Dulgheru V., Sochireanu A., Ciobanu O., Ciobanu R., Ciupercă R., Dicusară I. Floatable Micro–hydro–power Station with Adjustable Hydrodynamic Profile Blades: Poster, Industrial Prototype of the Hydraulic Pump and Generator. International Exhibition INFOINVENT 2005, 9–12 November 2005, Chişinău (*Gold Medal Awarded*).

［41］ International Exhibition of Invention, Research and Technology Transfer INVENTICA 2006, Iaşi, Romania, July 5 –9, 2006. *Bostan I., Dulgheru V., Bostan V., Sochireanu A., Ciupercă R., Ciobanu O., Ciobanu R., Trifan N. Mycro–hydro Power Station with Verfical Multiblade Rotor and Hydrodynamic Profile of the Blades* (*Award of the National Institute on Inventics, Romania*).

［42］ Exhibition 60 Years of the Moldovan Academy of Sciences, Chişinău, 11.06 –14.06.2006. *Bostan I., Dulgheru V., Bostan V., Sochireanu A., Ciupercă R., Ciobanu O., Ciobanu R., Trifan N. Mycro–hydro Power Station with Vertical Multiblade Rotor and Hydrodynamic Profile of the Blades.*

［43］ International Exhibition of Innovation and new Technologies "Novii ceas", Sevastopol, Ukraine, 2006, September 27 –29, 2006. *Bostan I., Dulgheru V., Bostan V., Sochireanu A., Ciupercă R., Ciobanu O., Ciobanu R., Trifan N. Mycro–hydro Power Station with Vertical Multiblade Rotor and Hydrodynamic Profile of the Blades* (*Gold Medal Awarded*).

［44］ International Exhibition of Invention, Research and Technology Transfer INVENTIKA 2006, Bucureşti, Romania, October 2–6, 2006. *Bostan I., Dulgheru V., Bostan V., Sochireanu A., Ciuperă R., Ciobanu O., Ciobanu R., Trifan N. Mycro–hydro Power Station with Vertical Multiblade Rotor and Hydrodynamic Profile of the Blades* (*Gold Medal awarded*).

[45] Bostan I., Dulgheru V., Bostan V., Sochireanu A., Ciobanu O., Ciobanu R., Dicusară I., Trifan N. Floatable Micro-hydro-power Station with Adjustable Hydrodynamic Blades. Brussels EUREKA'2006. 23-27 November. Official Catalogue. 2006 (*Diploma and Gold Medal*).

[46] Bostan I., Dulgheru V., Bostan V., Sochireanu A., Ciobanu O., Dicusară I., Trifan N. Micro-hydro-power Station for Flowing River Water Kinetic Energy Conversion without Dam Construction/The Tenth Moscow International Exhibitions of the Industrial Property "ARHIMED", 27-30 March 2007 (*Diploma and Gold Medal*).

[47] Bostan I., Dulgheru V., Toca A., Ciupercă R. "*Helical Blade Wind Turbine with Vertical Axis*" // International Exhibitions of Inventions, Research and Technological Transfer ECOINVENT 2007.30.05-02.06.2007. Official Catalogue, pp. 28, 2007 (*Gold Medal with the Jury Special Prize*).

[48] Bostan I., Dulgheru V., Bostan V., Sochireanu A., Ciobanu O. "*Micro-hydro-power Station for Flowing River Water Kinetic Energy Conversion*" //International Exhibitions of Inventions, Research and Technological Transfer ECOINVENT 2007. 30.05-02.06.2007. Official Catalogue, pp. 27-28, 2007.

[49] Bostan I., Dulgheru V., Bostan V., Sochireanu A., Ciobanu O., Dicusară I., Ciobanu R., Trifan N. Minigidroczentral' Dlya Konversii Kineticheskoj Energii Tecushchei Vody Rek/III Mizhdunarodnii Salon Vinahidiv Ta Novyh Tehnologii "Nivii Cheas", 26-28 Veresnya 2007. (*Diploma and Gold Medal*).

[50] Bostan I., Dulgheru V., Bostan V., Sochireanu A., Ciobanu O., Dicusară I., Ciobanu R., Trifan N. Minigidroczentral' Dlya Konvcrsii Kineticheskoj Energii Tccushchei Vody Rek/III Mizhdunarodnii Salon Vinahidiv Ta Novyh Tehnologii "Nivii Chcas", 26-28 Veresnya 2007. (*Special Prize of the Enterprise "Raduga 57", Or. Moscova, Rusia*).

[51] Bostan I., Dulgheru V., Bostan V., Sochireanu A., Ciobanu O., Ciobanu R. Energy Cinvcrsion of the Waves into Electric Power. Brussels Lnnova-Energy. The Belgian and International Trade Fait for Technological Innovation, 21-25 November 2007 (*Gold Medal*).

[52] Bostan I., Dulgheru V., Bostan V., Sochireanu A., Ciobanu O., Ciobanu R. Flotable Microhydropower Station with Adjustable Hydrodynamic Blades/The 6th International Exhibition (SuZhou) of Inventions, China, 9-11 Octombrie 2008 (*Diploma and Gold Medal*).

第⑪章　区域环境中关于能量供应安全的建模和评估

　　摘　要：本章提供了在区域环境状况下，用于能源供应安全建模的一些方法和从欧洲环境的特殊情况中所得的特定结果。

　　能源是现代社会最重要的驱动力之一，而对其进一步开发很关键。虽然各国逐步认识到能源系统所涉及方方面面的高度多样性和复杂性，但对于所有相关国家来说，最重要的目标之一是确保必要的能源支持，推动社会发展。

　　由于各种各样的原因，能源的可接近性和可用性正成为能源系统最重要的部分，这需要更深层次的理解和更加谨慎的思考。

　　在这种背景下，安全的能源供应成为政策决策者的一个首要考虑的问题。为了帮助他们，我们需要对有关能源系统建模同时用系统方法来对这样复杂的系统（能源供应网络）进行脆弱性评估。

　　在本章，我们提出五个方面来作为战略指导，指导在欧洲区域环境下，用于能源供应安全评估的工具开发。这些方面被认为与试图描述能源供应安全问题和提出具体情况应对策略的方法描述有关。关于能源供应安全评估的工具研究和运用的五个战略指导如下：

　　（1）必须开发一个能源供应安全的特定模型来作为所有研究的基础。在这一阶段，值得注意的是，有一组来自不同层次（学术和研究机构、国际和国内各种政府和非政府组织等）的不同方法。大部分的模型开发是基于以下关键词所反映的概念，例如：能源安全、综合方法、界面可持续性、治理、气候变化、国际水平、区域水平（欧洲、北美、黑海、波罗的海）等。同样值得注意的是，理论上的某些概念在某些特定情形下已经应用到诸如"信息熵"这类相关的复杂系统中去了。

　　（2）为了获得对 SES 模型中定义的目标函数的定性与定量描述，研究人员开发了一系列方法。这些方法的类型可能各不相同且大都基于我们熟知的理论（博弈论、风险分析、可行性分析、整体或专家分析法等）。然而，在实际应用中，这些方法能否成功要看它们对"正常"情况和"极端"情况的管控（标杆管理、验证与确认（V&V）等）是否达到了预期效果。

（3）有必要使用 SES 模型及与之相关的方法来对同样复杂的系统的其他主题界面进行评估，这是必不可少的一步。因此，对这些模型和方法之间的接口评估非常重要，也必须解决，这些方法采用的是对 SES 系统和其他诸如信息技术、安全、恐怖主义、区域特性等同样与复杂系统有关的主题目标进行评估。

（4）我们需要用一些能够衡量这些方法适用性的案例来检验不同基础设施所采用的方法的稳定性，例如不同类型能源之间的界面，包括考虑可再生能源（光伏、风能、水电等）的配置、可再生能源与用户间的连接，以及位于两者之间的东西（如电网、各种类型的工序、某种既定能量资源的不同生命周期等）。

（5）以往的经验告诉我们要对 SES 案例每一步的绩效进行评估。这包括对未来发展趋势的预测、强度测试、敏感性与稳定性检验以及对特定情形的反馈分析。

由于解决 SES 评估问题有很多可取的方法，因此大量的工作都致力于评估这些方法（模型、方案、案例研究、预期结果和反馈程序）的适用性（Serbanescu，2008a）。

SES 模型以及评估目标函数的方法必须能够解决此类系统的复杂性问题并向决策者提供必要的信息。要想使用 SES 目标函数进行决策需要掌握定义行动选择优先权的基本信息。这可以通过对风险和与分析有关的不确定性进行揭示和排序来获得。

"SES-RISK"（能源供给安全风险模型）（Serbanescu，2008a）被提出来支持这种决策过程。SES-RISK 的主要特征如下：

● 使用概率风险评估来评估能源供给系统所面临的各种威胁的影响。

● 能源系统由能源资源（核能、化石燃料和可再生能源）、投入（如主要的能源供给网络）和输出电网（供电网络）组成。

● 被模型化为许多子系统以应对技术、经济、恐怖主义及社会—政治方面的各种挑战。

● 充分考虑了各子系统间的独立性。

● 这个模型能够将专家眼中的定量数据与定性数据结合起来。

● 研究成果以通过识别网络缺陷来推荐应对措施的方式提交。

SES-RISK 的目标是通过使用概率风险评估法将复杂系统模型化。建立这个模型的目的是（Serbanescu，2005a）：

● 评估复杂系统及系统内部子系统间的相互依赖度；

● 用定性或定量的形式向决策者提供结果和答案，并对未来的行动进行详细的情景分析；

● 提供系统的和可追踪的分析，这种分析可随着前提假设的变化而灵活改动；

● 评估分析的不确定性，包括由各种假设所带来的不确定性；

● 提供广泛、快速且简单易懂的敏感性分析；

● 提供具有不同来源（从数字型信息到专家判断）的不同级别的可用信息。

尽管所有与 SES 目标评估相关的活动都是基于以上提到的指导原则来进行的，但这并不是假定 SES-RISK 是把诸如能源供给安全等复杂系统模型化的唯一工具。

SES-RISK 的构建确保了它与其他工具的互通性。某种工具的适用性由三个主要标准来判断：

● 使用此工具所得结果的可信度；

● 开发出的 SES 模型与真实系统间的一致度；

● 使用此工具的难易度。

作为一个例子，我们根据一个相似任务的分析结果对一些工具进行了定位，如图 11-1 所示，根据以上三个标准（Serbanescu，2007b），我们对一些常用的工具进行了定位，如图 11-1 所示：

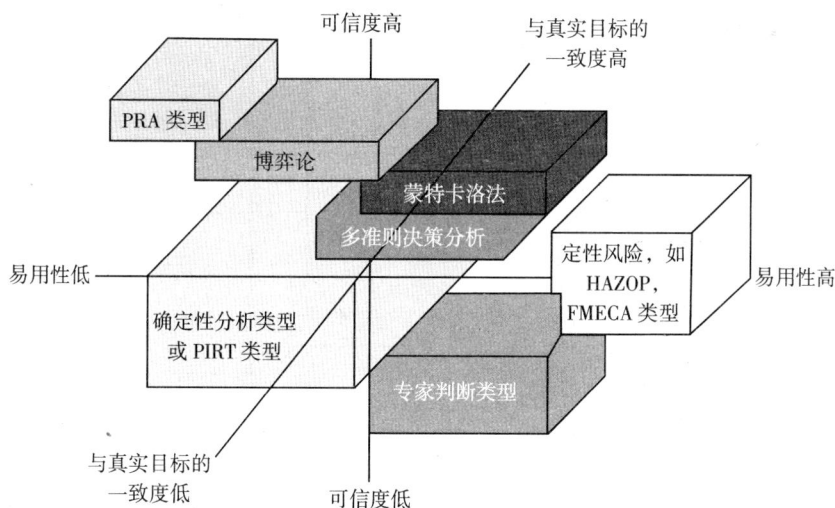

图 11-1　各种 SES 评估工具的定位

以上对 SES-RISK 的定位反映了初始预期（Serbanescu，2008a），它基于例如通过使用一种能以系统性和系统化的手段将复杂系统的整合结果模型化的方法，去评估基于广泛的敏感性分析和严格的反馈处理所得结果的可信度，即使该工具本身具有很高的复杂性。

现有的个案分析结果让我们确信这种方法（作为验证与确认（V&V）过程的一部分）能够得出可信的结果（Serbanescu，2008a）。这些结果同时预示着 SES-RISK 能够通过对每种方法的不确定性进行排序从而为决策者应该优先采取哪些行动提供合理的建议。

11.1　模　型

SES-RISK 的开发建立在对这种模型需求的基础上，即需要一个模型来解决第一章提到的某些问题。对 SES 模型化的复杂性导致了有多种多样的模型存在，部分地展示在图 11-1 中。随着各种媒介对模型的不断开发——大学、国家与国际组织对特定案例（一般性案例、区域性案例等）进行的研究，模型的数量也进一步增加。

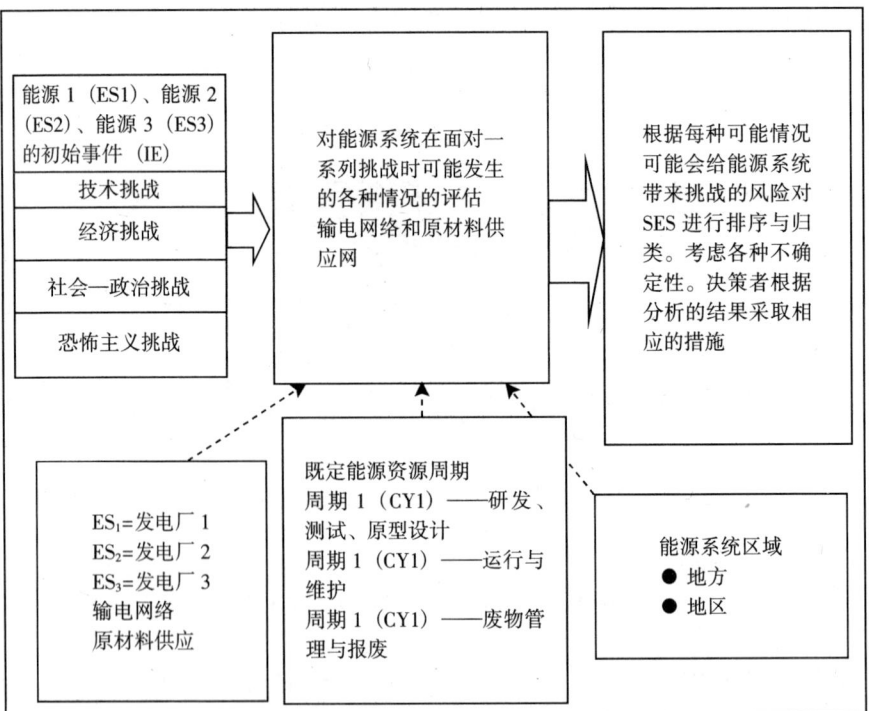

图 11-2　基本 SES-RISK 模型图例

从本质上来讲，SES-RISK 所描述的是能源供给网络应采取什么样的措施来更好地应对它所面临的挑战。SES-RISK 在前期工作基础上通过使用概率风险评估 (PRA) 来检测复杂系统的漏洞 (Serbanescu, 2005a; Serbanescu et al., 2007a; Serbanescu et al., 2008a)。PRA 通过使用事件树和故障树来评估面临特定挑战时的系统弹性。此模型的建立试图解决以下问题：

● 将能源供给网络当作一个复杂系统来评估其相互依赖度；

● 为决策者提出的问题提供答案 (定性的或者定量的)，并对未来的行动进行详细的情景分析；

● 揭示分析与敏感性分析的不确定性；

● 更好地利用来自各方的可用信息，从定量数据到专家的定性判断；

● 此模型首先考虑面临的挑战。其次把能源系统本身当作应对这些挑战的障碍系统。最后，将结果 (风险水平与推荐措施) 呈现给决策者。

11.2　作为障碍系统的能源系统

能源供给系统模型包括三个部分：主要能源供给 ("输入电网"，如天然气管道系统)、能源消费者电网输出基础设施 ("输出电网"，如输电网络) 和能源资源本身。

在本例中，我们只考虑三种能源：核能、化石燃料和可再生能源。假定前两种能源能满足基本需求 (图 11-3 中的 ES1 和 ES2，后者满足当地需求，如风能 (ES3))。每一个子系统都可以被模型化到所需的详细程度。

对每种能源来说，其生命周期中的三个阶段会被模型化：研发、测试与原型设计 (CY1)，运行与维护 (CY2)，废物管理与报废 (CY3)。

SES-RISK 将能源供给系统模型化为许多作为技术、经济、社会—政治及恐怖主义安全挑战障碍的子系统。挑战与障碍之间的联系是该模型的一个主要特征。

这些障碍有 3 个稳定性水平：障碍水平 1 (能应对低水平挑战)；障碍水平 2 (能应对中级水平挑战)；障碍水平 3 (能应对高水平挑战)。如果挑战超过了水平 3，我们假定能源系统会崩溃。

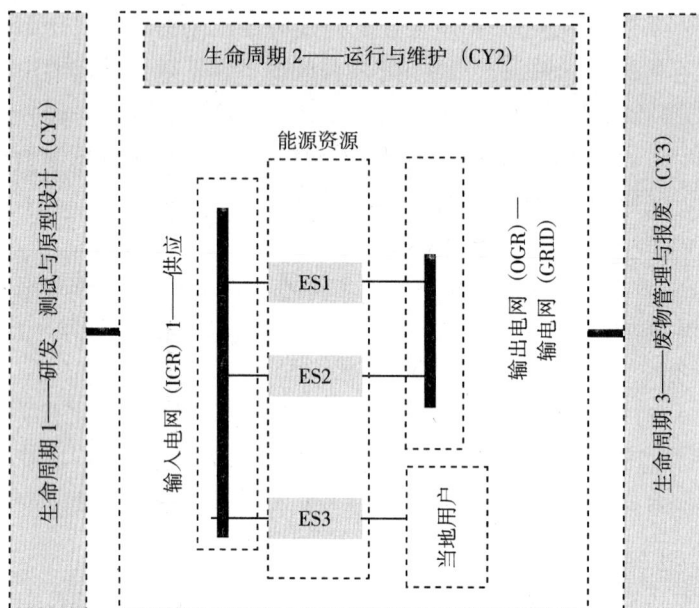

生命周期 2——运行与维护（CY2）

生命周期 1——研发、测试与原型设计（CY1）

能源资源

输入电网（IGR）1——供应

ES1

ES2

ES3

当地用户

输出电网（OGR）——
输电电网（GRID）

生命周期 3——废物管理与报废（CY3）

图 11-3　SES 构成要素图示

11.3　挑　战

能源系统面临的挑战包含两个方面：一方面是外部威胁，如恐怖袭击；另一方面是能源供给系统缺陷。

（1）挑战类型。

与障碍类似，挑战也有四种类型：技术挑战、经济挑战、社会—政治挑战和恐怖主义挑战。每一种威胁根据严重程度不同分为三个层次（1—低，2—中，3—高）。

（2）能源系统初始状况。

能源系统的初始状况也是一种挑战。能源供给系统特定部分的恢复能力（弹性程度）可分为 4 个水平：

● 正常初始状态（GC0）。

● 低干扰度初始状态（GC1）。

● 中干扰度初始状态（GC2）。

● 高干扰度初始状态（GC3）。

这些初始状态首先是通过使用关于场景的事件树和障碍树进行概率风险评估（PRA）而确定的，这体现在图 11-4 所列举的一个简单例子中。

能源类型	原材料供应	区域类型	初始状态	供应、需求	结果
SC1	IGC_SC1_RWS	IGC_SC1_ZONE	IGC_SC1_PROV	IGC_SC1_SD	

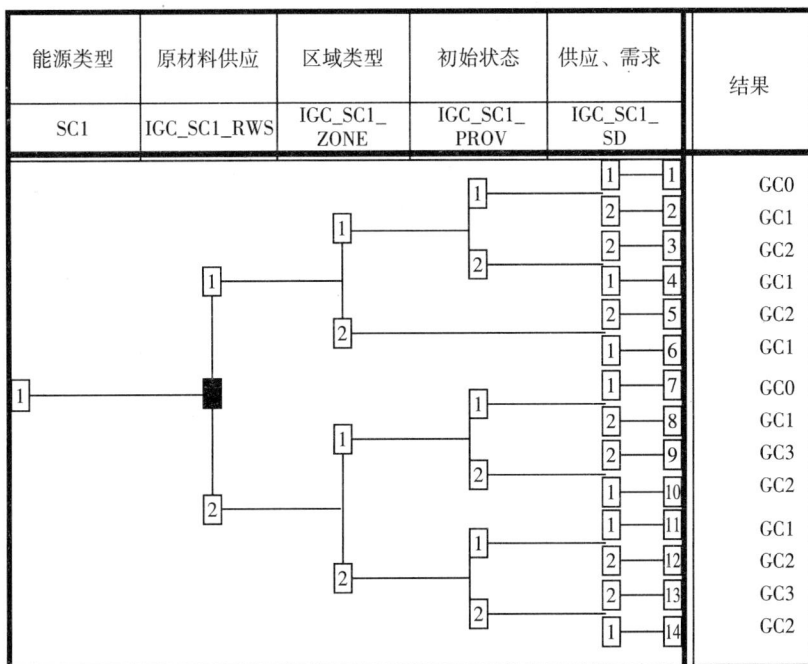

图 11-4　初始状态评估图解

对于每一个场景（SC）来说，该系统被期望去激活各种障碍来应对潜在的干扰，如促使：

● 机制的建立来处理能源供给的主要漏洞，例如按不同的线路来铺设管道；
● 机制的建立来处理区域漏洞，例如能源是在当地生产还是进口；
● 机制的建立来处理能源供给与需求潜在不平衡的缺陷。

11.4　假　设

在定义了能源系统之后，我们必须做出若干假设。案例研究经常采用的一些假设主要有以下几个方面：

（1）不同类型的能源是怎样与电网进行连接的（如哪种能源接入电网）？

（2）各种障碍是如何相互依赖的？例如，电力障碍（转换器、控制系统和分配器）的某种重大失误很可能带来经济上的影响，并由此削弱经济障碍的稳定性。图 11-5 中用一个二元矩阵列举了能源系统中各种障碍之间的内部联系，其中"1"（逻辑真）表示障碍元素相互独立，而"0"表示不独立（见表 11-1）。

表 11-1　风险评估的方法在风险分布中的实施状况

		T 1	T 2	T 3	E 1	E 2	E 3	S P1	S P2	S P3
1	T	1	0	0	1	0	0	0	0	0
2	T	0	1	0	1	1	1	1	1	1
3	T	0	0	1	1	1	1	1	1	1
1	E	1	1	0	1	0	0	0	1	1
2	E	0	1	1	0	1	0	1	1	1
3	E	0	1	1	0	0	1	1	1	1
P1	S	0	1	1	0	1	1	1	0	0
P2	S	0	1	1	1	1	1	0	1	0
P3	S	1	1	1	1	1	1	0	0	1

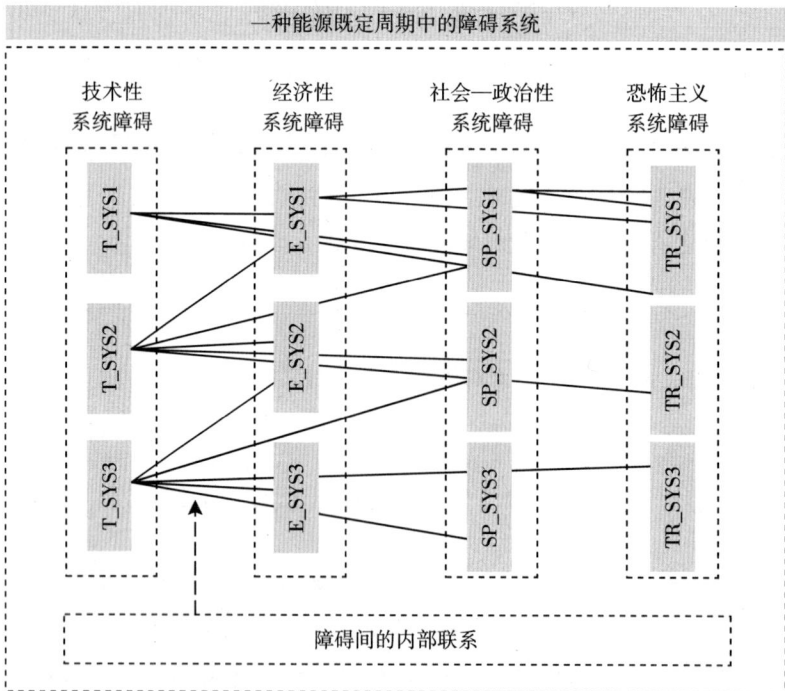

图 11-5　一种 SES 模型的构成元素图示

（3）系统处于一个什么样的初始状态（上面提及的）？

（4）确定可接受标准（结束状态），如一个系统应有什么样的稳定性？

（5）怎样根据重要性与相关性对结果进行分类、排序以便于决策？

（6）怎样评估这些障碍？在本部分，我们用障碍树来评估每个障碍（US-NRC，1983；USNRC，1998；Serbanescu et al.，2008a），并将这些障碍与特定的场景联系起来，我们称之为事件树。我们将在下一章对这种方法进行更详细的介绍。但是，需要指出的是，在提出假设的过程中，我们认为场景能导致产生某些结束状态，而这些结束状态必须被衡量和定义。这些结束状态结果根据反映专家意见和现有文献的各种假设被分为不同类别（GC）。这个过程中的高主观可能性会被一系列的敏感性分析所弥补，可以通过用于测试其他应用的综合风险模型来实现（Serbanescu，2005a）。初始事件（IE）、结束状态、系统等被编译才有使用一些特定的计算机编码（如© Relcon Scandpower AB 2008）的可能。图 11-6 系统地展示了这些场景，其中结束状态记为 $ES^{(\alpha)}_i$。

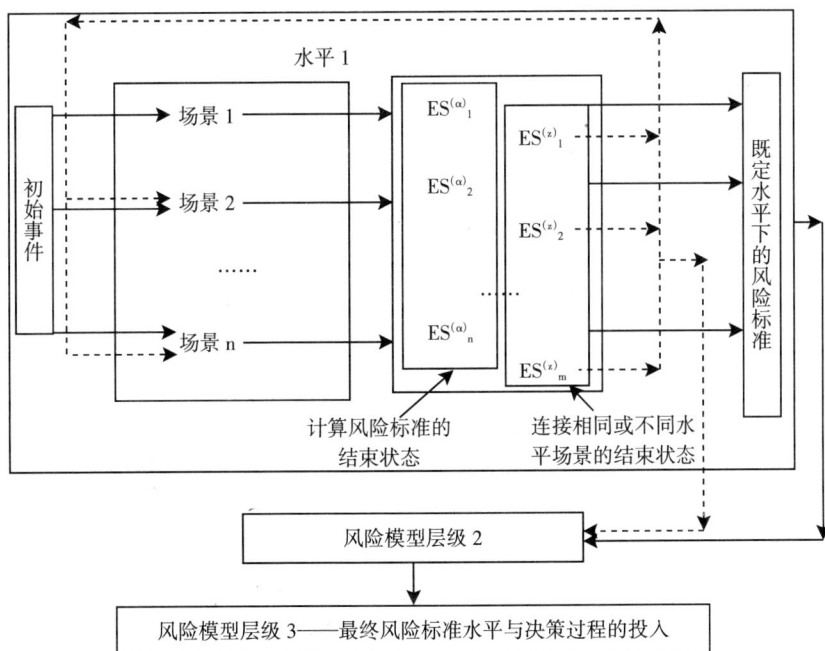

图 11-6　概率风险评估（PRA）编译使用的 CAS 模型

如图 11-7 所示，图中所使用的场景都是基于事件树，和概率风险分析水平 2 中定义（USNRC，1983）的事件树类似，比如同时考虑和评估失败与成功的事件树分枝——关于此点详见（Serbanescu et al.，2008a）。

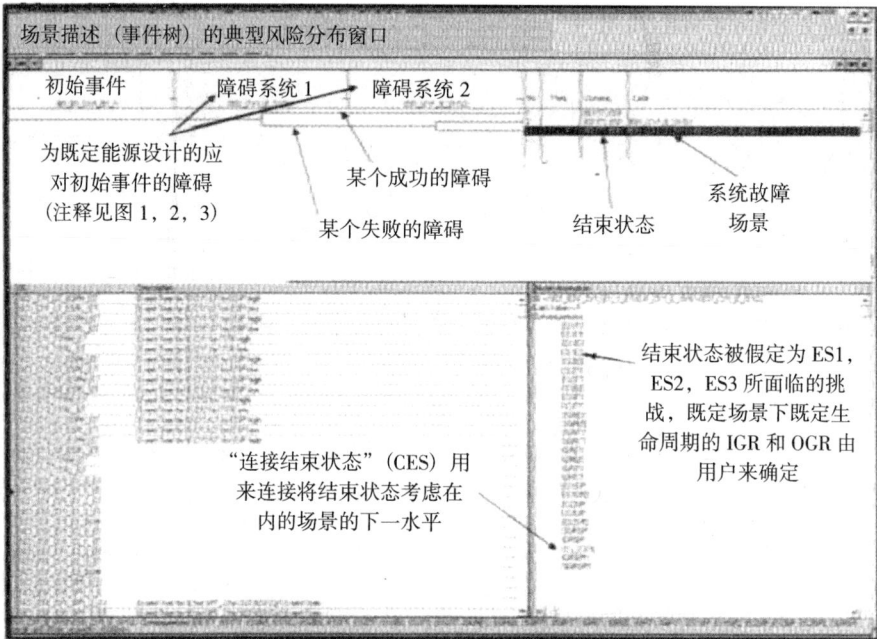

图 11-7 ©**RiskSpectrum** 使用的 "装箱" 规则

　　基于一系列的挑战和关于设施、顾客、环境、员工的可能结束状态，我们可以为每个初始事件建立与之相对应的场景。这些场景由挑战 (IE) 开始，然后根据假定的为每一场景设定的保护障碍层的成功或失败来采取各种应对措施 (见图 11-6)。每一场景都随着某种能源的一部分 (设施、顾客与环境、员工) 以 ES 终止，继而再用其他一系列场景来描述建筑、区域划分和距离的成功或失败，以此来应对挑战 (IE) 所带来的负面效应。然后，再根据影响 (IMP1，IMP2，IMPI 等，如图 11-6 符号ES$^{(z)}_n$所示) 将场景分组；气候影响场景在它们之间被模型化。这些考虑气候影响之后所得的场景结果将揭示模型的最终风险水平。模型中不包含建筑物/区域划分/距离的场景被称为 PRA Nuc level 1 (核能概率风险评估水平 1)，包含建筑物/区域划分/距离的场景被称为 PRA Nuc level 2 (核能概率风险评估水平 2)，而最后包含气候因素的场景被称为 PRA Nuc level 3 (核能概率风险评估水平 3)，类似于 PRA Nuc (核能概率风险评估) 标准。每一既定初始事件 (i) 都包含一系列下式所列举的逻辑单元：

场景 1=初始事件 (i)×失败的障碍 1×失败的障碍 2…+　　　　　　(11-1)

失败的障碍 w=失败的元素 1×失败的元素 2…+

失败的元素 i×失败的元素 k+　　　　　　　　　　　　　　(11-2)

将式 (11-2) 代入式 (11-1) 并用布林逻辑法进行计算，我们可以从每个场景中得出一系列与式（11-3）类似的等式：

场景 I = 初始事件(i) × {元素 k × 元素 1 + 元素 j × 元素 n + 元素 t × 元素 u × 元素 v + …}　　　　　　　　　　　　　　　　　　　　　　　　　(11-3)

在以上提到的所有等式中，"×"和"+"是逻辑运算符，分别代表布林逻辑中的"与"和"或"。简言之：场景计算必须考虑的主要因素与此事实相关，即如果系统受到一系列初始事件的挑战，PRA Nuc 会提供一系列关于某个既定结束状态模型的各组成部分失败和成功的布林逻辑组合。因此，即使失败是以概率和使用特定方法来解释此结果的方式表现出来（Serbanescu, 2007; Serbanescu et al., 2007a; Serbanescu et al., 2007b; Serbanescu, 2009a），一系列能得出既定结束状态的失败中所包含的主要信息仍可能，特别是在逻辑上可能是它们概率全值的第二个因素。对通过比较概率相对大小而得出的目标排列结果的使用也因此成为对既定系统进行早期风险分析的一个重要 PRA Nuc 应用。在每个场景中，一系列的障碍被假定能够应对相关挑战。这些障碍在每种场景分析中的详细定义可以参见 Serbanescu 的案例分析（Serbanescu et al., 2010a; Serbanescu, 2010b）。

11.5　方　法

下一个重要方面，即对已挑选出的案例分析做 SES 评估，是确定和定义上章所讲的 SES 模型中采用的方法。在做此项工作时要特别注意现有复杂系统评估工具的多样性以及基于博弈论分析的风险与可靠性等。同时也必须注意对"正常情况"与"极端情况"所产生结果的确定和对其进行标杆管理的需要。

我们选出的 SES 模型评估方法称为 SES-RISK，它包括五个步骤（Serbanescu, 2008）：

步骤 1：定义初始情况和假设。

步骤 2：计算主要的结束状态流。

步骤 3：获取以下计算机编码（© Relcon Scandpower AB 2008）。

● 各种结束状态的事件组合编码，这种组合与其他每个能源系统和电网都不相同；

● 用来连接子系统及结束状态组的结束状态转换编码（Serbanescu, 2008）；

● 最终分组状态编码，称之为存活状态；

● 结束状态参数结果编码。

步骤 4：对在决策类型表中介绍和分析的，以及通过以上几个步骤计算出的结束状态所要插入的模型结果进行预处理（© Relcon Scandpower AB 2008）。

步骤5：通过与用户交流沟通，重新规范这些结果及排序，必要时进行新的迭代计算，同时进行大量的敏感性分析。

在描述 SES-RISK 时要注意以下事实：它是建立在核领域和其他非核领域复杂系统技术和非技术评估所使用的风险分析方法基础上的（Serbanescu，2008）。

在这些方法中，开发此工具的出发点是 PRA Nuc（核应用概率风险分析法）（USNRC，1983）。USNRC 制定的标准假设了既定安装模型下一系列工作任务的绩效。

在使用 PRA Nuc 时，首先要评估设备安装的一些限制条件和其他因素。为了设定模型的适用范围和分析目标，必须做出一系列的假设。其次要确定在设备安装、环境和员工方面可能会出现的挑战，这些挑战被称为 PRA Nuc 的初始事件（IE）。

我们需要确定那些由定性分析与之前建设运行记录得来的信息，以及之前风险分析提供的一系列与既定初始事件的安装变化保持一致的可能场景。为了描述这些场景，需要预先对初始事件的结果（结束状态 ES）和后果（CSQ）进行定义。某些 ES 仅仅是建设过程的中间阶段，只是对建筑物建设地点和环境状况（气候、环境等）的一种反映。基于此信息，一个 PRA Nuc 模型的构建应该包含一系列的场景（称之为事件树（ET））。事件树假定能源设施在建设安装时拥有多层保护（包括技术系统、人员行为等）来应对不良事件（IE）。这些保护层可能发生的故障也在各种特定的失败场景（称为事故树（FT））中得以模型化。此后，ET 场景在一个称作"FT 到 ET 的整合"的过程中将使用在 FT 中定义的障碍失败组合。这种整合最终将得出一系列的设备安装以及各种既定结束状态障碍的各种元素失败组合。在定性计算和前述概率分析的基础上，对结束状态根据其风险水平的高低进行分组，称之为风险分类。当然，风险类别也可由现有规章制度得出。然而，对新能源设施来说，例如氢能，PRA 类型的分析要通过自身建立相应的标准。

因此，结果被分组和排序，对于风险分析的重要贡献者来说，专业分析用来评估结果的不确定性和模型化时提出的不同假设条件下结果的敏感性。排序的投入因素和所有场景进而会被重新整合，以进行新一轮的分析和确定需要深入检查（在一系列特定环境下对建设期限的详细评估会对 PRA Nuc 的结果产生很大影响）的各个方面。图 11-7 简要地展示了此过程，详细内容参见（Serbanescu，1991；Serbanescu，2005a；Serbanescu，2005b；Serbanescu，2007；Serbanescu et al.，2007a；Serbanescu et al.，2007b；Serbanescu et al.，2008a）。

SES-RISK 建立在对 CS 和上述风险定义的基础上。此模型以 PRA 普遍采用的形式来构建（见图 11-8），已在许多方面得到应用。方法如下：

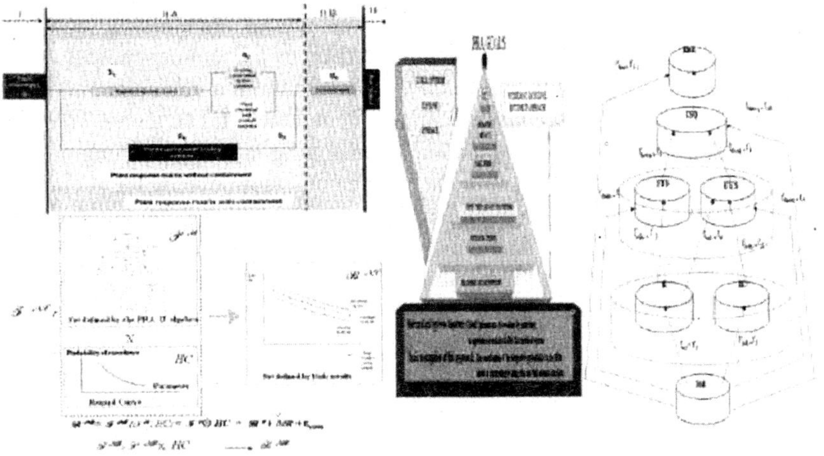

图 11-8　PRA 模型及其标准的一般表示

（1）将复杂系统以及相互依赖的子系统模型化；

（2）用定性、定量和具体的方式来回答决策者提出的问题，而不仅仅是为未来行动提供建议；

（3）提供系统的、可追踪的分析，若前提假设发生变化，它能被及时修正；

（4）评估分析的不确定性，包括由各种假设带来的模型化不确定性；

（5）提供广泛的、快速的、简单易懂的敏感性分析；

（6）对来自不同数据库（从数字的到专家意见）的可用信息进行分析；

（7）如果风险将事件发生的概率与其产生的影响结合起来作为参数使用，那么此方法在评估不确定性时既能定量又能定性地提供结果。

同基于 PRA Nuc 技术风险评估所使用的 PRA 类似，SES-RISK 使用的 PRA 分析有三个水平。在每一水平上，风险的主观判断会逐渐提高。每一水平的结束状态会在"装箱原则"的基础上得以结合以形成下一水平的结束状态。

11.6　PRA 水平 1（物理水平）

此模型首先被赋初值，然后再添加各种挑战。

每一个障碍都通过使用事件树和事故树的方法（USNRC，1983；Serbanescu et al.，2008a）来评估。这些场景是将迭代计算结果汇聚在一起形成的。

一个场景以某种结束状态结束。这种结束状态将指明能源、故障的类型（如技术的、经济的、社会—政治的或恐怖主义的）及其严重程度（低、中、高）。

结束状态的例子有：

● 对能源 1（化石能源）影响较低的经济干扰，如由于市场的干扰，短期内石油价格上升。

● 对能源 2 影响较低的技术干扰，如假定用第一安全系统来应对技术方面故障的失败（与能源 1 的故障有关，不会带来环境风险）。

各个结束状态也可被结合起来，如石油价格短暂的上升将对货运业和渔业产生重大影响，进而可能引起罢工。

11.7 PRA 水平 2（存活性标准）

PRA 水平 1 的结束状态可以根据预定义的规则进行分组，"存活性标准"（见表 11-2 和表 11-3）则反映了结束状态的影响以及它们在系统存活性方面的结合。这就是 PRA 水平 2 的结束状态。这种主观判断来自于对存活性的定义。

表 11-2　每一水平下的 SES 存活性分类

SES-特定[①] 存活性分组 (SES-SSS)	SES-SSS 短代码	特定存活性分组简介
SURV-T0	T0	伴随技术方面挑战的存活性—低影响度引起次要的所需纠正活动的产生
SURV-T1	T1	伴随技术方面挑战的存活性—中度影响度引起某些重要的所需纠正活动的产生
SURV-T2	T2	伴随技术方面挑战的存活性—高影响度引起大量所需纠正活动的产生
SURV-ESP0	E0	伴随社会经济或公众介入挑战的存活性—低影响度引起次要的所需纠正活动的产生
SURV-ESP1	E1	伴随社会经济或公众介入挑战的存活性—中度影响度引起某些重要的所需纠正活动的产生
SURV-ESP2	E2	伴随社会经济或公众介入挑战的存活性—高影响度引起大量的所需纠正活动的产生

---

① 特定指的是存活性状态只适用于特定情形或较具体的情况，不适用于处于各种状态下的整个系统（如技术的、经济的、社会—政治的和恐怖主义的）。

表 11-4 展示了某个会产生一个最高风险类型（存活性水平 3；"SURV3"）中最终结束状态的场景：

"对于一个处于初始假设 SCI 分组的初始事件（IE-SCI）来说，如果它包含一个在初始条件运行（ES2-CY2）过程中对能源 2（ES2）造成中度影响的恐怖袭击（假定袭击障碍恰好出现且没有其他方面的影响，但需要大量损害补偿），和处于中度影响状态中的一些电网，以及在袭击之后，为了在完成保护环境任务的同时去应对能源 2（ES2）所面临的低级别经济挑战而设计的一个低干扰度的独立障碍，那么这个初始事件（IE）就会达到最坏的存活性水平 3。（ES2-CY3-E-SYS1）如高成本的环保活动。"

表 11-3　SES 一般存活性分类

t3.74 SES— 一般存活性分组 （SES-GSG）	一般存活性分组简介	SES—表 2 中定义的特定存活性 分组组合分类
SURV 0	较低的影响没有引起重要纠正活动的产生（NCO）	T0 E0 E1 T1 E2 T2
SURV 1	小的影响引起少量非常重要的纠正活动的产生（CO1）	E0T1 E0E1 E0T1 E0T0 E0T1 E1T0 E1E2
SURV 2	中度影响引起某些重要纠正活动的产生（CO2）	E1T1 E1T2 E2T1
SURV 3	大的影响引起大量重要纠正活动的产生（CO3）	E2T2

表 11-4　经常会导致存活性分类 3 出现的场景结果样本

SURV3-MCS		
ES1_CY3_T_SYS1	ES1_CY3_T_SYS2	IE_SC1_ES2_CY3_T1
ES1_CY3_E_SYS1	GC2_SF	IE_SC1_ES2_CY3_TR1
ES3_CY3_SP_SYS1	GC2_SF	IE_SC1_ES2_CY3_T2
ES1_CY3_E_SYS1	GC1_SF	IE_SC1_ES2_CY3_TR1
ES2_CY3_E_SYS1	GC2_SF	IE_SC1_ES2_CY2_TR2

11.8 PRA 水平 3（建议性活动）

在 PRA 水平 3，水平 2（场景组合会产生特定的存活性水平）会根据结果的"影响"和"不确定性"来进行排序（Serbanescu et al.，2008；Smithson，2000；Howard，1984）。

表 11-5 给出了一个所有达到存活性水平 3 的风险排序例子。这些存活性分组现在与四类所需的纠正措施相联系：

● 目标不发生变化；

● 目标发生微小变化；

● 目标发生重大变化；

● 目标全部或根本性改变。

因此，最优活动会被提交给决策者以降低在既定挑战下进行 SES 评估的风险。

表 11-5 所有达到存活性水平 3 的风险排序

	元素与元素的出现/失败对 SURV3 下的 SES 评估的影响（如表 11-2 定义的那样）	影响排序	对结果的信任度	影响分类
A	TR 类系统 2 定义的障碍失败，处于循环 1（CY1）中的能源 2（ES2）	H	L	I=HL
	SP 类系统 2 定义的障碍失败，处于循环 1（CY1）中的能源 2（ES2）	H	L	
	T 类系统 2 定义的障碍失败，处于循环 1（CY1）中的能源 1（ES1）	H	L	
B	E 类系统 2 定义的障碍失败，处于循环 3（CY3）中的能源 1（ES1）	H	M	II=HM
	处于循环（CY2）中的 TR2 类 OGR 初始事件（IE）（挑战）的发生	H	M	
	处于循环（CY2）中的 T2 类 OGR 初始事件（IE）（挑战）的发生	H	M	
C	TR 类系统 1 定义的障碍失败，处于循环 1（CY1）中的能源 1（ES1）	M	L	III=ML
	T 类系统 1 定义的障碍失败，处于循环 2（CY2）中的 OGR	M	L	
	T 类系统 2 定义的障碍失败，处于循环 1（CY1）中的能源 3（ES3）	M	L	
D	最坏类型（GC3）的初始状态	H	H	IV=HH
	SP 类系统 2 定义的障碍失败，处于循环 2（CY2）中的能源 1（ES1）	H	H	

排序标准有两个：一是风险影响；二是不确定性评估——方法见（Serbanes-cu et al.，2008a；Smithson，2000；Howard，1984）。为了更好地帮助决策者进行决策，表 11–6 以文字形式更具体地为决策者提供了一些有用的建议。

表 11–6　挑选的会对 SURV3 产生影响的失败文本，包括对所需活动的评论

数字	从名单中挑选的挑战（初始事件）的结果，这种结果按风险的高低进行了排序并向决策者提供相关行动建议
1	这种挑战由一个会导致设备进行预防性关闭的结束状态（ES1）障碍 2 的技术失败（如核电站在运行中被发现的安全系统事故，如 CY2）构成。这将导致电力供应的中断，即使它对环境、员工和公众没有影响。 决策者首先应该提高系统的安全性。但为了确保存活性处于整个能源系统分类 3 中，提高系统安全性的措施可能并不是最好的方案，因为这种场景有很高的风险和故低的可信度（见表 11–5，A 行）。因此，基于边界条件的考虑，决策者可能会选择另一场景
2	这种挑战由一个对欧盟电网内高压转换站的恐怖袭击构成。这将导致电网不稳定，甚至会导致整个欧洲电力的中断，同时它也会对基本能源（核能［ES1］或化石能源［ES2］）带来重大影响。这反过来也会给这些能源带来技术性、政治性和经济性障碍的故障。 在这种场景中，决策者会首先考虑提高与电网有关的主要基础设施的安全性（包括预防措施）。这可能会是一个较好的选择，因为这种场景在带来高风险影响的同时对结果有中级可信度（见表 11–5，B 行）
3	这种挑战由一个电网障碍 1 的技术故障（如由恶劣的环境状况带来的变电站的技术失败）构成。系统会转向下一保护水平（障碍 2），但仍会对用户和其他接入电网的能源带来较小的影响。 在这个场景中，决策者会首先考虑修补电网障碍 1。但这可能并不是最好的行动方案，因为这个场景有中度的风险影响和较低的可信度（见表 11–5，C 行）。因此，基于边界条件，决策者可能会选择另一场景
4	这是由一个能源 1 如核能的社会政治型障碍 2 的故障构成的挑战（如力求实现政治、产业与公众所认为的核电站生产不间断性的失败（循环 2））。 在这个场景中，决策者可以关闭核电站，但这会给整个能源系统的整体存活性带来严重的影响，因为核能是一种重要能源。当然，当民众意识到他们的日常生活由于电力缺乏而受到严重影响时，他们会做出更激烈的反应。因此，由于这个场景拥有高的风险影响和高的可信度，决策者除了要尽快与民众对话以保证民众意志与最佳方案一致外没有别的选择（见表 11–5，D 行）

在此例中，为了得到水平 3 的存活性，需要进行迭代计算，而三次迭代计算的排序是收敛的。进一步来说，初始状态收敛于一系列稳定结束状态的组合。

11.9　敏感性分析

在 SES-RISK 中，决策者可以通过改变假设条件和挑战特性来进行敏感性分析。

11.10　其他主题的 SES 评估界面

第三个重要方面（通常被认为处于对选定案例进行 SES 评估的过程中），是评估和定义其他主题的界面，这些主题会对评估本身产生重要影响，如：

● 决策过程及在此过程中对 SES-RISK 结果的使用；

● 作为 SES 模型一部分的基础设施模型化特性（普通模型化、与其他因素相关的方法、某些与开始时或多或少有风险评估的基础设施相关的因素：可再生能源、水电站建设等）。

11.11　风险预知决策（RIDM）

开发像 SES-RISK 这样的工具的任务已经完成，下一步亟须使用多种整合性方法来对风险进行治理（RG）。

从这个角度来看，有许多其他风险评估方法将应用到 RIDM 过程当中。这些方法关注其他方面而不是诸如在风险治理中使用预警原则或审议技术的技术系统中的风险分析（Serbanescu，2008c）。

解决这些问题的风险治理步骤主要有：

● 识别风险，即关注哪些问题。

● 规划风险评估与管理过程。

● 确定治理范围、治理过程的相关部分、治理的评估与活动目标。

● 定义每项活动决策过程框架内的不确定性与边界。

● 实施风险分析。

● 基于风险分析结果来确定降低风险的措施。

有三种关注 RIDM 的风险治理方法：

● 风险预知决策（RIDM）。

● 预警与降低风险原则（PRECP）。

● 风险审议（DELIB）。

尽管这些方法有一些共同特征，但与另外两种方法相比，RIDM 更侧重于风险定量评估。决策（DM）被认为是一个从一系列行动方案中挑选最优者的认知过程。每个决策过程最终都将做出一个选择。这个选择可能是一个行动，也可能只是一个想法。在我们需要做某些事时它就开始了，只不过我们尚未完全清楚。因此，决策也被认为是一个推理的过程，这个过程可能是理性的，也可能是非理性的，可能建立在一些明确的假设上，也可能建立在一些隐性的假设上。决策过程参见图 11-9。

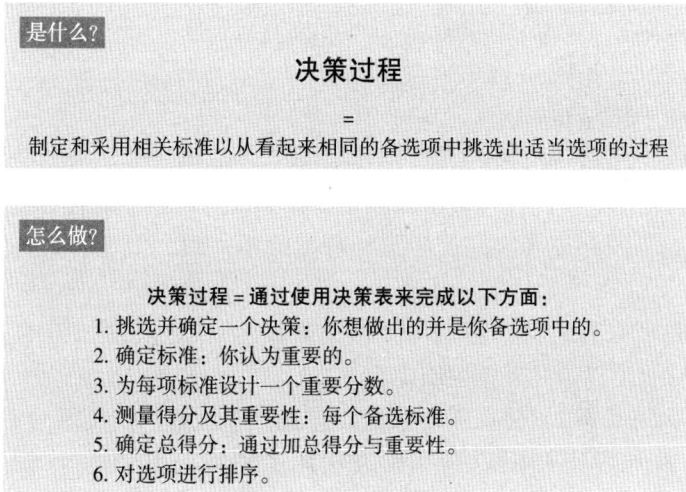

图 11-9　决策过程图示

以上提出的方法可对不同类型风险的优点和缺陷进行分析。然而用基于 PRA Nuc 的风险分析方法来分析 RIDM 的特定任务被认为很有优势。选择此类分析方法有很多原因，最重要的有以下几个方面：

（1）该方法方便支持相互依赖的 CS 决策。

（2）决策者期望的答案不仅能以定性和定量的形式评估，且更加具体，而不仅仅是概述性的建议或指导。

（3）该方法是一个系统性的工具，非常适合分析复杂系统。其另一优势是它有许多定义明确且规范化的原则与方法可应用于某些复杂技术中。

（4）该方法不仅适用于现有决策过程，而且可能适用于更多任务，包括现有框架内的更多决策领域。

（5）在既定边界和明确限定的条件下，该方法能以较高的信度进行检验、验证与使用。

（6）较复杂的部分容易得到控制，而这实际上依赖于模型（子系统、组件模块等）的处理结果。

（7）解决方案可以图 11-3 中展示的形式来提供，这使之成为决策者的一个重要工具。如图 11-3 所示，这些结果可以回答决策者提出的各类问题并给出相应的建议，不仅与风险排序问题相关，同时也与结果的可靠性以及评估的限制问题有关。

这种把与既定选择风险的影响相关的因素看作信息源的决策过程是一个风险预知决策（RIDM）过程。基于以上描述的特征，PRA Nuc 分析法被认为是适合风险评估的方法，而在支持决策方面，PRA Nuc 被认为是 "3S" 法（Serbanescu，1991；Serbanescu，2005a；Serbanescu，2005b）：

● 系统化（Systematic）。

● 结构化（Structured）。

● 整体化（Systemic）。

同样可以看出，使用任何方法都会在复杂系统（产业、管理部门或公众）风险决策过程的不同参与者之间产生某种程度的不一致，但也有某些重要的预期问题。

从这个角度来看，某些案例的评估结果显示：通过使用 RIDM、PRECP 和 DELIB 法能够得出以下几点重要结论：

（1）在评估过程中（公众用 P 表示，产业用 I 表示，政府用 G 表示），对于一个既定的参与者组合来说，一种方法的适用性高度依赖于 CAS（Complex Apoietic Systems）定义在（Serbanescu，2007a；Serbanescu，2007b；Serbanescu et al.，2008a）中的系统，通过挑选 A、B、C 三个案例来进行评估（Serbanescu，2008c）。如果某种应用于 CAS 中的方法适用性的排名很低，那么在进行评估时应该将带有偏见的结果、结论或建议纳入到风险治理（RG）中去。关于适用性的结论可以在对大量观点进行统计学（通常被认为是可靠的决策理论）分析的基础上得出。然而，评估也应该考虑到，对于不同参与者组合来说，从风险角度进行的重要性排序会因为参与者对使用方法的偏见而有所不同。这也印证了既定方法的 "用户效应"。不同方案各种方法的适用性见图 11-10。

（2）从基于不确定性（可靠性）、可追踪性和易修改性的假设来获取工具和结果的角度来说，不同 PRA Nuc 类型的工具的使用对决策的制定意义重大。而建议的提出则建立在将 SES-RISK 当作 PRA Nuc 方法来进行风险预知决策（RIDM）的经验基础上。

（3）通过使用该工具来提出风险治理（RG）建议的目标在充分分析和与决策者良好沟通的条件下能完全实现。

（4）被模型化的对象/情境——此处是 SES——事实上对所使用工具的类型有一定影响。工具必须适用于被模型化的 CAS。PRA Nuc 类型的 SES-RISK 方法适用于 SES 模型化。

（5）无论对于风险排序还是不确定性计算，或是定期提供一些对敏感性计算进行的快速、可追踪性分析，这些评估都可能带来其他一些好处，这些敏感性计算包括使用 PRA Nuc 计算法来对技术和科学方面的关系，以及包括经济和社会因素的 CAS 进行的敏感性计算。PRA Nuc 分析法在使用过程中（如使用 RIDM 工具）能够满足复杂类型 CAS 系统的要求。

模型/方法	编码	PI	PG	IG	PGI
审议/透明性—可说明性	DELIB	中	高	低	高
预警原则	PRECP	中	中	中	中
风险预知决策	RIDM	低	低	高	中

说明			
中适用性	高适用性	低适用性	能够调整/反映需求

图 11-10　风险治理过程中使用各种方法得出的一些结论

11.12　特定基础设施举例

SES 模型的开发以及 SES–RISK 方法在评估中的应用需要借助一些基础设施已有的模型和工具，这些模型和工具也包括在 SES 内。因此，作为 SES 任务的

	标准/选项排序	选项 A	选项 B	选择 C
1	标准 1 = 成本	中	高	中
2	标准 2 = 不确定性	高	中	低
3	标准 3 = 概率	中	低	低
4	标准 4 = 风险	低	高	高
	总和	低	高	高

图 11-11　能为决策者提供选项排序的 PRA Nuc 类方法的投入

一部分，有必要列举一些与不同基础设施的模型化和评估相关的例子。

11.13　一些与特定基础设施相关的一般性因素

对各种基础设施的测量与评估确定了每种基础设施的特殊性质和评估与模型化的共同特征。

本章的主题集中于描述获得的经验以及从四个应用例子中得到的经验。本书的一个重要经验是：在将此方法应用到核能和非核能领域时出现的问题有一些共同特征，而且解决方案可被分为一系列方案范例组，这些范例将在最后的子章节中以一系列"问题—解决方案"范例的形式来讲明。对于作为以上所提及的既定 CAS 的基准而被定义的风险来说，式（11-4）的风险标准适用于任何基础设施：

$$风险 = f\ (P_{IE} \times P_{PR} \times P_d) \tag{11-4}$$

其中，P_{IE} 代表初始事件（IE）的概率。

P_{PR} 代表每一初始事件（IE）挑战的设备反应模式的概率。

P_d 代表由既定初始事件（IE）所造成破坏的标准概率。

此风险模型由总风险频率各种最小割集（MCS）的分布来确定。它表明了如下在某个既定事件概率已知的情况下的依赖类型：

$$MCS = P_1 \times (1 - g\ (P_i)) + h(P_i) \tag{11-5}$$

其中，P_1 指各种变化与影响在一个特定分析 $g\ (P_i)$ 过程中得以评估的事件的概率；$h\ (P_i)$ 指除 P_1 外的基本事件概率的函数。

任何基础设施的 CAS 模型都基于三个水平（类似于 PRA Nuc 的三个水平）构建。关于 CAS 及与之相关的更详细的内容将在后文进行讨论。

CAS 的第一个水平，物理水平，可被看作一个复杂的层级系统（CHS）。而复杂层级系统（CHS）通常被称作结构系统。此类系统的安全性被看作 CHS 的一个结构函数，而将 CHS 作为测量标准会有风险（Serbanescu，1991）。这一水平的 CAS 如图 11-12~图 11-14 所示（Serbanescu，2005a；Serbanescu，2005b）。

图 11-12~图 11-14 展示了三种关于 CAS 水平 1 的可能模型：

● 被用作系统可靠性与风险分析基础的"古典"技术法；

● 从信息交换视角看待 CAS 的方法；

● 控制论方法。

其他非核能或新核能应用的 PRA Nuc 方法的开发建立在图 11-12 所展示的古典模型方法的基础上。然而，为了适应模型的主观概率需求，图 11-13 展示的

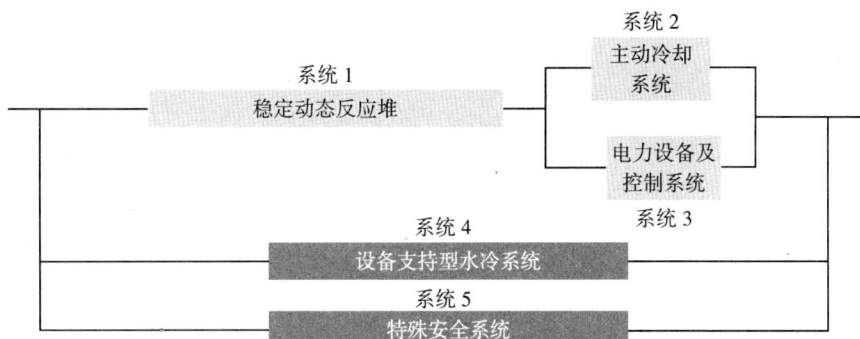

图 11-12　CAS 水平 1 模型示例

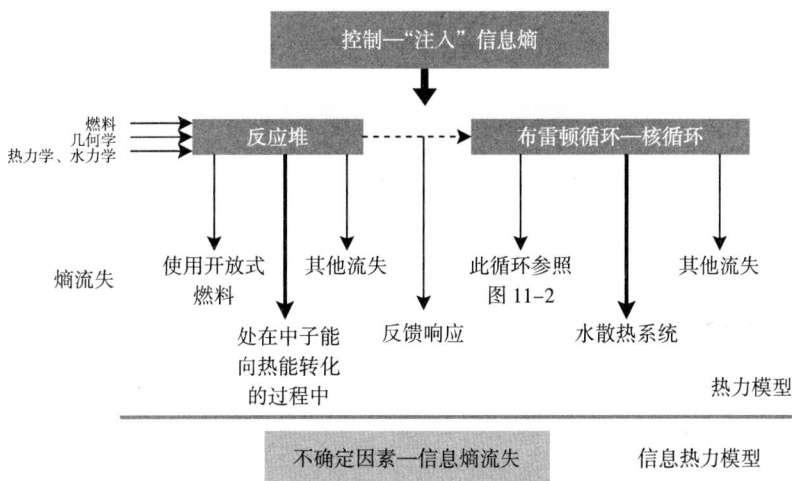

图 11-13　能源与信息交换视角下的 CAS 水平 1 模型

方法得以应用，与此同时，图 11-14 展示的方法用来将不同类型子系统间的相互依赖度模型化。

关于这些新方法，应用前述的某些结果，如下：

● 为了将主观因素模型化，将信息处理看作任意安全模型的一部分，并将其纳入风险测量定义中的方法得以使用（Serbanescu，1991；Serbanescu，2001；Serbanescu，2005a）。协同效应通过拉格朗日函数来计算，拉格朗日函数是一个风险函数，它把边界条件看作基本事件间独立的条件。拉格朗日函数与限制条件见式（11-6）和式（11-7）。

$$L = R (x, p_i) - \lambda_i \times B_i \tag{11-6}$$

$$B_i = \Sigma p_i - 1 = 0 \quad i = 1, 2, 3, \cdots, n \tag{11-7}$$

其中，B 是边界条件函数。

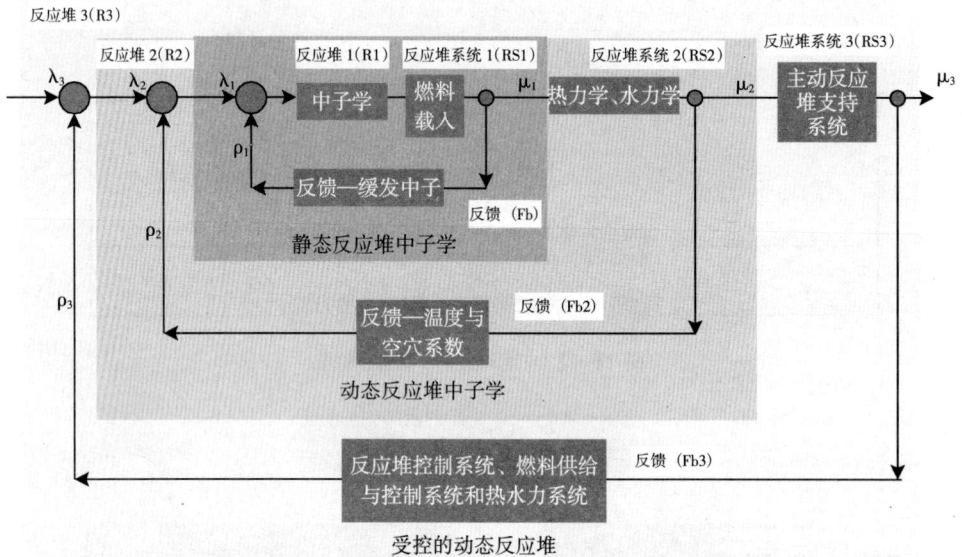

图 11-14　控制论视角下的 CAS 水平模型示例

λ_i 由式 (11-6)、式 (11-7) 计算得出，在 $p_i = 0$ ($i = 1, 2, 3, \cdots, n$) 且 p_i ($i = 1, 2, 3, \cdots, n$) 由 B 值得出时，L 达到极限值。

x 是函数自变量（导出 L 极限值的变量，如某个对特定应用感兴趣的基本事件的概率）。

● 将 CAS 看作一个复杂的层级系统来模型化所采用的方法，建立在将整个 PRA 模型看作一个层级系统从而将其任务和元素模型化的结果的基础上。图 11-15 展示了这种方法，而得出此结果所使用的方法展示在图 11-17 和图 11-18 中 (Serbanescu, 1991; Serbanescu, 2001; Serbanescu, 2005a)。

对图 11-15 展示的一个在既定基础设施上的系统模型化来说，目标函数可以由式 (11-8) 来计算：

$$R_j = Q \times F_{IE} \times P_{系统,j} \times P_{结构,j} \times r_{燃料,j} \times r_{HPB,j} \times r_{限制,j} \qquad (11-8)$$

其中，R_j：每年排放的放射性物质的期望数量。

Q：堆芯燃料总量中放射性核素的数量。

F_{IE}：序号为 j 的初始事件发生的概率。

$P_{系统,j}$：序列为 j 的系统成功运行与发生故障的概率。

$P_{结构,j}$：序列为 j 的被动结构运行成功与发生故障的概率。

$r_{燃料,j}$：从序列为 j 的燃料、既定系统和结构中排放的部分。

$r_{HPB,j}$：从序列为 j 的"主要排放源边界"既定系统中排放的部分。

$r_{限制,j}$：从序列为 j 的约束条件、既定系统和结构中排放的部分。

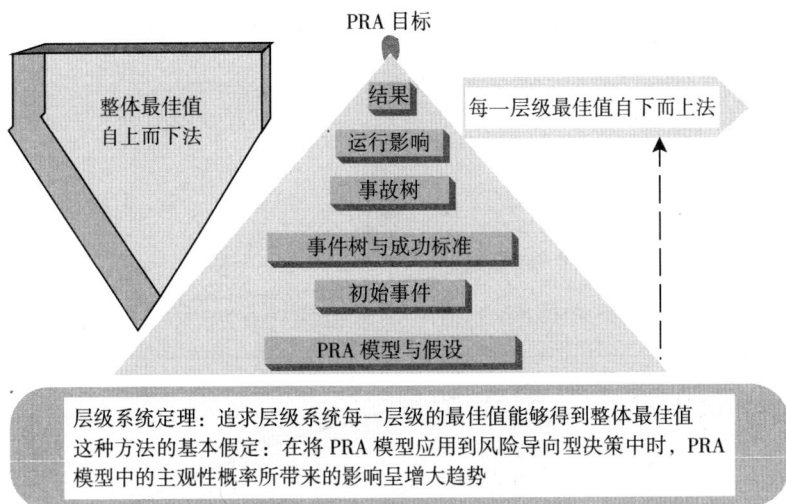

图 11-15　作为 CHS 的 PRA

　　在修正或建立新功能以使 PRA Nuc 能够模型化新基础设施的过程中，使用了大量的摄动理论方法。从"古典"的基本 PRA Nuc 开始，对于一个新的或已模型化的 CAS 来说，类 PRA 模型假定模型影响的变化仅仅存在于模型的线性部分。之所以做出此假设，基本原因是对于任何新模型来说，只要 CAS 模型与要求一致，某种模型化就成为可能。为 CAS 而建立的模型的结果必须阐明解决方案的帕累托集如图 11-16 是否满足由许可要求或社会要求定义的边界条件。假定线性处于某个 CAS 模型既定起始点的摄动范围内。这是基于 CAS 模型在被风险定义为希格玛形式的对数空间内呈线性的假设，详细参见（Serbanescu, 2005a）。它使用一系列混合型 PRA 和其他风险分析法，同时也采用定量和定性的事前、

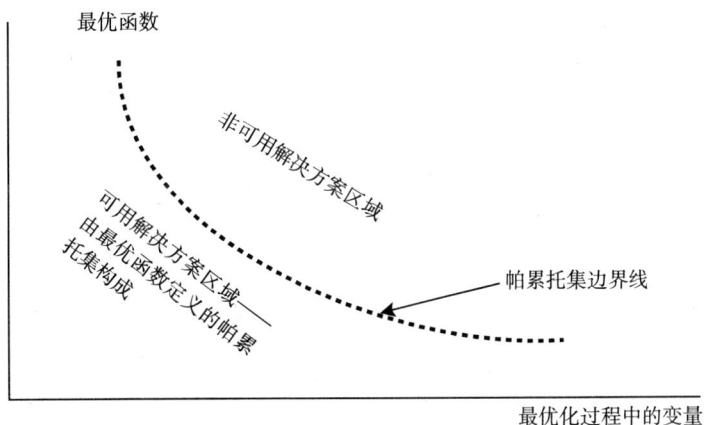

图 11-16　CAS 水平 1 下的风险目标帕累托集

事后筛选标准。因此该方法被看作是既定变化下基线 PRA 数据的事前、事后的某种适应性。

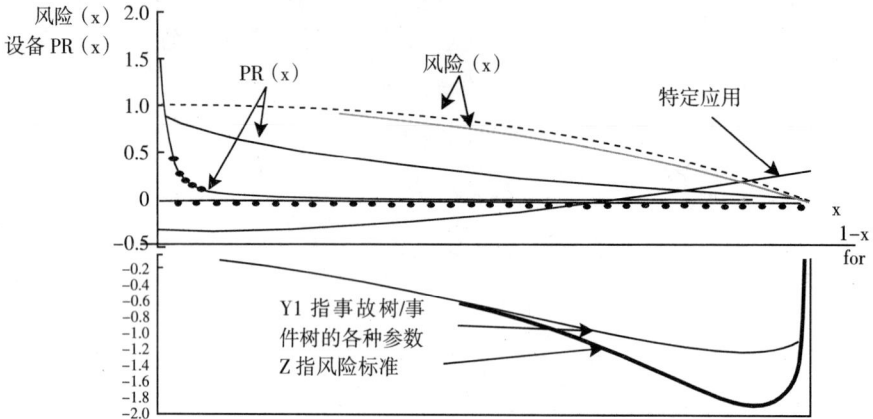

图 11-17　CAS 水平 1 的最优样本目标函数

11.14　特定基础设施举例

本部分将阐述一些为达到 SES 目的而开发的将新基础设施模型化的方法。尽管在模型化过程中使用的是核能类的 PRA Nuc 方法，但本章也展示了与化石燃料设备相关的、电力的、天然气的及蒸汽电网的基础设施，对诸如可再生能源或氢能源装置及其网络的其他基础设施的风险模型化则在文章开始进行介绍。本段展示了一些对此新系统进行模型化所得的结果。

11.15　可再生能源

PRA Nuc 法的开发已完成，它可以用来模型化可再生能源系统，同时也可以将其整合到一个 SES 模型中去（Serbanescu，2009；Serbanescu，2010a；Serbanescu，2010b）。

可再生能源系统（RES）有诸多特征，某些特征与其对被模型化的区域地理位置的依赖性有关，如图 11-19 所示。

项目编码	模型内容	CAS 水平1物理水平1风险标准	CAS 水平2社会决策目标	CAS 目标定义水平3			
				目标无变化(NCO)	目标有小的变化(CO1，见注1)	目标有大的变化(CO2，见注2)	目标全部变化(TCO，见注3)
PUEL1*	现有公共干预系统可以控制的公共挑战	NA	H	H	H	H	H
PUEL2*	现有公共干预系统不能控制的公共挑战	NA	L	H	H	H	H
POL1*	现有政治系统可以控制的政治挑战	NA	N	H	H	H	H
POL2*	现有政治系统不能控制的政治挑战	NA	L	H	H	H	H
ECON1*	现有经济系统可以控制的经济挑战	NA	H	H	H	H	H
ECON2*	现有经济系统不能控制的经济挑战	NA	L	H	H	H	H
SBC1*	现有安全系统可以控制的安全挑战	H	N	H	M	N	M
SBC2*	现有安全系统不能控制的安全挑战	H	N	M	M	N	M
EXTEV***	外部事件带来的挑战	H	N	M	M	N	M
ER**	系统中断可能会带来的污染	M	N	L	L	L	M
COOL**	水冷系统故障	M	L	VL	VL	VL	L
HE**	高能 CAS 端口故障	M	N	L	L	VL	L
CONTR**	CAS 租用与运作	M	L	VL	VL	VL	L
CONT**	核泄漏	M	N	M	M	N	M

注：

1——单独事件动因是特定的　　H-高(High)　　NA-不适用(Not applicable)

2——由……组合的双事件　　M-中(Medium)　　VL-极低(Very low)

3——由……组合的3事件和4事件　　L-低(Low)

图 11-18　CAS 水平 1~3 下的结果图示〔Serbanescu，2005a；Serbanescu，2007b〕

挑选的可再生能源指标				
挑选的全球指标	2006	2007	2008	单位
可再生能源投资（每年）	63	104	120	十亿美元
现有可再生能源产能，包括大型水电	1020	1070	1140	GWe
现有可再生能源产能，大型水电除外	207	240	280	GWe
风能产能（现有）	74	94	121	GWe
生物燃料热能			~250	GWth
空间加热			145	GWth
地热			~50	GWth
乙醇产量（每年）	39	50	67	十亿公升
支持可再生能源开发的国家		66	73	个

2005 年，可再生能源在欧盟主要能源消费国中所占的比例
Source: primärenergieverbrauch und emeuerbare Energien in der EU

< 3%
< 5%
< 10%
< 15%
> 15%

http：//www.en.wikipedia.org/wiki/Renewable_energy#cite_note-Mart-32#cite_note-Mart-32

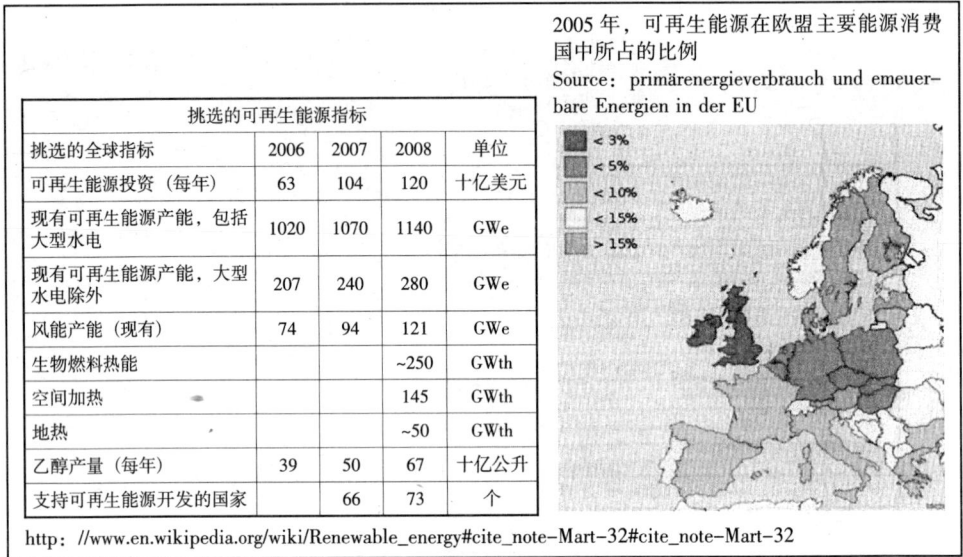

图 11-19　SES 量级与重要性图例

　　迄今为止，在某些可再生能源系统，如光伏制造，水电站中使用的 PRA Nuc 分析方法验证了在评估这些复杂系统时所使用的风险分析方法的某些重要特征。可再生能源系统的风险评估，以及支持与许多活动相关的生命周期的系统日渐成为近年来为新复杂系统开发风险工具的新趋势的一部分。它对 RES 类模型产生的影响主要如下：

● 对研究对象的定义必须仔细考虑：
　●定义系统。
　●生命周期。
　●子系统类型。
● 风险分析所使用的模型必须：
　●定义此类模型中客体的潜在风险。
　●考虑工具的适用性及对现有风险分析工具进行调整的需要。
　●评估具体任务，用一系列特定方法来进行评估。
● 基于风险分析结果的使用框架由评估其限定条件和反馈控制的成功来定义。
　　可再生能源系统（RES）的风险分析效果展示了作者所要考虑的一系列问题（词汇表中所描述的、所有 SES 模型中和 SES-RISK 过程中具体展示的）。对可再生能源系统进行模型化进而进行风险分析需要使用一些假设、附加的设计以及运行信息来展现复杂系统（CS）。为了开发一个电脑适用的 RES 模型，必须充分考虑其生命周期的各个阶段、组成元素、它们之间的界面以及其他系统、环境、公

众和员工。为进行风险分析而开发出的 RES 模型描述了在遇到各种干扰因素的挑战时它的行为场景，此场景描述包括模型的反应、应对不同挑战的障碍因素以及对应对挑战的障碍因素进行的详细描述。各水平（依赖对风险类别的描述）下所使用的风险标准是基于未预料的各种挑战发生时的损害状态而建立的。不同标准下的模拟结果被期望用来描述可再生能源系统的存活性，从其他能源系统界面的角度来看，可再生能源系统对挑战的反应十分重要。对所有标准来说，结果的重要性目前还属于（它们之间的）相对价值，而不是全部价值。风险标准和存活性标准通过 RES 不同部分的重要性来对特定的排序施加影响，同时，计算中有利于排序的因素及不确定性评估被当作决策过程中的投入因素以从风险角度促进 RES 的提高。

对重新进行风险分析过程的反馈反映可以通过使用系统化的工具来实现，以此识别下一迭代的计算范围。通过使用迭代计算可实现与处在不同风险水平下参与因子的排序相关的收敛结果。进一步的检验被期望用来识别 RES 风险分析中的战略区域。RES 的某些特征会对 PRA Nuc 类模型化产生影响，如表 11-7 所示：

表 11-7　可再生能源方面的结论

项目	特征	期望中的积极影响	可能的消极影响	对整个能源系统风险过程的可能影响
1	大规模或适用整个地区	接近用户 适用于不同形式、所有地区 可再生能源具有多样性	输送与储存仅需要小型电网 需要对它们的量级、适用范围、成本、社会影响进行界定与研究 它们可用性的优先权问题及整合使用问题	中 高
2	可再生能源系统—特征	可能是能源改革和能源安全供应战略的基础 终端使用导向型能源系统 系统的生命周期使它更具吸引力及实用性	它们具有复杂系统的特征： 复杂的经济、地理、工程等系统在模型化和管理方面有高的不确定性 需要对生命周期的各个不同阶段的风险和问题进行详细评估	高

详细内容参见第 2.4 节中的范例 3 及（Serbanescu，2009；Serbanescu，2010a；Serbanescu，2010b）。

11.16　氢能源安装系统

使用来自（Serbanescu，2009；Serbanescu，2010a；Serbanescu，2010b）的

一套方法来对氢能源设施进行风险评估同样要先进行模型开发。这种模型的开发建立在对设施要素、要素间的内在联系以及设施运行要求进行描述的基础上。在开发这种模型时必须充分考虑一些假设及限制因素。

图 11-20 展示了到目前为止的模型化的案例研究图。正如（Serbanescu，2008）所说，图 11-20 所展现的氢燃料充气站的主要构成要素包括：

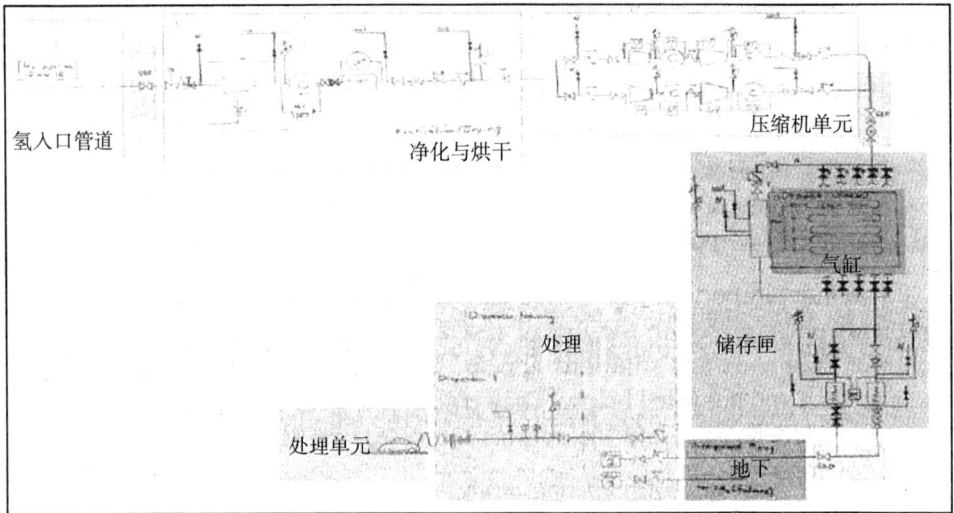

图 11-20　氢燃料补给站（Serbanescu，2008）

● 氢入口管道（HYIP），定期向储气罐填充氢。

● 净化与烘干部分（PD），包括一系列的氢净化与烘干设备，这些设备用来满足汽车运行所需的纯度。

● 压缩机单元（CU），由一系列两组型（低压型与高压型）压缩机组成以确保氢的抽吸与储存。

● 储存匣（SC），由一组用于储存氢的水槽构成，这些被称作气缸（CYL）的水槽按组联结以确保在某些气缸不能提供氢时，储存容量及最小容余能达到所需水平。

● 地下连接管道，将储存匣与向消费者出售氢能源的设备连接起来。

● 配置部分（DISP），将氢气分配到对应于每个消费者的独立管道。

不同的构成元素位于不同的建筑之中。与此同时，需要指出的是每一构成元素都应遵守保护规则，即远离可能的爆炸范围和设置安全阀去保护某个设施免受超压带来的危害。开发模型时应注意将运营设备的连接、坐落地点及障碍考虑在内，对风险分析编码的要求见（Serbanescu，2010a；Serbanescu，2010b），对模型更详细的描述见（Serbanescu，2009；Serbanescu，2010a；Serbanescu，2010b）。

11.17　SES 评估绩效的经验教训

　　最后一部分内容主要展示对在 SES-RISK 模型过程中每一迭代计算所得经验教训的评估，进而确定下一迭代计算行动。

　　回到究竟为什么要使用 SES-RISK 模型的问题上，必须注意一点，即目前有一些决策支持方法可用来对复杂的工业化社会所面临的多重风险进行评估；然而，正如本章所述，SES 模型化有许多重要方面：

　　● 它是通过使用风险类方法来实现的（由于上一节所提到的一些原因）；

　　● 同样的，它基于广泛的对很多领域进行 PRA Nuc 类分析的应用结果（USNRC，1998；Haimes，2004；USNRC，1983；Serbanescu，2001；Serbanescu，2005a；Serbanescu，2007；Serbanescu et al.，2007a；Serbanecsu et al.，2007b）；

　　● 它的目标是展示如何使用基于 PRA Nuc 经验及其对其他众多领域进行开发的风险方法来开发一个 SES 模型（Serbanescu et al.，2008b）。

　　这些发展已被证明能够引发方法论的两个主要新趋势：

　　● 大量使用主观概率评估；

　　● 模型化过程中对层级系统理论的使用。

　　某些最新特征已被添加到 PRA Nuc 方法中以描述如下 SES 类风险模型：

　　● 将决策理论与能源技术方面的观点结合起来对风险进行模型化以处理复杂的技术性与非技术性问题；

　　● 大量使用由类 PRA Nuc 方法发展而成的新方法以处理新的非核能基础设施所面临的问题。

　　从这些工作中得到的最重要经验是从在 SES 评估中使用风险分析方法时所遇到的问题中得出的结论，包括一系列的普通问题及解决方案，这些问题被称为方法范例并列举在下面。从这些问题及解决方案上我们得出了一些最重要的结论。这些范例如下：

　　（1）在使用 PRA 模型化 SES 及其基础设施（各种能源生命周期）时，有必要建立一个合适的复杂系统（CS）。

　　（2）在进行风险分析时，必须将 SES 作为一个 CS 进行详细描述。

　　（3）包括 SES 及其基础设施在内的相互依赖的模型描述必须考虑其在不同生命周期内所面临的挑战以及对应用这些挑战而采取的缓和行动（障碍等）的描述。

　　（4）SES 风险分析需要对目标函数和风险标准进行界定。

（5）风险计算结果必须以一种有利于决策制定的形式提交。

（6）风险结果的有效性及决策完整性的确认在很大程度上依赖于对错误及系统性偏见的理解。

（7）风险分析是一个迭代过程，系统地寻找过程中出现的悖论的解决方案是下一次迭代计算的基础。

范例 1　PRA 模型化的恰当系统

必须建立一个模型化系统以在对风险进行进一步分析时将 RES 当成一个复杂系统来呈现。然而，构建模型需要做出某些假设，这就导致了结果的不准确性，因此，必须对结果进行更详细的分析。这同样会产生需要用迭代计算以及与其他方法相悖的标准等才能证明其收敛于稳定的真实解决方案。

这种能够用 PRANuc 方法来模型化的系统应该是复杂系统中特殊的一类，如复杂的、自我管理的、自我生产的以及层级的复杂 Apoietic 系统 (CAS) (Serbanescu, 2007; Serbanescu, 2007a; Serbanescu, 2007b)。

下面是定义复杂系统所做的某些说明。

复杂系统 (CS) 具有以下重要特征：

（1）系统构成要素间的内在联系会产生协同效应，从而使之独一无二。要素间相互作用的距离（时间上和空间上）要么很短，要么很长。

（2）CS 中的现有关系由现有的反馈环来定义，这种反馈用连续的非线性界面构建了一个动态系统结构。

（3）CS 与环境的相互作用，极大促进了能源与信息的交换。

（4）CS 的任何部分都不可能包括全部因素，因此任何一部分都无法控制整个 CS。这使得需要用特定工具来对其进行控制，例如分散式控制、层级控制或外部单一型控制。

（5）CS 的元素是其自身且具有高适应性，因此在选择模型化工具时会出现新的困难。CS 有一个历史性的滞后特性，即它们有一段会带来"蝴蝶效应"的历史，比如，时间和空间上的微小变化会对整个 CS 的未来产生影响或者会使具有初始变化的元素变得完全不同。然而，即使元素间的相互关系是非线性的，它们也会以这种特定形式服从因果规律。应用于模型的线性与非线性概念被定义用于 CS，这是一个重要的模型化问题。CS 拥有难以界定的边界条件，而这些边界条件往往会对模型的内容、自身变化的动态与灵活性有很大影响。

复杂的 Apoietic 系统 (CAS) 在 (Maturana, 1980) 中已经介绍，对于一般的 CS 来说，CAS 有一些特殊的特征，有时这些特征是对一般 CS 特征的提炼。

在 CAS 系统中，可以定义一个自创生的机制，从而使系统概率不仅能自我控制而且能自生，如下所述：

（1）系统边界条件在任何时候都必须被明确界定；

（2）系统必须包含各种构成元素使之成为一个 CS；

（3）元素间相互联系的因果律必须具有可操作性；

（4）系统的边界条件必须由系统本身界定；

（5）系统的构成元素也必须由系统本身界定；

（6）其他元素的大部分也应该由系统本身界定。

换句话来说，"自创生"表示"自我产生"（自我创造或生产），阐明了结构与功能间根本的互补性。"自创生"机制是一个通过以下几个方面来将元素生产过程组合成网络（定义为单元）的机制：

● 通过它们的相互作用及转变不断再生，同时也识别出生产它们的过程（关系）网络；

● 将它（机制）构建成一个空间实体单元，它们（元素）通过指定实现此网络的拓扑域而存在。

由自创生系统定义的空间具有自我包含性且不能用定义其他空间的维度来描述。然而，当用一个实体的"自创生"系统来指代我们所讲的相互作用时，我们会在操作空间来设计这样的系统并描述这种设计。人们可以识别出与集成风险模型中的定义与方法类似的问题，以及它们与 Gödel 的理论的联系，进而会识别出此系统内部的（既定系统构成元素）控制问题。

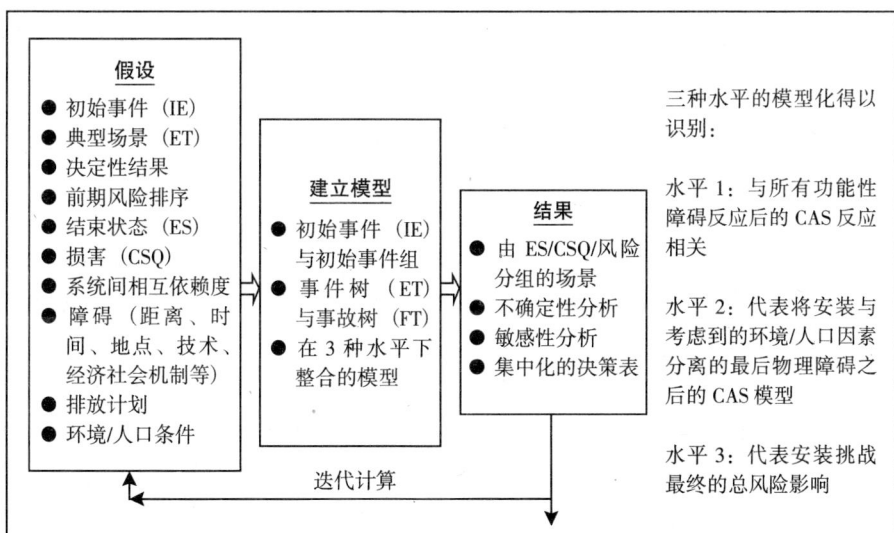

图 11-21　复杂 Apoietic（CAS）系统的一般 PRA 过程

对复杂系统的论述——用来评估其安全性的核能设备在（Serbanescu，2005）中被引用。这种复杂系统被描述为一个具有三种不同水平的层级结构系统，第一个水平与一般性的社会目标相关。下一水平与子系统的管理、设计、概念性子系统、运行以及具体评估有关。系统会提供一个与之前水平相联系的反馈以确保其能进行自我管理。每一水平由构成整个系统的子系统元素来界定。每一水平下的元素在垂直（水平到水平）和水平（既定水平）两个方向上相互联系。垂直结构由诸如"元素 X 需要确定性水平为 W 的元素 Y"类型的关系确定。在每一水平下，不确定性与环境规则相联系，这表明要使用较重要的干预措施，而这些不确定性通常会以传统的方式被分成决定性的和可能性的。这三种水平之间有确定的联系，从而会在已创建的能使用基准的结构中产生一个 σ 数值。对于具体的第三水平来说，风险可被用来作为定义（Serbanescu，2005a）中的 σ 代数的基准。

建立的模型和用来评估 CAS 产生的风险的方法必须符合下列 7 个条件：

（1）必须是完整化的（如在模型化中使用系统理论），系统化的（如在 PRA 的整个过程中使用同一方法）和结构化的（如将模型看成一个层级模型并逐一评估每一层级——要么使用从下到上的方法，要么使用从上到下的方法）；

（2）必须能通过使用 CAS 所面临的随机的或有意设计的挑战来建立一个元素间相互联系的动态控制结构，也必须通过定义线性对 CAS 意味着什么来解决非线性动态模型的问题；

（3）必须将系统当作一个整体进行定义，将其作为元素接口协同的结果，同时必须用环境来定义 CAS 界面；

（4）必须有系统控制方法（如分散式控制、层级控制或外部单一控制）；

（5）必须有诸如能源/物质平衡或风险影响的基于预定目标的系统管理，包括验证和确认过程；

（6）必须解决 CAS 所面临的特定因果效应问题，这些问题与其他诸如对线性、不确定性以及系统结构模型化定义的问题相关；

（7）在界定初始条件和边界条件时必须保持动态性与高度灵活性。

PRA-Nuc 应用于其他类似于 CAS 的系统的可行性已在前面进行了阐述（Serbanescu，2005a；Serbanescu，2005b），同时，随机技术的整合风险模型和核能设备的蓄意人为事件已在（Serbanescu，2007a；Serbanescu，2007b）中被阐述。相同的方法也用在了 SES 模型中。图 11-22~图 11-25 列举了 CAS 系统模型化所采用的方法（Serbanescu，2005a；Serbanescu，2007a；Serbanescu，2007b），如下：

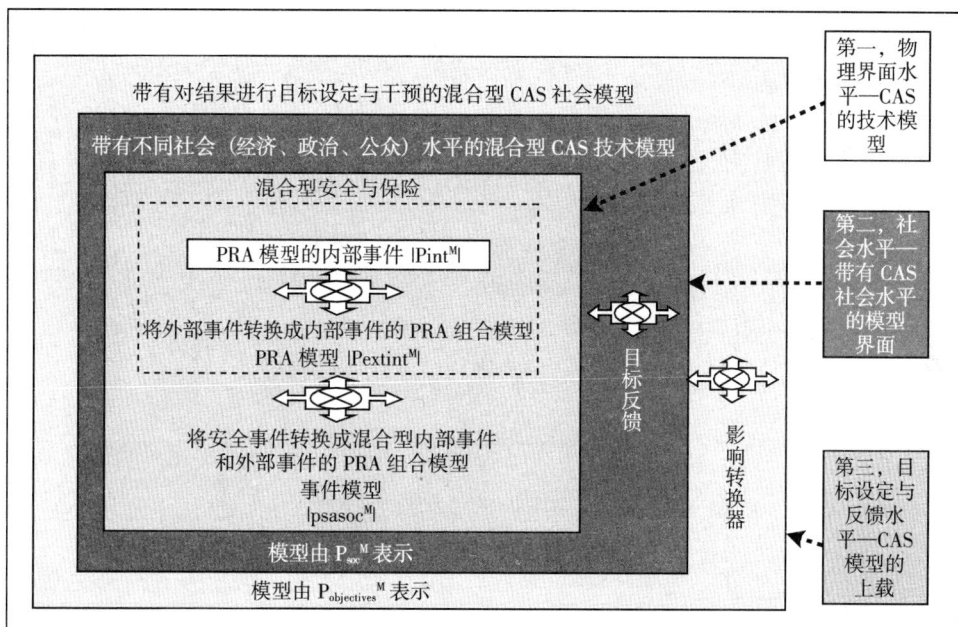

图 11-22　作为一般性 CAS 的 PRA 图示

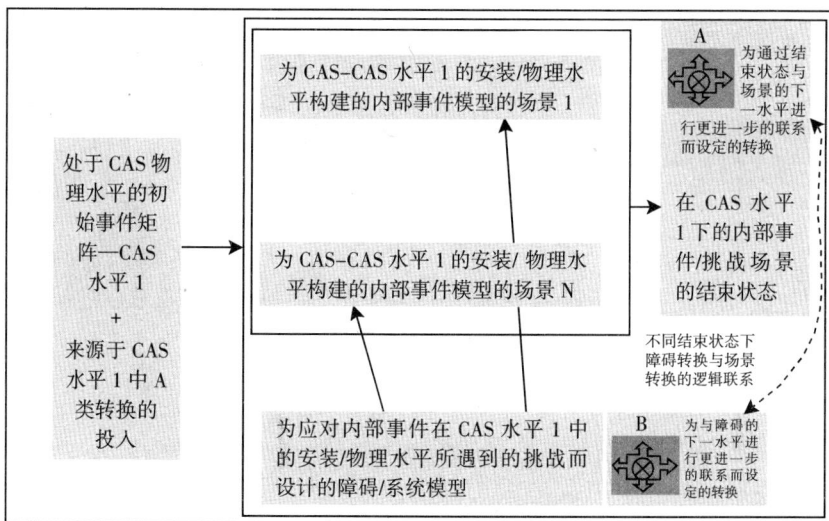

图 11-23　作为 CAS 水平 1 的 PRA

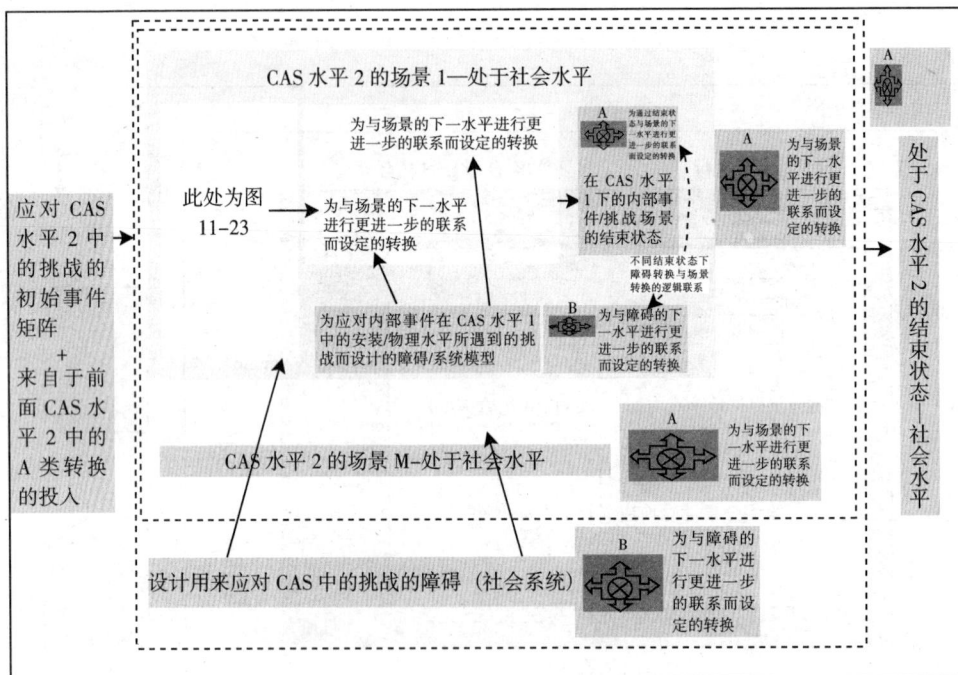

图 11–24　作为 CAS 水平 2 的 PRA

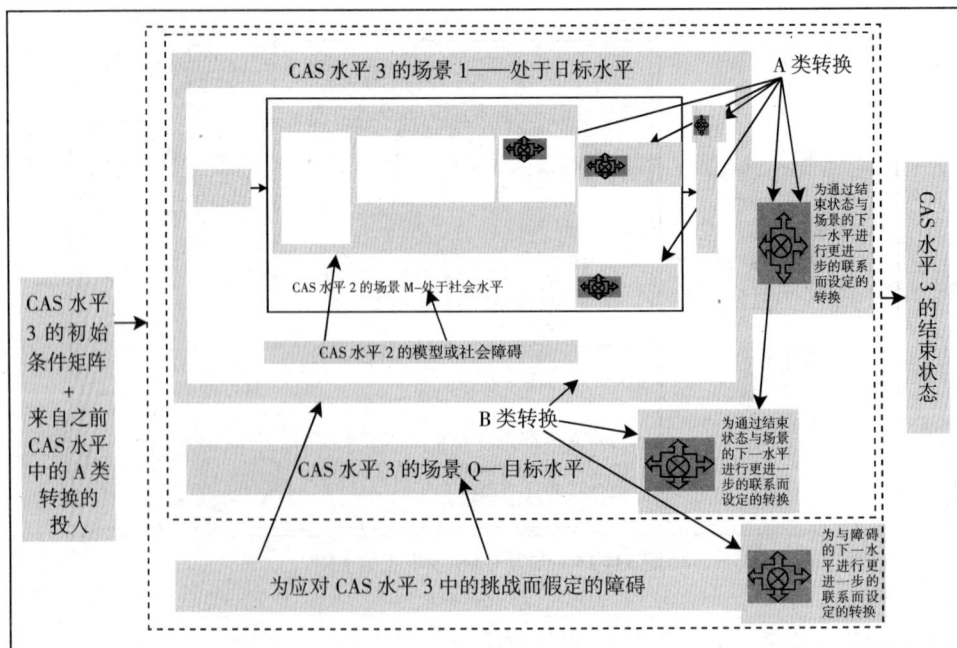

图 11–25　作为 CAS 水平 3 的 PRA

范例 2　系统描述

对一个为达到风险分析目的而建立的用以呈现 SES 的系统的详细介绍可以通过考虑其构成元素、生命周期的不同阶段以及它们的界面来实现。对一个既定的 SES 模型来说，有必要对其构成元素、生命周期及其相互依赖性进行了解。为 SES 而构建的模型已成为一个特定类型的模型。

对 CAS 系统来说，PRA Nuc 分析方法的一般过程已在前文中阐述。在此必须说明，对所有初始事件（IE）来说，对 CAS 反应的模型化也必须考虑每种场景下的预期结束状态（ES）。范例 1 中的图 11-22~图 11-25 展示了一个为 CAS 构建的类似于 PRA Nuc 的模型。有三种水平可以识别的模型化：

● 水平 1——代表在所有功能性障碍反应后与 CAS 反应相关的水平；
● 水平 2——代表考虑物理性障碍将设施与环境/人口分开后的 CAS 模型；
● 水平 3——代表安装建设中所遇到的挑战的终极风险影响。

然而，模型的细节要求必须构建系统来为风险分析提供 SES，即必须考虑系统的构成元素、生命周期的各个阶段以及其界面。因此，对某个 SES 模型来说，有必要掌握其构成元素、生命周期及其相互依赖性方面的信息，要始终把为 SES 构建的模型看作一种特殊类型。本范例能满足对系统进行准确详细描述的需要以及模型化中可追踪的假设。

由于模型化同样要对系统间的相互关系进行描述，因此定义了一系列的"相互联系的结束状态"（CES）。CES 用来确定场景间的"水平"联系（CAS 模型中相同水平下的联系）与"垂直联系"（CAS 模型不同水平间的联系）。

图 11-26 展示了一个为将氢燃料输送站模型化而开发 CAS 模型的例子，同时也构建了相似的模型来确保作为 SES 模型及其一部分的所有基础设施的安全。

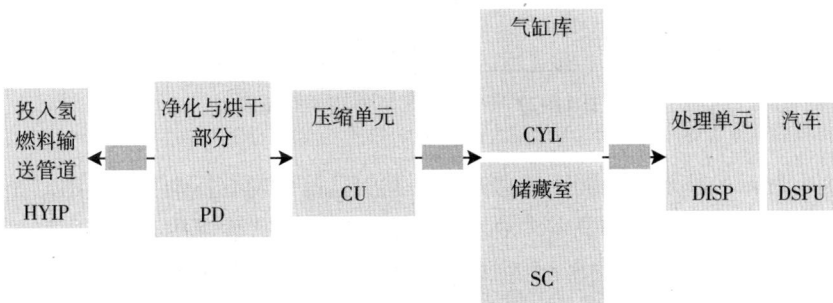

图 11-26　氢燃料输送站需安装的几个主要系统

图 11-26 展示了所谓的"可靠性造价图"（RED），它是每种 PRA Nuc 方法的可靠性分析或风险分析的基础。

范例 3　场景与事故（障碍）描述

SES 模型充分考虑了其面临的挑战和为应对每一个 SES 模型都面临的这些挑战而设定的缓和措施（障碍等），包括为应对一系列挑战与障碍而设计的缓和措施。对每一个挑战来说，SES 模型对系统挑战及潜在结束状态做出反应的场景最终都将得以确认。在检验模型损害水平的标准和先验的标准得到确认后，我们可以对场景与结束状态进行分组。

在每个基础设施每一障碍的 RED 建立之后，对每个挑战做出反应的 SES 模型的场景也必须被构建并相互结合。

结合系统中定义的系统故障树和事件树场景，图 11-27 展示了结束状态（ES）的一般产生过程，而系统故障树被假定为应对各种挑战的障碍。我们可以在"将事故树整合到事件树"的 PRA Nuc 方法中了解诸如此类的过程。

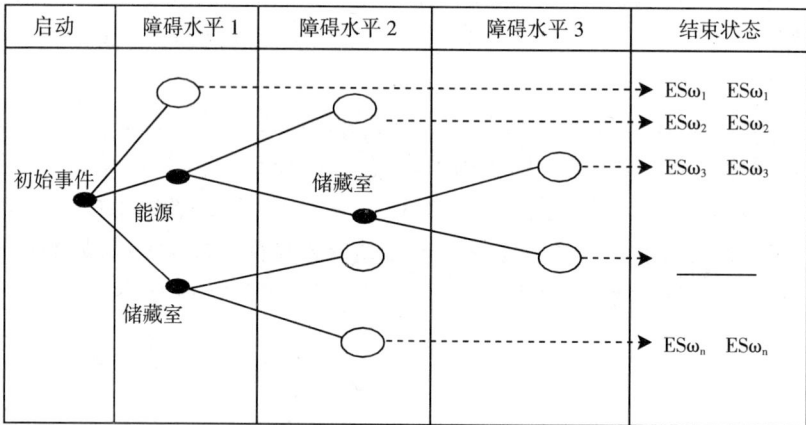

图 11-27　一个 CAS 事件树模型图例

图中展示的技术方法同图表理论方法类似且符合现有标准（USNRC，1983），其中节点与基本事件（如既定事故链上的最后事故）代表事故。

一旦事件树（ET）和事故树（FT）被建立，下一步就要"将事故树整合到事件树中"。图 11-29 对这一步骤要遵循的基本原则进行了相应描述。因此，整合过程的结果是从一系列既定初始事件所得的结束状态事故的结合。进一步说，结束状态能被分组，而且一系列类似的事故会形成一个特定的风险分类。

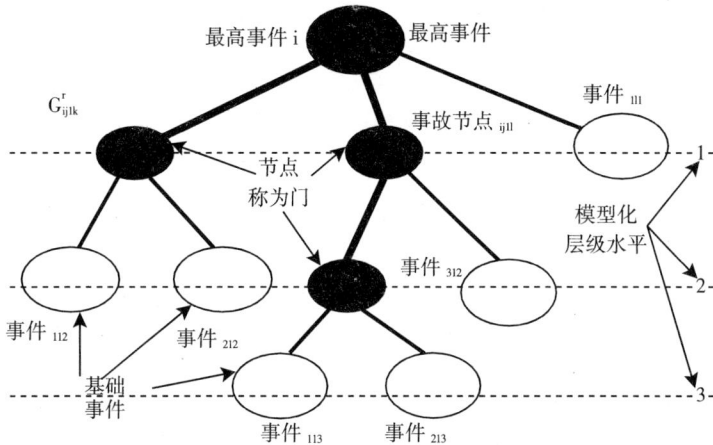

图 11-28　一个 CAS 事故树模型图示

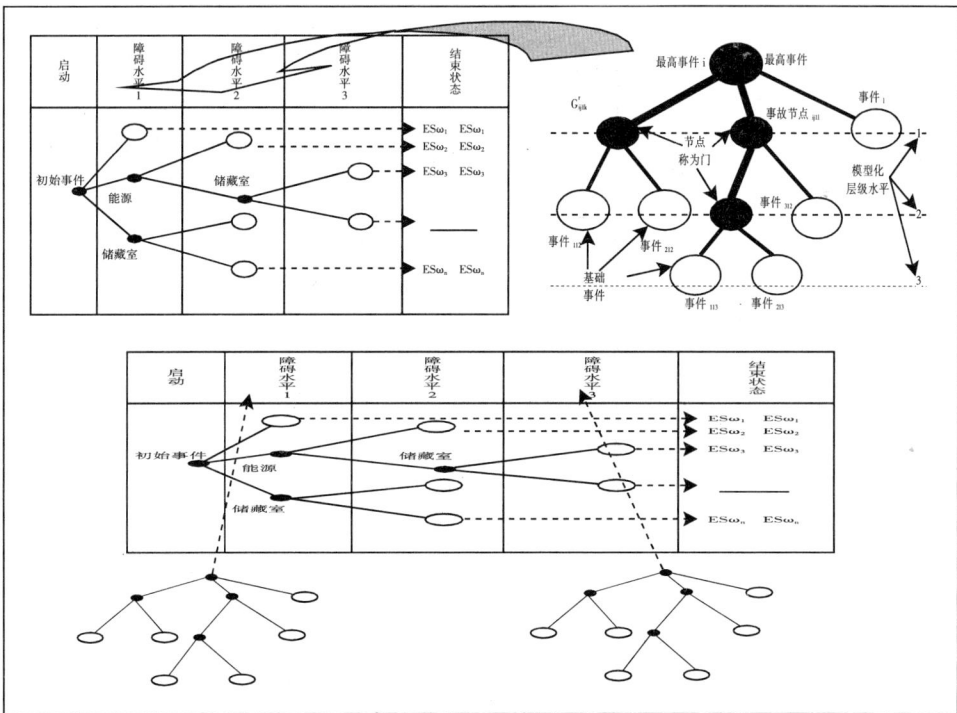

图 11-29　将事故树整合到事件树图示

然而，图 11-27 中的节点展示了整个 CAS 系统出现事故的概率（CAS 系统被作为障碍而设计），图 11-28 中的节点则展示了一个既定系统中构成元素出现事故的概率。

在图 11-29 中，$ES^{\alpha}_{(1-n)}$ 代表一个既定场景的结束状态，而该既定场景则表示在场景发生后事故所带来的特定损害程度。同时，$ES^{\alpha}_{(1-n)}$ 也用来表示 CES。图 11-28 中的最高节点与图 11-27 中的 SC 类、EN 类节点相互连接。场景的计算会得出一个图 11-29 中（包括在整个 CAS 的构成元素水平下的事故的组合）所示的结束状态。请注意，这些图中所使用的符号遵循 PRA Nuc 的基本原则且是在将模型转换为计算机编码的过程中所使用的。

正如在（Serbanescu，2005a；Serbanescu，2007a；Serbanescu，2007a）中所述，一个挑战的 CAS 模型会在将所有可能的能源资源模型化后得到一个 σ 代数。在这类结构中，"风险"即为一个处于各场景可测量的向量空间中的标准，被定义为正常状态与某个已改变的结束状态之间的距离。这种距离通常由场景中既定结果的概率和与场景发生后的结束状态相联系的损害度共同决定。从事故的布尔逻辑组合中得出的场景在很多方面都与其他场景不同，比如失败障碍组合或场景在 PRA Nuc 类型的模型既定水平下结束后的 ES（最终状态）。

图 11-30 展示了一个确定 CAS 场景的例子。水平 1 和水平 2 的结束状态称作"释放类别"（RC），而水平 3 的能源称作"风险类别"（RK）。更多相关细节和例子参见（Colli et al.，2008）。风险范围界定程序提供了两类风险结果，即所谓的风险标准（Serbanescu，2008a）：

● 产生特定风险水平的所有元素故障之和（称为最小割集 MCS）。

● 既定元素对所有元素合并（一个在 PRA Nuc——重要 FV 或简单 FV 中称作"重要性"的加权因素）总和的相对贡献值。在某些论文中，某个改进后的指示程序通过使用快速处理和排序的结果来管理大型数据库（Serbanescu，2008a）。

在任何已分析的案例中，结束状态的识别在经历图 11-30 所提到的过程后要服从连续的迭代计算和敏感性分析。图 11-30 描述的氢燃料建设的典型初始事件序列举例如下：

（1）破裂（如位于储备单元的气罐/钢瓶的破裂）。

（2）泄漏（如氢燃料输送的泄漏）。

（3）超压［如净化与烘干单元（PD）10 毫巴的超压］。

（4）安装时的热力挑战（如 PD 单元 3 千瓦/立方米的热力影响）。

（5）火灾、爆炸、恐怖袭击（如 PD 单元中由安装失误导致的火灾）。

（6）支持系统的故障（如失去中央控制）。

（7）外部事件（如外部供求）。

（8）安全威胁（如各单元附近区域的安全威胁）。

必须注意，对 SES 来说，CAS 模型水平 3 有其特殊性：结束状态是 SES 的风险相关性标准。在此情况下，我们可以在遵循 PRA Nuc 方法论和确定风险与

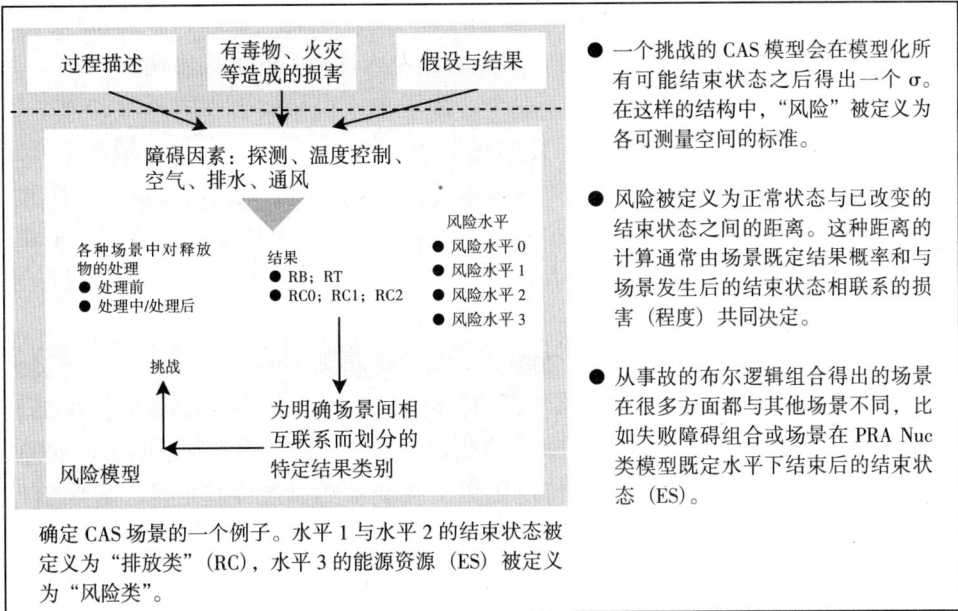

确定 CAS 场景的一个例子。水平 1 与水平 2 的结束状态被定义为 "排放类" (RC),水平 3 的能源资源 (ES) 被定义为 "风险类"。

图 11-30 氢燃料装置结束状态图例

重要性的基础上对会带来不同 SES 分类的场景进行排序。同样必须注意,在 SES 情形下,一系列的经济触发器(如能源价格的变化)和社会—政治触发器(如对既定能源资源进行公民投票的结果)也要被定义(Serbanescu et al.,2008a)。

范例 4 目标函数和风险标准

使用 SES-RISK 方法的 SES 评估需要对目标函数与风险标准进行界定。SES 模型风险分析的目标函数使用这样的风险标准(风险水平 1~3):面对不同挑战时的 SES 模型的不同损害状态标准和在遇到不同因素的挑战时会将 SES 模型作为一个复杂系统的 SES 系统存活性分类标准。

在 SES 模型做好准备、确定 SES-RISK 方法后,我们就可以对 SES 进行评估,来确定系统在面临外部未预料因素的挑战时的缺陷。为此,同任何系统的模型化和评估一样,首先要确定目标函数和风险标准。分析 SES 模型风险的目标函数有许多,这些目标函数采用水平为 1~3 的风险标准,这些标准由整体 SES 模型的不同损害状态及其构成元素的状况来确定。基于此,本章定义了损害结束状态和 SES 模型的一般 SES 系统存活性类别。

然而,该范例也展现了一个非常重要且任何 CAS 风险评估都具有的特殊性,即任何类型的 CAS 的限制因素都以风险的形式出现。这些限制因素通常以一种可接受的风险阈值与既定事件（IE）发生的频率线性相关的形式出现。

从拓扑的角度来看，这种处于一个 3 维子集（由初始事件的风险、概率和 CAS 的主参数定义）中的阈值将可能的解集分成两个区域：可行解区域和不可行解区域。如果风险轴和事件概率/频率轴以对数来刻度，那么阈值线就是线性的。这条线是帕累托解集的另一种形式（Serbanescu et al., 2005a; Serbanescu et al., 2007b），正因如此，类似于 PRA Nuc 的分析方法可用来确定 CAS 的可行性帕累托解集。

详细内容参见（Serbanescu，2005a）。我们可将某个系统看作一个控制层级系统（如之前解释的 CAS 类型的系统）。对这样的系统来说（Serbanescu，2005a），可通过计算信息熵流失的这类特殊风险测定方式来得出最优解（Jaynes，2003; Smithson，2000），因此，对某个特定函数，在变量约束条件既定且"香农信息熵"（Shannon Information Entropy）达到最小值时得到最优解。用数学形式来表达就是在约束条件式（11–10）的情况下找出式（11–9）的最优解。

$$S_{inf} = X_I \times \ln X_I \tag{11-9}$$

$$\Sigma X_i \leqslant \alpha \tag{11-10}$$

在式（11–9）和式（11–10）中，X 代表既定 PRA 水平（如事故或风险的概率既定）的任何风险标准，α 代表这些参数（如既定结束状态或风险价值的可接受概率的最优结果）的限制条件。式（11–9）与式（11–10）的解以拉格朗日函数（LF）的形式来给出。图 11–31 详细地展示了该过程。

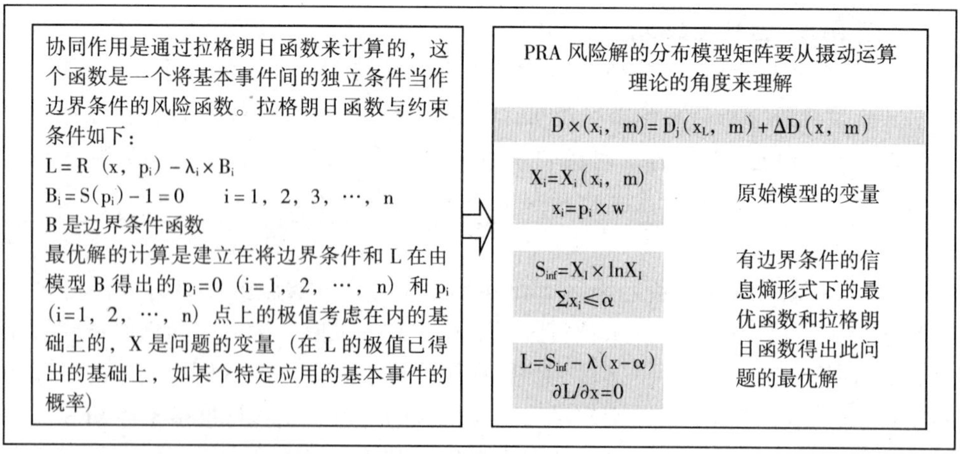

协同作用是通过拉格朗日函数来计算的，这个函数是一个将基本事件间的独立条件当作边界条件的风险函数。拉格朗日函数与约束条件如下：
$L = R(x, p_i) - \lambda_i \times B_i$
$B_i = S(p_i) - 1 = 0 \quad i = 1, 2, 3, \cdots, n$
B 是边界条件函数
最优解的计算是建立在将边界条件和 L 在由模型 B 得出的 $p_i = 0$ ($i = 1, 2, \cdots, n$) 和 p_i ($i = 1, 2, \cdots, n$) 点上的极值考虑在内的基础上的，X 是问题的变量（在 L 的极值已得出的基础上，如某个特定应用的基本事件的概率）

PRA 风险解的分布模型矩阵要从摄动运算理论的角度来理解

$D \times (x_i, m) = D_i(x_L, m) + \Delta D(x, m)$

$X_i = X_i(x_i, m)$
$x_i = p_i \times w$
原始模型的变量

$S_{inf} = X_I \times \ln X_I$
$\Sigma x_i \leqslant \alpha$

$L = S_{inf} - \lambda(x - \alpha)$
$\partial L / \partial x = 0$
有边界条件的信息熵形式下的最优函数和拉格朗日函数得出此问题的最优解

图 11–31　拉格朗日函数计算风险的过程图示

为了分析风险标准可能发生的变动，我们需要一个工具来评估结果的影响以决定下一步该采取的措施，这基于"摄动"理论（Kato，1995）。这种方法被用在将事件树与事故树用特定电脑编码的形式来构建矩阵的过程中。因此，为了评估 CAS 模型面临挑战的影响及对 SES 模型进行敏感性分析的修正，假定 CAS 模型的摄动范围是线性的。

线性与结果集的对数风险标准相关。敏感性分析的一个主要目标是确定该假设的影响。

作为此假设的某种结果，模型的构建和解的计算可用式（11-11）来表达，在式（11-11）中，R 代表风险标准函数，NL 指标指代"非摄动"初始模型/初始解，HC 表示被诱发的"危害曲线" HC 形式的扰动，R^0 表示风险标准（参考解）的非扰动解，ΔR 指由既定假设得出的结果诱发的变动，ε_{error} 指公差。

$$R^{NL} = F^{NL}\ (P^M,\ HC) = F^0 \otimes HC = R^0 + \Delta R + \varepsilon_{error} \tag{11-11}$$

在图 11-32 和式（11-11）中，F 是构建 PRA Nuc 模型解的函数，它是在一系列结束状态 P^M 和既定新现象的危害曲线得以模型化的基础上定义的，同时，为计算所有能源资源的风险而获得的一系列值由 R^{NL} 集定义（Serbanescu，2007）。

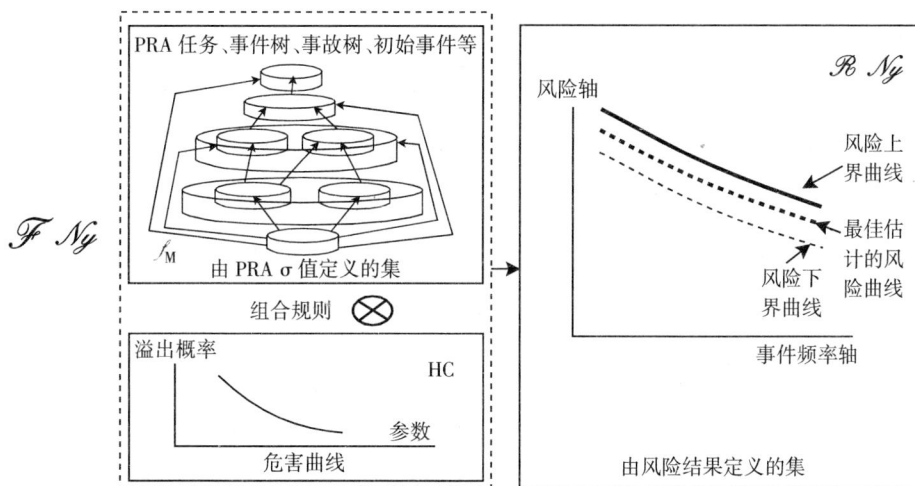

图 11-32　基于旧应用来对 PRANuc 求解新应用的图示

关于 PRA Nuc 新应用开发风险的标准结果的例子详细参见（Serbanescu，2005a），在该文中，作者从风险角度讨论了评估风险标准的各种方法在求最优解过程中所起的作用。

图 11-33 展示了两种求风险等级的方法：

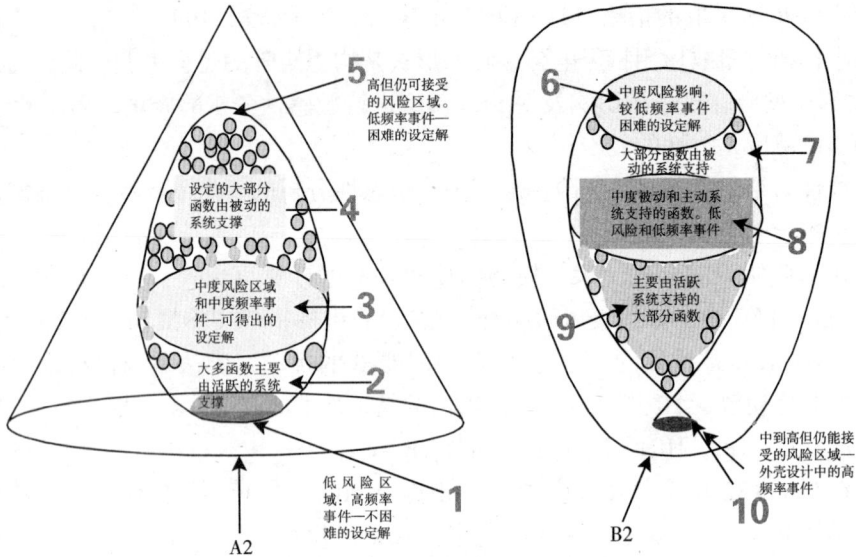

图 11-33　CAS 水平 3 的风险尺度结果三维图示

● A2 为古典方法，由（USNRC，1983）定义。

● B2 是基于上面提到的拉格朗日函数的方法。

要想在决策中使用这两种方法，有必要了解 A_2 和 B_2 之间的微妙差别：

● 在古典方法中，使用此方法的人不仅要从风险角度（如圆锥体的抛物面）考虑可行解区间，而且要考虑限制条件（圆锥体）。

● 在拉格朗日方法中，限制条件被嵌入到由内部抛物面（如抛物面已嵌入圆锥体中）定义的可行解区间中。B2 中的外抛物面代表解的上限，不是 A2 中定义的区间。

无论是古典方法还是拉格郎日方法，从风险角度来看，场景在计算 CAS 风险最优解的过程中能提供同样重要的信息。

如图 11-33 所示，从解区间内可确定 10 类解，对 A2 来说，它们是：

（1）低风险影响——非困难设定解；

（2）低风险影响——主要由活跃的系统特性确定的解；

（3）中度风险影响——可计算的设定解；

（4）中度到高风险影响——主要由系统的被动特性确定的解；

（5）高但仍可接受的风险影响——困难的设定解。

对 B2 来说，这些解主要体现在图中的 6~10，图 11-33 中的 6 类似于上面提到过的 5（例如，高但仍可接受的风险影响——困难的设定解），而 10 类似于 1（例如，低风险影响——非困难设定解）。同样值得注意的是，图 11-33 中展示的结果对所有本章提到过的 CAS 来说仅仅是个特例。相关例子见（Colli et al.，2008；Serbanescu et al.，2008a；Serbanescu et al.，2008b）。

范例 5　风险计算与决策过程

SES-RISK 的计算结果必须以一种对决策过程有用的形式呈现。SES 的风险分析结果必须以这样的形式呈现：罗列对各种风险及损害排序有利的因素——在模型的整个过程和假设既定的情况下，结果对它们的相对价值（不是整个价值）有重要意义；罗列部分存活性标准结果；不管在哪种情形下，预期误差范围的趋势应当可以预见，同时，结果要用在基于风险状况而进行决策的过程中。

SES 评估的主要目的是帮助决策（DM）。因此，SES-RISK 的计算结果必须以一种有利于决策的形式来提供。SES 风险分析的结果必须以这样的形式提供：罗列对各种风险及损害排序有利的因素——给定模型的整个过程和假设，结果对它们的相对价值（不是整体价值）有重要意义；罗列一系列存活性标准的结果；两种形式都能指明误差范围，因此结果会用于基于风险的决策中。风险分析的主要作用之一是为不同领域的决策提供支持。在（Howard，1984）中，Howard 用图列举了一些常见的分析决策问题的方法。

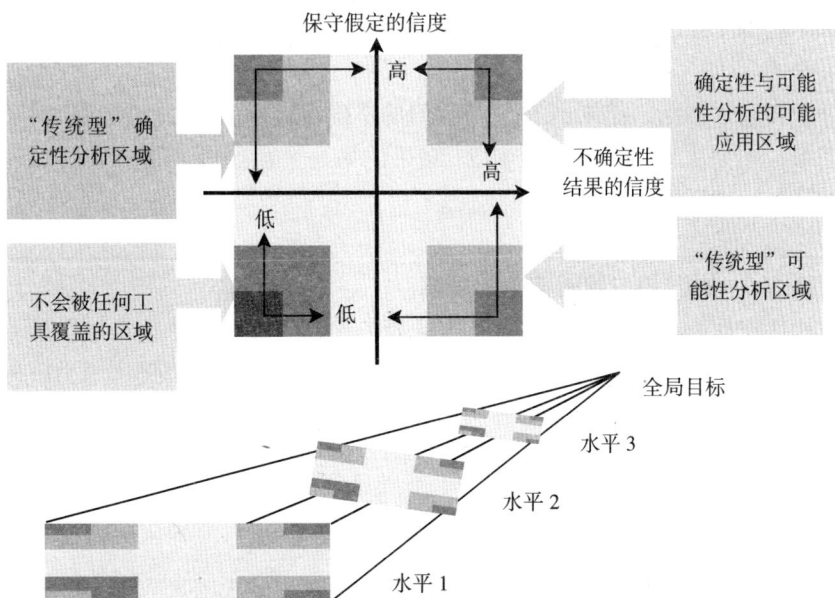

图 11-34　应用确定性和不确定性分析方法进行决策的区域图示

无论是作为诱导信息（RIDM）还是作为风险评估标准（基于风险的决策，RBDM），PRA Nuc 都是决策过程的一个重要支持。其在核能系统应用中得出的经验使我们能够识别和确认很多确定性或不确定性工具的适用范围，如图 11-34 所示：

在这种分类下，适用范围的确定有两个标准：

（i）假定保守度的模型的可信度；

（ii）构建模型及应用方法来评估风险的不确定性水平的可信度。

$$O = (\phi \otimes U_{(\phi)}) \otimes (\phi \otimes U_{(\phi)}) \otimes (F \otimes U_{(\phi)})$$

$$\begin{array}{ccccc} R_P & R_{G1} & R_D & R_{G2} & R_F \end{array}$$

$$(11\text{-}12)$$

在对一系列不确定性和确定性结果进行风险分析的基础上，利用式（11-12）可以找出这些风险分析的确定性水平或找出"联合"它们的方法（如果可能的话）。函数 O（决策目标）是一系列逻辑组合的结果：

● $R_{P,D}$ 用来推导不确定性和决定性结果的信度，R_F 则是基于实验/真实案例反馈的推理的信度。

● R_{G1} 和 R_{G2} 用来连接推理结果，基于：

● 不确定性评估（P——不确定性陈述，U_p——可能性陈述的不确定性）；

● 确定性评估（D——确定性陈述，U_d——确定性陈述的不确定性）；

● 反馈检查陈述（F——基于反馈检查的陈述，U_f——反馈检查陈述的不确定性）。

同样值得注意的是，风险分析的结果通常分为"确定性陈述"和"不确定性陈述"两种。

对于确定性判断，结果由 D 值与其值的不确定性水平（U_d）构成；对于不确定性结果，结果主要由 P 和 U_P 构成。结果的另一个重要内容是真实目标（而不是模型目标）的反馈（如下）。

范例 6　对误差与判断偏差的理解

对风险结果和基于风险结果的决策的完整性的验证在很大程度上依赖于对误差和系统性偏差的理解。提供给决策者的结果包括模型化过程中所遇到的不确定性方面的信息，如上个范例所说的那样，这些信息在提交时就要附带详细的解释和参考材料以及由于在风险分析过程中直接间接使用特定"数学符号"而引起的系统性偏差信息。

各种挑战的风险影响 SES 的结果应作为决策过程的投入来应用。然而，在将结果提交给管理者时一定要明确各项推荐措施的确定性水平，结果的信度问题在

任何方法中都非常重要。因此，对模型中误差和完整性偏差的理解至关重要。

在寻找对风险分析结果的信度进行自我评估的解决方案时，我们确定了两类完整性偏差。

第一类与一般科学方法及其固有缺陷相关，Mc Comas（1996）定义了很多系统性误差（被称为"科学神话"）：

（1）假设变成理论，理论变成公理；

（2）假设是一个有根据的猜测；

（3）存在一个通用的科学方法；

（4）仔细积累迹象会产生确定的知识；

（5）科学及其方法能提供确凿证据；

（6）科学更多是程序性的而不是创造性的；

（7）科学与方法能回答所有问题；

（8）科学家特别主观；

（9）实验是获得科学知识的根本途径。

表 11-8 从决策描述中使用的公式（4）所得的推理运算符图示

影响函数案例	高信度风险结果案例1	低信度风险结果案例2	中信度风险结果案例3	过高信度的风险结果案例4	过低信度的风险结果案例5
P	L	L	M	L	M
R_P	L	L	M	L	H
U（P）	H	H	H	H	H
P 总和	L	L	M	L	H
D	H	H	M	H	L
R_D	H	L	L	H	L
U（D）	L	L	L	L	L
D 总和	M	M	L	M	L
F	H	H	M	H	L
R_F	H	L	L	H	L
U（F）	L	L	L	L	L
F 总和	H	M	L	M	L
R^{G1}	M	M	L	L	L
R^{G2}	H	M	M	H	M
总目标函数	M	M	H	L	L

第二类偏差与 CAS 风险分析引发的 "神话" 相关，(Hansson，2000) 定义了以下偏差：

（1）"风险" 必须有一个唯一且界定明确的定义；

（2）风险严重程度应根据它们所造成结果的严重程度的平均数来判断；

（3）基于风险状况做出的决策应衡量其全部风险与全部收益；

（4）基于风险状况的决策应由专家而不是外行做出；

（5）减少所有社会部门风险的措施应建立在相同的标准上；

（6）风险评估只应建立在已确定的科学事实的基础上；

（7）如果有严重风险，只要去找科学家就能找到这种风险。

范例 7　矛盾的解决方案

每一个 SES-RISK 迭代计算都能得出相应的反馈结果。为了得出反馈结果，在进行下一次迭代计算时我们必须考虑之前得出的结果。风险分析被认为是一个系统地寻找出现在下一迭代过程中自相矛盾的解决方案的过程。而在之前步骤中识别出的不确定性与误差的源头也得到了系统的检查。在得到每一次迭代计算的结果和反馈结果的基础上，我们就可以确定为下一次迭代计算而准备的一系列反馈措施。

识别范例 6 提到的可能出现的系统性误差十分关键。然而，对偏差及限制条件的理解仅仅是反馈问题的一部分。理解这些限制条件的源头和确定对 SES 模型进行进一步检查的措施与策略，以及提高结果的信度水平则更为重要。

为了找到能解决模型和方法中存在的系统性偏差的方案，必须确立某些标准。其中一个标准与知识获取过程相关。如果（Peirce，1931）创立的三合一理论方法可作为过程的一种整合，那么创建 CAS 模型的过程可用图 11-35 来表示。

使用恰当的方法来寻找 CAS 模型解的过程如图 11-35 所示，在图 11-35 中，CAS 模型解的可行性区域是模型集与用 CAS 方法得来的解集的交叉区域。由于一系列的 CAS 模型 (S) 被构建的同时也产生了一系列的系统偏差 (M)，因此该模型由一系列真实目标 (R) 之间的三种关系来确定。

如图 11-36 所示，模型的三个维度是 KNW-SOC-ENV，而方法的三个维度是 RSK-DEC-CAS，建立在 (Serbanescu et al.2008) 所提到的 PRA-NUC 方法的基础上。

模型的三个维度与方法的三个维度交叉产生 4 个解区域，用图 11-36 中的同心圆 (0、Ⅰ、Ⅱ、Ⅲ) 表示。这些图表明，按照递增的顺序，不确定性水平与通过评估特定风险所得的知识呈递增趋势。

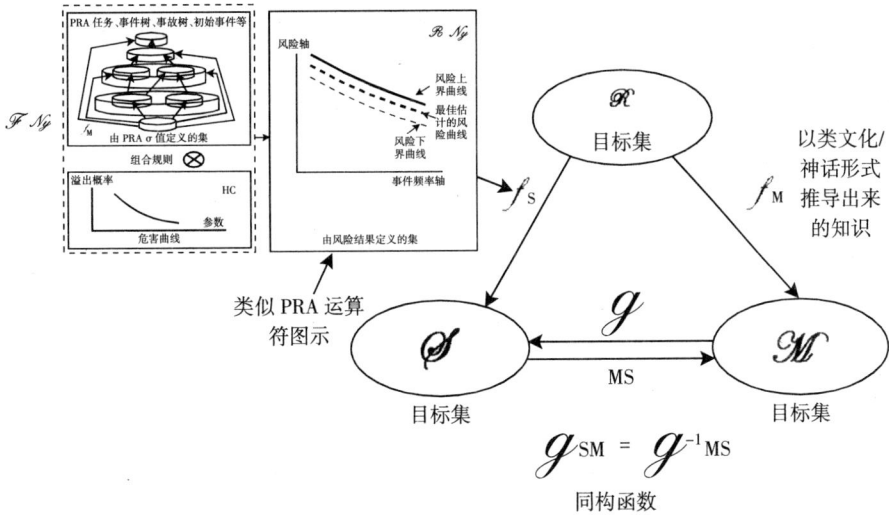

图 11-35　SES-RISK 构建使用的三合一推理方法图示

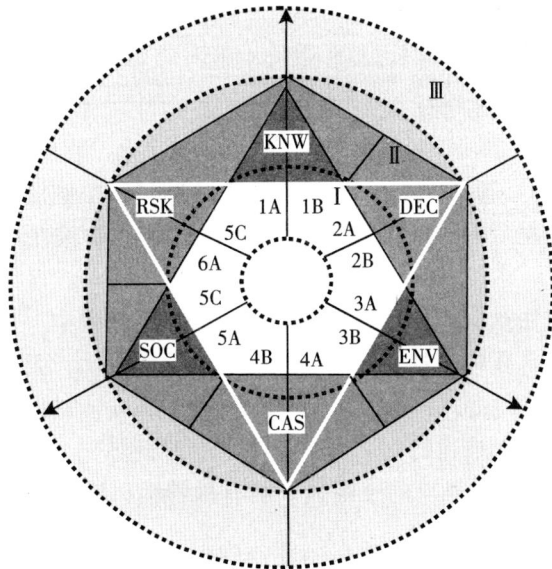

图 11-36　构建 SES-RISK 方法以寻找 SES 模型解的过程图示

另一个重要方面是在 CAS 风险评估中寻找系统性偏差，主要是通过将笛卡尔方法分别应用到模型与方法的三个维度中来实现。表 11-9 展示的研究方法被用于 CAS 模型化和寻找解过程的所有步骤中，且不依赖于风险评估方法的类型（即"确定性"或"不确定性"）。

表 11-9　推导过程展示（Descartes，1637）

目标与标准	
R1	获取知识的目的是将对客体的判断（真或基础性的）规范化
R2	客体即目标，因为知识是不容置疑且真实的
R3	知识完整性标准是能从客体中获取直觉
工具由规则确定	
R4	工具即方法
R5	工具的特点就是对逐渐增长的复杂客体层级——GICHO 进行组织与开发
R6	为了满足规则 5，一个"复杂度标准（CL_0）"推导过程被采用以促使以下规则能够： 确定什么是简单和扩大 CL_0 根据其他客体的 CL_0 值来确定偏离大小，$C = CL - CL_0$
评估知识的完整性	
R7	在交互中评估客体（协同模型下） 一个方法取得成功的前提是将知识（KNW）看作一个过程（Process）——KNWP
R8	方法的应用有一个必要充分条件，如是否存在通过直觉来对客体所有层面进行理解的现象
R9	KNWP，必须从 CL_0 开始且必须确保每一步的主体都能理解客体
R10	主体通过 CL_0 上的实践来提高自己
KNWP 的结果	
R11	主体必须用尽所有思维工具来得到 KNW：1. 推理；2. 想象；3. 直觉；4. 记忆，其目的是通过直觉来获取 CL_0，从 CL_0 开始构建 KNW

在（Serbanescu，2005a）中，在所有模型化的过程中确定了一系列建议性步骤以应对在寻找偏差与解的过程中所遇到的问题，进而以系统的且可追踪的方式来处理它们。

一个类似的方法被应用于 SES 模型与 SES-RISK 过程中。为了确定为避免在进行结果可信度的自我评估过程中失去控制而采取的行动，我们系统地将反馈过程分为三个步骤（Serbanescu et al.，2007b；Serbanescu et al.，2008b）：

第一步：识别下面描述的每一步的具体"治理原则"。

P1. 用整合方法模型得出的来源因素具有独特性，因此有必要定义多样化的目标函数。

P2. 用补充性的"确定性分析法"与"不确定性分析法"来应对 SES 风险模型的双重特性，但如果不确定其适用范围，使用它们就会产生自相矛盾的问题。

P3. 在对随机变量进行判断的过程中，使用衡量方法来联合确定性分析法与不确定性分析法会得出定量的结果，因为信度的大小依赖于解而不是两类数据（确定性和不确定性）的简单组合。

P4. 对模型进行测试以检查其在此步中识别矛盾的稳定性，将产生一个在保留模型自身缺陷的同时定义参考案例的闭合逻辑循环。

P5. SES 模型可作为九步骤之一。这九个步骤一一相连，每一步骤的时限、强度、矛盾的大小程度都随 SES 类型的不同而不同。此外，在每一步中，用因果关系法来寻找矛盾背后的规律会给因果关系法带来挑战。

P6. SES 模型是为既定的系列目标函数而构建的，模型的标准理应包括风险，而风险往往并不是用户所希望看到的目标。

P7. 确定性模型与不确定性模型的组合迫使模型构建者和用户对确定性事件和不确定性事件（默认为不确定）的组合进行共同陈述。然而，有时会得出逻辑上不一致甚至相互冲突的结论。

P8. 在使用 SES-RISK 方法的同时必须保证既定 SES 模型 9 步循环的完整性。该过程的完整性要求在每一次迭代计算后都必须重新开始此过程以提高模型的准确度，进而对 SES-RISK 方法进行修正。

第二步：定义作为每一步主要特征的"信条"。

P1. 假设风险有一个特殊的定义，风险科学有一个独特且单一的方法来解决所有问题。

P2. 假定被广泛接受的科学事实会表明以科学性的方式来使用的随机数据与确定性数据会通过风险评估来为确定性提供支持。

P3. 假定在风险分析过程中，会产生一个全世界通用的科学方法来根据风险的概率及其以前造成的结果/损害来评估风险的严重程序。

P4. 假定通过谨慎使用之前的选择经验和模型结果，可以推导出客观结果来证明既定 SES 模型结果的有效性。

P5. 假定通过使用有根据的猜测和实验，科学家能发现并评估任何重大风险，这是因为科学的客观性和其他的特性。

P6. 假定评估风险收益的风险分析方法具有客观性，从而结果可用在决策过程中。

P7. 假定在所有社区部门中（任何类型的 SES 模型）使用真实客观的科学方法和能减少风险的措施，那么混合使用所有分析/确定性和协同/不确定性的科学方法都能确保 SES 模型化的成功。

P8. 假定科学更倾向于程序化而不是创造性（至少对这类的活动来说），且决策本身是由受过良好训练的职员和科学家做出。

P9. 假定科学的发展是建立在假设会变成理论，理论会变成公理的基础上，从而对任何 SES 来说，如果有风险，科学家就会发现。

第三步：确定一系列措施以防止产生矛盾。

P1. 模拟 SES 标准的目标函数多样性，并通过结构分层找出每一层级的最优解。

P2. 必须清晰界定及使用 SES 模型和决策模块中的确定性部分与不确定性部分的适用区域。

P3. 将数字函数和逻辑函数作为 SES 模型确定性与不确定性部分及其标准间的开关和连接器。

P4. 基于模型中不可见/不清晰的假定在矛盾中的反映,用特殊的敏感性分析方法来分析这些假定的敏感性。在筛选这些问题的过程中,使用目前尚未包含于 SES 模型中的各种方法。

P5. 提交 SES 模型中识别出的所有矛盾和产生这些矛盾的心理因素以更好地理解 SES 模型的偏差以及为进一步的分析确定 SES 参考模型。

P6. 通过识别 RIDM(一个被添加到 SES 模型风险分析的实际结果中的模型)用户的需求与愿望来确定之前处理风险分析结果的规则,进而将其运用于决策过程中。

P7. SES 风险模型中确立性和概率性方法的合并包含着一系列结果公式化的逻辑结构和合并这两种方法的模块。

P8. 使用包括模型中潜在失真在内的风险管理措施来持续地检查 SES 模型的客观性。

P9. 重新开始模型化循环,即使没有用户要求如此,因为通常有必要对遇到的所有矛盾给出一个前后一致的答案,即使用户和科学组织并不对它们感兴趣。(Serbanescu,2005a)展示了在 SES 风险分析过程中所应用的措施的预期效果。由预期效果得出的主要结论展示了 SES-RISK 分析中模型化反馈的重要性,对反馈进行模型化是为了确保通过识别和管理可能的系统性偏差能得到收敛的解集。

参考文献

[1] Colli et al., 2008, ColliA., Serbanescu D., PRA-Type Study Adapted to the Multi-crystalline Silicon Photovoltaic Cells Manufacture Process, ESREL 2008.

[2] Descartes R., 1637, Discours De La Méthode, Paris, Garnier-Flammarion, 1966, Edition *Discourse on Method* (1637).

[3] Haimes, Yacov Y., 2004, Risk Modeling, Assessment and Management, 2nd Edition, Wiley & Sons, New Jersey.

[4] Hansson S.O., 2000, Myths on Risk Talk at the Conference Stockholm Thirty Years On. Progress Achieved and Challenges Ahead in International Environmental Co-operation. Swedish Ministry of the Environment, June 17-18, 2000 Royal Institute of Technology, Stockholm.

［5］Howard et al., 1984, Howard R.A. and Matheson J.E., (editors), Readings on the Principles and Applications of Decision Analysis, 2 volumes (1984), Menlo Park CA: Strategic Decisions Group.

［6］Jaynes E. T., 2003, Probability Theory–The Logic of Science, Cambridge University Press, Cambridge, UK.

［7］Kato, Tokyo, 1995, Perturbation Theory for Linear Operators, Springer Verlag, Germany, ISBN 3–540–58661.

［8］Mc Comas W., 1996, Ten Myths of Science: Re Examining What We Know, Vol. 96, School Science & Mathematics, 01–01–1996, pp.10.

［9］Maturana et al., 1980, Maturana H.R., Varela F.J. Autopoiésisy Cognición. Dordrecht, Holanda: D. Reidel, 1980.

［10］Peirce C.S., 1931, *Collected Papers of Charles Sanders Peirce*, 8 vols. Edited by Charles Hartshorne, Paul Weiss, Arthur Burks (Harvard University Press, Cambridge, Massachusetts, 1931–1958, *http: //www.hup.harvard.edu/catalog/PEI-COA.html*.

［11］© Relcon Scandpower AB, 2008, RiskSpectrum® PSA Professional, Developed and Maintained by Relcon Scandpower AB in Sweden, http: //www.riskspectrum.com/.

［12］Serbanescu D., 1991, Serbanescu D., A New Approach in the Decision Phases of the PSA Studies, PSA91, Vienna, 1991.

［13］Serbanescu D., 2001, Serbanescu D., The use of the Decision Theory and Probabilistic Analyses in the Npp Licensing Decision Process, IAEA–CN–82/28, 2001.

［14］Serbanescu, 2005a, Some Insights on Issues Related to Specifics of the Use of Probability, Risk, Uncertainty and Logic in PRA Studies, Int. J. Critical Infrastructures, Vol. 1, Nos. 2/3, 2005.

［15］Serbanescu, 2005b, Integrated Risk Assessment, ICRESH 2005, Bombay, India.

［16］Serbanescu, 2007, Serbanescu, D., Risk Informed Decision Making, Lecture Presented at VALDOC Summer School on Risk Issues, Smoegen (Sweden), Vol. Karita Research Sweden (Organiser), JRC PB/2007/IE/5019.

［17］Serbanescu et al., 2007a, Serbanescu, D. & Kirchsteiger C., 2007a. Some Methodological Aspects on a Risk Informed Support for Decisions on Specific Complex Systems Objectives, ICAP 2007.

[18] Serbanescu et al., 2007b, Serbanescu D., Kircsteiger C., Some Method-ological Aspects on a Risk Informed Support for Decisions on Specific Complex Systems Objectives, EC DG Joint Research Centre, Institute for Energy, Presented at SRA Conference 2007, Netherlands.

[19] Serbanescu, 2008, Serbanescu D., Some Aspects, Models and Results on the Use of PRA-Nuclear for the Modeling of Risks on Hydrogen Installations-preliminary Results of the Work Performed in the HYSAFE/HYQRA Project in 2008/Feb. 2009 JRC Petten, Presented in HYSAFE Workshop Tirennia, Italy 2008.

[20] Serbanescu et al., 2008a, Serbanescu D. &Vetere Arellano A.L., SES RISK a New Method to Support Decisions on Energy Supply, ESREL 2008.

[21] Serbanescu et al., 2008b, Serbanescu D., Colli A., Vetere Arellano A. L., On Some Aspects Related to the Use of Integrated Risk Analyses for the Decision Making Process, Including Its Use in the Non-nuclear Applications, ESREL 2008.

[22] Serbanescu et al., 2008c, Serbanescu D. & Vetere Arellano A.L., Risk-Informed Decision Making (RIDM), in the Report CARGO-sixth Framework Programme-Citizens and Governance in a Knowledge-based Society, Proposal/Contract no.: FP6-036720 Comparison of Approaches to Risk Governance WP1-30 January 2008.

[23] Serbanescu, 2009, On Some Aspects of Performing Probabilistic Risk Assessment for Regional Renewable Energy Systems (T2-G.2), SRA Conference 2009 Risk Analysis: The Evolution of a Science T2-G Symposium: Overcoming Risks Inherent to Renewable Energy Technologies and Systems, Baltimore, United States of America December 6-9, 2009.

[24] Serbanescu et al., 2010a, Serbanescu D., Baraldi D., Vetere Arellano A.L. Some Aspects of the Practical Use of Probabilistic Risk Analyses for the Evaluation of Risks in Hydrogen Installations, EC DG Joint Research Centre, Institute for Energy, Petten, Netherlands, DGENER D2Nuclear Safety, Transport and Decommissioning, Luxembourg, 2010.

[25] Serbanescu et al., 2010b, Serbanescu D., Baraldi D., Vetere Arellano A.L, On Some Specific Methodological Aspects of Using Probabilistic Risk Analyses for the Evaluation of Risks in Hydrogen, EC DG Joint Research Centre, Institute for Energy, Petten, Netherlands, DGENER D2Nuclear Safety, Transport and Decommissioning, Luxembourg, 2010.

[26] Smithson, Michel J., 2000, Human judgment and Imprecise Probabili-

ties, Web site of the Imprecise Probabilities Project http: //www.ippserv.rug.ac.be 1997–2000 by Michel J. Smithson and the Imprecise Probabilities Project.

[27] USNRC, 1983, PRA Procedures Guide. A Guide for the Performance of Probabilistic Risk Assessment for Nuclear Power Plants（1983）USNRC, NUREG/CR–2300, February 1.

[28] USNRC, 1998, Regulatory Guide 1.174, An Approach for Using PRA in Risk Informed Decisions on Plant Specific Changes to the Licensing Basis, July 1998.

第⑫章 能源安全：复杂系统与复杂环境所面临的问题

摘　要：本章主要阐述以下几个方面：首先讨论了能源安全领域，描述了其与国家安全之间的关系；其次讨论了与复杂系统相联系的能源安全问题，如核设施的风险和国家可利用能源水平，如石油；最后讨论了在缺乏能源安全时国家经济的脆弱性。

12.1　问题陈述：能源安全

能源是人类进步的"催化剂"。大部分国家都开始依赖此"良药"来创建各自的经济和未来。如此一来，这些国家也开始严重依赖能源。因此，由严重依赖能源带来的经济上的巨大脆弱性导致了大量的风险。由于各个国家依赖能源来保持其经济增长，此模式中出现脆弱性。一个典型的例子是，不久前日本由于依赖外国石油而卷入了一场战争。也因此，美国和其他国家通过限制贸易自由来遏制发展中国家的发展能力。由于日本无法自己生产石油，于是寻找解决方案从而确保石油安全。因此，日本加入了第二次世界大战，现在是世界上可再生能源的领导者。

当然，日本并不是唯一做出"依赖石油"错误决策的国家。世界上许多国家和经济体都是石油依赖型，特别是美国。美国的问题是它并未从日本的失误和日本成为世界可再生能源领域的领导者的例子中吸取经验教训。也许有人仍会迷恋20世纪80年代和90年代廉价的石油与天然气。这种发生在20世纪80年代和90年代的自我满足其实很简单：进口石油和天然气特别便宜——便宜得甚至没人愿意为开发能源替代品而付出努力。现在，为了保护其经济及公民的生活方式，美国必须保护这些有缺陷的能源资源。当然，伴随着这些保护的是风险与复杂性。除日本外的许多国家都承诺要在一个特定的时间内实现完全不依赖石油的目标。提高能源安全也是瑞典逐步淘汰石油计划的一个重要原因。与此同时，瑞典还抑制天然气进口产业的发展。

那么，哪些领域是能源安全领域？首先，我们必须识别出不同类型的能源资源。它们包括石油（原油、汽油和柴油）、天然气、核能和可再生能源（生物燃料、风能、地热能、太阳能和水力发电，包括水电和潮汐涡轮发电）。高效的项目必须处理 CIKR（关键基础设施与核心资源）的物理元素、计算机元素和人类元素，在恰当时候要考虑到长期、短期和可持续的活动。

能源自身就是产品，需要对确保勘探、生产、提纯、储存、销售和消费正常进行的基础设施进行分析。能源带动经济，这种带动是能源对作为先进文明代表的美国的主要影响。复杂相互依赖系统的设计者之一，阿德里安·格奥尔基博士提出了将基础设施及其经济价值看作"基础设施经济学"（Infranomics）的分析方法。基础设施经济学是对相互作用、相互依赖、复杂的规律及其在复杂的关键基础设施系统中的应用以及它们如何解决问题的理解。美国的能源基础设施为其21 世纪的经济提供动力，若没有稳定的能源供给，健康与福利将受到挑战，美国的经济也将停止运行。构建一个框架来转移威胁并不可行，因为超过 80% 的基础设施归私人所有。问题（风险）就是如何将超过 80% 的私人拥有的基础设施联合起来以及如何识别风险和漏洞。虽然将美国作为一个例子，但笔者认为，几乎每个国家都面临着同样的难题和识别风险的必要。

12.2 能源安全与国家安全

"国家安全总统令 7"（HSPD-7）确立了 17 个关键基础设施和核心资源（CIKR）部门且为每个部门指派"联邦政府特定行业中介"（SSAs）。在此结构中，每个确定的部门对它们各自计划的运行与招聘负责。此外，这些部门有责任识别它们的保护性计划与基于部门做出的计划之间的差别，反之亦然。各种部门的特定计划有：农业与食品、银行与金融、通讯、国防、能源、信息技术、国家形象、运输系统和供水系统。

特别地，本章关注各部门能源方面的计划。国家安全局（DHS）已经制订了"能源部门计划"，它已认识到了国家对能源的依赖。尤其是，该机构意识到了国家所面临的能源中断的严重后果和存在破坏美国发展、健康和福利的威胁的事实。该计划写道："带有资产的能源部门与三个关键能源资源相联系：电能、石油和天然气。每一种资源都需要特有的支持活动和资产。"DHS 也构建了一个框架来评估风险和脆弱性，同时识别关键基础设施及其相互依赖度。图 12-1 展示了此框架。更重要的是，此框架能够实现所确定的风险目标。

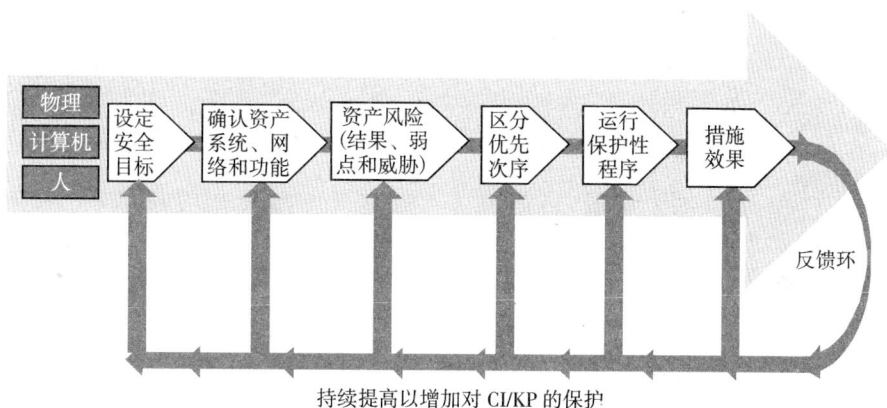

图 12-1　HHS NIPP 风险管理框架

图 12-1 清楚地展示了一个分步、分阶段且带有反馈环路的系统构建过程。图 12-1 的步骤图首先指出了"设立安全目标"，其次是确立资产、系统、网络以及功能，最后是措施的效果。

"能源部门计划"中写道："一个健康的能源基础设施是现代经济的典型特征。基本能源——电、石油或天然气供应的长期中断会给美国经济和人民带来严重危害。"能源使用无所不在，也正因如此，基础设施与美国经济的每个方面紧密相连。事实上，可以说能源会影响世界上所有先进的经济体。

DHS 将能源分为三类：电、石油和天然气。在此基础上，又将每一类进行细分。如图 12-2 所示。

图 12-2 展示了各能源领域的复杂情况，如电能。该图详细描述了发电，特别是其来源，如输送、分配、控制系统和市场。该图也详细描述了剩余的两个能源领域：石油和天然气，这对识别基础设施及其相关性来说是个良好的开端。

相关性出现在公共领域的电力传输中。图 12-3 举出了一个这种相互依赖性的例子：电力基础设施间的通信系统。

相关性不仅存在于电力基础设施，如前面提到过的通信系统中，同时也存在于将煤、石油和天然气运输到发电设备的传输系统中。如果某些不利因素影响了卡车、铁路系统以及水路运输从而减缓了能源向发电厂的运输速度，那么发电能力将大受影响。此外，相关性也出现在诸如应急响应系统的其他领域。应急服务需要电力来维护其设施的正常运转，从而为其雇员或病人提供福利。图 12-4 用更大的尺度展示了其他相关性的细节。

电	石油	天然气
● 发电站 ● 化石燃料发电站 ● 煤 ● 天然气 ● 石油 ● 核能发电站 ● 水坝 ● 可再生能源	● 石油 ● 陆上油田 ● 海上油田	● 原油 ● 陆上油田 ● 海上油田 ● 传输（管道）* ● 储存
● 传送 ● 变电所 ● 线路 ● 控制中心	● 加工 ● 传输（管道）* ● 输送（管道）* ● 储存 ● 天然气液化厂 ● 控制系统 ● 天然气市场	● 石油加工厂 ● 精炼厂 ● 码头 ● 传输（管道）* ● 储存 ● 控制系统 ● 石油市场
● 输送 ● 变电所 ● 线路 ● 控制中心		
● 控制系统 ● 电力市场		

图 12-2　能源部门分类

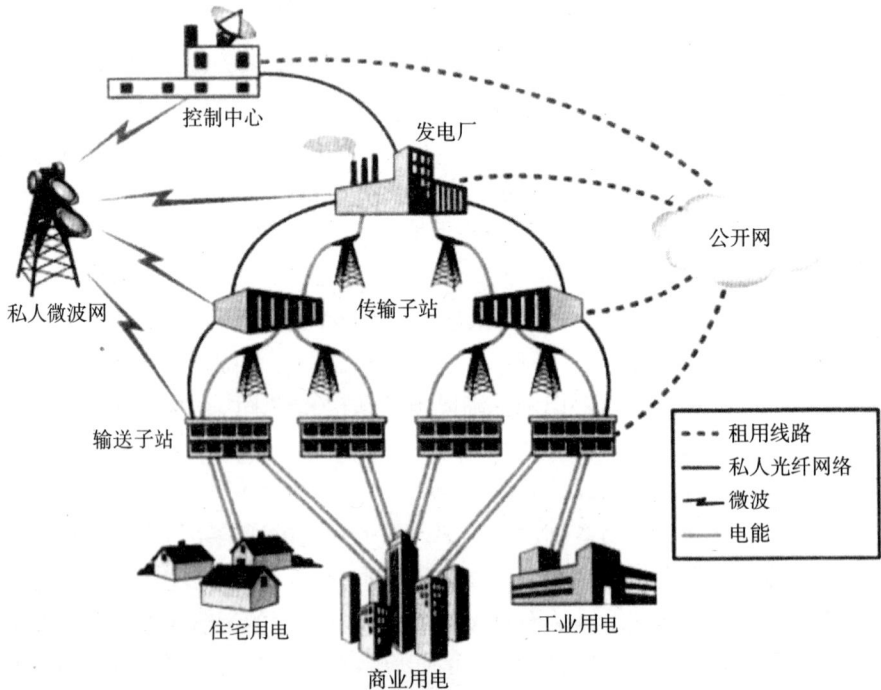

图 12-3　电力和通信控制系统

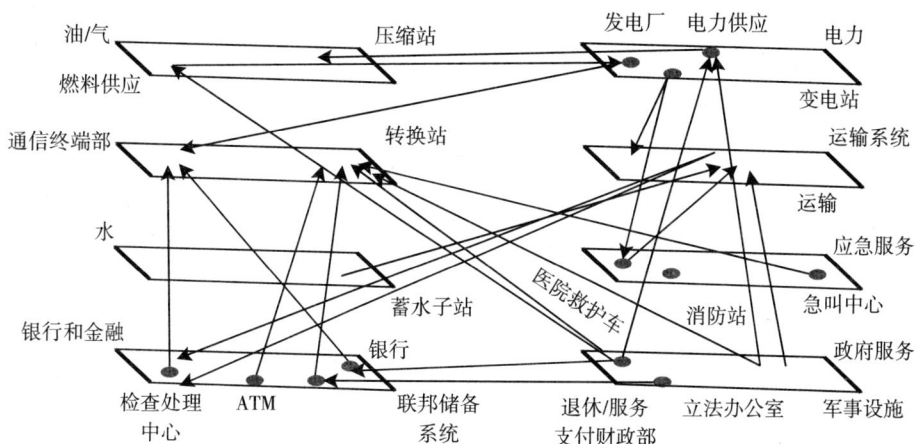

图 12-4 经济各部门间的相关性

相关性也会跨越国界。DHS 声明："能源基础设施的相互依赖也会跨越国界。石油和天然气管道以及电力传输线路对整合北美能源系统有很大帮助。此外，石油产品进口的持续增长也在不断增强美国对国外石油的依赖度。"现在看来，无论如何细化框架，讨论最终将回到一个简单的标准上——石油。可能有人会争辩说并不是所有的能源部门都依赖于石油。事实上，这些人是对的，因为电能的产生来源于煤、水力资源、太阳能、风能、地热能和天然气。但是，即使石油能源短期的中断也会带来灾难性后果。为了能优先解决石油依赖困境，我们必须确保现有状况的安全与稳定。因此，必须先进行风险分析以确定哪些是弱点、区分这些风险的高低顺序并且决定应采取什么措施。在能源部（DOE）和国家安全局的指导下，能源部门采用了很多方法来确定风险。由此可以得到的重要观点是：能源部门会与诸如其他政府机构和私人团体的多数同行密切合作来决定其相互依赖性。考虑到风险评估，DHS 声明："这些标准包括广泛适用于所有风险方法的分析原则和关于所需信息的具体指导原则，这些信息可被用来理解和解决风险等式的三种问题：严重后果、脆弱性和威胁。"对关键基础设施开发和实施有效的保护性措施的过程有三个步骤：确定需求、开发程序和找出长期解决方案。图 12-5 很好地阐述了 DHS 的这一过程。

上面所述的 DHS 过程通过收集数据来确定需求，例如共享信息，建立伙伴关系，通过使用之前的有效措施来开发程序，最后找出解决方案，如研发需求。此外，DHS 通过确立长期的技术方案来保护物理性资产、能源控制和计算机系统。任何风险管理计划，不管是否与主题相关，都应该以长期的视角来解决问题。

信息共享和建立/加强伙伴关系

- 电（ESISAC）
- 石油与天然气 SCC
- 电 SCC
- 政府与 GCC
- 州与地方政府
- 其他中介组织（DoD，DHS）
- 国际伙伴

确定安全需求

- 确实信息、加工技术与培训缺口
- 找出解决方案

长期项目与研发

区分优先顺序
- 设备
- 关键系统
- 区域
确保可持续性
- 技术开发
- 培训

项目开发与应用

| 预防与延迟 |
| 探测 |
| 缓和与响应 |
| 恢复 |
| 实体　网络　　人 |

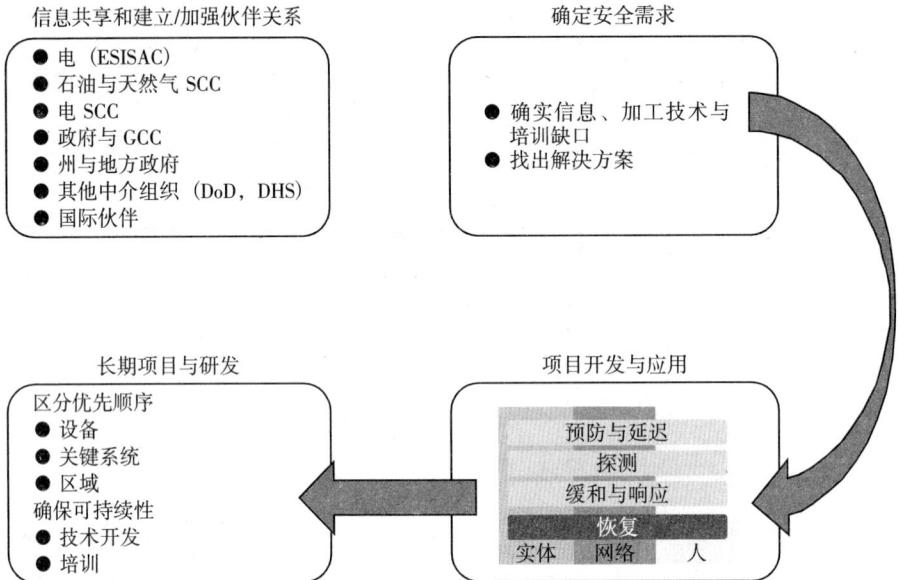

图 12-5　需求评估和排序，以及实施程序

12.3　能源安全与复杂系统

在讨论关键基础设施时我们通常会提及保护和复杂性这两个问题。能源安全与否的问题主要如下：

- 石油和其他化石燃料的消耗；
- 对外国能源资源的依赖；
- 发展中国家（如中国、印度）的需求；
- 经济效率与人口增长；
- 对化石燃料替代品的投资。

这些问题非常现实且解决方案极其复杂，其中某些问题目前甚至尚未被人们意识到。事实上，美国一直在努力寻找替代能源来解决其中一些问题。美国能源部也在其网页上刊登了一些能源问题，标示了七类关注的问题：

- 科学与技术——生物科学、碳隔离、化学技术、气候变化、计算机等；
- 能源资源——生物资源、煤、电、化石燃料、混合燃料、地热、氢能等；
- 能源效率——建筑物、能源之星、财务、家庭、产业、能源效用等；
- 环境——清洁空气、气候变化、设施、监管、废物管理和国家环保局法案；

● 价格与趋势——年度能源展望、审查和统计；

● 国家安全——网络、设施、核能、情报与反情报、大规模杀伤性武器、能源义务等；

● 安全与健康——化学、慢性铍疾病、工厂、核能、废物转移、员工健康和员工安全。

从以上分类可以看出，能源局已将其关注的问题细化为很多部分，更不用说其他复杂的领域了。所有这些类别都有其各自的问题。有人会认为这些与区域或分类相关的每一种能源都有它们自己的独立性和相互依赖性，包括脆弱性和风险。

继续讨论复杂系统这个主题，我们的目光将转向与核设施建设相关的风险。一提起它的名字，人们可能会猜核能设备（NPP）是一个复杂的系统。为什么？核能这个词本身就有消极含义，至少在美国是这样，因为在诸如广岛和长崎核轰炸事件后，又相继在 20 世纪 70 年代和 80 年代发生了三里岛和切尔诺贝利核事故。那些用于发电、冷却、储藏、分配的核能基础设施以及更重要的对核电站发电的控制极其复杂。坦白讲，由发电产生的放射性副产品对人类和其他生物的健康有重大危害，因此，核能发电和核废物处理将面临恐慌、负面形象和复杂性环境。如果决定建立核电站，最好是制订相应的风险最小化的计划。此外，有必要从社区视角来考虑核安全问题。从报废这个词的概念来讲，在规模不断扩大的欧盟国家中，只有通用的方法才能保证高水平的核设施安全。据欧盟委员会所言，另一个问题是"为了避免会给人类健康和环境带来危害的风险，须保证社会有足够的财政资源来使报废工作在安全标准下完成。为此，要有特定制度来促使报废基金会的建立，这样核设施经营者就不得不在这些设施的整个活跃期对此做出贡献"。简单地说，提供基金是建立核电厂的主要风险。因此，在动工之前，建设者必须获得此类基金会的同意并满足其提出的要求。建设项目不能"减少（改变）"基金，否则安全标准将会受到影响。

虽然安全预防措施得到了规划、颁布、实施和审核，但通常来说放射性材料的泄漏对它们所在的社区是一种风险。尽管已经建立了大规模的基于基本标准的辐射防卫系统来确保在现有科技水平下人们能享有高水平的防护，但这种防卫系统必须以严格的预测和控制向居民泄露风险的安全标准作为补充。特别地，在核电厂中，要想在从核设施构想到报废的所有阶段保持高水平的安全标准，就必须保持高效的放射性风险防卫，同时避免会带来放射性危害的事故发生。只有把这种保持当作必要条件才能完全实现"条约"中第 2（b）条的健康保护目标。对人类健康和环境带来危害的风险同样出现在核设施报废过程中。报废过程也可能给人类健康和环境带来潜在的安全威胁，不仅是现在，甚至在未来，特别是在没有及时执行与此类报废过程的放射性风险相关的措施的情况下，转移或减少对人类健康和环境带来危害的风险的最好途径是恰当地处理核废物。如果是这样，那么它们对人类和环境的有害影响将大幅降低。

至此，本章已将安全和废物排放作为与核电厂有关的风险进行了阐述。此外还必须提到另外两个因素：第一，核发电会产生一种叫作钚 239 的副产品，该副产品可用来制造大规模杀伤性武器。如此一来，核电站建设使其自身自然而然地与恐怖主义和核武器扩散联系起来。第二，更明显的是，核电站建设会带来健康风险。例如灾难发生，譬如说切尔诺贝利核电站事故，泄漏的放射性尘埃将对人类造成致命影响。放射性尘埃的泄漏会增加基因突变、身患癌症和白血病的风险。例如，在白俄罗斯的一些区域，政府报道的儿童甲状腺癌病例比切尔诺贝利事故前多 100 倍。当然，同样原因，在核电厂工作也有此类风险。

核电厂本身的复杂性是另一个重要方面，这种复杂性是指在核电厂内部为转移其潜在威胁而设置了许多冗余复杂的系统。核电站为避免发生事故和转移潜在威胁而设计的策略是"深度防御"——如果某个部分出现事故，事先准备的应急系统就会限制危害的扩大。如果应急系统也出现故障，则又会有另一个应急系统，如此等等。

12.4 国家经济的脆弱性

如果有人说美国经济的脆弱性仅仅是它对石油过度依赖的一个结果，那么他就错了。如果有人继续说世界经济的脆弱性也是由于过度依赖石油，那么他也错了。事实上，世界经济要远比一个简单的断言复杂得多。通过研究，发现了一个古老的引证，虽然在解释这种复杂性上并不准确。

约翰斯·特曼断言道："自 1973 年以来，人们逐渐意识到能源传输将变得更加困难，更加耗时且比预期的更加昂贵。现在，已经出现许多经济压力的信号。20 世纪 70 年代，经济增长从 50 年代和 60 年代每年 3.7% 的水平降到 2.7%。美国经历了大萧条、高失业率、大贸易逆差、缓慢的产出增长和历史上和平时期最高的通货膨胀。并不是所有的国家经济灾难都归咎于能源，但能源对一个国家经济安全的影响是无可争辩的。由 1973 年 OPEC 限制贸易自由、1976 年的天然气短缺、1978 年的煤矿罢工和 1979 年的汽油短缺导致的失业、工厂倒闭、困难和不便无不说明现代工业经济在面对能源价格和供应中断时的脆弱性。但是，能源也会以更微妙的方式导致经济的脆弱性：过去几十年间能源价格上涨速度大多会超过通货膨胀，由此提高了能源的真实价格并增加了通胀压力；能源生产对资本需求的增加会威胁到其他经济部门的投资；在 OPEC 提高石油价格后，生产化合燃料和其他替代能源的成本也随之上升；OPEC 对石油价格的提高使收入与财富从石油消耗国家转移到石油生产国家。"

同本章提到过的某些观点一样，能源的脆弱性越来越明显且更加复杂。此外，我们应该注意到 27 年前一篇文章中的陈述。这些陈述是否听起来似曾相识？应该是的。如今的世界正经历一场衰退，对这场衰退的指责更多与财务状况的脆弱性相关。或许，这些人是对的。但是假定另一情形或一个只会带来轻微变动的非触发事件或者脆弱的放贷行为。笔者的假定是，回忆一下几个月来导致衰退的呈指数增长的能源价格（虽然是以美国为例，但相信其他地方亦如此），而此时的石油价格达到每桶 160 美元。直到开始这种体验时，经济中的价格仍在飞涨，有人可能会认为这是由许多媒体罗列的不确定性活动导致的。这是巧合吗？也许是，但这与上面提到的 1982 年的情况惊人地相似。我断定居于衰退之前的能源成本是揭露经济基础弱点的触发事件。没有任何东西能像衰退或更糟糕的萧条一样能够揭露风险与脆弱性。这种相关性在损害社会中低收入阶层的利益后变得更加不真实。

现在，让我们对脆弱性分析进行分类并将脆弱性与伊朗这些中东国家联系起来。我知道这听起来像矛盾修饰法，因为它基于这样的事实：伊朗拥有较大的石油储备且是世界能源主要的出口国。然而，现实情况是脆弱性存在于能源环境中，事实上，脆弱性存在于这些国家中。我将注意力集中在伊朗经济的脆弱性上是因为伊朗在世界中的状况是由它自己造成的。美国通过对伊朗出口其珍贵商品——石油的能力进行制裁对伊朗的经济产生了消极影响，尽管伊朗也回击性地威胁要减少其石油出口。保罗·里夫林在他的文章中替伊朗能源的脆弱性担忧："伊朗警告说它会停止石油出口，这是一个愚蠢的威胁，因为它不可能在不大规模损害其经济的前提下减少石油出口。通过资助所有能源产品，伊朗极大地促进了需求，而美国的制裁限制了其增加供应的能力。因此，伊朗已变得特别依赖柴油和其他产品的进口，这就使其又暴露于潜在的国际制裁下。"这段文字引出了一个问题：伊朗是否真的以预防对手的理由发展核技术，或者是为了利用能源而发展核能力。里夫林接着说："随着伊朗的经济和人口的大幅增长，它对能源便有需求。快速的城镇化也促进了这种需求的增加。同时，大量的能源补贴也增加了其对能源的需求。"在伊朗的情形中，伴随着不断增加的人口、民族的进取心（至少经济上是这样）和不断增长的需求，它理应寻找一个替代能源用于内部消耗。与此同时，生产石油和柴油以越来越高的价格出口，这听起来很合理且在经济上可行。此外的问题是核电站产生的副产品，即之前提到过的钚-239。对伊朗（发展核技术）的决策来说，副产品简直是锦上添花。难道这种便捷的副产品不能用来保护该国未来在世界上的安全吗？

最明显的脆弱性（不是指复杂性）是能源需求不断增长且活跃在市场上的新兴工业化国家的出现。北美和欧洲过去通常对能源有很高的需求。现在，印度和中国开始活跃在世界能源市场上且对世界能源有越来越多的需求。如前面所述，印度和中国的人口加起来占了世界的绝大部分。

瑞士能源系统实验室称："新的大型能源消耗国家在能源市场的出现和石油与天然气会在21世纪末耗尽的预期引起了人们对该问题的关注，即为了人类共同的和可持续的福利应如何分配剩余资源。能源价格的高波动性阻碍了投资并延迟了能源技术的转移。工业化国家急需自发地开发替代和可持续的能源以使技术能转移到发展中国家，避免因争夺能源而引发的斗争。"

12.5 结　论

阅读本章后再来强调开发多种能源和能源替代品的现状显得太过保守，更不用说过多陈述显而易见的答案。本章阐述了对能源安全的理解，包括其与国家安全、核电站、能源可用性和经济脆弱性的联系。但是，仍然需要考虑一个问题。想象一下某个国家开发了一种能够低成本生产与销售的可再生的、可替代的且洁净的能源资源。那么解决此问题的国家、团体或个人将成为下一个洛克菲勒、微软、沙特阿拉伯或当今世界上的美国，而这仅仅是由于其控制了与能源有关的经济风险和脆弱性。抓住这样的技术产品就像是将世界纳入了股掌之间。然而，我们也需要想象一下与新基础设施相关的下一组风险与脆弱性。

第⑬章 网络安全：威胁识别、风险与脆弱性评估

摘　要： 随着网络使用的增加、网络攻击技术水平的日益提高、攻击工具与方法的技术改进，阻止非法用户破坏敏感信息的机密性、完整性及可用性变得越来越困难。关键基础设施面临的威胁与风险不仅真实存在且不断增强。国家安全局需要制订清晰的计划以更好地解决网络与能源安全所面临的问题。

13.1　引　言

美国面临着许多脆弱性问题，因为其关键基础设施系统都是建立在用于信息和数据交换的网络与 IP 技术的基础上。信息网的丢失或长时间延迟都会对经济带来灾难性的后果且会引起其他与之相互依赖的基础设施的故障。电网、水电站、运输系统、金融系统、食品、应急服务、通信系统、核电站供水系统及其他系统将是美国的敌人所感兴趣的目标。电话与网络语音电话将持续受到攻击，与此同时，个人数据将被大量泄露到网络中。

在美国，国土安全部有责任保护国家关键基础设施免受攻击，无论是自然的还是恶意的。能源基础设施非常复杂且每一部分都与风险和脆弱性相关。国土安全部的目标是将风险最小化并使系统对攻击更有弹性。国家面临的安全问题也同样存在于个人身上。如果每个人都不把带有密码的记事贴放在随处可见的地方，不把敏感信息放在桌面上，不把带有敏感信息的文件放入办公室或家中电脑的回收站里，那么，网络黑客和攻击者将无计可施。

黑客变得越来越精明使得国家面临的网络安全威胁也不断增加。讽刺的是，黑客们使用的工具也可以用来识别网络的漏洞，进而来提高系统的安全性。我们可以将信息战争分为三类来考察：个人信息战争、企业信息战争和全球信息战

争。本章的目的是通过描述网络空间讨论国家安全，识别信息网络面临的威胁，评估网络风险与漏洞，讨论网络治理以评估信息战争。

网络空间对美国和世界上大部分国家来说都是一种关键基础设施，其他所有的关键基础设施都依赖数字基础设施来提供关键支持。美国国家关键基础设施计划（PDD-63）指出："诸如此类的系统和资本，无论是实体的还是网络，这些基础设施均对国家至关重要，因为一旦它们被破坏将对国家安全和公共健康造成巨大的负面影响。"可以说，关键基础设施"如同转换系统，具有与社会的高连接性、高复杂性和高相关性。一个简单的失误可能会给任何国家的安全和社会福利带来不利影响"。

网络空间是与用于数据处理和转换的内联网或者用于通信的网络的使用相关的过程、程序或协议。国土安全部在 2003 年 2 月的"国家安全网络空间战略"中陈述：

"我国的关键基础设施由农业、食品、供水、公共医疗、应急服务、政府、银行金融、化学与危险材料和邮政海运部门等公共和私人机构组成。网络空间是其神经系统——国家的控制系统，而美国网络空间安全战略的基础是保持公共与私人部门的长期合作伙伴关系。"

"国家安全总统指令 54"与"国家安全总统指令 23"（NSPD-54 与 HSPD-23）将网络空间定义为"由信息技术基础设施组成的相互依赖的网络，包括因特网、远程通信网、计算机系统和重点工业中接入的处理器与控制器"。

数字化和对多种信息资源的控制能力已经扩大到了远程通信、广播、电视和网络领域。诸如社会网站、照相机、摄影机、iPODS、视频和录音带技术的不断进步使得信息交换不再局限于专业技术人员。如今，世界上大约有 20 亿人在使用因特网。从 2004 年到 2007 年，全球因特网的使用率提高了 245%，其中上升最快的两个地区分别为非洲（875%）和中东（920%）。整个世界都在进行知识交换，市场也变得高度竞争化和复杂化。图 13-1 展示了世界不同区域的因特网用户数量。

13.2　网络空间的历史

因特网是一个由数以万计的小型网络组成的大型网络。它包括所有的电脑、电话线、电缆线和其他将小型网络连接到一起的通信设备。它是一个通过电子数据传输来支持所有其他关键基础设施的关键基础设施。美国建立的"高级研究计

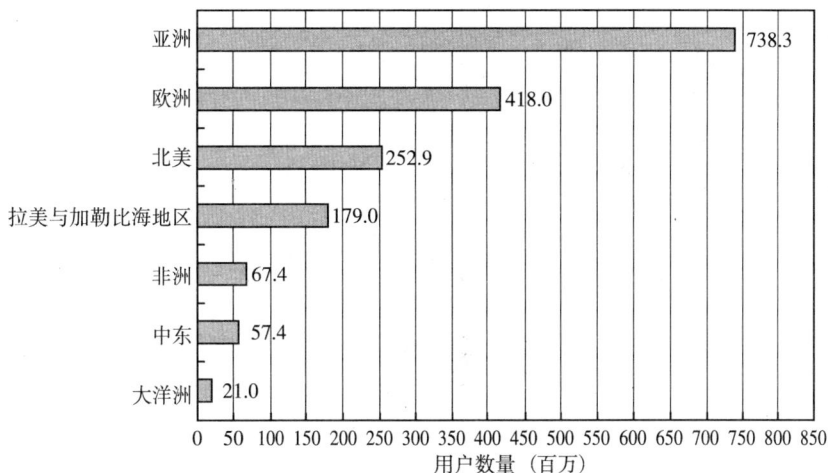

图 13-1　世界因特网用户数量图

划局"于 1958 年首次构建了因特网框架。在因特网技术的早期阶段，大部分的控制系统是相互孤立的，但这随着万维网（WWW）的出现而发生了改变。

万维网是一个将网络带到世界上千家万户和办公室中的超链接多媒体的聚合体。它是由伯纳斯·李于 1991 年在日内瓦的"瑞士欧洲粒子实验室（CERN）"工作时创立的。伯纳斯·李的灵感来自他对建立一个使科学家和学者以更高效的方式来交流其观点的交互式系统的必要性的认识。图 13-2 展示了信息传输技术在美国的变化有多快，与此同时，某些用来帮助决策的治理方式也在快速改变。

此外，电子邮件也已成为因特网的主要特征。如今，若干电子邮件应用主导着市场，但大部分人使用的是微软的产品，如 Outlook，或者网景公司的产品，如 Netscape Messenger、Hotmail、Yahoo 或 Gmail。电子邮件改变了世界的通信方式，使通信由手写转为电子。美国邮政服务的邮件数量由于电子邮件和与传统邮件支付方式完全相反的在线支付的应用而急剧减少。许多人相信电子邮件使商业通信变得更有效，使人变得更有责任。但它也确实带来了网络欺诈、传播病毒的问题，而且过多的垃圾邮件也让用户头疼。如今的因特网通过在线商业创造了大量商业价值，例如 E-bay 允许人们通过电子拍卖来购买任何物品。

因特网正变得更方便和更贴近用户。诸如 Yahoo、Google 或 Info 等门户网站正力求整合一些广受欢迎的网站服务，如阅读头条新闻、网络搜索和快捷查找信息。媒体整合使在线收听广播、看电视和电影成为现实。也因此，许多杂志和报纸发现它们很难与因特网竞争，正面临着停业。图书馆也正在发生变化，因为许多图书与期刊也逐渐被电子化。

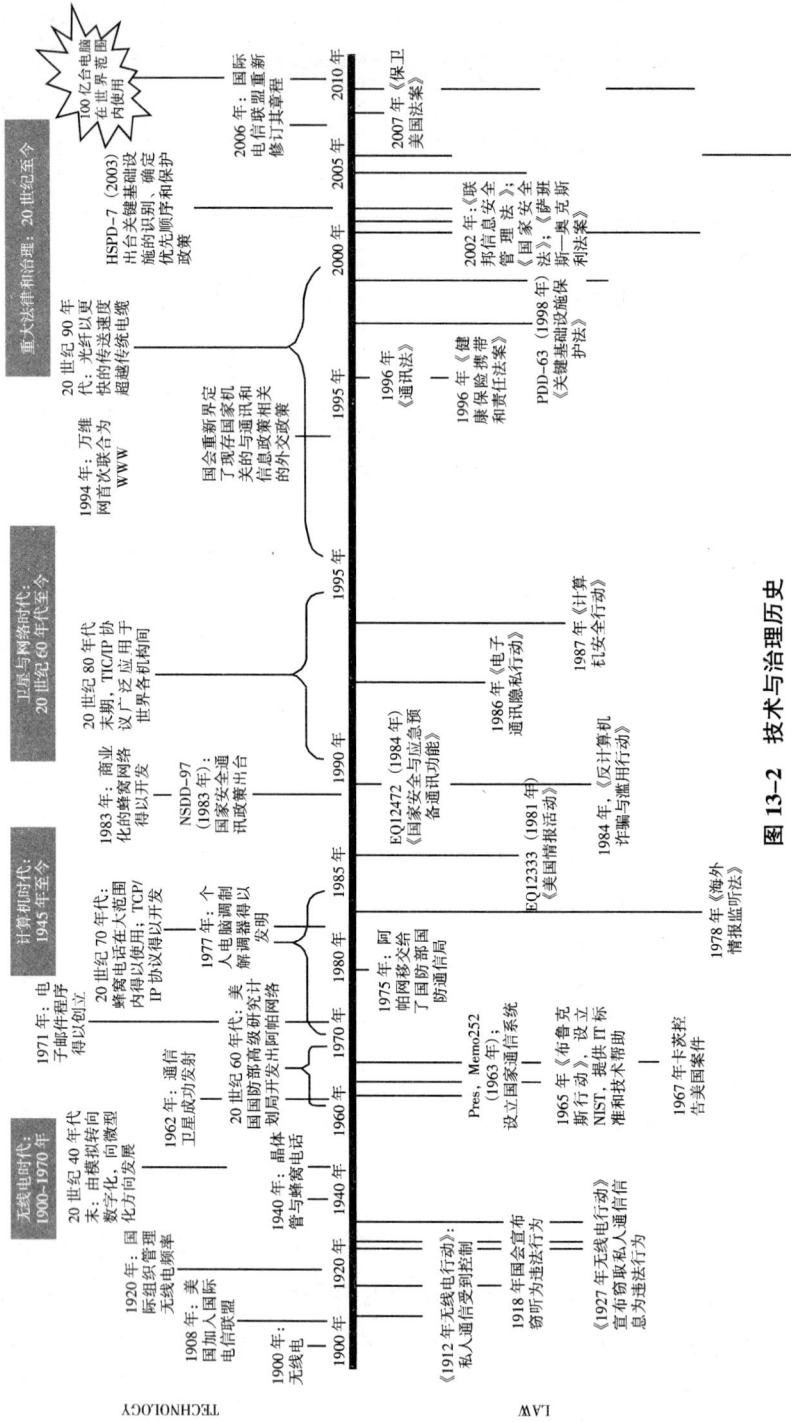

图 13-2　技术与治理历史

13.3　国土安全

国家安全部有责任评估和转移美国关键基础设施的潜在漏洞以确保国家在面对真实或可预知到的威胁时能迅速应对。国土安全部被要求为每个部门确立风险降低措施并与其他联邦、州和地方机构合作以保护国家的资产。无论是恶意行为还是自然灾害导致的对信息部门的破坏都将危害系统的整体稳定性且会导致巨大的经济损失。

美国陷入了一种对脆弱性担忧的新心态中。在"9·11"事件之前，人们的观念是：美国是世界上的超级大国，不可能被其敌对势力破坏，这不仅是因为美国的地理位置，还因为它认为其刀枪不入；然而，之后人们开始认识到，即使是世界上最强大最富裕的国家也有其弱点。美国，甚至世界，可被看作一个由很多系统组成的系统，子系统为基础设施、经济、文化、政治等构成元素。对情报资料的挖掘使 SOS 评估成为可能，并使其能在已观察到的指标基础上确定系统漏洞的工具。

国家安全与关键基础设施（发电厂、石油管道、电网）内部的不同因素密切相关，而这些因素面临的一个挑战就是信息共享问题。脆弱性、威胁和应对策略方面信息的交换对保护关键基础设施有重要作用，因为不同部门之间有着十分紧密的联系。它们之间有安全共享网络，这使其能够交换敏感信息而不担心泄露。这种特殊性十分重要，因为大多基础设施都归私人拥有且在分享信息方面往往犹豫不决。

如图 13-3 所示，某个关键基础设施所面临的威胁会给国家安全带来很大问题。由于各主系统相互依赖，一旦出现问题就会给整个国家带来灾难性影响。这种问题很难事先确定计划来应对，况且也不可能每次都有应对措施。正因为如此，系统必须尽可能地有弹性。数字化的独特性是国家安全要考虑的另一个问题。尽管数字化有益于绩效与稳定，但它也带来了新的安全问题，因为它将系统暴露给了黑客。

国家网络安全局（NCSD）是国土安全部的一个分支机构，负责保护美国通信网络的安全。国家网络安全局与国内或国际公共和私人组织一道保护国家网络资产的安全。它们组建了一个响应小组以应对任何在处理关键网络基础设施问题时遇到的问题。美国计算机紧急响应小组（US-CERT）是 NSCD 的一个部门，负责提供响应支持和防止黑客攻击。US-CERT 每周会提供安全公告，指出新的漏洞。表 13-1 以 2009 年 9 月 28 日那周的安全公告为例。这个简短但全面的总结包含了许多产品并按不同严重程度对其进行排序。该排序（低、中、高）是基于 11 版的"通用安全漏洞评分系统（CVSS）"得出的。

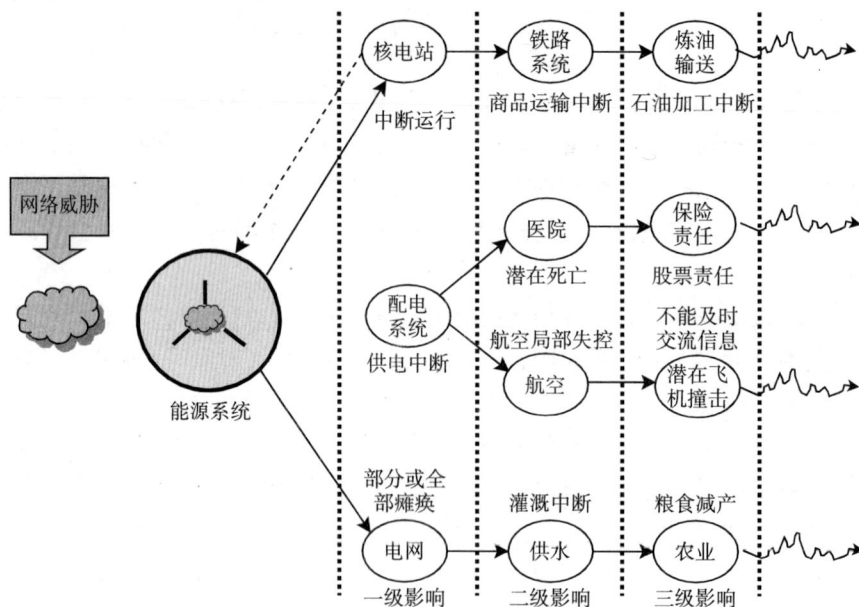

图 13-3　相互依赖——国家安全问题

表 13-1　US-CERT 漏洞概述

高危漏洞				
主要供应商—产品	描述	公布日期	CVSS 得分	来源与补丁信息
Apple-Safari		2009-09-29	7.5	CVE-2009-3455 BID
中危漏洞				
Adobe-Photoshop-Elements		2009-09-30	6.9	CVE-2009-3489 VUPEN SECTRACK BID BUGTRAQ SECUNIA MISC MISC
低危漏洞				
Juniper-Juos		2009-09-30	3.5	CVE-2009-3486 VUPEN BID MISC SECUNIA

多州信息共享与分析中心（MS–ISAC）同国土安全部的国家网络安全局（NCSD）一起在州间和国家范围内共享关键基础设施所面临的威胁信息。MS–ISAC 通过宣传收益和威胁信息来提高人们对网络与现实中关键基础设施相互依赖关系的认识。该组织对网络活动进行监控并通过能发出低、警惕、显著、高和严重水平警告的网络警告水平指示器来向公众发出警告。不同警告水平有不同的应对措施及告示，可在 MS–ISAS 网站（http：//www.msisac.org）查到相关内容。不同的水平显示了当前被监控的、可能给信息系统带来破坏的恶意网络活动水平。当下，警告指示器的评估水平为"低"。

低：意味着风险较低。没有异常的黑客活动、病毒或其他恶意行为超出正常水平。

警惕：预示着黑客活动、病毒或其他恶意行为所带来的风险为一般水平。恶意网络活动可能会出现，但尚未发现其破坏行为及相关影响。

显著：预示着持续增多的黑客、病毒或恶意行为已开始损害系统或非法停用服务，风险呈显著水平。该水平下的漏洞被黑客以中度破坏水平利用，有潜在的显著损害或高破坏水平。

高：预示着以核心基础设施为目标的持续增多的黑客、病毒或恶意网络活动带来了高的风险水平，这些活动使大量的服务中断，给系统带来了大的危害并危害到关键基础设施。处于该水平下的漏洞以高破坏水平被黑客利用，有潜在的严重损害或高破坏水平。

严重：预示着黑客活动、病毒或其他恶意活动带来了极严重的风险，这些恶意活动导致大范围的服务中断或极严重的系统损害，关键基础设施部门却没有补救和应对措施。处于这种水平，漏洞以对关键基础设施资产造成严重危害或中断的水平被黑客利用。

这些准则通常被用来计算危害的程度，正因如此，警告指示水平是一种通过使用目标系统的危害程度、可感知性系统和损害的可能性，以及网络计数对策来防止攻击的准则。

13.4　计算机系统与信息网络所面临的威胁

最近俄罗斯制造的网络攻击，包括 2007 年对爱沙尼亚、2008 年对格鲁吉亚、2008 年对立陶宛和 2009 年对哈萨克斯坦的攻击，急剧增加了全球对网络安全问题的关注程度。这些网络攻击与俄罗斯对格鲁吉亚的军事行动同时进行。在因特网上运行的社会网络在攻击前和攻击期间被黑客利用。这些攻击是由俄罗斯有组织的黑客与政府精心安排的。这些网络攻击从拒绝变更服务器和网站的僵尸网络开始。尽管通常情况下这些攻击很少，但它严重抑制了格鲁吉亚政府应对入侵的能力。如果更多的国际组织能够出现的话，就会有人警告格鲁吉亚即将发生的黑客攻击。

笔者以前也是网络犯罪的牺牲品，因此笔者相信网络攻击的发生要比公众想象得更为频繁。笔者在 PayPal 上有一个账户，该网站通常都被认为是一个安全网站。此外，笔者有一个 Ebay 账户，有时候用来购买拍卖的商品，同时笔者用 Half.com 来购买大学课本。PayPal 向用户提供一个对已递交的信用卡进行申诉或撤销既定银行账户消费金额的权利。有一天笔者在网上浏览自己的银行信息，发现一个超过 3000 美元的退还信息。笔者并没用那个账户购买任何东西，于是笔者给出现在账户上的号码打电话。接电话的人并不说英语，于是笔者更感兴趣了。笔者进入 PayPal 网站，它列出了笔者最近购买过的网站。笔者进入的是一个全中文的网站，上面卖各种东西。在几通电话和电子邮件后，笔者确实要回了自己的钱，但这是经过了两周后的检查才收回来。笔者立即更换了账户，从此，笔者对银行和信用卡上的信息更加小心。

经济、基础设施、美国的国土安全（其他国家也一样）依赖网络来传递信息。国家关键基础设施将因特网作为相互连接的主要途径。正如国家情报总监（DNI）最近在国会上的证词所述："信息系统、因特网和其他基础设施持续增长的连通性为黑客攻击者中断远程通信、电源、能源管线、精炼厂、金融网络和其他关键基础设施创造了很多机会。"

美国和国际公共组织、商业组织、政府越来越依赖自动信息系统。这些系统在世界范围内与整个关键基础设施紧密相连。网络基础设施是那些通过对个人、产业部门甚至国家进行恶意攻击以获取金钱、知识或仅仅是为了兴趣的个体攻击者和组织攻击者最愿意攻击的目标。攻击者通过使用大量的工具和技术来识别并利用漏洞在网络上收集信息。如图 13-4 所示，随着黑客的工具变得越来越精巧，复杂的电脑知识也变得不那么重要了。随着对网络系统的攻击变得越来越容易，其数目不断增加。与此同时，潜在危害也越来越大。

计算环境正在向全球整合信息的结构转变，如果主网发生灾难性事故，那么将产生全球性影响。许多系统都会感受到这种串联的影响。因为这些影响会波及发达国家的关键基础设施。攻击者盗取、修改和破坏数据及软件，他们关闭了所有系统和网络，从而拒绝依赖自动系统来满足关键需求的用户服务。

下面列举并讨论了某些更为一般的威胁，其中许多威胁会同时发生。人们都听说过"零日漏洞"，它是一个被发现的软件漏洞，但并没有得到及时纠正。系

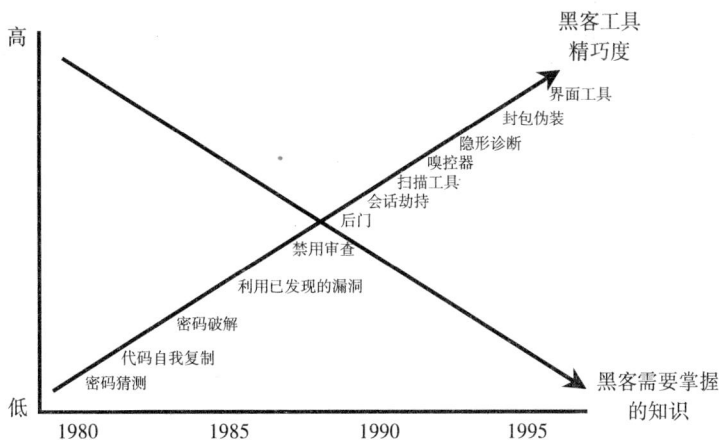

恶意软件	恶意软件是任何设计用来入侵、窥探或破坏计算机或其他可编程设备的恶意软件的总称。恶意软件通常用来攻击单一目标
病毒	病毒是能通过将其整合到计算机现有文件或结构中来复制自身结构或影响的软件程序。它们通常能够在没有授权的情况下威胁、修改主机或系统的活动或数据
特洛伊木马	特洛伊木马是一种假装做一件事情但实际上窃取和修改信息或带来其他问题的软件程序
间谍软件	间谍软件是监控键盘信息并将其报告给攻击人的程序。对数据的窥探窃取多发生在政府、产业、恐怖主义和其他犯罪活动中
电话诈骗	使用手机和网络电话进行语音诈骗、远程代码执行、数据窃取、身份盗用与发送垃圾邮件是常见的问题。iPhone，iTunes 和移动银行以及建立在这些设备上的支付设施是需要担心的区域
金融诈骗	信息卡盗用、身份盗用和商业间谍是网络安全持续关注的问题
自然灾害	自然灾害、事故和未预料到的失误通常是一个没有犯罪意图的破坏系统的"先驱"
人为破坏活动	由不满员工带来的破坏、偷窃和其他攻击行为对企业的计划会造成很大危害。因为这些个体拥有利益系统的文凭、证书和知识
蠕虫病毒	蠕虫病毒是一种为进行恶意攻击而能够将其自身复制到整个计算机网络上的程序
蛆虫病毒	蛆虫病毒是一种接管和使用网络中计算机资源并将结果报告给攻击人的程序。蛆虫病毒能够定位数字证书、确认身份和在电子拍卖中购买商品。一个蛆虫病毒能够停留在一台机器上，维持一个命令，控制通信机制和持续与黑客保持联络且长期不会被发现
密码破解	攻击者会用一种能获取所有可能结果的软件来猜测和窃取密码，就像获取字典中的每个字一样。攻击者可以获取用户的系统权限并为他们自己设置一个新密码。攻击者也可以使用封包伪装来监控信息包，当这些信息包被发送到网络中并记录键盘数据时，攻击者可以获取身份和密码
恐怖袭击	恐怖分子利用网络空间来进行通信、组织、筹措资金和招新。电子攻击可由移动电话或其他类型的通信设备发起
网络战争	网络战是信息战，可以有多种方式，如破坏军事指令和控制。网络战争是一个国际问题，例如上面提到的 2008 年俄罗斯攻击格鲁吉亚。网络交通被阻塞、战线被劫持以及错误信息均可被投放到网站上

图 13-4　网络攻击者所需要的知识

统漏洞将被攻击者持续利用直到它们被纠正或被忽视。

13.5　风险评估

　　所有系统都有风险并将持续具有。技术越复杂相应的风险就越大。正因为如此，我们可以做出计划以使风险降低到可接受的水平。任何系统评估的一个主要任务是识别风险、评估风险并向管理者和公众展示风险状况。风险评估是风险管理的一个步骤：对与具体情形和被识别的威胁（也可称为危害）有关的风险价值的定性或定量测定。定量风险评估需要计算风险的两个构成元素：潜在损失的大小和损失发生的概率。

　　危害（风险）由历史资料和对系统所有可能受到的危害使用头脑风暴法来决定。了解资产面临的所有风险与威胁是风险管理的重要步骤。接下来就要了解怎样应对风险以及将风险与解决方案联系起来。表 13-2 是一个采用 MILSTD882 的风险评估工具。每　次事故都要被评估以确定其严重程度及发生的可能性。规模大小在风险管理开始时由系统决定。严重程度可由以下因素确定：伤亡、破坏、环境因素、持续时间和受影响的人口数量，这些因素的受影响人口数量各不相

表 13-2　风险评估

事故严重程度：下面的严重程度分类给出了一个由危害状况或事件导致的最坏可能事件的定量测量标准。分类如下：		
1	灾难性	死亡、完全报废、主要设备损坏、极严重的财务损失或不可挽回的严重环境破坏
2	危险	重伤、永久性局部伤残、系统丢失或损坏，严重财务损失或可修复的环境破坏
3	轻微	轻伤、轻微设备损坏、财务损失或可缓解的环境破坏
4	微不足道	极轻的伤、设备损坏或环境破坏
事故发生概率：概率水平给出了一个类似危险状况或事件发生可能性的测量标准。分类如下：特定个体项目		
A	频繁 （X）	季度内经常发生
B	很多 （10-1>X>10-2）	季度内会发生数次
C	偶尔 （10-2>X>10-3）	季度内某个时段可能会发生
D	很少 （10-3>X>10-6）	季度不太可能发生，但也有可能发生
E	不可能 （10-6>X）	季度内不可能发生

同。某些系统根据灾难水平来分类，如失去一个生命或上千万美元。由于规模各不相同，其他系统如果影响 100 万人或损失 10 亿美元，可能只是灾难水平。

把两个元素（概率与严重性）组合起来就形成了表 13-3 中的矩阵，该矩阵形象地描述了可接受的风险是如何决定的。不同水平（高、严重、中和低）要么会被降低到低的风险水平，要么会被有关当局接受。

表 13-3　事故风险指数

发生的频率	灾难严重程度分类			
	1 灾难性	2 危险	3 轻微	4 微不足道
A—频繁	1A	2A	3A	4A
B—很多	1B	2B	3B	4B
C—偶尔	1C	2C	3C	4C
D—很少	1D	2D	3D	4D
E—不可能	1E	2E	3E	4E

单元格	风险水平	权威认可
1A、7C、1C、2A、2B	高	联邦官员
1D、2C、3A、3B	严重	州官员
1E、2D、2E、3C、3D、3E、4A、4B	中	程序管理者技术主管
4C、4D、4E	低	

表 13-4 展示了网络安全的风险评估。该列表仅仅包含一小部分实际出现在国家或国际社会中的网络风险或威胁，而且只是作为一个例子来说明。整体评估所面临的风险为 1D 级，这是一个严重的风险。有关当局会接受这种风险，或采取进一步措施来降低此风险。僵尸网络的威胁被评为 1C 级，因为它带来的潜在危害极大且出现的频率在持续上升。网络需要多样化和多重设计，这样才能增加可选择余地从而减少风险，当然网络也需要持续改进，这样才能提高其弹性。"弹性被定义为一个系统在遇到麻烦或变化时仍能保持初始功能、结构、识别和反馈的能力"。

图 13-5 认为风险与漏洞能用同一个图来观察与评估。该观点在风险水平低但漏洞大时很有指导意义。位于红色区域的项目不能被接受，位于绿色区域的项目能被接受，NEXUS 内的项目被管控以实现最好的结果。

表 13-4　风险评估

危害	风险	可能缓解措施
		整体—1D
恶意软件	1D	提高网络安全标准、人员培训、恶意代码探测器功能、提高网络加密水平、网络交通与防火墙的电子监控能力和电子邮件安全
病毒	3A	提高网络安全标准、人员培训、恶意代码探测器功能、审查跟踪水平、网络交通与防火墙的电子监控能力和电子邮件安全
特洛伊木马	3A	提高网络安全标准、人员培训、恶意代码探测器功能、审查跟踪水平、网络交通与防火墙的电子监控能力和电子邮件安全
间谍软件	3A	加强对基于访问的硬件的控制、保障主要域名服务器、防火墙和电子邮件的安全
电话诈骗	3C	加强对基于访问的软件的控制、保障数字证书与租赁协议的安全
金融诈骗	2C	对网络交通、电子证书与审计跟踪进行电子监控
自然灾难	1D	制定与构建应急管理计划和弹性系统
人为破坏活动	1D	维持弹性系统、提高系统弹性、对网络交通进行智能电网电子监控、制订与构建应急管理计划和弹性系统
蠕虫病毒	3A	提高网络安全标准，加强人员培训，探测恶意代码，提高网络加密水平、网络交通与防火墙的电子监控能力
蛆虫病毒	1C	提高网络安全标准，加强人员培训，探测恶意代码，提高网络加密水平、网络交通与防火墙的电子监控能力，加强对缓冲溢出区的保护
密码破解	2D	加强人员培训、提高网络安全标准、保护数字证书安全、提高加密水平
网络战争	1D	应急管理计划、智能安全、信号安全、弹性系统与备份
恐怖袭击	1D	应急管理计划、智能安全、信号安全、弹性系统与备份

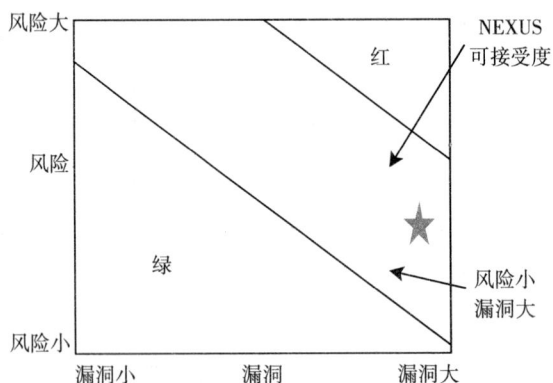

图 13-5　NEXUS 可接受度矩阵

13.6　网络空间漏洞

毫无疑问，美国和其他发达国家的关键基础网络正处于持续的威胁中。普遍存在于硬件与软件中的漏洞及其相互连接的网络机制使得多层次的防御、反病毒、防火墙和入侵探测变得相对无效。过去 5 年见证了大规模增长的网络应用漏洞。无论是商业还是消费者都处于风险之中；攻击者将目标锁定在带有敏感性和有价值数据的商业活动上，对消费者来说，则是个人信息、银行详细资料或者用来制造僵尸网络的计算机资源。

网络空间面临的许多风险与漏洞似乎是由缺乏计划，不同机构间的协调，以及用被动防御代替主动预防所造成的，当缺乏经验和专业培训的员工使用安全性较低的密码时，网络就变得异常脆弱。此外，已识别出的漏洞往往已经过时。另一个问题是相关事故并没有及时被报告给相关部门以向其他人宣传。报道的缺失部分是由于责任不明确。雷电、能源波动、暴发增长、保险丝熔断和其他能源故障都将使电脑系统瘫痪，因为它们依赖于电源（见图 13-6）。

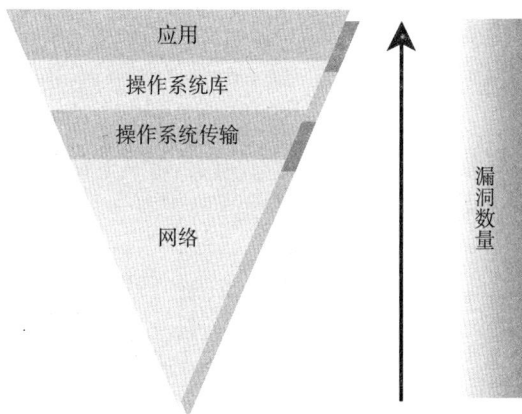

图 13-6　漏洞利用

信息和通信技术的发展使得安装家用电子监控和连接仪变得很有必要。现在远程监控某人的电、水和煤的消费情况已成为现实。这种进步带来了很多好处，比如提高效率、快速处理问题和提供更准确的账单。然而，数据散布到整个网络使得系统更易被拦截和恶意攻击。这些数据也可能会被入侵者利用，以确定房主何时在家。任何新技术的发明都会带来新的风险与漏洞，我们需要做的就是识别并减轻其带来的危害。电力公司要确保信息安全并阻止黑客对系统进行恶意攻击。

技术的一个最新趋势是（E+I）范式。诸如电力传输、配送和记账等功能都被整合到信息网络中。监督和控制系统技术不断提高，但这种网络的开发也带来了威胁；系统与电力系统更易受到恶意攻击。系统安全和保持网络数据机密与完整性的问题也成为人们关心的主要问题。蠕虫等病毒已带来了许多事故，而它们可被恐怖分子、间谍和其他黑客行为利用。电脑与 SCADA 系统有出故障的风险。SCADA 系统被用于制造业和公共设施的过程控制中。这些系统可以控制炼油厂、发电厂、工厂和其他高复杂环境。SCADA 面临着安全性与稳定性问题的漏洞。需要有更安全的网络协议、防火墙和安全管理审查与评估技术。

根据国家漏洞数据库和 ncircle 漏洞与暴露研究小组的研究，"2006 年公布的1.9% 的网页应用漏洞增长率到 2009 年已增加了 52%（基于 Q1 和 Q2 增长率）。值得注意的是，这些数据仅仅展示了库、语言、框架和打包网络应用中的网络应用漏洞，并没有将包括自身网络应用漏洞的自定义网络应用计算在内"。对攻击者来说，应用程序看起来更有吸引力，因为它们并没有像操作系统那样得到有效保护。

根据 Sans（一个组织）的研究，过去几年间在应用中发生的漏洞数量要远比操作系统中安装的应用数量多得多。因此，漏洞利用也越来越多地出现在应用程序中。最"流行"的漏洞会随时间变化而不断发生变化，因为寻找目标应用程序的基本原理是找到普遍的或者不能有效修补的漏洞。由于将信任网站转化为恶意服务器是当下的流行趋势，因此，浏览器和可由浏览器调用的客户端应用程序一直是黑客们的攻击目标。

信息和通信技术（ICT）如此复杂以至于许多不同但相互依赖的因素使漏洞评估变得困难。如此多可能未预测到的威胁使维护系统安全变得异常困难。图13-7 展示了一个能导出攻击模型图的模型。

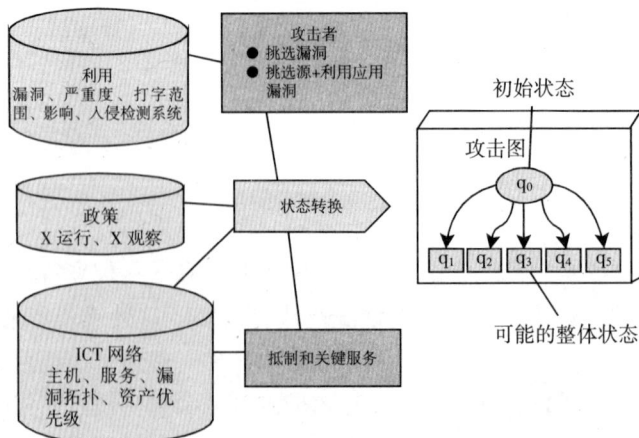

图 13-7　攻击图计算

诸如网络安全政策、系统漏洞和网络拓扑的变量被加入模型。成本收益分析法可被用来评估攻击者最有可能采取的行动。成本等级也可以在 CVSS 或 US-CERT 得出的严重性等级的基础上得出。该模型可以帮助我们确定哪些是最需要提高的过程或元素。

13.7　治　理

治理由用于做出有效决策的法律、习俗、政策和过程组成。"风险治理是一个由所有利益相关者共同参与并确定联合解决方案的决策导向型过程。此过程应综合问题的多个维度：每一个工业企业的个体利益与担忧、可靠运作的市场与技术标准、不同国家和欧盟整体的目标"。一个治理策略应包含制定活动程序与政策监控形势的方法和提高或改正问题的正确步骤。根据由总统制定的评估美国网络安全政策与结构的《网络空间政策评估报告》，"联邦政府并没有有效的组织来解决现在或未来日益增长的问题。网络安全责任被分派到联邦的每个部分和机构中，许多地方权利重叠，没有一个部门和机构有足够的决策权来持续解决冲突问题"。

当个体组织中的风险管理不充足时，风险治理就要与众多参与者和政府打交道。诸如网络空间的基础设施需要风险治理，因为尽管政府对关键资产和社会负责，但许多构成元素都被私人拥有和控制。我们需要将弹性纳入过程、程序和技术中去，以确保这些关键基础设施在困难时期还依然能够存活下来。治理水平低下或控制缺失都会使这些关键基础设施更易出事故或被攻击。强有力的治理会使系统变得更强更有弹性。美国需要与国际社会合作，共同制定信息安全措施、建立计算机犯罪法律和超越国界追捕网络犯罪的标准。

美国国家标准技术研究所（NIST）是美国商务部的分支机构。NIST 为所有产业建立标准，包括政府及其承包人的网络安全标准。NIST 负责向美国政府呈递所有国际网络安全标准发展的报告。它们正在为网络安全专家协调国家许可和认证。没有认证就提供网络安全服务的行为被认为是非法的，而这种认证能提高工厂专业人员的教育与培训并将其标准化。计算机安全处（CSD）负责制定评估安全标准有效性和评估私人部门与国家安全系统的安全政策与技术的最低安全标准。CSD 的使命是提供标准与技术以保护信息系统免受对信息机密性、完整性以及建立信息技术系统信任与信心的服务的威胁。

国际标准化组织（ISO）是由 162 个国家共同确立的国际标准组织。ISO 是一个既同私人部门合作也与政府部门合作的非政府组织。诸如质量、安全、可靠性、效率和互换性标准都被确立。某个标准必须被全球广泛采用才能成为 ISO 标准。ISO27000 系列专属于信息安全管理标准。在 ISO 中，有风险管理标准、认证标准、审查信息安全指导原则、信息安全治理、网络安全特定指导原则和其他涵盖特定信息安全领域的标准或原则。ISA/IEC27014 被特别用来处理全球信息安全治理标准的开发问题。这些标准涵盖了风险管理、管理控制和信息安全标准的检验与验证。

新出现的整体性风险是那些影响关键基础设施主要系统的技术进步、经济和环境问题所带来的新风险。为了应对世界所面临的新复杂风险，一个新的风险治理国际组织被建立。国际风险管理理事会（IRGC）是一个以"帮助人们理解和管理那些对人类健康与安全、环境、经济和社会造成重大影响的新出现的全球性风险"为目标的组织。在研究基础方面，IRGC 并没有与网络安全的全球威胁有多大联系，但那将会成为该组织持续感兴趣的领域。美国在遇到网络安全问题时需要用全球适用的方法来进行统一政策指导。

IRGC 在日内瓦建立，由瑞士政府首创。其成员包括政府代表、公共研究领域的代表、私有公司代表和来自世界各地区、不同专业背景的国际组织代表。其中的某些项目包括诸如电网、纳米技术的关键基础设施的风险治理及其政策与策略研究。IRGC 风险治理的挑战是：在最小化相关风险带来的负面影响时，好的风险治理应确保社会能从变革中得到好处。

由于系统漏洞的敏感性，许多企业和政府在分享信息方面变得犹豫不决。共享系统威胁与漏洞信息使得共享者更容易受到攻击（如果获取的信息落入不法分子手中）。攻击者不了解的漏洞不大可能被其利用。图 13-8 展示了一个为交换敏感安全信息而制订的高水平信息交换网络计划。它们在适当时候已成为国家计

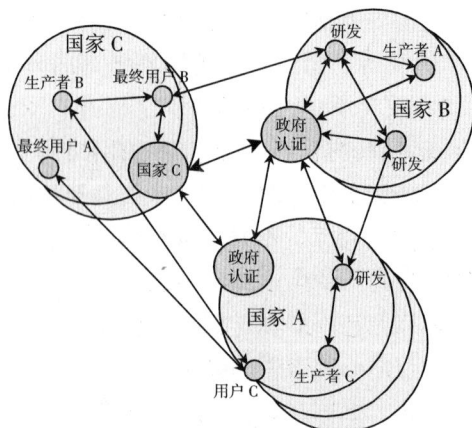

图 13-8　高水平信息交换网络计划

划，就像英国的"国家基础设施安全协调中心"这种值得信任的管理框架，使得安全信息和国际性威胁只有在政府部门一致同意时才能被通过。

由于能源基础设施如此重要且网络安全问题会给能源基础设施带来灾难性影响，因此我们有必要关注对这些问题的治理。联邦能源管理委员会（FERC）负责制定能源电力系统可靠性标准和网络安全标准。美国国会已经举行了若干次以能源系统为主题的和适时解决关键基础设施所面临的安全威胁的听证会，可以确定的是 FERC 并没有采取有效措施来应对新出现的技术风险和威胁。FERC 应采用基础设施保护标准以确保电网在受攻击者攻击时的正常运行。联邦政府可能并不能及时地对灾难性危险做出反应。美国审计总署（GAO）调查过一家国内最大的能源效用公司，发现它们严重缺乏安全意识。网络安全措施的缺失如今已蔓延到能源领域，其他产业也与此类似。大多数私人公司更关注的是如何尽可能廉价地获取市场中的技术，却很少关注系统的安全。

美国通过实施清晰的政策与指导确实巩固了其在网络安全中的地位。有专家指出，拥有一个处于网络中的电脑系统应该像拥有一辆汽车一样，必须要求所有人购买保险。对一个计算机系统的要求应该包含防火墙和病毒防御程序以避免用户把大部分的时间花在保护计算机上。此外，对公众进行的威胁与漏洞提醒和教育应该把重点放在纠正网络安全问题上面。每个人都应该具备对网络安全负责的态度。如果某人拥有接入网络的电脑系统，那么他就能为网络安全做贡献。有必要建立一个清晰的标准来确立谁应该对其行为负责。在国家安全章节中提到的 US-CERT 与 ISAC、州与地方政府、私人部门的网络安全商、联邦机构和其他国际国内组织共同为解决核心网络安全问题而努力。

国家科学技术委员会（NSTC）由（美国总统颁布的具有法律效用的）行政命令在整合不同联邦研发企业的科学与科技的基础上建立。NSTC 的目标之一是为联邦科技投资确立一个清晰的目标。法律、制度、基金、知识产权、因特网治理、工厂员工教育和培训是其在提高网络安全和信息安全方面的子功能。

国家科学基金（NSF）是一个由国会创立的独立联邦机构，用来促进科学的进步。NSF 是美国各大学和各学院进行基本研究的主要经费来源，它通过制定科学的战略与愿景来获得研究能力。每年，NSF 大约为 200000 名科学家、工程师、教师和学生提供支持。该组织本身并不进行科学研究，但它资助经其批准的团体。表 13-5 展示了 NSF 对关注网络安全的 FY04 的拨款简表。

表 13-6 是一个"治理概要模板"，这是一个可用来确立网络安全治理差距和减少识别治理问题过程中的复杂性的模型。为了实施一个治理概要，有必要分析风险框架（大小、感知力和态势感知力）。该框架同样描绘了未来潜在威胁、协调与控制、风险的特性。概要模板从视觉上展示了发展趋势并展示了需要治理的

表 13-5　NSF 为网络安全 FY04 所拨的款项

NSF 奖励	建议名称	摘要 链接	奖励 类别	申请 类别	安全生命周期	安全 要求	领导机构
D433540		Reter	CT-CS	CT-Sys	4	SM	卡内基美隆大学
D433668		Sayaoe	CT-CS	CT-Net	1	Net	加州大学圣地亚哥分校
D430378		Aiken	CT-T	CT-Fnd	5	T&E	斯坦福大学
D430510		Aivisi	CT-T	CT-Fnd	7	Sarch	得克萨斯大学奥斯汀分校
D430271		Amic	CT-T	CT-Net	3	Sarch	约翰·霍普金斯大学
D430274		Beting	CT-T	CT-MI	7	SM	普渡大学
D430258		Chang	CT-T	CT-App	1	App	哥伦比亚大学
D428422		Feoenbau	CT-T	CT-MI	7	Net	耶鲁大学

表 13-6　风险治理概述模板

特性	低	治理差距				高
风险范围	地方性	□	□	□	□	全球性
风险感知力	收敛	□	□	□	□	发散
公共感知力	高	□	□	□	□	低
概率	低	□	□	□	□	高
潜在破坏	低	□	□	□	□	高
损害普遍性	低	□	□	□	□	高
损害持续时间	短	□	□	□	□	长
损害可修复性	高	□	□	□	□	低
损害延迟效应	低	□	□	□	□	高
复杂程度	低	□	□	□	□	高
不确定程序	低	□	□	□	□	高
模糊程度	低	□	□	□	□	高
对公平的影响	低	□	□	□	□	高
公众关注度	低	□	□	□	□	高
责任模式	清晰	□	□	□	□	不清晰
监管基础	子国家	□	□	□	□	国际
绑定规则	系统绑定	□	□	□	□	无
遵守程度	高	□	□	□	□	低
监管的充足度	高	□	□	□	□	低
国际合作	起作用	□	□	□	□	没有
利益相关者参与	全员参与	□	□	□	□	无参与
对全球自由贸易的影响	低	□	□	□	□	高
对商业的影响	低	□	□	□	□	高
对参与者能源的影响	低	□	□	□	□	高
可保性	全有	□	□	□	□	无
技术变化	渐增式	□	□	□	□	突破式

区域。规模左边的分数表示治理好的区域，右边则表示需要改进治理的区域。该模板同样展示了不需要治理的区域和适用风险管理技术的区域。

因为关键基础设施高度复杂且相互关联，所以信息网络的治理并不是一个简单的过程。公共和私人治理的弱点阻碍了经济和社会的可持续发展。

13.8 系统集成法

国家关键网络与系统在面临持续的、进化的和复杂的网络攻击时十分脆弱。国家和国际社会必须制订相关计划并时刻准备应对任何可能出现的情形。私人部门的信息、系统和网络安全对所有消费活动都至关重要，因为关键基础设施大都由私人组织运作，因此它们也是影响国家整体安全的重要因素。

网络安全并不是一个单点系统。国土安全部处于许多公共部门、私人部门和各级地方、国家、国际政府的中心。国土安全部需要开发一个集成系统来处理人文、活动、过程和技术问题。政府应确保其能最有效地利用资源、检查和进一步确认其在各种咨询委员会中的角色和责任。

集成系统是对实现不同预期目标的多重独立系统的整合。这些系统合在一起能完成单个系统不能完成的任务。一个集成系统需要不同规范的协调以设计一个能实现总体目标的系统。图 13-9 展示了系统工程的演变过程，并阐述了将知识和研究重新投入到过程中以生产更好产品的重要性。

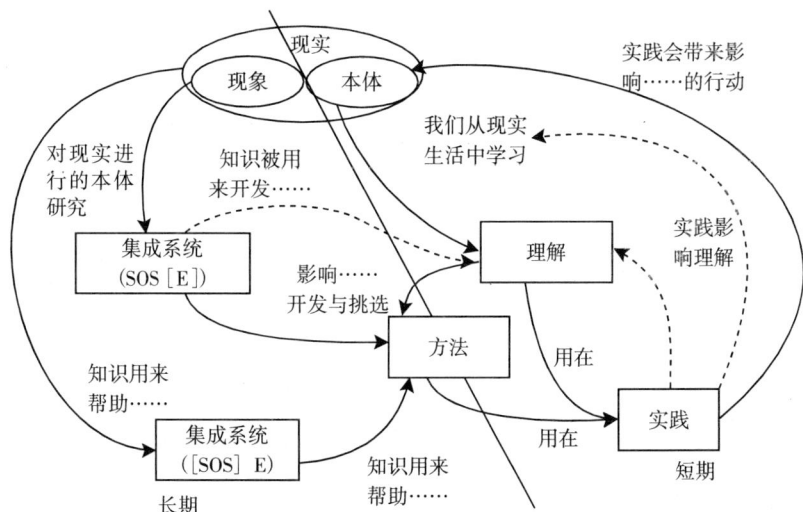

图 13-9 集成系统工程演变的基础

安全必须在开始设计时就考虑在内，而不是打补丁式的事后想法。在长期中，设计的系统弹性越大、漏洞越少越好。有必要认真看待系统的全部问题，如无线通信漏洞、控制发电和配电的系统以及全球定位系统。

无论是美国还是其他国家都缺乏网络安全治理。正如本章前几部分所述，不同机构有不同的职责。但是，我们并没有看到一个责任明确的协调行为。网络空间应该被看作一个集成系统且应该采用一个更自上而下的方法，关注整个框架而不仅仅是独立元素。我相信大部分元素都会被展现，但国家和国际社会仍然需要明确每个层级的责任和义务。

13.9 结 论

阻止未被授权的用户破坏敏感信息的机密性、完整性和可用性的任务在面对日益增加的网络应用、技术水平不断提高的黑客和不断进步的黑客攻击工具与方法时变得越来越困难，威胁与风险变得越来越真实和频繁，而这可能会对关键能源基础设施带来重大破坏。国土安全部需要制订清晰的计划来缓解网络安全面临的诸多问题。美国需要与其国际盟友合作以帮助其建立或提高目前对网络安全问题的治理。

PART **3** 第 3 部分

关键能源基础设施：
运行效率、安全与治理

第 ⑭ 章　欧洲天然气管道系统面临的资产威胁
——北大西洋公约组织、其成员国和关键能源基础设施产业保护面临越来越多的挑战

摘　要：本章重点对欧洲天然气供应系统的关键基础设施安全进行讨论。第一，分析 CEIP（如面临网络攻击时）及其关键设施面临的持续变化的国际安全环境，特别是处于不同状况——即会影响关键资产如天然气控制中心的效果和安全的特定状况下的天然气供应系统的能源控制中心。第二，本章总结和强调了由欧盟 OCTAVIO 和 INSPIRE 研究项目得出的结果。第三，在欧盟不断推进 2010 年春制定的一般能源安全战略和后来采取的措施以及能源安全积极性的同时，本章尝试确定欧盟天然气供应系统中新出现的风险。第四，在这样的背景下，我们得到了一些结论并为 NATO 保护 CEI 提供了相关建议。

14.1　关于 NATO 的能源安全角色的持续争论

NATO 早就意识到了能源安全问题，特别地，诸如石油的关键资源流的中断会对联盟安全带来不利影响。第一次海湾战争——虽然不是 NATO 发起的——但与 NATO 核心成员国（美国、法国、英国、意大利）有很大联系，这些国家不仅是为了解放科威特，更重要的是阻止伊拉克控制科威特石油、威胁沙特阿拉伯油田和其他产油国。尽管 NATO 1991 年的旧战略方针与 1992 年的新战略方针都说明要把那些会影响联盟安全利益的挑战（如重要资源输送中断）纳入到全球安全挑战中去，但是能源安全作为一个更广义的安全概念在 2006 年俄罗斯与乌克兰的第一次天然气之争后才变成一个更为重要的主题。而在 2008 年，一场新的西方与俄罗斯之间的冷战使得从 20 世纪 90 年代开始出现的 NATO 与俄罗斯之间本就十分脆弱的关系变得更加岌岌可危。

尽管 NATO 仍然没有将国际能源安全面临的多种挑战视为主要威胁或未来任务，但它已不断意识到有必要为其从 20 世纪 90 年代开始因非军事安全威胁而确立的安全而处理那些地缘经济事件和政治事件，因为它要履行在里加峰会上的承诺。尽管能源安全问题仍在讨论且存在争议，但该组织已在其应对能源挑战中的限制和实施作用方面达成某些一致。在 2008 年 4 月举行的布加勒斯特峰会上，联盟国和政府的首脑（HOSG）签署了一份"NATO 在能源安全中的角色"报告，该报告定义了能源安全的五个关键领域和参与原则：①信息与技术的融合与共享；②突出稳定性（通过合作和延展计划）；③持续推进国际与区域合作；④为结果管理提供支持；⑤为关键能源基础设施的保护提供支持。

2009 年 1 月发生的俄罗斯与乌克兰天然气之争严重影响了联盟成员国的能源安全，在此背景下，HOSG 2009 年 4 月在斯特拉斯堡—凯尔峰会上宣布："联盟将持续关注能源安全领域所面临的直接风险，能源供给的安全与稳定问题、多样化路线问题、供应商与能源资源问题以及能源网络相互连接问题仍然是我们关注的重点问题。今天我们宣布，我们将持续不断地支持那些为提高能源基础设施安全而做出的努力。"

与此同时，无论是在联盟内还是其合作伙伴国之间，NATO 原创了许多能源安全方面的实践程序，包括一些演习、研讨会和研究项目。

如前文所述，NATO 在必要时能为关键基础设施保护（CEIP）及其核心风险提供支持和建议。从 20 世纪 90 年代中期特别是 2001 年开始，关键基础设施保护被认为是国家和国际社会都需要解决的一个重要的安全风险。"9·11"事件以来的这段历史证明和强调了对关键基础设施的破坏呈持续增长的态势，而关键过程的中断对政治、社会和经济都有深远影响。关键基础设施包括能源部门的设施和网络，特别是那些生产电、石油与天然气，储存与精炼、液化天然气终端置办与配送系统的设施。严重破坏可能由以下因素导致：

● 自然事故；

● 技术故障与人为错误；

● 有预谋的恐怖袭击或其他犯罪行为；

● 武装冲突、内战和其他国家的战争；

● 作为一种新安全风险的网络恶意软件攻击。

尽管全世界的能源产业都在努力确保安全运行、管控自然灾害和阻止能源流的破坏与中断，但越来越老到的全球恐怖主义和技术水平不断提高的私人黑客、有组织的犯罪和恐怖主义团体带来了许多极端变化的全球安全环境下的新挑战，特别是对那些相当没有经验，仅仅在过去 10 年内在欧洲以外（北非、中非、中东、中亚等）开展能源商业活动（勘探、生产、出口、精炼过程等）的欧洲能源公司。当前仍然需要传统的"枪、门、守卫"的安全措施，但这远远不足以处理那些由新的且快速变化的安全环境所带来的新风险和威胁。这突出了我们对广泛分布于日常生活各领域的信息技术依赖的安全含义。

在本章，NATO 强调，它们将分析电力部门、天然气部门和石油部门的发展并与伙伴国分享一些最好的实践方法和经验。然而与欧盟一样，它首先会认为对关键基础设施的保护是一个国家和产业的责任。但它将 CEIP 纳入反对国际和本土恐怖主义的安全概念和努力框架中仍具有重要的保护作用。例如，如果可以的话，它可以建立在 NATO 关于联盟操作的广泛经验的基础上，这些操作包括积极有效地努力去遏制和防御恐怖主义或剽窃袭击以及其他能源供给和战略资源中断，并且维持关键资源线路和海上通信战略要道（SLOCs）的安全。

2007 年 4 月发生的俄罗斯对爱沙尼亚的电子攻击和 2008 年 8 月由军事冲突引发的俄罗斯对格鲁吉亚的网站攻击使人们再次把目光聚焦在网络攻击问题上。尽管俄罗斯和中国被认为与网络恶意攻击和网络间谍活动有极大关系，但是两国都处在通过创造新型高效的"超级防火墙"来将其网络空间置于国有化的最前沿，这是由于它们近年来越来越关注国内的政治稳定性以及互联网在世界范围内的政治改革中所扮演的角色。在西方，网络犯罪带来的损失以惊人的速度超越技术革新、立法者或法庭制定法律法规所带来的效用。正如米沙·格伦尼所说："技术的快速变化意味着 19 世纪常用的一些工具如法律和条约已经不再适合新状况。"

这些新的安全威胁促使 NATO 中的 HOSG 在 2009 年的斯特拉斯堡—凯尔峰会上宣布："我们承诺将加强关键通讯和信息系统的安全以防止网络攻击，届时各政府与非政府组织将利用各联盟国和伙伴国对这些系统日益提高的依赖性。"与这些担忧和新政策一致的是，联盟建立了一个 NATO 网络防卫管理局以提高其现有计算机事故的响应能力并在爱沙尼亚创造一个相互合作的优秀网络安全防卫中心。此外，网络防御已成为 NATO 活动的一个完整部分。

本章集中讨论了欧洲天然气供应系统中关键基础设施的安全。第一，分析了保护关键能源基础设施（如面临网络攻击时）及其关键资产所面临的不断变化的国际安全环境，特别是处于不同状况下的天然气供应系统的能源控制中心——即会影响关键资产（如天然气控制中心）的功能与安全的那些状况。第二，本章总结和强调了某些欧盟 OCTAVIO 和 INSPIRE 研究项目所得出的结果。第三，顺着欧盟在 2007 年 3 月制定的一般能源安全战略和随后在 2010 年春制定的能源安全文件、措施和行动，本章试着识别欧洲天然气供应系统中新出现的风险。第四，在这些背景下，我们得出了一些结论并为 NATO 保护 CEI 提供了相关建议。

14.2 剧烈变化的风险与安全环境：保护关键能源基础设施的启示

新出现的国际恐怖主义活动的结构网络变得越来越松散，相互之间的联系也越来越少，各恐怖主义活动没有共同的目标。它们在行动时往往相互独立且没有一个中央指挥型的结构，但可以快速、灵活地做出行动而不会被侦察到。这不仅仅是某个国家及其政府的问题，变化越来越快且越来越频繁的商业公司经济投资项目也面临着相同的全球风险。此外，为反对某个特定地区的激进组织而做出的努力上升到国际水平时就显得并不那么有效，尽管国际当局与情报工作的协作水平日益提高。

国际专家将排在恐怖分子最易攻击目标前列的公共产业、能源产业当作脆弱产业，如下所述：

● 恐怖分子对石油和油气管道的攻击和对石油的大量窃取活动已在世界范围内发生，虽然这些活动迄今为止只有地方性影响，但是对石油和其他能源基础设施的攻击对一个国家的经济有重要影响。2009 年 10 月，在日内瓦附近著名的 CERN 核研究实验室和牛津郡的一个核试验室工作的科学家阿德朗·希切尔（一个拥有阿尔及利亚血统的法国人）在被监视 18 个月后在里昂附近被逮捕，原因是他正在与基地组织一个危险的北非联盟策划准备一场恐怖袭击。由于他过于详尽地将目标定为一个炼油厂并准备用一个能摧毁伦敦那么大的爆炸袭击来炸毁该炼油厂，情报部门在调查之后就立即发现了他的阴谋。

● 恐怖分子在 2002 年 9 月对美国军舰"科尔号"的攻击、2002 年 10 月对法国"林堡号"巨型油轮的攻击和最近对索马里海域和经济专属区海域的油轮的攻击使得这些情节不再仅仅出现在电影中。因此，能源运输安全也已成为一个必须应对的重要安全挑战。

● 根据预测，全球天然气消耗从 2002 年到 2025 年会增加 70%。在欧盟，液化天然气（LNG）进口量预计将从现在的 75bcm 增加到 2020 年的至少 150bcm。区域间的 LNG 交易量到 2030 年将增加 30%。将温度降低到 -260 华氏度，天然气就可以液体的形式通过油罐车或油轮来运输。尽管四十多年以来通过航空运输 LNG 十分安全，但可以确定的是基地组织已将 LNG 作为攻击的目标（由于它的易爆性）。油轮的爆炸能将 1200 英尺外的钢铁融化并引起大火，能灼伤 1 英里外暴露的皮肤，如果在人口集中区域附近还会导致数千人死亡和至少 20000 人受伤。

● 最近，西方政府和各行业不断关注网络间谍和日益增加的通过使用恶意软件程序来损害或中断关键基础设施运行过程，以及个体、犯罪分子、恐怖组织和政府对关键基础设施资产运行过程进行的网络攻击活动。这些网络攻击活动已经达到了空前复杂的程度。也正因如此，电子系统和网络漏洞呈指数增长趋势。然而，公众还没有意识到这些存在于网络空间中的威胁与漏洞，而这些威胁可能会对所有的私人与公共生活、国家与国际商业活动甚至国家或诸如欧盟和北大西洋公约组织的多国组织的国防政策产生重大影响。在攻击者与防御者的长期斗争中，攻击者通过配备精良的装备往往更有优势，他们可自由地选择攻击目标与攻击强度，可不受距离和国界约束来享受窃取资料、骚扰对方和瘫痪对方系统所带来的乐趣。这些威胁正不断挑战传统的国家与集团的安全与防御观念。

僵尸网络的出现——通过放置大量的不被用户注意的休眠病毒，攻击者可以在任何时间任何地方活动（如特洛伊木马）——使得犯罪分子或恐怖组织能够从事对产业和关键基础设施带来巨大危害的诸如窃取信息、伪造数据、破坏程序或改动机密数据的活动。例如，最新的僵尸网络威胁是由一个叫 Conficker 的病毒带来的，据统计，此病毒已经感染了 150 万台计算机。它有能力自动控制和指挥 122 个国家的 500 万台计算机——在它同时对经济系统、关键基础设施和国家防御系统发动联合攻击时，我们甚至没有任何应对策略——它们之间都相当独立。几乎所有的产业、公司甚至国防部都在不断依赖对开放网络的使用。甚至五角大楼也承认已得到保护的内联网本身也对网络攻击无免疫力。"信息安全永久监控小组"主席亨宁·维格纳尔 2009 年在世界科学家联盟上做出了告诫：

"一个重大的、具有革命意义的且可能不可逆转的变化正在发生：集中计算、软件管理、远程秘密数据存储、程序和安全措施没有任何透明度、传统计算机被纳入到只有使用权的门户网站并且取缔它们传统防火墙的功能。结果就产生了一个联系极度紧密但漏洞很多的整合性大型网络结构。这种网络结构包含了无数黑客攻击点。"

敌对政府可以与犯罪组织（勒索钱财的组织）、恐怖分子或民族主义运动者或个体一起隐藏在"邪恶联盟"背后而不用担心被侦测到或识别出。通过将网络犯罪、网络恐怖主义与个人或政府支持的网络战争之间的界线模糊化，来将其作为 21 世纪"非对称战争"的一种新形式，"数字珍珠港"式的威胁变得越来越真实。

● 2008 年 5 月，俄罗斯黑客入侵了位于圣彼得堡附近的一座核电站。尽管网站被黑掉，但这次入侵并没有影响核电站的正常运行，但谣传"放射性物质已扩散"。这座核电站与其母公司 Rosatom 中断了好几小时的联系。

● 政府部门、新闻媒体、银行和其他公司、私人网站的服务器存在大量的能带来"拒绝服务"故障的蠕虫病毒和其他形式的恶意软件，电话信息被窃取也越来越现实。这些攻击活动在 2007 年 4~5 月的爱沙尼亚，2008 年 6~7 月的格鲁吉亚、2009 年 7 月的南朝鲜和美国（北朝鲜发起的网络攻击活动攻击了南朝鲜的 12000 台计算机及其他国家的 8000 台计算机）都持续了三个星期。

● 2010 年年初发生的黑客对欧洲二氧化碳排放权市场的攻击说明了潜在的网络攻击能够操控能源价格并决定谁能得到生产满足项目需求的能源的合同。这些操控会导致能源供给短缺、中断和大规模停电。德国能源现货市场和其他能源市场（如阿姆斯特丹能源交易 LAPX、巴黎能源交易和欧洲能源交易 EEX）的运行都是通过网络来实现，这也使得这些市场处在一个外国计算机操控的风险之中。2008 年的世界经济论坛预测，在接下来的 10 年内，关键信息基础设施（CII）有巨大突破的概率为 10%~20%，而其所需要的全球经济成本约为 2500 亿美元。另外一些专家警告说，受到电子攻击的国家可能会断电 3 个月，而这会导致 7000 亿美元的经济损失——"相当于 40~50 场大型飓风同时袭击所带来的损失……它所带来的经济损失比以往任何时候都要大……比'大萧条'时期的经济损失还大，比德国发动第二次世界大战所带来的损失还大"。

美国奥巴马政府宣布了一个 170 亿美元的大型电子防卫计划并任命霍化德·A. 斯密特（一个经验丰富的计算机专家）来协调这些应对网络战攻击所做出的努力。持续增长的电子漏洞和电子防御能力的不足，特别是诸如美国国家电厂、电网、供水系统、通信、航空系统（如空中交通系统）和金融市场等关键基础设施防御能力的不足，被认为是新任政府所面临的最迫切的国家安全问题，但是由于缺乏清晰的战略规划以及国家间的相互不信任，防御措施的实施受到阻碍。

谷歌对中国黑客窃取它和另外 30 家美国公司（如 Adobe、思科等）的知识产权的披露迫使美国开始重新思考网络安全问题。中国的网络攻击者如此具有攻击性和普遍性以至于许多美国公司出于对其在中国商业利益被损害的担忧而要求美国政府施加政治压力来应对网络攻击而不是之前的独立应对。当谷歌在第一次网络攻击结束 3 个月后去询问国家安全局网络攻击的细节时，又出现了更多的问题。加拿大大学 2009 年 3 月做出的综合研究发现一个运行在中国服务器上的自动网络间谍系统已经入侵了 103 个国家的 1300 台计算机，包括一些政府、大使馆、国际组织、非政府组织和新闻媒体的计算机。这个所谓的幽灵网系统不仅收集计算机用户信息和电子邮件信息，还把这些电脑变成一个巨型窃听器。美国的一些专家相信，许多美国计算机用户并没有意识到他们已经受到了攻击。这些老辣的计算机攻击会带来"毁灭性的灾难"。只有一小部分防御外的组织和智能部门能够抵御他们的攻击。联邦调查局仅在 2009 年就追踪到超过 90000 起中国黑客对五角大楼的攻击事件。中国黑客也被认为应对发生在 2006 年的英国内阁电脑系统瘫痪事件负责，这些黑客在 2007 年还攻击了英国外交部和其他核心部门的网站。据西方情报部门估计，有超过 500000 名黑客参与了网络战。但是，中国政府并不断担心其国内黑客对其政府、石油、天然气管道系统的网络攻击。

除了这些恐怖的攻击之外，不同部门基础设施的漏洞也不断增加，因为信息技术的快速进步促使部门之间的联系更加紧密。其他地点、分支机构或部门的漏洞会更多，而这些漏洞会带来远远超过仅对发源地带来危害的不良影响。由于这些不同类型的基础设施系统所出现的不同类型的相互依赖性和连接性，以及通过物理（如俄罗斯通向欧洲的油气传输管道）的、可视的或逻辑网络方式向广大地区提供的基础设施服务在规模和复杂性上都在不断增强，这将产生一个政府、经济和社会瘫痪的"多米诺骨牌效应"，甚至会导致区域内、区域间、国家甚至全球性中断故障的发生。因此，许多物理、虚拟或逻辑独立关系并不那么明显，除非出现某个事故或某个联系被中断。在一个复杂系统中，即使轻微的中断都会带来较大的影响，而较高的相互依赖度会导致关键能源基础设施接连的瘫痪，这种危害比任何连带打击带来的危害都严重。

摧毁一个大型炼油厂、严重破坏天然气传输系统、击沉石油和液化天然气油轮、实施一次成功的对通信设施和电网的网络攻击、攻击维持系统正常运行的操作人员和工人以及攻击那些会带来级联效应并将这些影响升级为毁灭性破坏的系统——特别是那些企图使某个地区瘫痪或对会影响几百万居民的整个电网同时进行攻击。下面是最近发生的案例：

● 包括新纽约城在内的美国 8 个州的大规模电力中断、2003 年加拿大由于某个电力供应商的传输系统问题导致了 100 亿美元的损失。它们影响了 5000 万消费者和许多关键服务与商业活动：中断了航空与陆地运输系统，将人们困在远离家乡的地方；中断了饮用水系统，使污水处理设施停止运行；中断了制造业，妨碍了应急通信系统的正常运行。

● 2000 年，瑞士计算中心的一个失误导致了 EC 借记卡系统的瘫痪。

● 受大量降雪、冰冻和风暴的联合影响，德国、比利时和荷兰发生了持续 5 天的电力中断，影响了超过 80000 名用户，造成了超过 2000 万欧元的损失。

● 2006 年 12 月 4 日发生在德国埃姆斯兰县的电力中断所带来的联级效应从德国及其 8 个邻国（澳大利亚、克罗地亚、匈牙利和其他国家）甚至摩洛哥北部一直影响到这些国家的南部。中断持续了 3 天并影响了欧洲 1500 万人。

● 据中央情报局的情报称，发生在 2005 年、2007 年和 2009 年的一系列电力中断事件（影响了 5000 万人——全部人口的 1/4）是由"监控与数据采集系统"遭受网络攻击导致的，尽管巴西政府官方否认网络攻击事件的发生。

此外，由气候变暖导致的自然灾难也不断给现有和未来的关键基础设施带来新的风险与威胁，而市场活动的转变（如由自由市场和将国有基础设施私有化导致的转变）使得私人产业和政府机构越来越依赖于商品和服务的外部供应商。全球气候变暖、传统的石油和天然气勘探与生产能力的持续提高以及某些国家和地区的政治不稳定性会使这些威胁不断增加。而到 2030 年，世界对能源的需求量将超过现在的 40%。

与此同时，那些操作员用来保护他们操控的基础设施系统的财务资源和人力资源被限制。因此，使用所有的可用资源来评估风险并区分其优先顺序以进行适当的风险管理很重要。尽管我们不能百分之百地保护那些受到网络攻击的一般设施与基础设施，但是我们可以在不损害生产和日常运行的情况下将这些威胁尽可能地最小化。尽管如此，我们仍然需要一个专业的安全与风险评估来处理物理和网络安全、检测控制和数据采集（SCADA）及数据的获取分配控制系统（DCS）、通信安全、电网安全、配电安全、发电安全以及生物或化学等问题。

另一个额外补充方法建立在这样的假设和判断上：天然气和电力控制中心的新技术进步将得到进一步发展，由于以上列举因素所产生的结果，欧盟和北约的政治及物理危机管理变得更重要、更复杂。美国专家拉里·奈斯警告说："西方社会和商业企业需要克服'坐等事故发生再修补'的传统，因为'坐等病毒攻击显然会带来灾难性的后果'。"

所有这些关键基础设施面临的新威胁（如网络威胁）都要求我们开发新型安全技术、服务和管理方法。因此，反对恐怖主义、剽窃和黑客的国防服务与产品市场（包括计算机技术研究所和软件生产商）已成为世界上增长最快的市场之一。

14.3　欧盟加强关键能源基础设施保护（CEIP）的计划与项目

"欧洲的能源网络是支撑我们的家庭、商业和休闲活动的大动脉。"
（欧洲委员会，2008 年 11 月）。

欧盟及其成员国已经发现将保护关键基础设施资产作为其安全战略的一部分为时已晚。此外，某些成员国已构建了它们自己的应对这些新安全挑战以保护其关键基础设施的方法与制度，它们用自己的方式保护自己的关键基础设施（包括关键信息设施），反而并不太关心已察觉的一般性风险、挑战、漏洞和策略。解决这些一般性风险与漏洞和被损害的基础设施带来的跨越国界的影响或由 2004 年成立的"欧洲网络与信息安全局"提出，以加强欧洲信息安全方面的合作。

2005 年年末，欧洲经济共同体委员会颁布了 "欧洲关键基础设施保护计划绿皮书"。2006 年 12 月，欧洲理事会正式通过了 "欧洲关键基础设施保护计划（EPCIP）" 并确定了其实施原则、过程和方法。EPCIP 是 "EPCIP 行动计划"、"关键基础设施警报信息网络"（CIWIN）、关键基础设施保护专家组使用、关键基础设施保护信息分享过程、评估提高关键基础设施保护需求以及识别与分析不同关键基础设施相关性的核心。基于欧盟在 2008 年出台的 "关于欧洲关键基础设施的确认与识别和提高保护水平的需求评估的理事会指令"，"关键基础设施指对维护社会正常运行、健康、安全、人类经济或社会福利有重要作用，如果被毁坏就会给成员国的以上各方面带来严重影响的，位于成员国内的资产、系统或部分系统"。此外，欧洲关键基础设施被定义为 "分布在成员国内且如果被损坏或破坏就会对至少两个成员国造成严重影响的基础设施。影响的大小可用截面标准来评估。这些标准包括那些由于对其他类基础设施产生跨部门依赖而导致的影响"。

在此背景下，2007 年下半年，委员会在欧盟正义、自由与安全总理事会第七框架计划下提交了一系列的研究报告，包括特定部门的基础设施与资产的研究报告。至于关键能源基础设施（CEI），最近的三个研究项目非常重要，并且提出了解决增强关键能源基础设施保护、极度脆弱的能源控制中心和监控与数据获取系统问题的方法：

● "奥克截维奥项目" 的目标为：在确定评估、审查和降低电力与天然气控制中心间相互依赖度的 ICT 基础设施的风险标准与方法的基础上，"开发了综合方法以提高能源控制中心的安全性"。该项目将目光聚焦在关键资产特别是电力与天然气供应系统控制中心的关键资产的结构、功能和安全上。此外，它还努力为能源部门的控制中心（如天然气与电力控制系统）及其网络结构做出准确的（风险）评估。更特别地，该项目在确定评估、审查和降低欧洲电力与天然气控制中心及 ICT 基础设施的风险标准与方法的基础上开发了一个提高能源控制中心安全性的综合方法。

"奥克截维奥项目" 由三个部分组成：①能源系统（电力和天然气）控制中心的层次与使用；②能源系统控制中心的安全性；③控制中心不同功能的安全性。第一份报告阐述了电力与天然气系统的结构、控制系统和这些系统的构成元素及系统受到攻击所带来的威胁与潜在影响。报告还特别注意了资产的可靠性，特别是控制中心的技术水平。第二份报告将目光聚焦于控制能源网络的工厂系统的电子和实体安全（如漏洞和攻击目标）。第三份报告聚焦于天然气供应系统及其构成元素如系统操作员、海上运输、再气化、设备运输（管道、压缩机、压缩天然气存储、计量站、门站）、配送（DCS 配送、管道、消费者、油轮、加油站）的漏洞与相关性。

● 当前完成的 INSPIRE 项目将目光聚焦于通过加强 LCCI 控制系统的稳定与安全来减轻威胁和提高能源控制中心及其他大型复杂关键基础设施（LCCI）的稳定性与灵活性。该项目开发出许多借助适合 SCADA 系统的自我重构架构来提高 LCCI 的安全性与灵活性的方法。它包括以下主要功能模块：①通过使用不同调查方法来进行监控；②对被损坏的元件和系统重构行为进行诊断的过程；③减轻攻击影响和孤立攻击者的重构行为。

● 委员会发起了一个对"欧洲 ICT 和能源部门关键基础设施风险治理"的研究，最后的研究报告于 2009 年 9 月发表。这份研究在分析参与者、管理、市场与技术因素、决策过程、问题与风险的形成和风险治理框架的应用的基础上将目光聚焦于部门间的交互界面上。因此，安全的数据无论是对纠正正常状态下和异常状态下 ICT 系统的运行都至关重要。数据中断或所需数据的缺乏都会打断系统和已实施的控制措施的平衡。这使得数据恢复可能会被延迟或者根本就不可能被恢复。

14.4 电力部门与天然气供应部门及其控制中心功能的相同点与不同点

一般来讲，电网与天然气管道系统有共同的特性，比如对 ICT 的依赖不断增强。除此之外，电力生产部分地依赖于不断增长的天然气供应，它们也因此直接或间接地面临相同的风险：天然气供应的直接中断将间接地影响电网。但两种能源系统间的差别是显而易见的：

● 电力生产主要在欧洲国家和地区内部进行，部分国家已实现了电力输入或输出的均衡。

● 除敌对势力袭击外，欧洲国家和地区并没有暴露在供电（由外部供应商提供）中断的危险中，尽管长期内，如果大规模的太阳能产业化和长距离传输能源能够实现，那么从南地中海和海湾委员会（GCC）国家来传输电力将变成可能。

● 对天然气和石油管理来说，这些油气资源极有可能持续位于欧盟领土之外。

● 天然气资源与最终用户之间的距离要远远大于电力与用户之间的距离。

● 传输与配送比率在结构和漏洞方面将显现出极大的不同。

● 天然气和电在变更路线方面的灵活性没有可比性。

● 传输系统（网络或管道系统）的相对灵活性与关键资产（包括管道）方

面的差别很容易比较，而管道控制中心则很难比较。

● 更重要的是，电网从一个地方和区域系统扩大到欧洲甚至更广阔的地区。石油和天然气管道将那些力求需求安全且距离越来越远的生产商与欧盟国家连接起来。

这份报告提供了与控制中心实体和电子安全相关的技术发展状况。它们聚焦于控制中心所要达到的技术要求，如控制中心的功能及其在遭受实体和网络攻击时的安全性。这与以下几方面的关系十分密切：

● 安全系统的安装。

● 为了得到一个未来安全投资的概况而对欧盟所有天然气与电力控制中心的安全性进行标准化评估的方法。

● 在审视日益膨胀的系统后对更新老化系统、投资选择和区分优先顺序的决策。

● 对由于不断依赖 ICT 而产生的机会与风险的处理。

● 为避免自然和技术灾害、恐怖主义和犯罪攻击而做的准备。

● 不断变化的政治和安全环境，如生产国政治稳定性、运输区域的不确实性、危险期不断升高的危险和类似战争的环境、并购带来的资产危机、不断增加的运输距离、由中央决策导致的潜在政权转移、大型电网与管道系统中的效果与安全之间的权衡等。

控制中心的技术要求有 80% 都与大型公司的管道认证中心（如德国西门子中心）作出的关键资产技术要求相同。欧盟国家制定的能源产业指导原则大都能应用到美国。但应用与改进的程度、国别限制、不同供应商所带来的不同风险、系统与运输区域、面临的潜在暴力因素（如恐怖主义或类似战争的状况）有所不同。为控制欧洲能源市场的竞争能力和改变复杂管道系统自身所带来的挑战所采用的方法在灵活性方面的限制会给能源产业甚至一个国家、欧盟和国际政府当局（他们可能是生产商、运输商或供应商）带来额外的挑战。

但 SCADA 系统本身的运行状况也是一个值得分析的问题。一般来说，过程控制系统中的安全性要落后笔记本或台式机电脑 5~10 年。SCADA 系统已变成设备或基础设施安全运行的一个关键要素。它们控制着发电站和网络的运行。大型跨边界天然气网络的运行需要一个层级的网络管理和控制中心以确保天然气供应的安全：

● 主要控制中心（如系统和网络控制中心）负责协调发电、调配负荷和监控存储地点与传输网络，以提供可靠的通讯、保持网络完整性与安全性和确保提供服务的连续性；

● 地区控制中心负责监控特定地区的配送网络；

● 区域控制中心负责监控特定区域的配送网络。

应用数据处理技术的控制中心的效率与 ICT 的开发和应用密切相关。它们的任务是：

● 通过传感器测量和收集信息——包括监控管道系统、发电厂、抽水站、存储网站和网络；

● 采集信息：从网络传输到控制中心的必要信息，从控制中心传输到"运行"元件如变电站的命令；

● 处理、呈现、保存从网络和信息控制中得来的信息。

与前面的设备与网络运行控制的辅助功能相比，控制已成为具有能源供给核心的集中复杂工具。失去此核心功能，任何能源与天然气供应链中的运行无论是生产还是配送或供应都将无从谈起。这些控制中心的效率与可靠性，特别是系统、中央控制和网络控制中心的效率与可靠性在其遭受实体和电子攻击时会成为最大且最致命的威胁，而这会造成对其他关键基础设施产生广泛的影响从而导致股票交易的重大损失。

采集信息与处理下达的任务是 SCADA 系统的重要功能。通过使用 SCADA，控制中心能够识别和修整干扰因素，这样才能集中地实施必要的修整措施并获取与计划和下一步行动相关的数据。起初，每一个发电站都有自己的控制中心，这些控制中心都与作为网络各级一部分的其他控制中心相互连接。ICT 的开发不仅增强了整合网络层级指令结构的不同任务的能力，同时还增强了整合不同媒介如电、天然气、水或某个中央指挥中心的区域供暖的能力。而后者在使用地理资讯系统（GIS）以获取设施、网络、交通工具、地理与政治的具体信息之后会得到进一步提高。现代 SCADA 系统使用标准化接口与标准化元件（装有 Windows 或 Unix 操作系统的电脑中的元件）。这增强了系统间的联系，提高了系统效率，但同时也提高了系统应对外部电子攻击的脆弱性。此外，新出现的网络技术（如无线传感器网络/wSNs）越来越多地应用在新型 SCADA 系统中。

考虑到能源系统（如天然气系统）不断增长的规模与复杂性，对控制中心的效果与安全性的要求也越来越苛刻，而对解决效率与安全问题的方法之间的权衡也越来越受到挑战；随着天然气系统中的内部线路越来越多，网站成本随系统规模的扩大而不断增加，它们覆盖的范围越大，由管理单元控制中心带来的内在风险就越需要与紧密合作的调度工程师、ICS 操作员和安全专家相联系，就会对控制中心产生更苛刻的效果与安全要求。

进行一个广泛且系统的分析也因此成为一个重要步骤，它与美国"9·11"事件过后进行的分析类似。但将高度分散的能源系统转变为集中度不断增加的能源系统所面临的环境与美国和欧盟在地区和国家能源需求与决策系统中所面临的环境不同。美国允许广泛且均衡的安全解决方案快速发展，而规模不断扩大且越来越依赖从外部进口石油和天然气的欧盟则显得较为保守。

14.5　不同环境下控制中心的安全要求

14.5.1　能源供给系统中的资产临界条件

保证天然气供应系统正常运行的资产临界值，特别是控制中心的临界值不仅取决于所要求的技术安全水平，还取决于它们期望的运行环境。"奥克截维奥项目"中提到的技术安全要求很有必要，但它们的临界值取决于大量的附加条件：

- 假定的天然气管道系统的总体安全状况；
- 管道系统的大小、长度和预期增长状况；
- 设计参数；
- 安全现状；
- 地理条件；
- 社会—政治的稳定性条件；
- 经济条件；
- 战略环境；
- 成本与投资选择。

天然气部门的核心基础设施是压缩站、控制中心、压力控制系统和输出站。需要提到的是，一个被完全摧毁的压缩站需要花费 2 年以上的时间才能得以重建和更换。尽管可使用逆流技术来减轻损害，但如今，只有很少的管道拥有此能力。

14.5.2　一般安全条件与控制中心的功能

天然气管道系统按其功能可分为 3 类：①采集管道：相对较短且直径较小；②运输管道：比较长且直径较大，连接若干压缩站，在城市、国家、地区或大陆间传输天然气；③配送管道：直径较小的连接型管道。

天然气管道系统的核心元件是：初始注入站；根据地形地势建立的压缩站和网络运行环境（如对北流管线来说，可以预见位于波罗的海的压缩站）；中间站；断流站；调压站；最后传输站。

另外一个重要且关键的支持远程运行的因素是以下三个方面的结合：①测量管线流量、压力、温度等的现场仪表；②将数据实时传输给数据库（通过便携式电话、卫星频道、微波连接等）的本地"远程终端单元（RIUs）"；③接收 RIUs 数据的控制中心或主控室。大部分管线系统的控制中心都使用 SCADA 系统来监控水力状况和发送运行命令。在某些情况下，还需要添加一些额外的高级管线应用程序来进行泄漏检查、定位等。

攻击的类型如此之多以至于管线系统的所有构成元素都可能成为攻击目标。然而，控制中心（除压缩站外）是人为破坏的恐怖主义、多重攻击、压力游戏等最乐意攻击的目标。但是，正如前文所述，我们需要分析应该采取什么样的措施才能使控制中心在面临不同环境状况时仍能保持正常运行。

尽管控制中心越来越重要且其现有的漏洞也越来越多，但现有的状况是政府或组织仍然限制为解决这些问题而做出的投入或花费。以下列举了关于天然气管道系统安全与资产临界值的不同观点。

一般来说，管道安全的特征如下：

● 天然气管道系统被认为是在遇到事故时最安全、最经济的运输方式且比大部分的关键基础设施都安全。

● 它们被认为是可能会给产业和社会带来重大影响，特别是联级效应和次级影响的系统之一。

● 管道系统特别是其关键资产对工厂的依赖呈指数增长。

● 大型管线系统不可能得到百分之百的保护。

● 它们一般都在地下 1~1.5m 深的地方，但在居民区它们必须被标注以避免挖掘带来的损坏（未预料到的腐蚀、爆炸、火灾、撞车等事故），但这些标注也可能会被攻击者利用。

● 直径较小的管线更易受到攻击，因为偷窃天然气需要打通的管壁更薄且这些管线更易暴露在外部干扰下，但攻击所带来的影响可能很有限，因为这类管线一般仅用在系统的配送部分。

● 类似控制中心的关键资产很难被攻击，但如果被攻击则很难得到修复，特别是当不能及时得到需要替换的元件（阀门、压缩机）时修复则更加困难。

● 考虑到控制中心对电力供应的依赖性，持续增长的 IT 漏洞可能会带来重大危害。假设美国的系统更易受到恐怖分子的攻击，而在现有保护水平下，恐怖分子要想使攻击得逞，必须做出极端复杂的准备。然而，到目前为止，还没有发现或公开任何对美国控制中心成功的攻击。

● 同其他复杂系统一样，天然气供应系统也面临着典型的效果与安全性之间的衡量问题。这对在资源被限制情况下的投资有至关重要的影响。

14.5.3　作为安全条件的天然气供应系统规模

欧洲天然气供应系统完全依赖于管线。与欧洲的石油供应安全（依赖灵活的海上进口）相比，更僵化的管线天然气供应系统带来了更多的依赖性、风险和脆弱性——特别是在欧洲经历 2006 年和 2009 年发生的俄罗斯—乌克兰天然气冲突引起的天然气中断的危险期间。一般来说，管道系统的大小、长度和预期增长不仅会对控制设备的需求产生影响，同时还会对控制中心和其他关键元素的安全需求产生影响：

● 除了液化天然气运输系统外，还没有出现一个全球的天然气供应系统。但随着 IT 技术的不断发展、需求和供应的不断增长以及天然气市场竞争的不断加剧，天然气供应系统会在资源勘探、运输管线长度、运送区域、地区环境多样性和关键资产配送方面均衡地成长、发展。

● 规模不断增长的天然气供应系统、长度不断增加的管线、多样性不断增加的区域环境、越来越多的风险与事故、从较远地区得到的大量关键信息、控制天然气输送系统的漏洞、用具有更高水平危机信息的既定系统整合警告信号的系统安全、意识是对天然气管道系统日益增长的安全需求做好一切准备的唯一最重要的层面。

● 管道系统持续增加的规模、长度与复杂性也是一个最重要的因素。总规模如天然气管道系统总长度与安全要求的增加并无直接联系（如 2005 年的全球管道总长度较 2002 年增长了 30%）。尽管总规模预示着全球发展趋势，但我们必须认识到欧洲、美国、波斯湾和东南亚等主要天然气市场的发展趋势。

14.5.4　设计参数

天然气管线的安全要求在很大程度上决定了设计参数：墙的厚度、管道直径、埋藏深度、隔离阀的地点和距离、贯穿整个管线的关键元件的分布、控制中心的冗余值、工艺路线、距离及特定地点的环境（如地形和人口密度）和类似 SCADA 系统的特定安全预防措施。

14.5.5　安全现状

在过去的几年中，位于中东地区的跨国天然气管道没有任何一条被破坏。有许多重要的生产国将风险视为对其资产构成重要威胁的因素，如阿尔及利亚、波得维亚、高加索、印度尼西亚、伊朗、伊拉克、利比亚、尼日利亚、俄罗斯、委内瑞拉等。它们中的大部分在过去不同时期都遭受到大量的攻击（人为破坏、类似战争的情形、暴动、恐怖主义等）。另外，美国被认为是恐怖主义最爱攻击的地区，但到目前为止，美国能源设施只在美国领土外被破坏过，原因有许多方面，包括美国对资产的保护力度以及进入美国的障碍。并不是所有国家都能负担得起相同水平的安全保护，但我们可从其他国家如欧盟身上吸取教训。

现有庞大的天然气管道系统要求对威胁、目标和保护性措施的优先性进行区分。意图与准入并不是攻击的唯一动机，攻击的最终目的是摧毁对手并带来次级破坏。

从管线操作员的角度来看，有效性如来自政府当局的信息的有用性在很大程度上依赖于管线操控员提供的汇总数据能否真实地反映正常运行状况。相反，这也部分地使得管线操控员的识别与交流能力超越了 SCADA 系统的所有功能。

对于特定管线来说，系统状态也取决于：
● 安全要求被采纳实施或被忽视的程度；
● 由腐蚀、板块移动、材料与建筑瑕疵或外部干预导致的故障；
● 对泄漏、破裂、着火等事故的记录；
● 是否有充足的监控设施（直升机、智能管道、电子控制系统等）；
● 灾难对产业或社会环境最可能产生的影响。

14.5.6 地理条件

如今庞大的天然气管线系统意味着相当不同的地理条件，为了保障系统的安全而不得不考虑气候、地质环境、距离远近、交叉供水、海洋管道的埋藏深度、地震与其他自然灾害发生的可能性，人口密度等天然气管道的安全风险可以通过这些因素来确定。

14.5.7 社会—政治稳定性条件

天然气管线的安全在很大程度上依赖于主要石油生产国和管线途经国家的社会与政治稳定性。美国—加拿大和挪威—欧盟现今是典型的例外。国内骚乱、外部敌对、缺少统治能力（如伊拉克）、独裁政权（如伊朗或前届利比亚政府）、叛乱、加重国内紧张情绪的外部压力等将妨碍天然气管道系统的正常运行——且会对目标国带来破坏性的影响。

14.5.8　经济条件

不断提高的产业和社会对天然气供应的依赖带来了若干会对天然气供应系统安全产生影响的问题：

● 天然气供应可能会被发生在生产国或管线途经国家的混乱事件或有特殊地缘政治目标的政策而打断。这增加了对冗余、储存、灵活的线路进行重构和对生产国与接受国至关重要的高效控制系统的需求。

● 这些中断可能是生产国的部分意图。为应对这些偶然事件而做的准备必须有很强的能力来对接受国及公司的危机进行管理，比如进行互联。高效、安全且灵活的控制对一个系统来说至关重要。

● 相反，那些削减开发和更新管道系统资金或意愿的接受国会危害管道的安全性且会给各部门带来更严重的风险。就生产国和管线操控员来说，这种趋势会增加对效率或安全的选择困难，更有可能以放弃安全为代价。

● 生产国（也包括管道途经国）可能面临由天然气供应商持续不断的竞争和需求的缺乏或结构性减少所导致的问题，这与降低对管道安全进行的投资而带来的安全问题类似。

● 另一个稳定的环境可能是管道安全被认为是应对出口竞争对手的决定性优势，特别是如果这能增加生产国、管道途经国、消费国和公司与其提高管道安全性所得利益之间的协调性，这种优势则更明显。而资产的临界值处于任何此类开发的中心。

14.5.9　战略环境

战略环境不仅包括除犯罪（故意毁坏财产、盗窃）等公开暴力外的易发事故和敌对势力进行的地方性攻击，还包括不确定的威胁、类似战争的情形、专治政权的变迁和非政府事件。这些问题同样存在于生产国、管道途经国、接受国及混合组织中。

● 破坏天然气管线的犯罪活动更倾向于发生在诸如尼日利亚的这类施政能力普遍偏低的国家中，在尼日利亚，小偷和故意破坏财产的人（除无能力的汽油拾荒者外）已导致数千人死亡。

● 事故发生越来越频繁，虽然管道事故仅是运输事故的一部分。这些事故较易控制（如无意的天然气泄漏），只有在特殊情况下才会产生极其严重的后果。但是，在高水平保护措施缺失的情况下可能发生大爆炸。考虑到美国管道的密度，事故确实会发生。但这种事故只会带来很少的伤亡和有限的破坏。诸如 2004 年发生在布鲁塞尔附近和 2009 年 8 月底发生在维亚雷乔（意大利）的管道爆炸，这类严重事故是罕见的例外——即使它们可能在未来更频繁地发生。

● 敌对势力发起的地方性攻击确实在不稳定的生产和运输地区发生，如迫使政府撤退。这些以叛乱、恐怖主义和第三方参与形式发起的攻击只会偶尔发生，且以实体和网络混合攻击的形式出现。

● 战略性恐怖主义威胁发生在过去的沙特阿拉伯、阿尔吉利亚、尼日利亚、巴基斯坦等对西班牙、意大利、法国、葡萄牙和其他欧洲国家供给关键能源的国家中。自杀式袭击是最常见的攻击方式。尽管对管道系统关键元素的保护能起到一定作用，但应对战略恐怖主义的训练有素的部队（警察、军人）是不可或缺的，为此沙特阿拉伯建立了一支由 35000 人组成的特殊武装力量。

● 在类似战争情形下的攻击如海湾战争后伊拉克的大规模点火事件也会影响天然气的供应。这些攻击目标锁定在临界资产上，而不是管线上。此外，特别是在危急关头，实物保护会及时发挥作用。但是作为更广泛冲突的一部分的电子与实体联合攻击会在这类偶然事故中极大减少。2006 年 2 月 24 日发生的对世界最大炼油厂恐怖袭击的失败很好地证明了此类数量不断增加的安全措施的价值。

● 更极端的情形是拒绝供应或输送要求、颠覆政府和政权，或对天然气出口施加管制。

尽管对关键资产的保护通常相互关联，但这种保护与易发生事故的情形、破坏管道系统的犯罪活动、地方性攻击或直接攻击直接相关。在事故多发的情况下，它与其他方法一样也是危机管理的一种方式。

14.5.10　成本与投资选择

有必要且有条件区分保护性措施的优先顺序来进行正确的投资。有必要对系统的更新和新的额外管线进行投资，某些新开发的管线系统在需求安全的不确定性日益增长的情形下能更好地为争夺利益服务。

14.5.11　预期安全状况

管线系统资产的安全在很多情况下都是一项重要要求，且比管道自身的保护重要得多，这是有效减少犯罪事故和事件的前提条件。这同其他方法如快速响应和应对入侵者的方法一样适用于减少敌对势力发起的地方性攻击。为应对战略性恐怖袭击而做的保护应包含大量的方法和措施，但危机管理仍是保护控制中心和其他关键资产不可替代的方法。在大量的意外事故发生时，天然气管道供应的正常运行取决于多种情形。对管道资产临界状态的界定仍然需要重新审核，而界定需要确定处于特定意外事故中的管道系统资产的安全要求。"奥克塔维奥项目"已经在建立天然气管道及其关键资产与最高控制中心的安全标准方面做了很多有用的基础性工作。

14.6　欧盟能源发展战略：欧洲天然气管道系统资产临界状态的含义

14.6.1　欧盟能源安全共同战略

一个准确的项目风险评估需要建立在对"综合安全"的理解上，正如欧洲委员会和欧洲理事会 2003 年 12 月在其"欧洲安全战略"（其中的"共同外交与安全政策/CFSPR 的主要文件"）和 2006 年的共同能源安全政策中所说的那样。因此，对"奥克塔维奥项目"和其他项目来说，将目光聚焦在分析控制中心当前的技术特性和提高其技术弹性标准上将大有用处。此外的一个补充方法和分析则集中研究"识别天然气控制中心每一功能模块的存活性要求与弹性要求"，将如下欧盟能源安全共同（如天然气政策）的战略发展考虑在内并用战略的眼光看待新建立的天然气与电力控制中心的新特征很重要。

● 欧洲能源行动计划（EAP）和 20-20-20 计划做出的大量决策；

● 2008 年 9 月的"第二能源战略审查"；

● 2008 年 12 月至 2009 年 1 月发生的俄罗斯—乌克兰天然气冲突事件带来的启示；

● 欧洲委员会在 2009 年 3 月 20 日首次提出为能源基础设施特别是天然气和电力内部互联提供 40 亿欧元财政支持的决策，以提高欧盟应对危机的能力。

在本章中，我们需要考虑一下欧盟（自 2007 年以来）27 个成员国达成一致的能源目标的一些特点：

● 创造一个自由共同的能源市场（如石油、天然气和电力市场）和为欧洲危机管理机制而建立的实体基础设施不仅需要更多的天然气储存设备，也需要新的天然气管道和其他内联网络。

● 基础设施的大量缺乏，正如发生在 2009 年 1 月俄罗斯—乌克兰的天然气冲突所强调的那样，被认为是阻碍欧洲拥有其在 2007 年做出的"3 月决策"那样的高效政治危机管理机制的最大因素。

● 这些内联网络不仅包括欧盟成员国间新的跨国管线和电网（如德国与波兰、波罗的海国家与波兰和瑞典之间），而且包括为跨国供应和将 27 个欧盟成员国及其国家能源市场连接到区域和子区域市场而建立的新的天然气与电力控制中心。

● 更进一步，为建立统一的能源市场和为欧盟 27 个成员国的跨国天然气与电力供应建立的新的跨国内联网络而达成一致的能源政策也将确定许多控制未来天然气与电力控制中心的技术维度。

这些新的天然气和其他内连网络的建立给欧盟关键基础设施的安全性及其漏洞带来诸多启示：

● 作为建立自由共同能源市场和跨国实体内联网络的一个结果，特定天然气与电力供应在一个既定水平下变得相对集中，欧盟 27 个成员国的共同能源市场变得更为跨国化——与此同时，供应结构也由于可再生能源（能够产生电力的风能、生物能、太阳能）的扩张变得更加分散。集权与分权混合的结构提高了安全性并降低了脆弱性。

● 考虑到这些电气控制中心对欧盟未来能源供给安全和有效的危机机制的战略重要性，包括跨国天然气与电力控制中心在内的基础设施安全与电气联网系统的安保工作将会面临利弊共存的局面，即巨大的战略价值和跨国基础设施之间的脆弱性与依赖性共存。然而，对于欧盟、其成员国、政府及整个行业来说，这种利弊共存的局面却不完全适用。国际恐怖分子活动可能也反映出政府及民众对日前发生的俄罗斯—乌克兰天然气冲突以及 2006 年发生在欧洲的天然气危机的关注。因为跨国天然气与电力控制中心是欧洲的短板，即与国家天然气和电力控制中心相比，对跨国天然气与电力控制中心的破坏会给欧盟成员国政府和公众带来更具致命性的经济、社会和心理影响。因此，它们能够招致潜在恐怖分子的更多关注。所以，解决未来能源供给危机及其管理问题的一个很好的思路就是不断加强欧盟成员国之间的联系。但是，一旦遭受恐怖分子及网络战争的攻击，欧盟众多成员国之间会存在潜在的连锁反应，与此同时也会增加关键基础设施的脆弱性与依赖性。

在此背景下，该项目需要考虑重要的影响因素，即跨国犯罪分子善变的本性和自 2001 年起网络对关键能源基础设施的威胁。

14.6.2　自 2007 年起欧盟在能源政策上达成的共识

伴随着天然气部门的私有化和新兴企业的兴起，到 2006 年，欧盟还没有统一的能源政策，也没有独立的能源部门。统一的能源政策与独立的能源部门被认为在能源供给危机期间对天然气的供给安全，特别是对政治与技术上多变的管道系统的运输负全部责任。欧盟能源供给安全的长期战略需应付市场上能源产品持续的物理特性，并以一种合理的价格提供给所有私有企业及行业消费者。同时，不断突出的环境问题越来越成为《京都议定书》的关注焦点，所以欧盟需要权衡其未来的能源供给政策。

2000 年 11 月，欧洲委员会在其第一个"绿皮书"中警告：在接下来的 20~30 年里，欧盟高达 70% 的能源需求（现在是 50%）将依赖进口。届时，欧盟对天然气、石油和煤炭的依赖性将分别为 70%、90% 和 100%。2006 年，欧盟 27 个成员国主要的能源供给全部来自石油（37%）、天然气（24%）、固体燃料（18%）、核能源（14%）及可再生能源（7%）。天然气比例将会不断提高，欧盟未来的新增效益仍将依赖于占主导地位的化石燃料，然而石油与固体燃料型电站将会继续减少[1]。

对于欧盟成员国的能源政策来说，对作为环境清洁能源来源的天然气的开发被广泛认为是今后 20 年最有问题的因素。2030 年之前，欧洲将会保持全球最大的天然气进口市场这一地位。但是今天，几乎一半的欧盟能源消费是从俄罗斯（23%）、挪威（14%）和阿尔及利亚（10%）三个国家进口的。欧盟新的成员国，以及前苏联盟友的天然气进口仍会更多地依赖于俄罗斯。

与此同时，对欧盟与俄罗斯成为真正战略能源伙伴的希望似乎是一个长期幻想。而且，因为 2010 年俄罗斯国内出现了天然气危机，所以 2020 年以后俄罗斯是否可能增加超过 1800 亿~2000 亿立方米的天然气出口额具有很大的不确定性[2]。

---

[1] 姆巴赫. 全球能源安全与欧盟能源政策启示 38 卷. 2010（5）：1229-1240.

[2] F.Umbach/A.Riley, "Out of Gas. Looming Russian Gas Deficits Demand the Readjustment of European Energy Policy" International Politik-global Edition, pp.83-90; F. Umbach, "Zielkonflikte Der Eruopäischern Energiesicherheit. Dilemmata Zwischen Russland und Zentralasien（Conflicts of Objectives of European Energy Security: Dilemmas between Russia and Central Asia）. DGAP Analyse NO.3, Berlin, November 2007, pp.16-18; 以及他的 "Memorandum: The European Union and Russia-Perspectives of the Common, Strategic Energy Partnership". Personal Analysis for the Sub-committee on Foreign Affairs, Defence and Development Policy, House of Lords/Great Britain, House of Lords/European Union Committee（Ed.）, The European Union and Russia. Report with Evidence, 14th Report of Session 2007-2008. HLPaper98, The Stationanry Office: Norwich-London 2008, S.185-188.

仅在 2006 年 1 月爆发俄罗斯—乌克兰天然气冲突的一年后，2007 年 5 月，在德国总统的主持下，欧洲委员会在 2007~2009 年"能源行动计划"这一世界上最具雄心的综合性气候与能源政策上达成共识。与世界上综合性最强的气候保护与能源供给行动计划相比，欧盟 27 国将通过 17 个独立措施和三个 20%目标，即 2007 年 3 月峰会提出的，相对于 1990 年来说，到 2010 年能源利用效率提高 20%、在混合能源中把可再生能源资源比例扩大 20%以及碳排放量减少 20%（如果其他工业化国家如美国、印度和中国都施行相似的政策，那么欧盟将会愿意减少 30%的排放量）。

2008 年 11 月，欧洲委员会新的"第二次战略性能源审查"和新的"欧盟能源安全与团结行动计划"发现了主要的缺陷和问题。而要实现真正相同的能源政策及强化 27 个成员国的能源供给安全需要克服这些缺陷和问题。它为未来的共同合作和项目提出了五方面的建议：

● 基础设施需求和能源供给的多样化；
● 外部能源关联性；
● 石油和天然气储存与危机应变机制；
● 能源利用效率；
● 充分利用欧盟本土能源资源[1]。

2010 年 11 月的欧盟第二次战略性能源审查第一次为欧盟的能源预计消费和进口，包括 2007 年的欧盟"三月决议"和"20-20-20"战略提供了新的具体框架。如果欧盟能够贯彻这些战略，那么到 2020 年，它可能会大量减少天然气的进口以达到现在这一水平或更低的水平（300bcm），而先前的预测为 490bcm。新预测不仅会对目前的能源投资项目包括天然气管道、液化天然气接收站和多样性计划产生影响，而且会对欧盟天然气供给安全产生影响，同时也会对关键性基础设施的脆弱性及保护需求产生影响，因为它减少了关键基础设施的数量，但提升了现有基础设施的战略价值，特别是在危机和冲突期间。

然而，为了确保危机下欧盟成员国的跨国天然气供给安全，并且提高欧盟 27 国的共同能源供给安全性，所有计划内的新型管道和液化天然气项目都需要新的或更加精密的天然气控制中心。事实上，在欧盟未来基础设施安全这一背景下，关注下列不断变化的能源基础设施结构非常重要：

——从生产者（通常是非欧盟国家）那里运输电力、天然石油和其他燃料的

---

[1] European Commision, An EU Energy Security and Solidarity Action Plan. Second Strategic Energy Review. Communication from the Commission to the European Parliament, the Council, the European Economic and Social Committee of the Regions, Brussels: November 2008.

欧洲能源网络与基础设施正在老化，且部分属于大规模集中式生产。

——缺少合适的网络链接阻碍了对可再生能源与分散式发电的投资。这使得能源的自由流动更加困难，欧盟的一些地区在面对供给中断时将会束手无策。

鉴于以上两点及格鲁吉亚战争，欧洲委员会于 2008 年 10 月呼吁委员会"加强和完善关键性基础设施"。战略目标集中于国家网络之间的相互连接与互用性，并能获取这些网络使其成为真正的欧洲能源网络以增强政治上的团结与供给安全，并提高成员国不同国家间网络计划的一致性。在欧盟内部市场中，地区性（跨越国家及多个国家之间）网络为确保供给安全和国家团结发挥着重要的作用，它也被认为是走向相互间充分链接的内部能源市场的第一步。

根据欧盟委员会① 2006 年的"优先互联计划"和"第二次战略性能源审查、能源安全及团结行动方案"，已制定出 6 项战略性优先基础设施项目：

● 波罗的海互联计划是为了连接现有波罗的海地区国家孤立的能源市场，并把它作为一项优先计划；

● 从里海地区到中东一条新型的南部气体走廊使得天然气进口成为可能（也就是说通过计划中的纳布科管道运输）；

● 拓展包括亚得里亚海海岸的液化天然气项目并增强充足的天然气储存能力；

● 连接新化石燃料和可再生能源供给者的地中海能源环；

● 在欧洲中心及东南内部建立贯穿南北的天然气和电力通道（特别是建立网络电气技术的主动性），并把它作为能源共同体气环的一部分；

● 北海海上电网蓝图作为未来欧洲超级电网模块的一部分，把连接国家电网、增加众多计划性的海上风力项目作为目标。②

2009 年 1 月 28 日，在俄罗斯和乌克兰最近的一次天然气冲突结束之后，欧盟委员会真切地感觉到了威胁，所以为了加强欧盟能源供给安全，特别是天然气供给安全项目建设，欧盟通过了建议在 2009 年至 2020 年期间建立总投资额为 35 亿欧元的能源基础设施项目并把该项目作为欧盟整体经济激励项目的一部分以应对全球性经济—金融危机。为了加强能源供给安全并提高欧盟能源危机管理能力，预计 17.5 亿欧元将用于支持建立新的气体和电力互联项目。③

然而，为了确保欧盟成员国之间的跨国天然气和电力供给安全，仍需要进一

---

① European Commision, Priority Interconnection Plan. COM（2006）846.

② European Commision, Green Paper towards a Secure, Sustainable and Competitive European Energy Network, p.13.

③ European Council, Brussels European Council. Presidency Conclusions, Brussels, 19–20 March 2009.

步提升天然气和电力控制中心新基础设施活动的应变能力与技术能力。跨国天然气和电力控制中心的技术故障或恐怖袭击都可能会使供给安全在整个欧盟范围内产生影响而不是仅仅对某个国家产生影响。

14.7 总结与展望

对经营者而言，鉴于其用于保护基础设施系统的财力和人力资源是有限的，所以能源行业和政府部门有必要充分利用现有可用的资源来有效地评价风险并设定风险的优先顺序以进行有效的风险管理。然而物理或网络对公共事业设施和基础设施的攻击不可能使公共事业完好无损，所以需要最大可能地减少这些威胁的破坏程度，确保经营者的生产率不受损害且日常活动能够正常进行。尽管如此，一项专业的安全与风险评估需要解决物理性安全和网络安全、监督控制、数据采集（监控与数据采集系统）、分布式控制系统（数据传输系统）、通信安全、电网安全、分配安全、发电安全和新的综合性安全，如技术援助管理处的工业企业安全意识计划所提出的生物及化学问题。[①] 但是，能源类信息通信技术接口的关键性依赖于能源供给分配规模和获得正常收益的时间跨度。如果基础设施项目能很好地被保护，安全部队（如在沙特阿拉伯）训练有素且装备精良的话，那么石油、煤气工业和政府之间就能够相互促进，或者能够减少恐怖分子对关键的石油、天然气和其他能源基础设施的恐怖袭击。

展望欧盟关键能源基础设施不断涌现的安全和安保新挑战，在欧盟内部创建自由化能源市场的道路上，缺乏政治团结是一大阻碍。而政治团结的缺乏不仅是国家能源政策传统偏好、欧盟国家的敏感与主权和权力所致，也是欧盟 27 个成员国之间（也就是说在老成员国和新成员国之间）缺乏基础设施的结果。一个重要的先决条件是克服物理基础设施的历史遗留因素以及传统的政策，而欧盟已经同意在跨境电力和气体供应方面建立许多新型的联网系统。鉴于 2008 年 12 月到 2009 年 1 月俄罗斯—乌克兰的天然气冲突事件，欧盟未来的天然气供给安全被广泛看作是欧洲能源安全的要害。新基础设施的重要部分是改善单一国家的能源供给以及建立一套共同的公共危机管理系统，特别是在供给危机期间控制中心对天然气和电力的供应。

---

① P. Further, F. Steinhäusler, "Integrated Security Concept for the Oil and Gas Industry, Strategic Insights", Vol, Issue1, February 2008.

从这一方面看，任何关于未来风险的评估都需要把更加广泛的政治性战略政策和北约的意图囊括在内，此外还应囊括欧盟及其成员国对现有及新建的关键能源基础设施的具体风险与未来漏洞的分析。在这一背景下，2007 年 3 月、2008 年 11 月和 2009 年 3 月关于欧盟能源政策和建立新型基础设施的决议就显得十分重要。如果把这些层面及出于欧盟未来能源基础设施安全战略展望的新政策包括在内，任何对天然气和电力控制中心的综合性风险分析都会因此获益。如果欧盟同意实施能源政策与项目，那么它们会在以下四个方面趋于一致，即欧盟共同的能源安全、共同的危机管理系统、共同的能源市场和共同的能源外交政策。在这一过程中，跨国天然气系统和控制中心逐渐成为一个一体化的、重要且关键的基础设施，并成为在欧盟共同能源政策中已经形成的制度化政治危机机制的物质前提。

2008 年 8 月发生的俄罗斯—格鲁吉亚战争和 2008 年 11 月欧盟委员会的"第二次战略能源审查"中新的"欧盟能源安全和团结行动方案"都强调了改善问题，但是北约和欧盟成员国之间在用同一种声音与外部能源合作伙伴对话方面缺乏政治团结。然而，通过在欧盟 27 国内部建立新型的跨国天然气和电力连接，并把它们作为提升能源供给安全和开创共同能源市场的一部分，将会在未来最终促进更加一致的能源（外交）政策并推进欧盟重要基础设施保护计划的进程。从这点上看，关于天然气控制中心的未来安全和安保工作以及任何关键基础设施的讨论都需要考虑下列三点：

● 在欧盟内部市场以新型跨国视角审视天然气供应和国家天然气市场之间的相互联系。

● 这些新型或现代化的控制中心遭受来自恐怖分子和网络的袭击反映出它们具有巨大的战略价值，巨大的战略价值会对跨国天然气供应产生广泛的连锁反应。

● 欧洲天然气控制中心对欧盟之外（即俄罗斯和其他国外天然气管道、天然气控制中心等）的外部天然气基础设施有很大的依赖性，特别是欧盟未来的长远发展会越来越依赖于欧洲之外地区的天然气和其他能源进口，而这些地区通常政治环境不稳定。

因此，作为北约联盟内部及合作伙伴间能源安全对话整体的一部分，天然气控制中心和其他天然气、能源基础设施的安全和安保问题应当被包括进来。同样应当激励新安全典范把安保放进新型关键技术如智能电网的设计和操作之中，并促成新型安保文化以交换并分享信息、技术和最佳实践活动。但一般而言，企业和成员国自身的首要任务与责任是构建通信电子设备安装工程。但更为重要的是，提升联盟国、合作伙伴国及其他国际组织如欧盟、欧洲安全与合作委员会等之间的跨国合作也是明显需求之一。[①] 这些由北约和其合作伙伴构成的对话和公共分析报告在将来应该比美国和俄罗斯两国在打击网络犯罪上的秘密会谈和谈判要容易得多。但一般而言，北约在能源安全及通信电子设备安装工程方面的"商机"角色将仍是有限的且是补充性的，所以这需要更加集中并加深与其他参加者特别是欧盟之间的联系。

---

① 对于国际组织处理能源安全和通信电子设备安装工程的概括参考 F.Umbach, The Role of International Structures in Proteceting Non-nuclear Critical Energy Infrastructure from Terrorist Attacks, Public-private Expert, Public-private Expert Workshop of the OSCE, Office of the Secretary General/Action Against Terrorism Unit, Supported by the U.S.A., Vienna, 11-12 February 2010.

第❶❺章　支持东南欧能源安全的经营分析：基于保加利亚学术界的一种研究方法

　　摘　要： 本章中，作者将东南欧和黑海地区的能源安全问题归因于地缘战略；在能源安全的佐证分析中，保加利亚学术界相关能力的发展与政府当局、行业以及非政府组织密切相关。同样的，完美中心这个概念作为对执政当局的军事支持，被作为一种解决下列问题的工具：能源安全、网络抵御以及在整合能源部门的过程中产生的新的安全挑战。本章最后论述了在全球网络中国家整合力服务于经营分析和远景/战略的计划。

15.1　引　言

　　在当今全球充满生机的社会，21 世纪与能源供给相关的问题所产生的新挑战已经为寻找新的替代能源资源和技术提供了一个广泛的领域，如核电、生物燃料、荧光团—硝基氧混合化合物、风能发电、太阳能发电和波浪发电等。

　　自然地，这个问题与世界上不可再生的化石燃料正在减少密切相关，而且一般舆论认为，这些能源的使用会导致二氧化碳排放的增加。这种现象让我们联想到地球上的全球变暖和气候变化。除此之外，我们应当清楚认识到：全球发达经济的需求、自由市场价格的上升、常规而复杂的能源限制都导致了全球原油和气体的供求比率极不稳定。

　　在这种情况下，北大西洋联盟和欧盟都会优先将能源安全作为未来安全/防御和经济计划的重要因素之一。

　　如今，新的北约战略概念将建立在有技术支持的综合方案发展的基础之上。未来 20 年在欧盟和北约的对话中，跨大西洋政策将与安全和防御话题、双方议程中都存在的首要问题紧密相关。

根据联盟（包括欧盟和联合国）对集成安全的综合方法，"磋商、指挥和控制（C3）"将会支持北约和相关国家。这些 C3 地区因为以下新挑战而聚集起来：能源安全、气候变化、隐私和网络防御——这些问题地区为传统地区的一般性防御提供了新的经营分析和技术支持维度。传统地区的一般性防御包括：公共防御的传统领域、危机处理/突发事件管理、对抗恐怖分子、保持与北约的伙伴关系并扩大合作进程。

新欧盟议程正在考虑以上问题在今后 10~15 年内的结果，那时，防御和安全之间的界限将不那么明显，安全问题将包含防御问题中社会的社会性安全和世界范围内的"无差异化世界"。

这里我们应当注意到，如今联盟的跨大西洋角色正与联合国越来越相似，而欧盟将不得不负担和发展其自身能力。根据欧洲安全研究与创新论坛，这包括五个方面：①安全链——预防、保护、准备、反应和恢复；②应对不同的袭击方式；③确保关键财产的安全；④确保身份、准入以及人员和货物的流动；⑤交叉引擎。

在欧洲安全研究与创新论坛及北约新战略概念中，能源安全处于何种位置呢？

一般而言，在这个不断变化的世界里[①]，能源安全自身就是一个挑战，这是由于其自身的复杂性、变化速度和不确定性。也就是说，多指标这一难题可以通过在多学科环境中使用有效的经营分析（作业研究），从而制定有预见性的、战略性的规划。

在这一方法中一个极其重要的维度就是能够对以下过程进行有效的管理，这一过程开始于作为咨询的重要方面的预测、决策制定及计划，直到现有指挥和控制系统的技术方案的发展和整合。该方案需要为综合安全提供真正全面的 C3 支持。

但是能源安全也直接与危机管理、关键基础设施保护、经济安全直接相关。它与 ESRIA 的其他研究问题间接相关，这些问题使能源安全任务变得更不确定并更具有多面性。

所以，甚至是在 10 年这一相对短暂的时间里，全球能源安全也能够被认为具有 C3 的综合性、不确定性、复杂性，由此能源安全就很难处理、控制与预测。

本章中，作者将东南欧和黑海地区的能源安全问题归因于地缘战略；在能源安全的佐证分析中，保加利亚学术界相关能力的发展与政府当局、行业以及非政府组织密切相关。同样地，完美中心这个概念作为对执政当局的军事支持，被作

---

① Energy Security in a Changing World, Romanian Journal of International and Regional Studiers, Volume IV, Bu Charest, 2–3/2008, EURISC Foundation–romanian Institute of International Studies, IRSI.

为一种解决下列问题的工具：能源安全、网络抵御以及在整合能源部门的过程中产生的新的安全挑战。本章最后论述了在全球网络中国家整合力服务于经营分析和远景/战略的计划。

15.2　东南欧及广阔的黑海地区背景下的保加利亚

为了以一种合适的方式解决能源安全问题和保护关键基础设施，稳定、可靠的安全措施和经济环境，以及恰当的战略环境都是重要的研究课题。图15-1是保加利亚地区与政治背景下，相关因素影响与依赖的模型。

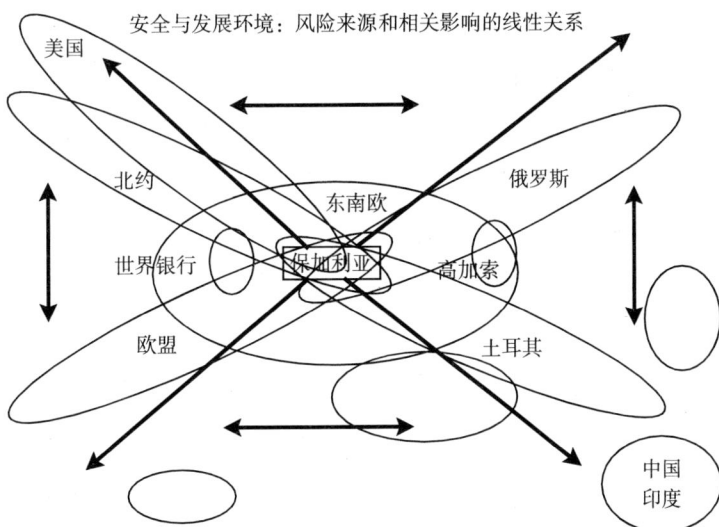

安全与发展环境：风险来源和相关影响的线性关系

图 15-1　位于影响大国因素核心地位的保加利亚和东南欧，以及这些因素之间的影响

从图15-1可以清楚地看到，保加利亚处于一个独特的位置——在东南欧既有地理性又有地缘战略性（从巴尔干山脉西部绵延到黑海中部的高加索山脉）。它位于欧盟、土耳其和俄罗斯、北约和俄罗斯、"功能核心"和"无机能式治理差距"及其他矛盾国家和地区之中的关键位置。关键性影响要素与欧盟、北约、美国、俄罗斯和土耳其都有关，而且正如这些因素之间也会相互影响一样，保加利亚和北约或欧盟国家之间存在着许多重要的双边关系。保加利亚被欧盟、亚洲和非洲三个地区周边范围为1000~2000千米的活跃冲突地带所包围着。

这个环境及其动力是推进能源安全和关键基础设施保护等计划的一个重要因

素。由于环境和外部动力（资金、人力资源、自然资源和安全保障）及内部动力（欧洲—大西洋或欧亚议会强大的力量）的作用，保加利亚在过去 20 年里有着非常有趣的转型轨道（见图 15-2）。在过去 20 年里，保加利亚与北约或欧盟的任意新的成员国相比都处于一个独特的情况中，但它与现在 SEE 国家的 PfP 模式很相似，并可能支持欧洲之外的其他北约合作伙伴。这种国家"环境"的内部动力是制定能源安全和基础设施保护的关键因素。

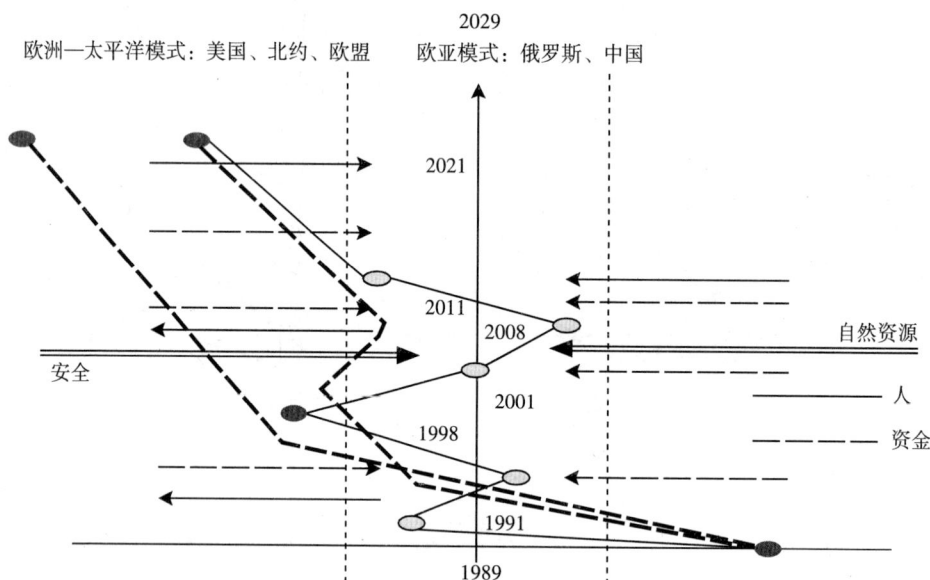

图 15-2 新北约/欧盟成员国的轨迹（左线）和保加利亚转型波动（右线）

在欧洲—太平洋地区，未来的关键在于经济、政治、安全因素、能源/基础设施因素都将变得更为一体化，在一定时间内，这些问题一定或可能需要遵循这个转型方式，以达到更高效率，保持国家的整体性，甚至人们在更高政治层次的整体性。

所以，实现高水平一体化[①]的挑战来自横向（不同基础设施与安全服务之间）和纵向两方面，而这两方面包括政策及其实施的管理、指挥和控制。整体化的关键手段就是把"概念延展与决策支持进行经营分析"和"计算机辅助训练以获得关于形势、概念和方案验证方面的实验/训练及更深入/更广泛的知识"相结合。

---

① Niemeyer, K., Shalamanov, V., Tagarev, T., Tsachev, T., and Rademaker, M. NATO Operations Research Support to Force and Operations Planning in the New Security Environment–SfP981149 Final Report, Sofia, Artgraf, 2008.

2006 年，为了直面公民安全①（隶属保加利亚科学院并行处理研究所②）这一挑战，联合培训模拟与分析中心——国内安全（JTSAC-CS）成立，该中心为经营分析和计算机辅助训练提供工具、可供测试的环境，从而支持安全部门管理过程的变化并促进能源安全和关键基础设施保护能力的提升。

保加利亚位于亚德里亚海—黑海—里海走廊的中部，是北约和欧盟的成员国，且与美国有着密切的合作关系（包括军事设施），在该地区的转型阶段，保加利亚能够通过在 JTSAC-CS 经营分析和计算机辅助训练来支持地区性合作。

考虑到保加利亚在东南欧和黑海地区的区位这一背景，经营分析/计算机辅助训练的实施不可避免地会借助与关键基础设施保护、意外事件/危机管理相关的可能场景进展、模仿及解析。这一方面建立在目前世界上最好的未来情景分析的实践上；另一方面在方法论上也展示出了具有很大的灵活性。一般而言，计算机辅助训练的本质具有多面性，在大多数最好的情况下，计算机辅助训练能够让真实、虚拟和前瞻性模拟在环境（CIP）模式下融合。在第 15.3 节中我们将给出对"联合培训模拟与分析中心——国内安全"的潜在能力的具体描述。

15.3　"联合培训模拟与分析中心——国内安全"功能

"联合培训模拟与分析中心——国内安全"是 2006 年由北约、欧盟、保加利亚政府及保加利亚科学院共同支持建立起来的学术研发机构，并被作为保加利亚科学院并行处理机构的一部分。

该中心专门从事总体性的真实、虚拟和前瞻性模拟，为计算机辅助训练和经营分析服务。一般而言，"联合培训模拟与分析中心——国内安全"研究的是 21 世纪新的安全挑战在经营分析、计算机辅助训练和信息技术的应用。

JTSAC-CS 的主要任务是：在经营分析和计算机辅助训练的基础上，在整体安全部门进行机构规划和分析过程时成为其核心的伙伴。该构想主要关注其高度专业化团队对"经营分析和计算机辅助训练"全流程的支持。这个战略是基于知识和技术的更好融合从而产生更好的教学和训练。

---

① Shalamanov，V. Computer Assisted Exercise Environment for Terrorist Attach Consequence Management，In Transforming Traning and Experimentation through Modelling and Simulation-meeting Proceedings RTO-MP-MSG-045，Rome，Italy，October 4-7，22-1-22-18，2006.

② http：//www.bas.bg/clpp/en/indexen.htm.

　　JTSAC-CS 的主要目标是，以经营分析和计算机辅助训练为基础，为一体化安全部门提供科学和教育支持，整个过程由来自保加利亚科学院的学科专家共同参与，并得到了来自安全部门的国内外高科技公司的支持。

　　JTSAC-CS 的基本功能由低成本基本环境的模拟和训练整合而成。这一环境自 2005 年以来通过一系列项目得到发展，并在 2006 年的欧盟东南区 TACOM 上、2008 年的 Struma 上得到测试，并在 2010 年成为 Phoenix2010 演习的一部分。

　　低成本基本环境的模拟融合了通过 CAX-ENV 进行的 CAX 模拟和 6 个新增模块。如图 15-3 所示。

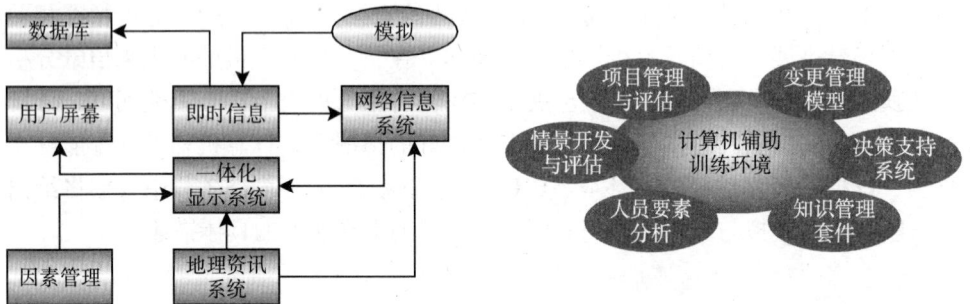

图 15-3　计算机辅助训练——环境和低成本基本环境的模拟与培训其他模块

　　"计算机辅助训练——环境"是"低成本基本环境模拟与培训"的一个基本要素。低成本基本环境模拟与培训包括信息处理与即时信息交流、展示模拟事件的不同信息组合的一体化展示系统：地理、地震和气象（通过地理信息系统获得信息）；还包括通过网页信息系统整合而形成的网络信息系统式可供交换的日志。需要说明的是，网络信息系统通过使用移动式 C2 中心建设以允许远距离的地区模型整合，包括广域网、局域网、卫星传输控制协议和 IP 网络传送话音的技术服务的交流帮助与视频监控（包括夜视摄像机）。最后，全部模拟通过行动后审查与邮政任务分析把信息存入数据库内。

　　图 15-4 阐释了实施低成本基本环境的模拟与培训过程中，各要素[①] 的运转过程：①权变管理模型[②]（CMM）。它是通过利用 CAX 做主动的法规性测试，从安全部门的整合与验证过程的意义上考虑其转型的背景问题。从这种层面上看，

　　① Shalamanov, V., Penchev, G., and Nikolova, I. The Role of Center of Operatonal Analysis in Integration of Science, Industry, Government Capacity to Suppoert Integrated Security Sector in Bulgaria, International Conference for Security and Defence Industrial R&D, NATO SfP982063 "Management of Security Related R&D in Support of Defence Industrial Transformantion", May 14–15, Sofia 76–95, 2009.

　　② Shalamanov, V., Minchev, Z., et al., Security Studies in Bulgaria1999–2008, G.C.Marshall, Bulgarian Academy of Sciences, Demetra Publishing House Ltd., October, 2008.

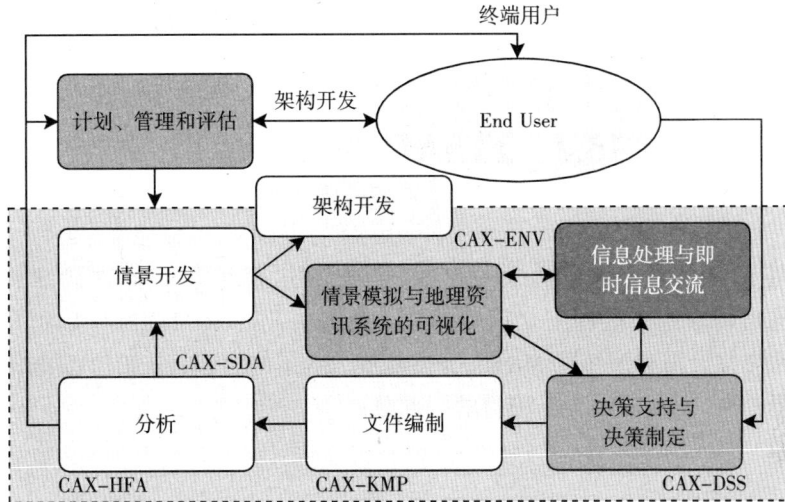

图 15-4　联合培训模拟与分析中心——国内安全中心的低成本基本环境的模拟的研究方法

权变管理模型也提供了 CAX 终端用户的链接方式。②项目管理与评估（PMA）。它凭借工具与方法的使用，以用户订单跟踪系统为基础，进行经济评估计划及控制：如 MS 项目、QPR 平衡计分卡，以及专用的软件开发方案。③情景开发与评估。它的实施分为四个步骤：结构分析、系统分析（这两个分析过程均由专门开发的软件 I—SIP① 开发而成）、动态风险预警（由用户订单跟踪系统 Powersim Studio 开发而成）和基于代理的模拟（由 NC3A 软件开发而成）。随着情景发展的需要，CAX-ENV 的结构需要借助 System Architect、OpNet、ARIS、NAF 以及 DoDAF 的原则② 进行设计。

决策支持系统程序包为一系列分配任务提供了解决方法，如突发事件所需资源分配（水、食品、药品、毛毯和服装等）、人员疏散与营救以及网络分配（电、水或路）。知识管理软件包为正在进行或已经完成的 CAXs 电子表格的数据结果提供了一个整合的空间，详见互联网（点击：http：//www.caxba.com）。最后，人员要素分析（HFA）通过调查、一连串的心理测试（包括警戒、关怀、压力和疲劳等）以及对神经发射的跟踪，来量化地评估那些参与 CAX 训练的人的真实参与度，以及他们参训后工作结果或表现的提升情况，例如，在假设的或未来的情

① Minchev, Z. Intelligent Scenario Development for CAX, NATO ARW Scientific Support for Decision Making in the Security Sector, Velingard, Bulgaria, IOS Press, 16-25, 2006.

② Stoykov, M., Shalamanov, V., Kirov, G., Stoyanov, V., Ivanov, I., Tsankov, A., Integrated System for Energency Mangement (Architectural Methodology), Change Mangement Series, Softrade, 2006 (in Bulgarian).

景下，对假设性或不确定性情况的学习、知识提升和反应的能力。

15.4 JTSAC 的能力运用

如图 15-5 所示，在危机/突发事件（CM/EM）管理中，为 C2 设计的战斗实验室架构可以应用于能源安全情境。这一架构由北约 ROT MSG—049 的"支持突发事件应急计划和演练的 M&S"开发而成，为 CAX Phoenix2010 而准备，同时也是欧盟 FP7 MACR Toolset 项目的一部分。

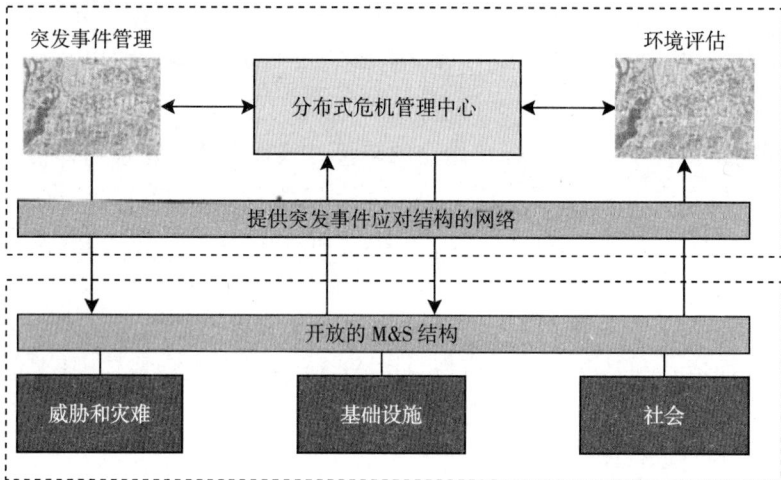

图 15-5　在危机/突发事件管理中为 C2 设计的战斗实验室架构

在 MACROToolset 项目中，把 JASAC 作为发展 C2 的作战实验室中危机管理/突发事件管理的基础是很重要的，同时，JASAC 也被用于强化保加利亚科学院、行业、政府部门和非政府组织之间在这一领域的合作。另外，它也是作战实验室联盟（CFBLNet）的[①]一部分。

关于把实施作为一种手段，在这里有必要做出说明的是，欧盟 TACOM SEE—2006[②] 是第一次全方位的实践，保加利亚（包括媒体和非政府组织）的所

[①] 联合作战实验室（www.CFBL.info with NATO and European PoP: CFBL info@nc3a.nato.int）是安全的，多国家的，在网络中心战争中处于试验、开发、测试及评估的最前沿。

[②] EU TACOM SEE 2006 Technical Report, Institute for Parallel Processing, BAS, Sofia, December, 2006.

有国家部门（超过 10 个）与欧盟、北约、联合国人道主义事务协调厅、7 个东南欧国家和 17 个欧盟观察国担负起维护安全的职责。在经过几次由国防部、莫伊或卫生部领导的实施之后，目前，JASAC 正在支持 Phoenix2010 的建设，并且它在架构中的顺序紧跟在为 MACROTools 准备的一个项目之后（如图 15-5 所示）。

这项研究引领了架构的发展进而使新技术融合，CAX 在一个创新的氛围中被用于教育、培训、研发，从而让整个安全部门（认为是一个复杂的适应性系统）改变了管理方式，如图 15-6 所示。

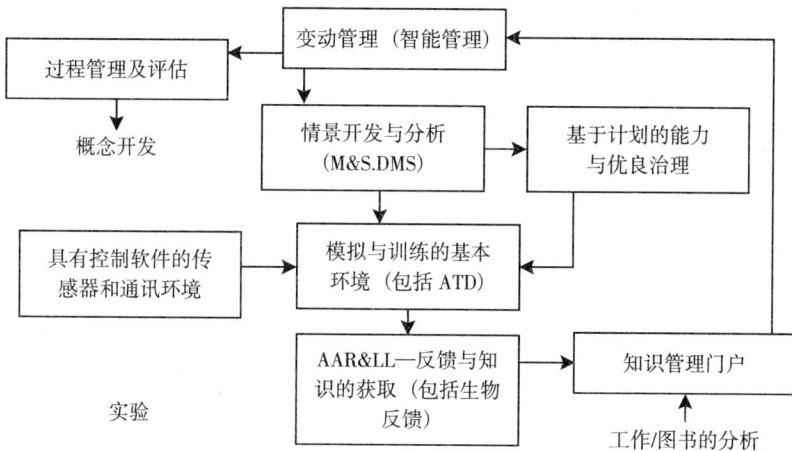

图 15-6　在新技术融合的创新氛围下，教育训练和研发发展改变了整体安全部门的管理方式

本章中，作者致力于建立能源安全的地方中心与能源安全知识网络中心的架构，这两个中心位于东南欧和黑海地区，其研究的基础是基于它们在 NATO SfP981149 项目内构建 JTSAC 和安全与防御管理中心① 的实验。

最后需要注意的是，过去十年里，该机制的建立从综合性方法方面来说，保障了保加利亚的安全，这与保加利亚科学院所列举的下列关键大事密切相关：

● 1999 年——保加利亚科学框架协议下建立了国防部/政府环境中心；

● 2002 年——保加利亚科学院的国家安全和防御实验中心；

● 2003 年——科学协调委员会常设政府委员会进行民事保护（保加利亚科学院）；

● 2004 年——保加利亚科学院并行处理机构下的 C41 发展部；

● 2005 年——保加利亚科学院作业分析中心（和 NATO SfP981149 项目相关）；

---

① http://www.caxbg.com/is/.

● 2006 年——保加利亚科学院合作训练模拟与分析（公民安全）；
● 2009 年——保加利亚科学院安全与防御管理中心。

作者认为下一步主要集中于：
● 2010 年——EPOW，SPP 转型项目演练的盟军司令部；
● 2011~2013 年——杰出军事中心支持民政当局。

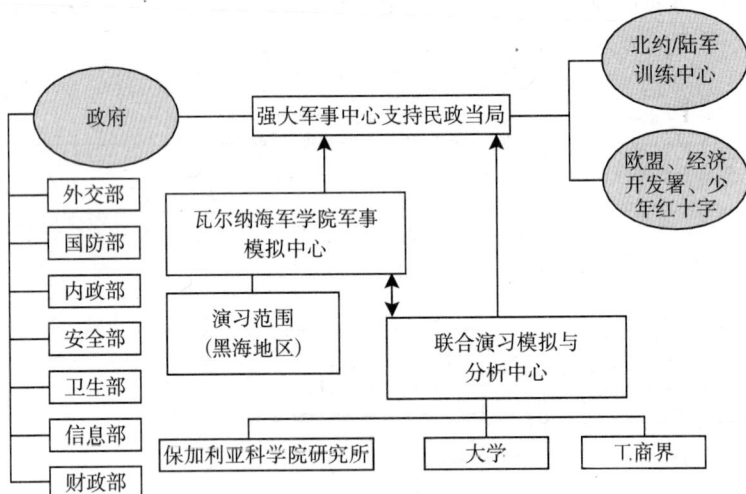

图 15-7　杰出军事中心支持民政当局的模型

　　自 1869 年以来，保加利亚科学院在科学技术问题上，包括与安全相关的问题上对于整个国家来说，扮演着"顾问"的角色。在东南欧/广阔黑海地区和保加利亚—美国项目加入进程的背景下，BAS 能够进一步增加外交部、内政部和国防部在北约/欧盟的地区角色分量。

　　从逻辑上形成的结果是，杰出军事中心对民政部门的支持将得到发展，这归因于盟军司令部的转型，它为民政执行能力提供了企划和测试，又有海上军事力量提供军事执行能力。

15.5　总　结

　　本章从地理和战略背景出发，对保加利亚在东南欧/广阔的黑海地区中区位做了展示并进行了简单回顾。作为其中的一部分，借助联合培训模拟与分析中心——国内安全，描述了基于 OA 和 CAX 对看似合理的未来环境的验证，从而得到相应的方法论框架。文中展示的该框架用 CAX 的整合和验证强调了地区的能源安全和 CIP，它提供了一个科学化视角，对当前问题给出了一个可靠的、可解释的观点。

以上所有的发展仅在特定条件下才是持续的，即在更广阔的北约/欧盟的背景下，进一步推进东南欧和广阔黑海地区的一体化进程。

NC3A 是一项关键性的经营分析，也是对 C3 的支持，更大程度上它是北约的一个机构。在东南欧地区的第一次区域首席信息官会议成功召开，并且接受了地区性国家技术顾问对 SEDM 进程和 SEEBRIG 的提议之后，在 OA 和 CAX 领域的地区能力、地区中心对安全的研究和训练发展都有继续提高的可能性。保加利亚的 MoU 和 MoD 已经形成了一个合作框架，与 BAS 协商了合作协议，并且近期达成了由 MoU、MoD、BAS 组成的三角合作组织，该组织将提供基础的语音工作。

坐落在奥地利的国际应用系统分析协会是一家全球领先的应用系统分析机构，它为全球性问题分析提供支持，所以在支持能源安全和环境问题的经营分析和计算机辅助训练的区域性合作方面，可以参考该协会的模式。

EDA 是欧盟提升防御和安全能力、促进跨国项目的一种工具，它将进一步推进地区合作和发展。

对欧盟来说，欧共体的少年红十字会是其在民事安全方面研究的主要资产，所以它能成为 FP7 计划的关键参与者，它能让该地区国家为能源安全研究做出更多努力。

在本章中，从整体性加强东南欧和欧洲能源安全建设方面，US–GlobalEESE（美国全球能源与环境战略性生态系统①）是另一个展示了在该方面取得的成果的论坛。

但最后同样重要的是，北约科学协会所支持的一系列 ARW/ASI，特别是最近几年在东南欧和广阔黑海地区安全事务方面的 HSD Panel，从合理性上看，对能源安全作为地区的一项关键性挑战，建立了一个可供更为集中讨论的平台。下一步合理的步骤是通过 JTSAC 的使用使这个讨论过程制度化。

---

① 能源与环境战略预测实验室——美国能源部：Final Report from the Event 27–28April 2009，http：//globaleese.org.

第 16 章　工业设施与军事设施的能源安全：在紧急情况下影响技术的战略选择

摘　要： 我们近期的成果是，使用复合条件决策分析对工业和军事设备的能源安全提出整体方案分析。能源安全问题对于工业设施和军事设施越来越重要。电网以及其他关键建筑、完整设备的损坏都会危及关键的活动和任务。传统能源成本和供给的波动、相关技术的支持增加了为满足能源需求的创新动力。这些需求的一部分应当由可再生能源资源满足。在一个大型的工业和军事组织中有数以百计的设备，为实现能源安全目标，每一件设备都面临单独的挑战。本章探讨了在一个架构中，是科学技术、工程技术还是其他条件最能影响在能源安全革新方面的战略投资计划。这个架构旨在避免当系统在评估意外情况下的工业和军事设备失败时而产生的意外，包括意外情况下的监管条件、技术、经济、地理、环境以及其他主题。科学技术、工程技术和其他调查性资源将被集中于未来的条件上，这些条件将在很大程度上影响技术的选择和对它们的操作计划。

16.1　引　言

近来，美国军方对能源安全问题做出的努力是直观的，它可以被一般化并移植到其他大型工业和军事组织中。

"在恐怖主义时期，易燃易爆型燃料和核武器原料产生了安全隐患。世界市场力量和地缘政治的不稳定广泛威胁着能源供给。基础设施的脆弱性增加了军事设施被破坏的风险。"（美国军事能源与水资源设施规划，2007）。

能源安全是一种能避免由自然、偶然因素或影响能源和公共事业供给与分配系统的蓄意事件所导致的能源供应中断产生的消极影响的能力（美国军方，2007）。对美国军方来说，能源安全反映在当电力或燃料供给遭到破坏时，关键任务的设备和运转单元能否完成的保障程度上（美国军方，2009）。关键任务、能源成本的变动、多种燃料资源的一体化、陈旧的建筑和设备、多样化的能源效率战略和技术、可再生能源的使用以及文化考虑都承担着能源安全方案复杂性的风险。其相关的目标可以分解成能源安全的目标、目的和度量标准。

2008年，美国军方在燃料和能源上共花费了41亿美元（美国军方，2009）。和很多大型组织一样，它们在实现能源安全所需的重点设定和决策制定时都面临难题。每一个设施都有不同的任务目标、不同的能源安全重点、不同的战略规划。现在迫切需要考虑的是，在能源环境中随着其他意外因素而上升的能源消耗会使对替代性投资战略的评估更为复杂化。在本章中，我们将意外因素定义为一种未来的事件或趋势，它可能会对能源安全决策产生影响。对紧急情况的整合创造了不同的情景，这些情景能被用于评估和筛选最优化的行动与投资组合。不同的意外情景整合影响着能源管理者如何实现不同能源安全目标。例如，对不同监管政策的考虑将会增加不同来源的可再生能源的价值。核心能源资源在有意或无意的破坏中所显示的脆弱性可能会保证在短期或长期的储备系统或生产中得到更多投资。地缘政治恶化的更长远假设可能会降低生产者投资柴油发电机的积极性。需要完成一些前期工程把这些情景转化为一个可管理的子设备，为决策和投资优化服务。

能源设备经理能够使用多标准决策工具处理多目标、多目的和多度量标准问题，并预估多种能源技术和来源的组合。当使用这些工具时，我们迫切需要把紧急情况的方案加入到分析中。这些情况可能是真实的，也可能是大型基础设施系统的不同股东倡导的。本章描述了：①以往和现在的能源设备安全成果；②与军事能源设备安全相关的，在紧急情况下的能源环境的假设；③把紧急情况整合成标准的决策模型；④得出结论，并为更长远的知识给出建议。

16.2　理解能源安全设备的框架

在2005年之前，能源的使用与成本和其他优先考虑的事情都确实是令人担忧的事，美国军方能源设施战略（美国军方，2005）识别出了美国对能源的依赖性在不断增加，同时军队对于进口化石燃料的依赖性也在不断增加。环境和气候因素同样在未来能源计划中扮演着重要角色。这里提出了五项举措以期解决2030年之前的能源计划中的设施问题：①减少现有设备的能源浪费；②在新建革新性项目中提高能源利用率；③减少对化石燃料的依赖性；④保护水资源；

⑤提升能源安全。前两项举措暗示着增加能源消费的监控和降低峰值能源的使用将成为控制能源成本变化计划的一部分。利用和提升可再生能源技术如地热能、太阳能、生物能、风能以及其他能源技术，将避免全球能源市场突遭打击或由于地缘政治的不稳定性而引起的敏感性任务的脆弱性。可再生能源同时会减少排放。能源供给会受到各个州、地区和地方法规对可再生能源、其他能源来源和能源技术的影响。可再生能源的可靠性也影响着能源组合的选择。

例如，图 16-1 展示了将太阳能作为可靠和划算的能源来源的一组设施。同样，图 16-2 和图 16-3 分别展示了把风能和生物能作为合适的能源补充组合的设施。虽然替代能源可能会减少成本和供给的波动，但是公共设施和基础设施系统

图 16-1　有充足可靠太阳能资源地区的设施

资料来源：美国军方，2009.

图 16-2　有充足可靠风能资源地区的设施

资料来源：美国军方，2009.

图 16-3　有充足可靠的生物能源资源的地区的设施

资料来源：美国军方，2009.

在破坏性力量或恶化的环境下仍然是脆弱的。对一台设备单一生产能力进行可靠性和脆弱性评估，能够确保能源供应的连续性。

军事能源与水资源设备战略规划被建立起来以实施美国军事能源设施战略愿景（美国军方，2007）。短期、中期及长期的工具、技术和项目提供了建立这一愿景的框架。2007 年的军事设施能源消耗几乎占电力能源的 1/3，而天然气和燃油占据了剩余消耗的全部。增加的煤炭、核能和可再生能源会减少进口能源燃料的使用。

当其他能源管理项目集中在减少成本、消耗、排放的同时，以提升能源安全为目标的项目越来越难以数量化和监控。这些能源安全项目主要集中在不间断的、可靠的服务上。应用系统的研究方法和标准旨在评估设备的能源安全。任务的关键性能够将设备进行分组（美国军方，2007）。

最近的军事能源安全实施战略（美国军方，2009）展示了决定能源安全军事目标的愿景、任务和目标，同时展示了衡量能源安全过程的相应度量标准。图 16-4 展示了这一能源安全框架。其表述的能源是"在所有的军事活动中将能源考虑在内，以期达到减少需求，增加效率，探索其他资源以及开创能源问责制文化，同时保持和加强运转能力的目的"（美国军方，2009）。

能源安全军事目标支持能源安全目标。相关度量指标被用于测量能源安全军事目标。五个能源安全目标（美国军方，2009）表述如下：能源安全目标之一，减少能源消耗；能源安全目标之二，在跨平台和设备中增加能源利用效率；能源安全目标之三，增加可再生能源或其他可供选择能源的使用；能源安全目标之四，确保充足的能源供给；能源安全目标之五，减少对环境的不利影响。

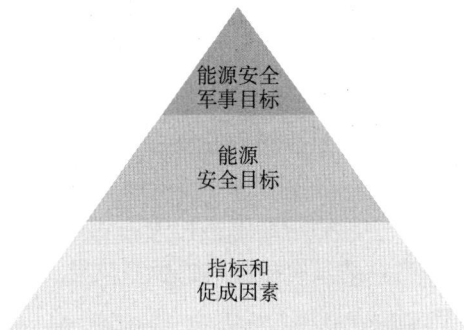

图 16-4　能源安全要素框架的等级结构，指标、促成因素测量并改善支持能源安全目标，这也支持更广泛的能源安全军事目标

资料来源：美国军方，2009.

促成因素激励能源安全意识、革新和责任感。例如，一个设备的目标对于整个设施来说包括现存基础设施的能源绩效。这一目标支持了减少跨平台设备能源消耗和提高效率的目的。2012 年的安全测量计划可以成为绩效目标和促成因素，测量计划的完成百分比作为一个度量指标。图 16-5 举例说明了这一例子。

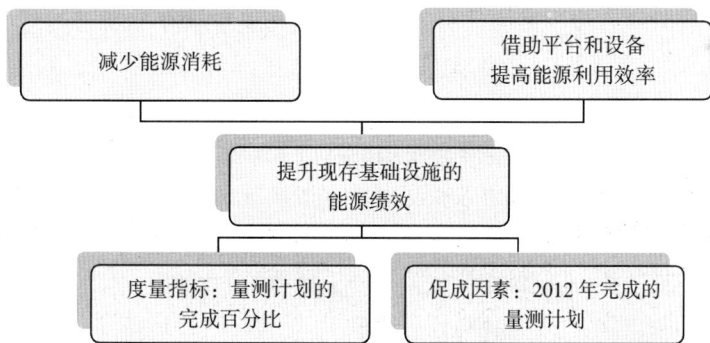

图 16-5　能源安全框架的例子，这里度量指标和促成因素支持两项能源安全军事目标

16.3　能源环境的不确定因素及紧急情况

对于军事设施和其他大型设备来说，当地的、地区的、国家的和国际的能源环境越来越受地缘政治、经济和其他重大事件和趋势的影响（Constantini 等，2007；Nakićenović，2000；Mintzer 等，2003）。在能源安全的紧急情况中，军事设施管理者都非常关注什么样的替代品投资或投资组合会有良好的表现。如果一笔良好的投资是不可行的，那就需要一份整体情况和决策报告进行阐释，在哪些情境下（定义为紧急情况组合）需要额外的模型和资源来确定哪一个替代品投资是更优的选择。

　　紧急情况的多种类别反映了能源环境的复杂性。风险分析领域的方法论能够帮助识别和理解显性的和隐性的风险来源（Haimes，2009）。图 16-6 提供了一份不同系统观点的部分描述，它能够帮助识别相关的意外情景。例如，从气象预报去分析能源安全将能发现潜在的具有破坏力的天气变化，比如雪灾或风暴会破坏公共电网的输电系统。

```
                        ┌──────────┐
                        │ 紧急情况 │
                        └────┬─────┘
      ┌──────────┬──────────┼──────────┬──────────┬──────────┐
  ┌────────┐ ┌────────┐ ┌────────┐ ┌────────┐ ┌────────┐ ┌────────┐
  │ 管制政策│ │ 气候   │ │地缘政治│ │ 技术   │ │恐怖主义│ │基础设施│
  └────────┘ └────────┘ └────────┘ └────────┘ └────────┘ └────────┘
```

图 16-6　从多种角度下识别紧急情况，从而评估能源安全措施

　　与技术相关的紧急情况包括新核能技术、煤炭技术或对具有发展前景的可再生能源技术的潜在开发。政治、社会文化和政府规章制度类的紧急情况包括新能源指导方针和行业利益，或快速进化的国家或国际能源政策（世界能源委员会，2007）。

　　社会紧急情况包括能源生产与使用的社会观点的变化。在不断变化的能源指导方针中，其文化接受程度对军事设施具有很显著的重要性（美国军方，2009）。因为全球需要及地缘政治地形都处于不断变化之中，所以国际紧急情况包括不稳定的能源成本或使用（美国民族大学——千年项目，2008）。

　　与设施相关的紧急情况会对任务的执行产生影响，这些紧急情况来自地区、国家和国际的大事件，也来自能源服务的破坏、商业能源电网故障、能源系统的破坏、天气与气候的变化、燃料和物质供应链、劳动力的使用、组织和机构问题、其他基础设施的破坏以及不断变化的安全需求。

　　大规模或单独的军事设施都已经采用了范围广泛的战略以及实现能源利用效率的不同技术。实现能源安全的其他需求呼吁采用系统分析的方法论和集成方法。基于此点，为成功实现能源目标，可量化的指标主要集中在能源成本的节约上。在实现能源设施目标的过程中，能源安全与紧急情况分析一起变成了一个必备条件而不是附加条件。

　　紧急情况或通过图 16-6 中不同观点被单独识别出来，或从参与决策过程的众多股东的不同视角中被识别出来（Karvetski 等，2010a）。然而，这些紧急情况能够在同一时间内同时发生。例如，在化石燃料短缺期间，破坏性风暴可能成为对关键任务具有很大破坏性的事件。因此，紧急情况造成的后果必须作为情景假设综合考虑。表 16-1 左边为包括不同情景假设的几项意外情景。"+"表示该行的紧急情况是对该列情景的假设。例如，情景 S_1 由 1 项描述性紧急情况构成，而情景 S_2 由 4 项描述性紧急情况构成。

表 16-1　能源环境下各种紧急情况所识别的关键情景

意外情景	情景				
	S_1	S_2	S_3	S_4	S_5
大量的碳排放税					
政府对可再生能源的大量补贴					
核技术再度出现					
放弃核技术					
新可再生能源投资组合标准的确立					
国家/地区的短期灯火管制					
国家/地区的长期灯火管制					
特别不稳定的石油和天然气价格与供应					
石油和天然气保持稳定和划算					
地缘政治及战争/和平/恐怖主义方面的破坏					
地缘政治及战争/和平/恐怖主义方面的不变性					
对国家电力网络的袭击					
能源技术的低增长					
能源技术的适中增长					
能源技术的高增长					
环境运动的轻微影响					
环境运动的适中影响					
环境运动的严重影响					
国家经济的低增长率					
国家经济的适中增长率					
国家经济的高增长率					
气候变化较早地实现					
国家转向太阳能					
国家/国际对能源安全需求的增加					
对分布式能源需求的激励					
国内能源资源需求的增加					
增加能源资源的商业化					
刺激氢燃料电池技术研发的公共投资					
长期的干旱/恶劣天气					
电池技术的提升					
向智能电网技术的转型					
以食品为基础的农业需求的不断变化					

外部环境的未来情景以及政策情景在能源替代选择的评估中是经常发生的（Kowalski 等，2009）。不同的理想能源技术在给定的情景中被识别。例如，Tonn 等（2009）以基于情景视角的方法审视美国能源组合问题以增加能源的独立性和

能源安全。他们把经济、环境、政治以及其他视角来创造和评估以 20 年为期的不同能源组合。他们认为期望的能源组合减少了能源的进口并把国内的多种能源资源包括在内。

在管理领域，情景分析是一种典型的定性方法（Wright 等，2009；Goodwin 和 Wright，2001）。情景分析的一个确定性特征是把情景分析和预测区别开来，它没有涉及描述自然的未来能源的特征。情景分析强调创造、沟通，构想出不可能但合理、经常发生的情景，描述了不太精确但可能在未来发生的情景。这些情景探求特征系统的脆弱性和机会并帮助制定适合现在的决策。下一阶段，我们将讨论多标准决策分析和情景分析。

16.4 用情景分析及多标准决策分析的方法分析能源安全设施

在识别、评估能源安全替代选择的过程中，考虑短期的地方性紧急情况的同时，有必要考虑国家和国际紧急情况。通过对紧急情况未来情景的整合能制定出更长期的投资战略，这种未来情景与决策的影响大小相关（Karvetski 等，2010a；Karvetski 等，2010b；Groves 和 Lempert，2007；Lempert 等，2006；Mason，1998）。多标准决策分析为组织在不确定的资源分配决策提供指导方针（Kleinmuntz，2007；Keeney，1992）。决策分析工具能够处理多个通常相互排斥的能源安全目标（Montibeller 和 Franco，2010）。

多标准决策分析工具通过使用系列目标，已经从众多案例研究中有效地筛选出能源替代选项（Chatzimouratidis 和 Pilavachi，2009；Loken，2007；Papadopoulos 和 Karagiannidis，2006）。例如，Nigim 等（2004）提倡使用多标准决策为社区开发可再生能源的主动性进行分级。传统电能的价格越便宜，在不同地区实施可再生能源资源和活动越会为社区产生积极影响。该层次分析处理可能就是指多标准决策模型。

多标准决策分析的实践者应当把各种紧急情况假设包括在内，这些紧急情况对于能源安全方面的替代投资的理解以及比较性评估都是必需的。把代表未来不确定情景的相同意外情景描述为正式的决策模式对于运用传统决策分析工具排列出环境和能源替代选项的优选顺序是一种重要的挑战。

例如，可再生能源定性的业绩标准或指标能够与能源安全军事目标联系起来。图 16-7 展示了我们通常为能源安全目标评估替代选择投资和管理过程的七项标准（美国军方，2009）。实现所有能源安全军事目标是令人向往的，而与能源安全军事目标相关的业绩标准和指标对于意外情景假设有着不同的重要性。

业绩标准/指标

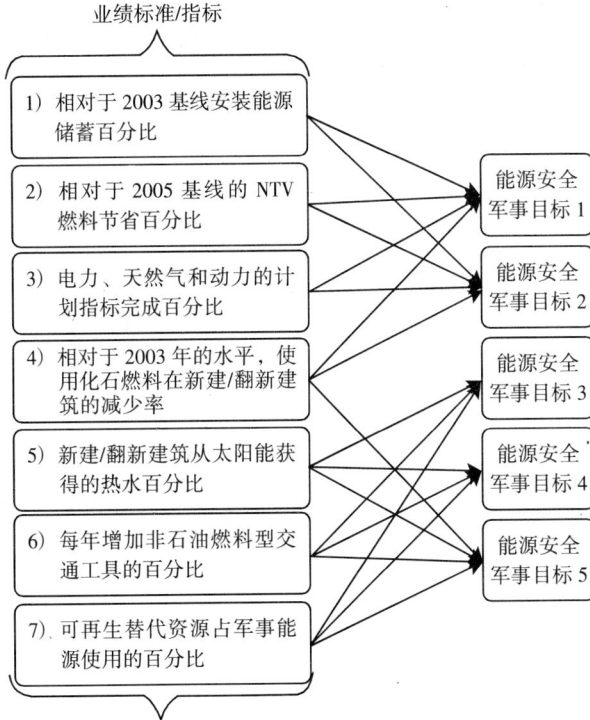

1) 相对于 2003 基线安装能源储蓄百分比

2) 相对于 2005 基线的 NTV 燃料节省百分比

3) 电力、天然气和动力的计划指标完成百分比

4) 相对于 2003 年的水平，使用化石燃料在新建/翻新建筑的减少率

5) 新建/翻新建筑从太阳能获得的热水百分比

6) 每年增加非石油燃料型交通工具的百分比

7) 可再生替代资源占军事能源使用的百分比

能源安全军事目标 1

能源安全军事目标 2

能源安全军事目标 3

能源安全军事目标 4

能源安全军事目标 5

图 16-7　能源安全设施目标的度量指标之间的关系

最近许多人包括 Karvetski 等（2010c）、Lambert 等（2010）努力用多标准决策分析方法来整合基于情景的分析以实现能源安全。我们的努力部分上是由 Wright 等（2009）、Goodwin 和 Wright（2000）成果的激励而展开的，他们把多标准决策框架当作进行情景分析的定性方法，并使用了多属性的价值功能。Montibeller 等（2006）把 Goodwin 和 Wright 的方法用在两个与能源安全不相关的案例研究的实践之中。Ram 等（2010）拓展了多属性的价值功能方法，说明 12 种情景同样也与能源安全不相关。在能源安全情景分析的多标准决策分析配对中，价值的引出及其他判断要有很高的效率，可能的情景假设数目数量也要足够得多。

然而仍然存在其他工具来考虑多样化情景的影响，我们集中于从可取的信息输出中简略地总结出一种方法。在这一方法里，与其他多标准方法一样，指标的业绩标准和不同的能源安全军事目标发生联系并被用于区分不同投资替代选择的利益反馈。情景分类的一种方法是情景是对影响引起的偏好和绩效标准的权衡。

业绩中的情景派生变化在表 16-2 中展示出来。例如，如果情景 $S_1=\{$油气可用并具有成本效应$\}$不存在，那么减少外国石油的业绩标准重要性将不再作为一个重要因素（例如，标准 4 能表示出图 16-7 中的业绩标准 4）。这就过渡到了与这一标准相关的"大幅度减少"。正式的决策分析方法量化了这些绩效的变化，新功能用来量化情景中的每一项投入价值。不同投资替代选择可能在这种情景下具有很高的优先级（见图 16-8）。

表 16-2　能源环境的不同情景假设影响相关绩效标准变化

标准	能源环境情景				
	S_1	S_2	S_3	S_4	S_5
标准 1					
标准 2					
标准 3					
标准 4	大幅度减少		小幅度增加		
标准 5			小幅度增加		
标准 6				大幅度增加	小幅度增加
标准 7		大幅度增加		大幅度增加	大幅度增加

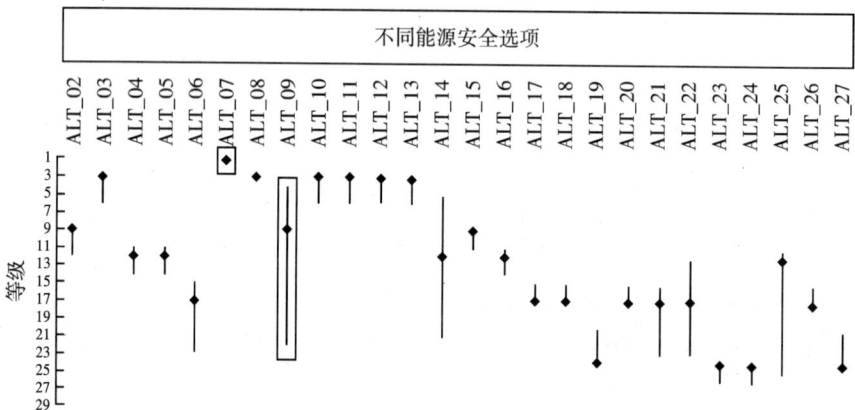

图 16-8　举例说明不同情景下的能源安全投资选项的等级，长的竖柱状图表示高敏感性，菱形图标表示基准或非情景下的结果，柱状图的最上方代表情景最高级，底部代表情景最低级

该方法的技术细节（把层次分析法的使用作为一个例子）能在 Karvetski 等（2010c）与 Lambert 等（2010）的研究中找到。对于使用多种价值理论的基础设施开发来说，该方法的一种可供选择的程序能在 Karvetski 等（2010a）的研究中找到。通过使用每一种情景中的新价值功能，各种选择在每一情景下被排出不同的等级。理想情况下，在各种情景下存在着许多候选投资选项。事实可能并不总

是如此。当增加其他替代选项的价值时，一些情景可能会危及不同技术的绩效。

图 16-8 展示了产生这种方法的例子。在这一例子中有 20 多种不同的资源和技术按优先顺序的方法被排列出来（许多可供选择的选项也能作为组合按优先顺序的方法被排列出来）。图标最上面列出了这些。左轴线表示可供选择选项的等级（1 代表最好的）。菱形代表一些基准情景以及能增加或减少投资等级的其他紧急情况的情景假设。左边长方形强调具有最优先顺序的投资，以及对于其他不同情景假设下的选项，它是很合理的。右边长方形强调了不作为最优先投资的选项并有一个高度联系或影响情景假设的相对等级。

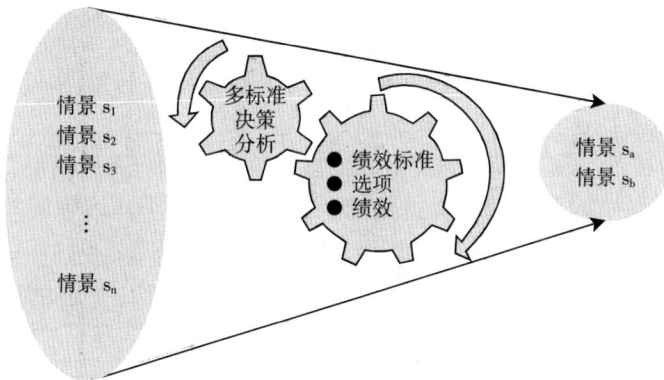

图 16-9　对能源安全众多选项的选择影响最大的情景、可有情景进行筛选

对于大量的情景，如果没有一个良好的投资，那么通常需要减少情景的数量以达到更具管理效果的集合。图 16-9 举例说明了这一方法。在图的左侧，多标准决策分析的机制把 n 个情景减少到了两个，这两个被认为是对选择投资选项的绩效最大的情景（n >> 2）。受影响的情景能代表最偏好投资的脆弱性。一旦这些情景被识别出来，它们可以和其他模型、模拟、决策分析工具一起被深入地研究。

表 16-3 展示了使用多标准分析的情景假设最终输出的例子（使用投资选项组合的案例一般标有 X_n）。在这一输出中，最佳绩效组合被强调出来，但是同等

表 16-3　应当用于帮助未来工程和战略性能源安全投资其他努力的输出概要，组合一般标有 X_n

哪些情景影响或破坏性最大？	情景 s_1，从最优组合中破坏组合 X_{03}
哪些组合绩效最大？	在一个被考虑的情景 s_1 中，X_{03} 绩效最好，在 s_1 下组合 X_{03} 等级最高
对于任何其他所考虑的情景 s_1，…，s_5，哪些组合有正面影响的潜力？	X_{03} 对情景 s_2，…，S_5 的正面影响潜力最大，X_{03} 对情景 s_2 和 s_4 的正面影响潜力最大
对于任何其他所考虑的情景 s_1，…，s_5，哪些组合有负面影响的潜力？	X_{01} 对情景 s_2 和 s_4 负面影响潜力最大，X_{02} 对情景 s_2，…，s_5 负面影响潜力最大

的努力有助于区别受影响的情景。这些情景可以更深层次地分类为确定组合的脆弱性和机会。这些受影响的情景应该指导未来科学和工程最终决策的努力。

16.5 结 论

能源安全中的战略性决策对于拥有数以百计或数以千计的组合设施的大型组织来说是一种挑战。行业或军事组织在地区差别、任务目标以及其他资源方面的多样性使得区别哪些要素会影响能源安全技术特别是设施的选择具有挑战性。

本章已经举例说明了我们目前把紧急情况集合定义和强调成特定情景的努力，这些情景对大型行业和军事设施的战略选择具有很大的意义。我们的方法是将情景信息分析的方法和多标准决策分析进行组合。我们能够识别、结合、分析一个具有多种性质的紧急情况，这些紧急情况包括能源/环境规章制度、气候变化、技术创新、经济、地缘政治、环境、地理和其他条件。我们在确保模型、模拟和其他科学/工程调查资源方面的努力满足了哪些最需要全面的比较和技术选择的区域。

对紧急情况的广泛考虑将会增加模型负担，但是对确定紧急情况的忽视能够降低选择合理解决方案的能力。本章已经解决了实际的需要以区别和处理能够影响能源安全战略决策的多种紧急情况假设。

感 谢

感谢《美国复苏与再投资法案》通过了美国陆军工程兵团对维基利亚大学的资金支持，而本章的准备工作有一部分来源于此。感谢协助参谋设施管理所管理的设施技术转移项目对美国陆军工程兵团在工程研发中心的资金支持。

参考文献

［1］Chatzimouratidis, A.I., Pilavachi, P.A., 2009. Technological, Economic and Sustainability Evaluation of Power Plants Using the Analytic Hierarchy Process. Energy Policy 37, pp.778–787.

［2］Constantini, V., Gracceva, F., Markandya, A., Vicini, G., 2007. Security of Energy Supply: Comparing Scenarios from a European Perspective. Energy

Policy 35. pp. 210–226.

［3］Goodwin, P., Wright, G., 2001. Enhancing Strategy Evaluation in Scenario Planning: A Role for Decision Analysis. Journal of Management Studies 38(1), pp.1–16.

［4］Groves, D.G., Lempert, R.J., 2007. A New Analytic Method for Finding Policy-relevant Scenarios. *Global Environmental Change* 17, pp.73–85.

［5］Haimes, Y.Y., 2009. Risk Modeling, Assessment, and Management, 3rd Edition. Wiley and Sons, Inc., New.

［6］Karvetski, C.W., Lambert, J.H., Linkov, I., 2010a. Emergent Conditions and Multiple Criteria Analysis in Infrastructure Prioritization for Developing Countries. Journal of Multicriteria Decision Analysis, In Press.

［7］Karvetski, C.W., Lambert, J.H., Keisler, J.M., Linkov, I., 2010b. Integration of Decision Analysis and Scenario Planning for Coastal Engineering and Climate Change. To Appear in *Systems, Man, and Cybernetics Part A*.

［8］Karvetski, C.W., Lambert, J.H., Linkov, I., 2010c. Scenario and Multiple Criteria Decision Analysis for Energy and Environmental Security of Military and Industrial Installations. Submitted to *Integrated Environmental Assessment and Management*.

［9］Keeney, R.L., 1992. Value-focused Thinking, A Path to Creative Decisionmaking. Harvard University Press, Cambridge.

［10］Kleinmuntz, D.N., 2007. Resource Allocation Decisions. In: Edwards, W., Miles, R.F., Von Winterfeldt, D. (Eds.), Advances in Decision Analysis. Cambridge University Press.

［11］Kowalski, K., Stagle, S., Madlener, R., Omann, 2009. Sustainable Energy Futures: Methodological Challenges in Combing Scenarios and Participatory Multi-criteria Analysis. European Journal of Operational Research 197, pp.1063–1074.

［12］Lambert, J.H., Karvetski, C.W., Linkov, I., Abdallah, T., 2010. Energy Security of Military and Industrial Facilities: A Scenario-based Multiple Criteria Decision Analysis to Identify Threats and Opportunities. Proceedings of the Tenth International Conference on Probabilistic Safety Assessment and Management (IAPSAM), Seattle.

［13］Lempert, R. J., Groves, D.G., Popper, S.W., Bankes, S.C., 2006. A General, Analytic Method for Generating Robust Strategies and Narrative Scenarios.

Management Science 52 (4), pp. 514–528.

[14] Loken, E., 2007. Use of Multicriteria Decision Analysis Methods for Energy Planning Problems. Renewable and Sustainable Energy Reviews 11, pp.1584–1595.

[15] Mason, D.H., 1998. Scenario Planning: Mapping the Paths to the Desired Future. In: Fahey, L., Randall, R. (Eds.), Learning from the Future. John Wiley & Sons, New York. pp.109–121.

[16] Mintzer, I., Leonard, J., Schwartz, P., 2003. US Energy Scenarios for the 21st Century. Pew Center on Global Climate Change. <http: //www.pewclimate.org/docUploads/EnergyScenarios.pdf> (Accessed May 20, 2009).

[17] Montibeller, G., Gummer H., Tumidei, D., 2006. Combining Scenario Planning and Multiriteria Decision Analysis in Practice. Journal of Multi–criteria Decision Analysis 14, pp.5–20.

[18] Montibeller, G., Franco, A.,(forthcoming) 2010. Multi–criteria Decision Analysis for Strategic Decision Making. In: Zopounidis, C. and Pardalos, P.M. (eds.), Handbook of Multicriteria Analysis, Springer.

[19] Nakićenović, N., 2000. Energy Scenarios. Chapter 9 in United Nations Development Programme. United Nations Department of Economic and Social Affairs. World Energy Council. World Energy Assessment. New York 2000.

[20] Nigim, K., Munier, N., Green, J., 2004. Pre–feasibility MCDM Tools to Aid Communities in Prioritizing Local Viable Energy Sources. Renewable Energy 29, pp.1775–1791.

[21] Papadopoulos, A., Karagiannidis, A., 2006. Application of the Multi–criteria Method Electre III for the Optimisation of Decentralised Energy Systems. Omega 36, pp.766–776.

[22] Ram, C., Montibeller, G., Morten, A., 2009. Extending the Use of Scenario Planning and MCDA: An Application to Food Security in Trinidad and Tobago. In progress.

[23] Tonn, B., Healy, K.C., Gibson, A., Ashish, A., Cody, P., Beres, D., Lulla, S., Maxur, J., Ritter, A.J., 2009. Power from Perspective: Potential Future United States Energy Portfolios. Energy Policy 37, pp. 1432–1443.

[24] United Nations University–millennium Project, 2008. Global Energy Scenarios. <http: //www.millennium –Project.org/Millennium/Scenarios/Energy –Scenarios.html> (Accessed May 20, 2009).

［25］ United States Army，2009. Army Energy Security Implementation Strategy. <http：//www.asaie.army.mil/Public/Partnerships/Doc/AESIS_13JAN09_Approved%204-03-09.pdf> （Accessed April 26，2010）.

［26］ United States Army，2007. The U.S. Army Energy and Water Campaign Plan for Installations. http：//army-energy.hqda.pentagon.mil/Docs/AEWCampaignPlan.pdf （Accessed July 2，2009）.

［27］ United States Army，2005. The U.S. Army Energy Strategy for Installations. <http：//armyenergy.hqda.pentagon.mil/docs/strategy.pdf. > （Accessed on：July 24，2009）.

［28］ World Energy Council，2007. Deciding the Future：Energy Policy Scenar ios to 2050. <http：//www.worldenergy.org/documents/scenarios_study_online.pdf> （Accessed September 10，2009）.

［29］ Wright，G.，Cairns，G.，Goodwin，P.，2009. Teaching Scenario Planning：Lessons from Practice in Academe. European Journal of Operational Research 194，pp.323-335.

第❶❼章 能源事件数据库

摘 要： 能源事件数据库仅涉及世界范围内国家以下级别的参与者所指导的政府和私营企业能源公司。虽然它未被分类，但是它的内容来源于对这些活动超过 35 年的管理与分析。

17.1 能源事件数据库

能源事件数据库仅涉及世界范围内国家以下级别的参与者所指导的政府和私营企业能源公司。虽然它未被分类，但是它的内容来源于对这些活动超过 35 年的管理与分析。

能源公司的目标被认为是与探索、开发、生产、提炼、生产、储存、传送、分配，或与任何形式、任何方式、任何目的的能源运输相关的事物。这包括任何物质或自身所拥有的替代资产，能源公司、雇主、合同员工、高管、顾问、私人承包商或其他人可以拥有、租赁、通过合约形式使用该资产。国家以下级别的参与者袭击、试图或计划袭击，并一直威胁着支持能源企业的基础设施要素。支持能源企业的基础设施包括铁路、港口、供应商和服务公司、资源、金融、电信、建筑和工程公司及资产、运输公司及设备、安保公司、政府制度和机构（中央、省部、地方）及其他。

2009 年 2 月 1 日，能源事件数据库包括了超过 29700 条记录：这些记录约有 200000 项事件，文件大小超过了 70Mb。[1]

---

① 数据库中的 29000 多份记录来源于 1557 个孤立的具体且同类对手，他们在 247 个国家（考虑名称的变更）、公海和领海里用 137 种不同方式发起了 347 个事件反对能源部门 661 种目标。

能源事件数据库由各个相互连接和可供搜索的数据库组成，如下所示：

● 对抗者身份；
● 对抗者犯罪和犯罪活动使用的工具；
● 事件类型；
● 事件发生的地点；
● 事件所影响的目标类型。

识别对抗者可以通过具体的个人或团队名称（如动物/地球解放阵线、人民革命军（莫斯科）等）；通过总称（如恐怖分子、民兵、起义者、怠工者、雇员、合同员工、前雇员、部落、海盗等）；或当账目或事件不能提供足够的信息去识别单个或多个对抗者时可以作为未知—未被分类的抽象事件。

用犯罪、试图犯罪、计划或威胁行为所使用的手段来描述对抗者试图、计划或威胁的方式，如爆炸、枪械、化学物质、放射物质、工具、陆地或水上交通工具、伪造/仿造/欺骗性文件、电脑等。

行为类型包括爆炸、纵火、杀人、欺骗、蓄意破坏、欺诈、偷盗、贪污、封锁、暴力游行、黑客及其他电脑犯罪等。也就是说是对抗者做的或试图做的、计划或想形成威胁的活动。

地点由国家和次级政治分支（国家、省、部、市区、岛屿等）以及事件发生地点名称决定。发生在公海或领海的地点由海域的名字，也就是指大洋、大海和海峡等，并根据它们的经纬度（当有用时）决定。在领海内，地点由海湾、港口、港、河流、河道、大型锚地或公路和小型锚地等决定。①

事件涉及的目标类型包括世界范围内的任何能源企业的实物或货币资产、人、公司和其他用任何方法、具备任何能力用任何能源的企业。

当没有提供时间日期，给出一些记述或从其他相关信息推断时，事件日期或事件账户就输入到了每一个记录里。

每一个子数据库的日期被编码，这是出于搜索目的，并且可能是因为通过具体的日期或日期范围或无限制的日期，而这些日期在每一个单独的或组合中受到质疑。

每一次新记录都会自动地产生登录号，它的主要功能是作为能源事件数据库

---

① 公海和领海涉及的对象包括海上油轮能源运输、点火器、驳船、天然气运输、煤炭运输和某些散装运输（如石油/散装/矿石运输）、浮式生产储存和卸载工具；新的、废弃的核能运输（不一定是劳埃德这一类别）可再生动力反应堆燃料和来源于动力反应堆的放射性废弃物；石油领域的服务、供应、全体工作人员和作业船；海上石油或气体钻井，生产、采集平台以及海上终端。次国家级的攻击活动包括走私、绑架、搭伙、侵占、货物的偷盗、为所要赎金的绑架、用小型原始武器杀手、轻武器和船员拥有的机枪、火箭、手榴弹、炸弹和爆炸性的"拉登船"。

中一个独特的识别号，能源事件数据库的记录能够通过登录号搜索到。

在能源事件数据库中，叙述性讨论属于每一个事件记录的一部分。当有用时，它包括事件日期、涉及一个事件或多个事件地点的相关地缘政治的详细信息；地方及美国货币造成的物理、社会和货币后果（事件发生时期）；事件发生后对该地区造成适当的附带损害后需要重建或恢复的时间；参加或试图参加该事件的人数；对抗者所展示出来的技术性专业水平；拘留、逮捕或后来处置的对抗者；能源事件数据库相关参照物的其他记录以及其他感兴趣的事项。

包括引用来源在内的记录叙述的具体日期、日期范围或无限制的日期能够用关键单词、短语、数字字符或 α 和数字字符的组合搜索到。

因为事件以前就记录了下来，新的数据变得有用，能源事件数据库记录得到更新，包括纳入新数据，修改旧数据。随着时间的流逝，对于一个单一的记录，这可以在各种场合下发生。

账户的硬拷贝用于准备，且输入到能源事件数据库中，不断更新的事件数据库被保存起来，并被挑选出来作为在战术、战略、地缘政治方面与对抗者活动、资源和其他特征相关的经济问题以及对抗者操作的社会和经济环境方面的账户背景。关于结构、运营、能力和受对抗者影响的能源系统其他数据的描述同样被保存下来，并把它们作为过去系统里的结构和运营变化的描述。

国家地图、主要政治细分图和主要城市被用作参考。区分生产设备、传输线、主要变电站和开关站的电力系统图；天然气、原油和石油生产管道的地图；管道说明书、压缩机的识别、抽水站和其他特征同样来源于一部分能源事件数据库支持下的参考书目。这些资料和其他参考材料被不断地收购以用于事件的证实过程之中。为了使得用于事件记录准备的账户具体化，出于能源事件数据库或其他目的，与评估次国家级活动关联的趋势和模型分析应运而生。①

具体主题的报告极有可能符合能源事件数据库，并且它已经提供给美国联邦、州、地方政府和委员会，行业安全机构，美国的选择点，国外能源行业机构。它还在美国参议院小组委员会开会之前的证词中发挥作用。

---

① 未来支持能源事件数据库和报告来源于 300 多种参考书目，这些书目主要关于：对抗者能力和特征、特别与一般的能源系统结构和功能信息、军队、军火、弹道学及炸药、恐怖主义和起义，同样也包括影响能源部门的种族、土著、环境和政治方面的激进分子。

第⑱章　罗马尼亚能源安全战略：促进能源利用效率和可再生能源开发

摘　要：国家利益反映最重要、最稳定和最制度化的价值观，这就促使罗马尼亚政府的目标定位为通过合法的手段保护、促进、防御。罗马尼亚通过建立未来的价值观可以确保它的生存和身份，有助于欧洲和欧洲—大西洋地区的一体化建设及把自己融入全球化进程之中。

18.1　国际危机及其对能源政策的影响

18.1.1　金融危机和欧盟能源安全

开始于 2007 年末的全球金融危机引起了一系列世界范围内的政治、经济和社会方面的紧张局势。普遍的金融与经济系统明显的故障转化成了政治和制度危机，这场危机被描述为全球领导力的差距。结构的不稳定性很有可能继续存在，直到一种新的平衡以汇聚全球力量的形式出现。

世界经济继续依赖于传统能源，气候变化的调整正使得能源安全成为大多数国家的重要战略。现在的经济危机可能已经降低了经济的发展速度，因此能源消费也在相应地减少，但是在需求方面所规划的长期增长很有可能为能源市场增添更多的压力。

回顾历史，为了获得日益减少的资源所发生的竞争往往会引起地区性危机、冲突和军事干涉。实现能源安全的努力已经超越了国界并成为地缘政治所担忧的问题。近期发生的大事，如俄罗斯—乌克兰在欧洲气体输送方面的争执（发生于 2006 年、2007 年和 2009 年），揭示了战略考虑的持续影响，即主要能源生产商

千兆瓦

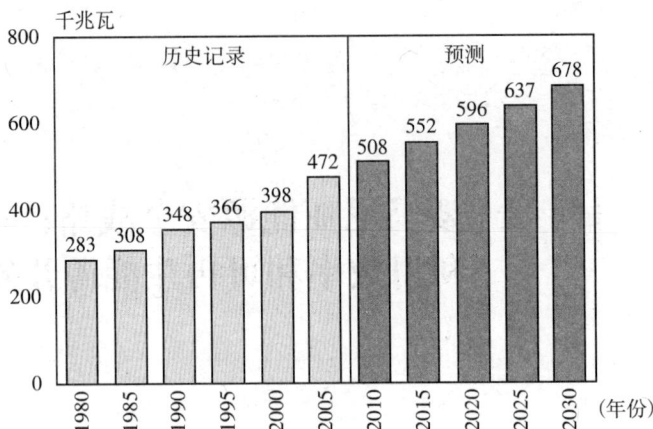

图 18-1　世界能源消费市场（1980~2030 年）

资料来源：历史记录：能源信息结构、国际能源年度 2006（2008 年 1~10 月）和 www.eia.doe.gov.iea.网站。预测：欧洲物流协会、世界能源预测汇总（2009）。

和消费者如何选择他们的能源来源与途径。

全球危机为欧盟战略设计的完成增添了许多额外的困难。欧盟在进口能源供应方面缺乏统一的政策，使得与资源来源多样性相关的决策负担一直归结于成员国身上。事实就是许多欧洲国家，特别是来自欧洲中心和东部的新成员国，主要依赖单一的天然气供应商——俄罗斯。在冬季需求高峰时段，气体流动的中断造成了引人注目的后果，这引起了关于如何在里海盆地和中亚开采出相当数量的气体资源来替代能源供应的深思。

预测描述了一个凄惨的画面。当发达国家的能源消费有一定增加时，动力型新兴经济体如中国和印度就会有更大的能源需求。没有能力开发可靠并可以负担起的资源来替代石油和天然气，这与能源需求结合在一起激励着一个信念，即把国际能源资源的控制权从消费者手中转向能源生产商手中。[1]

根据欧洲委员会、一般能源理事会的情况，欧盟、瑞士和巴尔干地区的能源进口需求在最好情况下将会从 2010 年的 221bcm 增加到 2030 年的 427bcm，最坏情况会到达 652bcm。以后的几十年，这将会需要从欧洲传统气体供应商（挪威、俄罗斯和北非）那里增加进口并且开发传统的供应来源。第二次战略性能源审查于 2008 年颁布了"欧盟能源与团结法案计划"，一项被展示出来的估算暗示了欧盟国家进口需要的减少即 2020 的能源需求为 284~337bcm，假设这些国家贯彻执行 20-20-20 计划。

---

[1] Scaroni, Paolo "Europeans Must Face the Threat to Energy Supplies", in Financial Times, January 18, 2006, p.15.

根据 2005 年欧洲进口气体总量为 304bcm，欧洲未来使用的气体总量估计描述如下：2010 年为 450bcm，2020 年为 640bcm，2030 年为 715bcm。在接下来的几十年里，管道运输仍被期望成为占主导地位的气体运输方式。然而，1260 亿欧元的投资已被投入气体基础设施中以应付预期需求。这一数字包括管道和储存设备，同样也包括液化和气化终端。① 欧洲委员会公布的估算表明：为了在土耳其和欧盟之间建造四项交替结构所需更新电力传输基础设施的总投资至少为 3 亿欧元，直接连接北非和南欧的海底高压电投资为 20 亿欧元，连接塞浦路斯和土耳其的海底高压直流工程投资约 2 亿欧元。就资助所有这些项目而言，正如欧盟能源委员会的 Andri Piebalgs 所说，"尽管欧盟能够提供贷款和担保，但欧盟不应当考虑提供资本融资。欧盟能够在信用危机如此困难的情况下为获得贷款提供便利，但是不应该超过其信用数额，因为这可能转变成公开的私人合作而非合伙项目"。② 最可能依赖的私人金融资源实施关键项目可能在接下来的几十年里产生问题。

全球经济危机使得与确保欧盟能源安全相关的内在难题融合到了一起。国际日程根据新的需要而被调整。能源安全这一主题在研讨中被放在一个突出的位置，并强调寻求替代资源和能源供应运输途径，在这期间，2009 年发生了一连串大事（欧洲理事会、20 国峰会、北约峰会、美国—欧盟能源理事会）。信用危机为欧洲一些重要的能源项目增添了不确定因素。除了欧盟水平上仍待定的重要政治决策，需要主要由私营跨国企业提供的众多投资项目，这些跨国公司需要充足的担保以抵抗它们视为风险增强因素的事件。

18.1.2　欧盟应对金融危机的挑战

2009 年初，布达佩斯举行的地区峰会提出了纳布科③ 项目，由所有参与国达成共识的最后一次宣言宣称它们将竭力创造一个贯穿气体管道全长的透明且基于

---

① 能源长廊。欧盟及其邻国，欧盟委员会，研究总署，可持续能源系统。
② http//: bbjonline.hu/index.php? col=1004&id=46633.
③ 纳布科项目展望了把里海盆地、中亚与欧盟市场相连接容量为 25~30bcm/年的气体管道。这一项目由来自五个国家的专业公司发起：土耳其的 BOTAS 公司、保加利亚的 Bulgargaz 公司、罗马尼亚的 Transgaz 公司、匈牙利的 MOL 公司、奥地利的 OMB Erdgs 公司。这五家公司于 2002 年 10 月 11 日在维也纳签署了为此一家企业承担可行性研究准备基础的合作协议，此研究主要设计把天然气从里海、中亚和中东这些天然气产地输送到五个国家的全新管道。起点会在土耳其、格鲁吉亚和伊朗的边界，终点在奥地利与鲍姆加滕交界处（把俄罗斯生产的气体输送到巴尔干地区重要的中转站）。运输管道同样也运输叙利亚、伊拉克和埃及其他可有的气体资源。欧洲委员会同样也识别出来把该计划纳入跨欧洲管道网优先地位的重要性。这涉及欧洲委员会 50% 的融资成本，为可行性研究做准备。

成本的交付系统，在供应和输送国家中鼓励外资直接投资，鼓动有关各方有效地促进能源合作。此时的匈牙利总理 Ferncv Gyurdsány 提出：欧盟将支持 20 亿欧元的项目，包括 2 亿~3 亿欧元资本输注形式的提前融资。欧盟的支持能够补充贷款，这些贷款分别来自于欧洲投资银行对总计 25% 的管道施工和欧洲银行为欧洲复兴开发银行所支付的大部分投资（为了支持这一项目，欧洲复兴开发银行需要政府间在管道方面的共识）。① 在一系列洽谈之后，2009 年 5 月终于达成了 39.8 亿欧元的"一揽子"措施。

2009 年 3 月 19~20 日召开的欧洲理事会强调"全球经济和金融危机是欧盟从未面临的最重要挑战"。该理事会进一步同意把经济危机和金融危机作为欧洲复兴计划的一部分以支持能源领域的项目，明确批准了建立应对供应中断的危机管理机制。能源安全被描述为一项重要的优先权，通过提升能源效率、能源供应、来源和供应渠道的多元化以及面对第三国家时促进欧盟利益的提升。欧洲理事会批准董事会在第二次战略能源审查中建立主动权的倡议，进一步提炼了 2009 年 2 月 19 日的理事会决定。② 总统决定强调欧洲委员会应当与成员国合作一起开展一系列详尽的行动；这些行动是指通过完成关键能源项目来贯彻执行第二次战略能源审查识别的优先目标。而且，在 2010 年，欧洲委员会被要求准备欧盟能源安全与基础设施新法律文件，同时也期望修改能源效率行动计划。

尽管 2009 年 4 月 2 日在伦敦召开的 20 国峰会没有给出具体的能源安全解决方案，但有趣的是，会议期间俄罗斯联邦总统梅德·韦杰夫和美国总统巴拉克·奥巴马签署了联合声明，这项声明采纳了 2006 年在圣彼得堡召开的 8 国峰会的决定，他们强调要共同保证促进执行全球能源安全原则的合作。

尽管正面信息已经展示出来反映能源安全在国际日程上的重要地位的政治宣言，但是在全球危机背景下，需要实事求是地考虑能源投资所造成的金融影响。金融问题的核心是不确定性、投资成本和收益率之间的关系。欧洲有许多项目能够维持自身的可持续发展，但是其他国家很难完成这些项目，所以这些项目可能还需要进一步的支持。

例如，北溪管道是穿过波罗的海主要的海上气体管道，其目标是把俄罗斯和德国直接连接起来。当 EON、温特斯豪公司和天然气联合公司现在都成了官方合作伙伴时，51% 的北溪 AG 项目运营由俄罗斯天然气工业股份公司拥有。2008 年 9 月，俄罗斯总理弗拉基米尔·普京宣布五个欧盟成员国将接受天然气管道：德

① 匈牙利外交机构，http://www.mfa.gov.hu/kum/en/bal/actualities/spoesman_statements/Nabucco_Declaration_090127.htm。
② 欧盟理事会，总统决定，http://www.consilium.europa.eu/uedorcs/coms_data/docs/pressdata/en/ec/106809.pdf。

国、法国、大不列颠、荷兰和丹麦。①尽管在 2010 年计划第一段管道投入运营且拥有 27.5bcm/年的容量，但是在决定制定的时候没有与进口商签订合同。欧洲议会成员要求一个涉及该计划对环境影响的新调查。独自受益于管道的波兰、立陶宛、爱沙尼亚也批评该计划对环境的影响。然而在目前阶段，自从该计划已经得到重要推广者的支持，它就不可能解决贯彻执行该计划遇到的主要难题。该管道现在正处于建造之中，它的容量有可能会是第二个同样管道容量的两倍，这将有助于欧盟气体供应安全并减少对乌克兰的依赖性。俄罗斯天然气工业股份公司与埃尼集团和南欧其他有兴趣的天然气买家一起正在计划另一项新型主要气体管道"South Stream"。

从阿尔及利亚经过撒丁岛再到意大利的 Galsi 管道是由阿尔国营碳化氢勘探生产运输和销售公司、意大利国家电力公司和 Edison 公司及其他伙伴共同合作的。与北溪管道不同，Gals 项目没有得到一家或两家为未来提供保证的天然气进口商的支持。

2010 年 3 月 4 日，欧盟委员会签署了 23 亿欧元投资于气体管道和电力联网，其目标旨在更新俄罗斯能源供应渠道以及激励开发北非和里海的新管道。里海地区的尼布甲尼撒管道将从总成本为 79 亿欧元中得到 2 亿欧元，连接意大利和希腊的 ITCI 管道会得到 1 亿欧元。1.75 欧元被分配给连接西班牙和法国的管道上，这条管道有相当大的影响。8bcm 容量的 Medgaz 管道在 2010 年开始运营时，西班牙能源公司已经在竭力为连接做准备，这将会允许阿尔及利亚的气体很快流到欧洲大陆。

总之，欧洲委员会将会把 13.9 亿欧元分配到 31 条气体管道项目上，并将 9.10 亿欧元花在电力联网上。"我知道这是欧洲能源战略的转折点"，欧盟能源委员会现任理事 Guenther Oettinger 这样说道，"欧洲能源和气候目标需要大型且有风险的基础设施投资。在目前经济形势下，风险是指商业交易乐意推迟这些投资"。补贴数百千米的气体管道和电缆的计划属于 40 亿欧元计划的一部分，其目标在于促进联盟成员国在能源危机期间能相互帮助。2009 年 12 月，10 亿欧元已被用于开发技术以减少发电站的碳排放，5.65 亿欧元被用于海上风电场建设。

18.1.3　促进投资存在的各种风险

阻碍资本密集型的能源基础设施项目投资与它们暴露的三种不同的风险联系

---

① 在线金融杂志，http://www.wall‐street.ro/articol/International/48609/Putin‐Numarul‐participantilor‐lproiectul‐Nord‐Stream‐ar‐putea‐creste.html。

起来，也就是市场风险（价格和数量的不确定性）、监管风险（市场规则和规章制度）和政治风险（国际关系的不确定性和输送路径价值链上各参与者之间的混乱）。这些风险影响着期望概率，因此也决定着投资。[①]

为了促进能源通道投资，政策制定者应当把行动集中在市场风险、监管风险和政治风险上。完整的欧盟内部市场必定会帮助批发商和通道开发商抵制市场风险：它应当通过开发相互联络及共同的规章帮助董事会获取国家市场和进入障碍。它同样也铲除了与现有市场主体过大的市场能力以及基础设施使用和分配上缺乏透明度相关的障碍。为了允许数量和价格风险方面的合适平衡交易，为了使长期合同与竞争和一体化的欧洲市场更加兼容，开创流动点市场和次金融市场应当被激励。

至于监管风险的缓解，需要明确欧洲内部气体市场的限制以及跨越国家项目协调性的提升以实现对不同的监管制度、利益、风险以及涉及国家的项目投资期望收益的审视。

除了欧洲市场和监管的不确定性，气体贸易的国际维度增加了它在政治风险上的暴露程度，特别是生产国和运输国国家体制的不稳定性、两国之间的冲突以及涉及国际经济形势的政治影响。财政对优先长廊的支持同样也需要政治环境，一旦供应安全的重要投资（如缺乏生产能力保证）不能通过仅仅基于商业市场考虑而完成时，机构贷款（欧洲投资银行、欧洲复兴开发银行）或主权承诺应当支持这些投资。专业的国际机构同样也能扮演重要角色。在能源宪章条约和其他国际机构下，欧盟将会被建议支持进一步的开发活动。

最近的几件事情已经证明，需要增强对话以提高国际稳定性并建立进口国、生产国和中转国之间的信心。开发欧盟和主要供应商及中转国之间的战略同样也很重要。

18.1.4　能源安全的新挑战

像其他中欧和东欧国家一样，罗马尼亚面临着非常真实的前景，即能源安全投资不能有效地满足未来需求。

为了缩短供需之间的差距，本地区的国家将不得不重新思考能源供应方法。（根据世界银行报告[②]）这就转变成五件事情：①建立容量以提供可能的电力和主

---

① 能源长廊。欧盟及其邻近国家、欧洲委员会、研究总署。可持续能源系统，http://ec.europa.eu/research/energy/pdf/energy_corridors_en.pdf.

② http://siteresoures.worldbank.org/ECAEXT/Resources/258598-12682409133359/Full_report.pdf.

要能源供给，通过创造更好的市场环境和更加合理的关税制度为该地区吸引巨额投资，即到 2030 年需要实现主要能源的 1.8 万亿美元投资和 1.5 万亿美元的电力投资；②深化能源开发的地区性合作；③减少生产方面的巨大浪费，特别是与燃烧和气体排放相关的浪费；④在供应和消费终端方面采取能源利用效率的主要措施；⑤解决潜在的环境顾虑并减少碳的新增产量。

投资能源的利用效率能够以最小的成本实现三个目标：减少温室气体的排放，更充分的能源安全以及更持续的经济发展。对于政府、终端用户、市场参与者（公共和私人）和社会一般群体，能源利用效率也因此取得了三个方面的胜利。在更具有效率的电力设备和装置方面，多投资 1 美元就能够避免对供应方 2 美元的投资。能源利用效率因此被作为能源资源考虑，是一个甚至凌驾于供应方资源之上的因素。

在接下来的 20~25 年里，能源部门的总计划投资需要很大，总量约达 3.3 万亿美元（2008 年美元价值），占该时期地区累计 GDP 的 3%。

尽管公共部门将不得不对这些投资进行部分融资，但是它并没有能力满足能源投资的全部需要。该地区的国家因此需要呼吁具有巨大资金实力和技术支持的私人投资者和能源公司的参与。尽管目前的金融危机严重阻碍着私人部门向看似高风险的活动和国家进行投资，但是金融危机所经过之处的投资前景将会得到改善。然而，为了吸引这些投资者，国家需要营造提供授予安全所有权的环境，接受法制、促进透明度以及促进风险合理缓解。除此之外，私营企业必须被视为金融和商业上可行的企业。这对于一些行业特别重要，如对国内市场依赖性很大的热电行业。

从现实来看，尽管有严格的截止日期以服从环境需要，但是罗马尼亚在重新组建能源安全方法上将继续遭受相当多的困难，抛开其他难题不说，高价位和全球限制的设备生产，就会使罗马尼亚苦不堪言。消费下滑的期望和石油价格的波动同样影响着地方能源产量方面的投资，这又会影响其他原材料和产品的价格，无疑也会使商业计划和融资变革日益困难。能源公司也会更加关心它们投资在项目上的资金，这是因为国际危机让它们认为投资该领域的投资回报机会很长。

全球经济危机严重影响着能源部门，使投资陷入了更加困难的金融环境之中。特别是油气部门，正面临着在资本花销和项目完成延迟方面所宣称的持续裁减。

相比之下，在国际、机构、立法或投资背景下，过去几十年里允许快速发展的其他领域深得投资者喜爱，能源安全部门和气候变化缓解现在正面临着过去几十年都未曾遇到的困难。金融危机的影响已经严重地渗透到这些领域。尝试重新设置世界范围内的优先权显示出这些问题正日益受到关注，但是目前我们很难看

到全球主要参与者坚定着信念去寻求能源安全和气候变化综合挑战的可行解决
方案。

18.2　能源安全：罗马尼亚国家安全的关键要素

18.2.1　罗马尼亚国家安全战略（NSS）的一般假设

国家安全战略作为权衡和实践价值的必要工具，在一个国家体系中对其所有
组成部分起到保护和安全功能，它是一个综合概念；通过实施可以实现有效防
止、应对风险和威胁目标的一系列计划、措施和行动使得国家安全战略具有操作
性，这些风险和威胁可能会危及国家价值观，同时这种价值观在欧洲架构中展现
出来。战略目标同时兼有处理国际环境所带来的威胁以及确保国内安全、个人的
隐私安全和社会安全的作用；战略同样也包括能源安全和食品安全、运输和基础
设施安全以及文化和环境安全。

作为罗马尼亚的基本政策文件，国家安全战略的成功版本已经在过去20年
里为国家防御及为经济和社会发展的关键领域在制定具体的政策时提供了一个重
要的框架。在1989年12月的国家政权变革后，最高优先权中的所有战略文件均
把经济利益和目标囊括在内。

国家利益反映最重要、最稳定和最制度化的价值观，这就促使罗马尼亚政府
将目标设定为通过合法的手段保护、促进、捍卫这些价值观。罗马尼亚通过建立
未来的价值观可以确保它的生存和身份，有助于欧洲和欧洲—大西洋地区的一体
化建设及把自己融入全球化进程之中。

现在罗马尼亚国家安全战略承认，在现代社会中安全和繁荣是形影不离的。
罗马尼亚的进步、繁荣和国家安全能够成为促进和确保国家和社区利益这一复杂
过程的仅有成果。这些利益的范围基本涵盖了：罗马尼亚作为欧盟会员和北太平
洋联盟的权利和职责；保持罗马尼亚国家的完整、统一、主题、独立和不可分
割；发展竞争性的、有动力的及高绩效的市场经济；基本现代化的教育体制和有
效地开发人力、科学和技术的潜力；提高老百姓的幸福感、居住标准和健康状
况；在积极参加建设新型欧洲身份的背景下主张并保护国家认同、文化、精神
生活。

罗马尼亚国家安全战略所识别的全部风险和威胁与本章的写作目的有关。对

现在安全形势的评估开始于罗马尼亚首相最近接受北约和欧盟成员的身份。对于相当程度的，可能会对罗马尼亚的公民、国家或该国组织的安全产生严重影响的国内市场，该分析强调了一些新的、不对称的军事或非军事威胁，包括主要来自国际的信息或情报威胁。如果这些威胁结合起来，特别是全球和地区威胁、国外和国内之间的分界线会变得更加模糊，负面发展所造成的影响可能大幅度地增加。

对罗马尼亚国家安全和作为欧盟和欧洲—大西洋地区成员国的价值、利益构成的主要风险和威胁如下。

国际恐怖主义：2001 年 9 月 11 日的恐怖袭击是国际安全转折点。随后在欧洲和世界其他地区爆发的类似袭击证明了恐怖主义是真正的现实威胁。在跨越国界的网络计划袭击时，国际恐怖主义对人民生活和自由、民主、文明、生活方式和其他构成欧洲—大西洋社区国家基础的基本价值观构成了强大的威胁。恐怖活动所产生的冲击影响着世界贸易和经济的发展，包括确定地区的能源安全、商业环境的歪曲，以及造成政治的不稳定性。恐怖分子袭击的主要目标是基础设施、运输线路、海上航道、港口和终端。

网络威胁及对能源安全造成的影响：Bruce Averill 和 Eric A.M.Luiijf 用更加长远的视角来研究能源安全和网络防御之间的联系。该作者最近提出了对 Google 和 Yahoo 的 "高精密和定向" 网络袭击，这把网络安全提到了最近日程上来。然而面对攻击无能为力的企业不只是互联网公司自己。在过去几十年里，一系列的大事都强调电网和其他能源基础设施元素对运用网络方法进行网络中断（特别是通过恶意软件）和外部攻击。"智能" 电网的开发是一项非常有前途的技术，并且需要解决面对网络攻击的脆弱性。

一般公共和政府机构都开始日益重视能源设备和基础设施面对网络中断和袭击时的脆弱性。该研究认为，"确保能源系统（石油、气体、电力和区域供暖）的安全，需要学术界、制造商、行业领袖和政策制定者具体且共同的努力"。[①] 在缺少公司和能源行业及国家监管系统的积极行动的同时，国际社区因行动太慢而无法应对快速升级的威胁。除此之外，能源公司的高层需要关注风险并采用合适的行动。而不是忽视或不予重视，事件需要被报道、调查，并按照国际合作的方式展开行动，就像航空业会遭受空中撞击和飞机失事一样。

来自能源企业、政府机构和网络安全提供商对实际实施的秘密详细的讨论能够为 CIO 们（可能还能为 CEO 们）提供一种潜在有用的方法。关键是让参加者信心满满，使他们相信所克服的缺点能够以一种有效的方式去了解仍未发生的潜

---

① Bruce Averill, Eric A.M. Luiijf, "Canvassing the Cyber Security Landscape: Why Eenergy Companies Need to Pay Attention", Journal of Energy Security, 18 May 2010.

在威胁。制定促使跨部门国家计划的目标能为每一个积极参加的公司或机构提升网络安全，因此也能壮大全部门的实力。

大规模杀伤武器的扩散：核、化学、生物和放射性武器以它们的破坏力构成了另一个严重威胁。主要的忧虑是控制可裂变材料、核反应安全，以及获得双重使用的材料和技术。

地区冲突：尽管良好的发展已经使得欧洲成为更加安全、更加繁荣的地区，但是处于战略地区的罗马尼亚仍然充满着地区冲突，对地区和欧洲的和平与安全产生了严重影响。一些种族间或宗教冲突或多或少是跨国暴力分散的结果，但是它们有着强烈的政治色彩。它们仍然对地区稳定构成严重的威胁，尽管国际社会做出了重要的努力，但是直到现在一些种族或宗教冲突仍然存在，如冲突、紧张局势、争议、分裂主义趋势、地区差异或罗马尼亚的邻近地区危机所产生的不稳定、资源浪费和持续贫穷。地区冲突为提供其他形式的暴力和犯罪提供条件，且可能有助于恐怖分子的扩散。作为欧盟和北约中比较辽阔的国家，罗马尼亚附近有三个问题地区：巴尔干半岛、高加索地区和东欧（摩尔多瓦）。对于所有现存和计划的欧盟南部能源供给通道来说，这些地区有着战略和经济的重要性。黑海地区是欧洲最大的，可能也是世界上最密集的分裂冲突、紧张局势和混乱地区。分裂冲突处于摩尔多瓦共和国的东部地区（德涅斯特河沿岸共和国）、格鲁吉亚的西部和北部地区（阿布哈兹和南奥塞梯）、阿塞拜疆的南部（纳戈尔诺—卡拉巴赫）、俄罗斯联邦的南部（车臣、高加索北部的其他共和国或自制区域），其他小规模的、不太严重的分裂活动，领土、边界争议相关的紧张局势对地区安全也构成了严重威胁，暴力对抗的危险可能重新燃起。[①]

跨国有组织的犯罪：国际犯罪是正在兴起的全球威胁，能够影响到国家政策和民主机构的行为。这显示了全球化消极影响的激增以及在共产主义解体之后，发生在欧洲中心、东部和东南部对深层政治、经济和社会变化无效管理的直接结果。

治理质量：如今的实事是缺乏治理会使民主政治的信心和公共机构遭受损害，对国家安全构成主要的威胁。在大多数情况下，这是国内赤字和制度腐败的结果，会转变成政治庇护和任人唯亲、公共行政机构的无效率、独裁倾向、缺少透明度和公共责任。在罗马尼亚的战略地区，无效的管理通常无法维护人的基本权利并影响国际义务的执行——义务和国家认同的维护关联——伴随着跨国影响会产生人道主义危机的风险。

地质威胁和自然灾害：气候变化、地震或极端的天气事件如寒流或热浪、洪

---

① 罗马尼亚国家安全战略，2007，www.mapn.ro.p.33.

水和环境退化的影响同样也会危及国家安全。空气、水或土壤污染也不乏是由危险、有害或不负责任的人类活动所造成的。这些自然或人类所制造的灾难会逐渐但不可避免地损害重要的资源，并有可能促进流行病的传播。一段时间里，关于罗马尼亚正视地区能源的环境影响和运输基本设施项目对多瑙河三角洲、黑海的影响方面存在着生动的讨论。经济维度将会在黑海合作中扮演重要的角色。为了参加对巩固民主、安全和稳定有持续影响的经济项目，罗马尼亚将会使用双边和多边模式所提供的工具来促进一项实事求是的外商和经济合作政策。该努力的主要目标是发展能源运输通道，从经济和商业上讲能源和运输通道把黑海地区和欧洲—大西洋地区联系起来，还能允许更好地使用该地区的海运和河运所存在的潜在能力。同样也能保护环境并恢复多瑙河—黑海生态系统的多种功能。[①]

国家安全的风险和威胁会长期地加剧其他方面的脆弱性，如对进口难以获得的重要资源的严重依赖；持久人口负增长趋势和大规模的向外迁移的人口；不充足的社会安全；就可支配收入而言，长期贫穷和不断扩大到贫富差距；在国家社会—经济事务中中产阶级缓慢地出现、分裂和过少参与；薄弱的公民精神和团结；医疗保健的基础薄弱和无效率；满足劳动力市场需要的教育系统缺乏组织性和适当的资源；不充分的危机管理结构和资源；讨论国家安全问题时缺乏文明社会的承诺。对进口重要能源的依赖问题在 2007 年的国家安全战略中首次提到：在这之前，它被视为一个使用权的问题。这一概念在罗马尼亚能源安全战略 2007 中得到进一步发展。[②]

为了应对这些风险和威胁，罗马尼亚国家安全战略设置以下行动：

● 积极参加构建国际安全的行动；
● 促进罗马尼亚在欧洲和欧洲—大西洋新身份的建立；
● 在新型政治范例背景下实现地区安全；
● 扮演黑海地区动态安全向量的角色；
● 着手处理综合和恰当的国土安全问题；
● 在构建国家安全的过程中，把良好治理作为一个必要工具；
● 把构建竞争性和高绩效的经济作为国家安全的重要支撑；
● 使中央机构成为具有国家安全责任的机构；
● 开发并确保对战略基础设施积极的保护。

罗马尼亚作为欧洲和欧洲—大西洋地区成员的地位有了新的责任，它需要公共部门和安全机构在政治、组织和金融方面做出更多的努力。北约成员已经给予

---

① ***，罗马尼亚国家安全战略，2007，www.mapn.ro，p.36。
② ***，罗马尼亚国家安全战略，2007，www.minind.ro。

罗马尼亚不仅在自身安全、真正的防御保证及获得战略决策方面的确定性，还赋予了它相应的义务。

在加入北约之前，罗马尼亚曾是东南欧和黑海地区实施国家安全的积极推动者，包括军事、文化领域的地区性合作以及推动欧洲—大西洋地区价值观、安全文化的发展，这些关注在北约基本文件中得到充分的体现。里加北约峰会宣言支持"在评价能源基础设施风险并促进能源基础设施安全方面的各国相互协调的、国际性努力"。它更深入地指导了安理会常设会议咨询能源安全领域最直接的风险，这一举措的目的在于通过请求协助国家和国际的努力，确定哪些是北约可能尽力确保联盟安全利益的领域。[①]

罗马尼亚通过支持能源安全、网络防御和弹道导弹防御三个维度，从而积极加入构建新型北约战略概念的进程中。罗马尼亚涉外事务的国务秘书 Bogdan Aurescu 恰当地强调了新型战略概念正在探索建立地区安全和能源安全之间的联系："首先，Strategic South 所提到的事物揭示了包括黑海和高加索在内的复杂地区。其次，自从把能源生产、运输和消费国家放在一起，该地区有相当大的能源潜力。最后，对于我们来说，能源安全是一个普遍的挑战，北约应当用自己的方式在能力范围之内解决这一问题。这是罗马尼亚对北约在能源安全中的角色和新战略概念的观点。"[②] 让我们期待的是，罗马尼亚和北约新成员将会成为能源安全领域的主要支持者。

从经济维度考虑欧盟扩张的重要性来看，罗马尼亚继续倡导给予黑海和里海特殊的关注。处于三个极其重要地区的十字路口——欧洲、中东和中亚——黑海地区是运输能源资源的主要地区，同时它也是不对称风险和冲突滋生地的重要源头。单纯地考虑缓冲区或"神经末梢"，黑海地区是战略重要性的连接器，它把欧洲—大西洋地区和中东地区（作为安全提供者和能源消费者）、高加索地区和中亚地区（作为能源供应者和安全消费者）连接起来。从能源观点来看，黑海地区不仅是主要运输路径的连接中心，还可能在以后几十年里成为重要的生产者。

罗马尼亚优先考虑的事情是协调并使得发展地区合作的制度程序更加有效，并且建立涉及国家参与者和有兴趣的民族组织的新型对话机制。出于这一目的，罗马尼亚积极促进黑海对话和合作的论坛，这项积极行动的目标在于实现民主和经济的发展、能源安全、建立信心、地区稳定、和平和安全。[③]

---

① ***，里加峰会宣言，2006 年 11 月 29 日，http: //www.nato.int/cps/en/natolive/official_texts_37920. htm? selectedLocale=en。

② Bogdan Aurescu，北约在能源安全中的角色和新战略概念，在 EAPC 关于能源安全和关键基础设施保护的研讨会上的讲话，第比利斯，2010 年 5 月 5 日，http: //www.mae.ro/index.php? unde=doc&id=15414&idlnk=%cat=4&lang=en。

③ ***，罗马尼亚国家安全战略，2007，www.mapn.ro，pp.32-34。

　　除了地区水平上的努力，罗马尼亚同样也积极采取具体步骤以强调在欧盟框架和机构的政策讨论背景下能源安全的重要性。罗马尼亚支持重要的欧洲项目，其目标在于使能源来源和路径多样化以及降低单一来源的依赖性，如纳布科输气管和从黑海的康斯坦察到亚得里亚海的整个欧洲石油管道。除了支持高加索地区的布鲁塞尔倡议，罗马尼亚通过具体计划实现如虎添翼的目的：阿塞拜疆的全面战略伙伴关系包括能源部门合作和阿塞拜疆、格鲁吉亚在液化天然气领域的三方谅解备忘录。对于欧盟涉及国家电力基础设施的相互连接优先项目，罗马尼亚已经开发了实现区域连接的国家项目。

　　为实现经济的可持续发展以创造工作机会和出于社会保护目的的资源生产，罗马尼亚的国家安全战略也强调吸引战略投资的重要性。与此直接相关，战略强调拉近能源安全与经营调整、私营能源资源消费结构最优化、提升能源利用效率之间的关系："由于这一原因，要优先采取措施降低不稳定地区或国家能源供应的依赖性，这些地区或国家把能源的使用作为政治压力工具；扩大生产核能源的项目；增加能源生产和使用现代化清洁技术从煤炭中产生的能源。一个至关重要的角色同样也被分配到可再生能源或可替代能源的能源生产和提高行业消费者、家庭用户的能源利用效率中去。欧盟关于能源安全的战略将会调整该领域的措施。"[①]

　　同样重要的是，战略强调了强化关键基础设施保护的极端重要性："一些措施将会被采取以实现立法和机构的调整与现代化，使得其与该过程的真正动力、新风险和威胁强加的需要、与北约合作的要求、欧盟和战略合作伙伴等相一致。利益的主要领域是运输基础设施，特别是新高速公路的结构、现代化的铁路基础设施和运输管理；能源和通信基础设施；抵御洪水的水文地理流域管理和保护；军事基础系统的更新。调整和现代化的主导方向将会是：恢复、现代化和开发运输设施以提高服务质量，让客运和商品运输更有效率并调整运输设施以符合欧洲运输系统；开发、确保和构建新能源供应网络的替代路径使其符合欧盟战略项目和罗马尼亚在黑海地区的利益；促进新技术的提升并开发安全领域的一体化信息技术系统以符合欧洲的标准；采纳航空和港口安全的国家系统来应对新的威胁；使具体的军事设施现代化同样也准备和升级北约、欧盟和战略合作伙伴所提供的能力；识别高风险领域，绘制出可能性风险图并巩固国民用以抵御自然灾害、灾难和环境突发事件的基础设施；降低核事件或意外的风险并提供核基础设施安全。"[②]

　　就政治和战略而言，这致使罗马尼亚国家安全战略对能源安全有了一个全面

---

① ***，罗马尼亚国家安全战略，2007，www.mapn.ro，p.46。
② ***，罗马尼亚国家安全战略，2007，．www.mapn.ro，p.52。

的视角，这种视角在国家和欧盟水平之上并与主要趋势和驱动力同步。该战略包括广泛的目标和优先权范围，它提供了一个自它 2007 年被采用以来的清晰的愿景。考虑到能源安全领域的复杂性和动力，现在正积极准备的罗马尼亚能源安全新战略将会被更新并重新构建与该领域的新趋势和前景相一致的发展。

18.2.2 罗马尼亚能源战略 2007

2007 年，罗马尼亚政府批准的能源战略 2007~2009[1] 包括了该部门公共和私营企业所有现存的和计划中的活动。在罗马尼亚进入欧盟之后，经济和财政机构与环境和可持续发展机构共同负责起草第一份国家能源战略。尽管以 2020 年这一长期的时间跨度为视角，但是仅在 3 年前该文件就得到了构思，现在（即 2010 年 6 月）的罗马尼亚政权宣布一个新的、改善过的战略已经变得很有必要。罗马尼亚现任的经济部长 Adriean Videanu 认为："罗马尼亚有一项关于 2007~2020 年的能源战略，该战略在其进入欧盟之后就开发出来了。该战略把这一时间段所盛行的所有现实因素考虑在内，如甚至达到 7% 经济增长率。没有人会预测到金融危机将会产生如此大的影响。今天，现实不同了，由于现有战略基础的不断增加，能源消费预测也不能够确定。在这些情况下，重新审视罗马尼亚现有的能源战略变得更加重要，这一战略涉及更长的时期，即到 2025 年并包括所有的新现实因素。可能在 2010 年结束之前，我们将会起草出新战略的初稿。"[2]

基本修订被需要的主要原因是现有的能源战略是根据 2007 年可利用的数据设计而成的。因为主要的变化已经发生，新的挑战已经出现在欧洲能源情景之中，2006 年俄罗斯—乌克兰发生了天然气危机并考虑到它对欧洲供应安全的影响，所有的欧洲参与者都计划对他们的能源安全优先权做一次全面的修订。对于这一过程中的所有参与者来说，能源对话需要一个更加深层次的政治内涵。甚至在经济和金融危机爆发之前，确定的差异出现在与主要能源供应商（主要指俄罗斯）建立战略合作伙伴关系的欧盟新成员之间和没有做出特别规划的其他欧洲成员国之间。现在的危机揭示了欧盟及与其相联系的国际合作者在能源领域内的严重缺点。

对于罗马尼亚，它经历了全球危机的某些延迟影响，其经济在写作本书的时候（2010 年 6 月）仍处于不景气之中。因此，对 2007 年的能源战略的一些基本

---

[1] ***, Hotarare Privind Aprobarea Strategiei Energetice a Romaniei Pentru Perioada 2007–2020, Monitorul Official Al Romaniei, Partea Ⅰ, Nr.781/19.Ⅺ.2007.

[2] ***, Romania Pregateste O Noua Strategie Energetica, 1Februarie 2010, Focus Energic, htto：//focus-energetic.ro/? =334.

前提和结果性结论重新考虑是必要且适宜的。

2007 年的战略中主要规定了中长期目标，描述了当时的国际背景和罗马尼亚能源部门的进展情况，包括对充足混合能源的推测，得出了结论和政策建议。战略设计的主要推动力是确保罗马尼亚的能源部门应当有能力满足国家在短期、中期和长期的能源需要，且以可以负担起的价格符合现代市场经济的要求。

18.3　战略目标

罗马尼亚 2007~2020 年能源战略清晰地制定出了三个领域的战略目标：能源安全、可持续发展和竞争力。

在能源安全领域：
● 通过确保所需能源的供应来加强能源安全；
● 供应来源和运输途径的多样化；
● 增加国家电力、天然气和石油网络的兼容性；
● 保护关键基础设施。

在可持续发展领域：
● 提供能源利用效率；
● 促进可再生能源生产；
● 提升热电联产能力的效率；
● 支持研究和开发活动；
● 减少能源部门对环境的负面影响；
● 合理有效地使用私人能源资源。

在竞争力领域：
● 开发电力、天然气、石油、铀、绿色证书、二氧化碳证书和能源服务方面开放的能源市场；
● 确保能源的自由传输和自由的、长期的及不受歧视的市场参与者从事能源资源、运输和分配网络、国际互联；
● 对电力生产、区域供暖和天然气设备的持续重组和私有化；
● 对煤炭行业的持续重组过程并以增加盈利能力和进入资本市场为目标。

18.4　国际背景

依据 2007 年的数据，能源战略描述了在能源生产和消费方面的全球盛行的趋势并强调达成共识的欧盟能源政策的主要目标。

18.4.1　能源行业的主要趋势：演变和调整

2007 年，对全球能源需求总量的评估约比 2003 年高出 50%，石油需求几乎增长了 46%。预测指明了经济增长隐含的对能源资源消费的增加。国际能源机构报道，在接下来的几十年里，将促进可再生能源来源和天然气在整个主要能源消费结构中得到明显的增加。大约 1/4 的主要能源资源需求将继续由煤炭主宰。

该战略同样把地缘政治因素在中东地区扮演的角色考虑进去。在 21 世纪的前十年期间，对应天然气价格的攀升反映了石油价格的攀升。另一个影响石油生产价格的因素是缺少炼油设备。对不同质量水平和不同地区的主要能源资源的处理需要足够的技术。除此之外，建立意外情形的库存量是一种趋势。随着经济危机的到来，求助于资源保护主义的趋势同样也被加强。

影响能源政策的另一个地缘政治方面是进口国日益趋向于增加海外所涉及的上游活动。例如，这已应用于中亚地区的奥地利国家企业、高加索地区的英国石油公司，俄罗斯联邦的法国和德国企业等。同时，主要生产商趋向于积极参与下游活动的运营，包括基础设施和分配系统。这已应用于俄罗斯天然气工业股份公司在欧洲国家的并购，阿塞拜疆国家石油公司（阿塞拜疆）在罗马尼亚的并购和 Kazmunaigaz 公司（哈萨克斯坦）在欧洲其他国家的并购。

乌克兰天然气危机的影响强调了运输过境国的国家角色在不断提升，它们连接生产商和消费者并构成全球能源网络的结构。特别是在欧洲，运输经过的国家（主要是前共产主义国家）同样也是对单一来源依赖性很强的消费国。

18.4.2　罗马尼亚和欧盟能源政策的相关性

罗马尼亚 2007~2020 年能源战略注意到欧盟是世界上第二大能源消费者，对天然气进口的依赖有望由 2007 年的 57%上升到 2030 年的 84%，对石油的依赖从 2007 年的 82%上升到 2030 年的 93%。安全供应因此也被视为欧盟可持续发展的重要因素。能源政策和气候变化的关系同样也被重视。

尽管罗马尼亚 2007 年能源战略包含了与能源和气候变化相关的欧盟指令，但是很少有实际的文件把欧盟目标和罗马尼亚作为成员国的直接义务联系起来。

18.4.3 可再生能源作为一项战略目标

1997 年，欧洲委员会建议欧盟到 2010 年应在可再生能源方面实现 12%的份额这一目标。电力和运输部门采用的指令设置了详尽的国家部门的目标。2006年，可再生能源占欧盟能源总消费的份额上升到 7%。然而，中期进展报告指出，欧盟不可能在 2010 年实现在电力或运输部门方面的目标。最近，欧盟同意重新修改 2020 年 20%的目标。国家目标如表 18-1 所示:[①]

表 18-1 欧盟各成员国 2020 年目标

成员国	2005 年可再生能源份额（%）	2020 年需要的份额（%）
奥地利	23.30	34
比利时	2.20	13
保加利亚	9.40	16
塞浦路斯	2.90	13
捷克共和国	6.10	13
丹麦	17	30
爱沙尼亚	18	25
芬兰	28.50	38
法国	10.30	23
德国	5.80	18
希腊	6.90	18
匈牙利	4.30	13
爱尔兰	3.10	16
意大利	5.20	17
拉脱维亚	32.60	40
立陶宛	15	23
卢森堡	0.90	11
马耳他	0	10
荷兰	2.40	14
波兰	7.20	15
葡萄牙	20.50	31
罗马尼亚	17.80	24
斯洛伐克共和国	6.70	14

---

① ***，欧盟委员会，可再生能源目标，http: //ec.europa.eu/energy/renewables/targets_en.htm。

2007 年 3 月，欧盟国家和政府首脑批准了第一个欧盟能源行动方案并呼吁欧盟委员会着手准备 2010 年以后的新行动方案。

该计划已经推迟了很长时间，欧盟的行政官员现在希望采用开始于 2011 年的计划。[①]

最初，行动计划的一些章节把深远的能源自由化提案、"一揽子气候和能源计划"，以及战略能源技术计划包括在内。

2010 年 3 月，委员会展示的"能源 2020"战略提案把 2020 年的气候目标纳入它一流的行动计划中以促进欧洲提升资源的利用效率。2010 年 5 月 31 日，欧盟能源部长对即将来临的欧盟能源战略 2011~2020 进行了较早的审查并同意它应当为 2011 年 3 月召开的欧盟峰会准备背书。能源战略的首要意图是为 2010~2014 年的计划做打算。欧盟执行委员会决定把时间延长到 2020 年以匹配"欧洲2020"战略并为长期能源投资提供一个稳定的框架。

设想一下：第三个"一揽子内部能源市场计划"和战略能源技术计划的贯彻执行应当是欧盟能源新战略的关键点。在欧盟能源新战略中有可能包括一些目标：与 1990 年相比，绿色气体排放量减少 20%；增加可再生能源在最后能源消耗所占的比重；能源利用效率提高 20%。假设其他发达国家承诺有相当数量的减排并且发展中国家根据它们的责任和各自能力进行充分的减排，欧盟将承诺到2020 年减少 30% 的排放量。

欧盟被期望到 2011 年初能够在能源政策上做出重大的决策，包括支持提高低碳经济和投入更多的能源安全供应。

18.5　罗马尼亚能源安全的其他观点

罗马尼亚能源安全相关的方向：2008 年，罗马尼亚欧盟研究所公布了一项研究[②]："对于罗马尼亚而言，该国家第一次面临一种形势，这种形势是充分利用其所在的地理位置和地缘政治位置所提供的机会。过去几年里，黑海地区的地缘政治和地缘经济的背景已经发生了很大的变化，这是由于其把主要权利转向了与

---

① "委员会能源行动新计划"，http：//www.euractiv.com/en/energy/commission-outline-new-energy-action-plan-news-418551。

② Silviu Negut（协调员），Aureliu Leca，《罗马尼亚能源安全说明书》，战略和政策研究，研究序号 2，罗马尼亚欧盟研究所，Bucharest，2008.www.ier.ro。

罗马尼亚临近的东欧大草原。因此，该国有潜力变成欧盟经济和政治地区联盟的通道，成为中亚生产国和欧洲主要消费者之间的运输地区。考虑到罗马尼亚的邻近地区储存着能源资源并且有相当规模的能源基础设施（石油管道网络、黑海盆地最大的炼油厂——Midia Năvodari、各种规模的石化工业、没有特别经济与技术困难的良好地区布局的新管道或抽水站机构、东欧大草原——康斯坦察最大的港口）。"

该研究总结了以下几项建议：

● 对能源战略和政策的重新审查是紧迫性的，特别应当集中在能源供应安全上；

● 目标是减少罗马尼亚对进口能源资源的依赖性；天然气方面的目标是减少对单一供应商的依赖性并实现供应来源的多样化；

● 为了避免电力故障，国家电力系统的互连对象应当至少有一个其他欧洲国家；

● 更多的注意力应当放在国家能源系统决策过程的惰性上（在决策和实际成果之间的时间跨度为 4~20 年）；

● 激励投资以实现能源部门的更新和合理化（在所有消费部门电力损耗都很高：30%~35%，同样也能减少对环境的负面影响）；

● 为能源部门创造详细的制度框架（如能源和资源部门），因为在许多不同的行政部门中，与能源部门相关的分散活动不再是可行的选择。

对于可再生能源来源部门，该研究另外提出了以下几点的考虑：

● 在中亚和东欧国家中，罗马尼亚的可再生能源占主要能源消费的比例最大，罗马尼亚在水电能源和生物质方面有着相当重要且经济的使用潜力（来自实际已经被忽略的农业和林业）。

● 其他来源的潜力如太阳能、风能、地热能都可能被高估了。然而，欧盟和罗马尼亚似乎越来越注重风能。

● 除了生物燃料，几乎没有详细的激励提供给罗马尼亚以开发其可再生能源来源。

● 通过分析国家能源平衡的结构，该研究得出了以下研究结果：

——罗马尼亚是一个又穷（就其广阔的范围而言）又富（就其人口数量而言）并拥有昂贵（就开采成本而言）资源的国家，和现在的消费率相比，确定的产量只需要很少的时间跨度（石油为 10~15 年、天然气为 15 年、煤炭为 40~50 年）；

——在产生电力热能的过程中煤炭仍是主要的燃料（长期时间内，贡献率至少是 50%，其余的由水、核和可再生能源资源提供）。实际上在中期阶段里煤炭储备将会被用完，低质量的煤炭也会被证实，这将意味着罗马尼亚也将不得不进口煤炭；

——罗马尼亚主要资源平衡依靠 60%~65% 的碳氢化合物，因为国内资源很快就会被消耗殆尽。对进口主要资源的依赖性从 2000 年的 27.1% 升到 2005 年的 36%；

——在 Cernavodă 的核电项目以其全负荷生产的可行性必须从现实方面重新评估（至于与这种类型的发电厂、低质量和国内铀资源的低储备相关的具体风险，可以从另外两个反应堆的运作中获得有利条件）。

黑海地区 2020 年展望——黑海委员会所做的一份报告① 制定了地方问题的综合修订方案和前进道路中的一系列结论和建议。表达了黑海地区特征的新概念研究所需要的意外意识，该研究强调："只要我们现在就采取行动，委员会就确信对一个有凝聚力、发达、一体化和稳定地区的展望是符合实际的。"

该研究中的一些评估和目标可能也与罗马尼亚更新后的能源安全战略的长远准备工作相关：

● 地区参与者必须放弃在政治关系上使用武力并尊重别国的领土完整、边疆领土国际条约和交易规则，它们是神圣不可侵犯的。

● 感兴趣的局外人必须努力支持确保良好的管理、相互之间的独立性以及黑海政治经济的区域化。

● 国际社区必须鼓励合作和制定措施的信心，同样也要采取行动支持争议的和平解决方案。

黑海委员会制定了一系列具体的、强调经济问题的政策建议，这些经济问题很有可能承担共同的挑战，满足该地区真正的需要：

● 促进可持续发展原则并把它作为黑海地区的指导思想。

● 在全球金融危机和经济危机严重影响黑海地区的大部分国家的背景下，有必要以未来真实视角增添立即缓解措施。

● 促进跨国基础设施和机构联系是很重要的。为了刺激增长，避免重复活动，促进措施能够包括政策协调和融洽、跨国监管、增强对信息的分享。

● 创造较早的预警系统或互惠互助机制以减少国家对未来危机的脆弱性。

● 改善商业环境以及方便跨国的经济活动所指定的政策措施。

● 相关官员就金融、运输、能源、环境、渔业等问题的定期政策对话。

18.5.1 混合能源：传统能源和可再生能源来源

罗马尼亚拥有一个相当平衡的能源混合，部分是依赖于国内主要的能源资源

---

① 黑海地区 2020 年展望——黑海委员会所做的一份报告，www.blackseacom.eu。

表 18-2 罗马尼亚能源领域 1990~2007 年统计数据

年份	1990	1991	1992	1993	1994	1995	1996	1997	1998	1999	2000	2001	2002	2003	2004	2005	2006	2007
产量	41.40	36.85	33.99	33.64	31.94	32.60	33.09	31.77	29.33	28.12	28.80	27.87	29.53	29.66	27.22	28.17	28.18	29.90
固体燃料	7.94	7.60	7.35	7.62	7.78	7.89	8.05	6.60	5.37	4.65	5.88	5.70	6.10	6.54	6.21	5.79	6.48	6.86
石油	7.95	6.82	6.87	7.00	7.06	7.11	7.04	6.97	6.80	6.52	6.42	6.34	7.55	7.28	6.02	6.17	5.78	5.00
天然气	22.91	20.06	17.61	16.76	14.82	14.45	13.76	11.91	11.15	11.19	10.97	10.78	10.60	12.43	10.38	9.70	9.56	9.23
核能							0.36	1.39	1.37	1.34	1.41	1.40	1.42	1.27	1.43	1.43	1.45	1.99
可再生能源	2.61	2.37	2.15	2.26	2.27	2.80	3.85	4.87	4.64	4.40	4.04	3.42	3.75	4.06	4.59	4.98	4.83	4.72
工业废物					0.36	0.36	0.04	0.03		0.03	0.09	0.22	0.11	0.09	0.09	0.09	0.08	0.11
净进口	22.61	15.59	13.94	12.50	11.30	14.53	14.94	14.80	11.85	7.97	8.13	9.51	9.16	10.24	12.00	10.84	11.90	12.82
固体燃料	4.68	3.02	4.02	2.18	2.71	2.86	2.68	3.46	2.57	1.68	1.92	2.30	2.78	2.64	3.09	2.94	2.72	3.54
石油	11.19	7.58	5.97	6.55	4.79	6.85	6.54	7.29	5.41	3.83	3.56	5.01	3.50	3.54	4.90	3.96	4.76	5.52
天然气	5.93	3.74	3.58	3.62	3.74	4.79	5.65	4.03	3.84	2.54	2.71	2.31	3.13	4.24	4.11	4.19	4.79	3.87
电力	0.81	0.61	0.36	0.16	0.06	0.03	0.07	0.02	0.04	-0.07	-0.06	-0.11	-0.25	-0.18	-0.10	-0.25	-0.37	-0.18
可再生能源																		0.07
内陆消费总量	63.74	52.87	46.92	46.25	43.62	47.10	48.21	45.45	41.52	36.91	37.13	36.90	38.49	40.23	39.60	39.25	40.73	40.08
固体燃料	12.37	10.91	10.80	10.12	10.42	10.78	10.71	9.77	8.23	6.86	7.77	7.64	8.82	9.36	9.20	8.80	9.52	10.19
石油	19.11	15.18	12.42	13.33	12.30	13.89	13.76	13.43	12.26	10.62	10.19	11.14	11.01	10.97	10.47	10.30	10.83	10.25
天然气	28.84	23.80	21.19	20.38	18.56	19.24	19.42	15.94	14.98	13.73	13.68	13.18	13.62	14.73	13.94	13.94	14.44	12.98
核能							0.36	1.39	1.37	1.34	1.41	1.40	1.42	1.27	1.43	1.43	1.45	1.99
可再生能源	2.61	2.37	2.15	2.26	2.27	2.80	3.85	4.87	4.64	4.40	4.04	3.42	3.75	4.00	4.57	4.94	4.78	4.75
其他	0.81	0.61	0.36	0.16	0.06	0.39	0.11	0.05	0.04	-0.04	0.04	0.11	-0.13	-0.09	-0.01	-0.16	-0.29	-0.07
电力生产 TWh	64.31	56.91	54.20	55.48	55.14	59.27	61.35	57.15	53.50	50.71	51.93	53.87	54.94	56.65	56.48	59.41	62.70	61.67
煤 TWh	22.54	19.95	19.00	10.09	19.63	20.59	20.47	16.86	14.49	14.68	18.93	19.69	20.31	23.34	21.47	21.92	25.15	25.10
石油 TWh	6.40	6.67	5.40	5.43	5.79	5.80	6.70	6.86	4.14	3.86	3.40	5.41	3.58	3.63	2.20	1.89	1.61	1.10
天然气 TWh	21.38	18.92	18.02	18.11	16.68	16.18	17.04	10.50	10.67	8.68	9.38	9.40	9.48	11.50	10.75	9.83	11.95	11.77

续表

年份	1990	1991	1992	1993	1994	1995	1996	1997	1998	1999	2000	2001	2002	2003	2004	2005	2006	2007
核能 TWh							1.39	5.40	5.31	5.20	5.46	5.45	5.51	4.91	5.55	5.56	5.63	7.71
可再生能源 TWh	13.88	12.29	11.79	12.84	13.05	16.70	15.76	17.52	18.89	18.29	14.78	14.92	16.05	13.26	16.52	20.21	18.36	16.01
其他 TWh		0.09																
最终能源消费量	37.05	30.12	24.09	22.38	25.08	26.79	29.66	28.74	26.16	22.43	22.52	23.04	23.09	24.20	25.50	24.68	24.77	24.02
以燃料/产品划分																		
固体产品	3.22	2.61	2.03	1.89	1.55	1.70	1.74	1.81	1.53	1.08	1.05	1.04	1.23	1.55	1.58	1.65	1.57	1.48
石油	8.03	7.55	6.24	4.95	5.55	5.56	6.69	7.07	6.51	4.89	5.30	6.17	6.38	6.00	7.39	6.59	6.34	6.87
天然气	20.50	15.48	5.77	6.11	9.08	10.25	9.73	8.38	6.99	6.76	6.89	7.22	7.40	8.11	7.88	7.72	8.25	7.04
电力	4.69	3.80	3.55	3.14	2.94	3.13	3.42	3.30	3.14	2.91	2.92	3.12	3.06	3.22	3.33	3.34	3.52	3.52
可再生能源	4.69	3.80	3.55	3.14	2.94	3.13	3.42	3.30	3.14	2.91	2.92	3.12	3.06	3.22	3.33	3.34	3.52	3.52
产生的热和工业废物			5.92	5.45	4.83	4.88	5.61	4.89	5.01	3.97	3.63	3.37	2.76	2.48	2.26	2.20	2.04	1.83
以部门划分																		
工业	25.30	18.79	11.04	10.07	13.54	15.03	14.88	12.93	10.71	8.94	9.12	9.70	10.36	10.36	10.17	9.99	9.56	9.13
运输	4.41	3.77	3.91	3.19	3.24	3.06	4.05	4.15	3.89	3.14	3.38	4.07	4.34	4.34	5.18	4.20	4.34	4.66
家庭用户	4.28	4.48	6.28	6.61	6.40	6.35	8.11	9.65	9.52	8.74	8.43	7.28	7.22	7.82	7.97	7.96	7.84	7.51
农业	2.24	2.01	1.41	1.14	0.80	1.00	0.84	0.91	0.77	0.46	0.39	0.29	0.27	0.24	0.23	0.21	0.26	0.26
服务业、等等	0.81	1.07	1.45	1.37	1.10	1.36	1.79	1.11	1.27	1.15	1.19	1.70	0.89	1.44	1.96	2.31	2.76	2.46
非能源使用	0.92	0.82	2.90	2.20	1.48	1.34	1.77	1.96	1.60	1.85	2.04	2.09	2.03	1.91	2.22	2.47	2.33	2.55
二氧化碳排放量（万吨）	173	134	129	128	125	130	136	122	108	92	96	101	107	112	113	106	112	112
能源密集型	1320	1260	1225	1189	1079	1088	1071	1074	1031	928	913	869	853	847	768	731	703	652
二氧化碳密集型	2.72	2.53	2.74	2.76	2.86	2.76	2.82	2.69	2.61	2.50	2.58	2.73	2.77	2.78	2.84	2.71	2.74	2.78
进口依赖性（%）	35.50	28.30	29.70	27.00	25.90	30.90	31.00	32.60	28.50	21.60	21.90	25.80	23.80	25.40	30.30	27.60	29.20	32.00
人均能源消耗（kgoe/cap）	2747	2299	2059	2032	1919	2077	2131	2015	1845	1643	1654	1667	1766	1851	1826	1814	1887	1869
人均二氧化碳排放量（kg/cap）	7464	5817	5648	5611	5483	5738	6018	5414	4812	4106	4268	4545	4892	5141	5191	4917	5172	5176

（煤炭、石油、天然气、铀、水、生物），同时也存在着开发可再生能源资源的巨大潜力（风能、太阳能、地热能）。

罗马尼亚的化石燃料储存是有限的：国内产量已处于稳定的状态，尽管罗马尼亚做出了可持续开发的努力，但是多年来国内产量在逐渐地下降，也没有发现额外的储存。2010 年初期，石油的储存量被估计为 6400 万吨。和 1976 年 14.7 万吨的原油生产量相比，2006 年罗马尼亚的石油产量仅为 5 万吨。该估计基于两个假设：第一个假设是凭借已知的存量消耗，原油产量将会以每年 2%~4% 的速度减少；第二个假设是开发存量的更新总和只有 15%~20%。预计到 2020 年，石油存量约为 28 万吨。

天然气存量预计为 141bcm，事实上国内产量同样也在下降。鉴于已知存量的长期消耗，天然气产量预计以每年 2%~5% 的速度减少，开发存量的更新总和只有 15%~30%，预计到 2020 年，天然气存量约为 77bcm。

煤炭资源预计为 2245 万吨，其中在现有的特许区域有 550 万吨煤炭资源能够被开采。

现存可供开发的铀存量能够供两个核电机组使用，但时间只能持续到 2017 年。铀矿的潜在新发现不可能很大地改变现有的情况。

罗马尼亚水电潜力每年是 36000GWh，根据现在的能源市场价格，就经济效率而言，其中有 30000 GWh 能够被实际使用。

考虑到罗马尼亚地缘政治的结构，2007~2013 年能源战略识别了具有可再生能源资源潜力的地区：多瑙河三角洲的太阳能；多布罗加的太阳能和风能、摩尔多瓦的小型水电站、风能和生物质能；喀尔巴阡山脉的生物质能和小型水电站；特兰西瓦尼亚高原的小型水电站；西部平原的地热能；亚喀尔巴阡山麓的生物质能和小型水电站；南部平原的生物质能、地热能和太阳能。

混合能源分析显示，除了国内的石油、天然气、低质量的煤炭生产外，罗马尼亚也进口大量的化石燃料。可再生能源资源在主要能源消费和电力生产领域的份额超过了欧盟的平均值，他们还计划提升核能源的贡献，但煤炭仍然是电力生产最重要的燃料。自 19 世纪 90 年代以来，最终能源消耗量已经大量减少，但是制造行业仍然是最大的能源消费者。就每一单位产量的能源密集度而言，罗马尼亚的二氧化碳排量仍然处在多数欧盟国家之后。

根据欧盟统计局 2007 年数据，罗马尼亚不同来源的能源在整个能源消耗总量的相对份额如下：

煤炭和褐煤（%）	石油（%）	天然气（%）	核能（%）	可再生能源（%）	工业废物（%）	电力进出口（%）	能源消耗总量（千吨油当量）
25.4	25.6	32.4	5.0	11.9	0.3	−0.24	40083

2009 年 4 月罗马尼亚经济部门修正后的数据显示了一些不同的情形。2008
年电力生产总量为 64.77TWh，满足了国内需要且出口量为 4.43 TWh。从来源上
看，电力生产的 54.3% 由热电厂提供（66% 的燃煤、30% 的天然气、4% 的重油使
用），28.4% 由水电站提供，17.3% 由核设备提供。

罗马尼亚的能源进口依赖性要比欧盟 27 国的平均值要低。40% 的进口能源
资源由原油占据着，这些原油的进口主要来自俄罗斯联邦和哈萨克斯坦。罗马尼
亚同样进口一定数量的天然气和化石燃料以满足国内需求。自 1990 年以来，其
净进口量已降低了 41%。

表 18-3　罗马尼亚能线图[①]

日期	2007 年					2008 年
	28 年历史	罗马尼亚	欧洲	世界	等级	罗马尼亚
原油（千桶每天）						
		114.15	5421	84392	48	115.25
原油产量		94.42	4549	72989	46	95.40
		229.00	16135	86142	52	225
净出口/进口 净出口=石油总产量-消耗量		-114.85	-10714	—	41	-110
出口美国的石油总量		1	917	13469	52	NA
炼油产能		517	16832	85355	33	517
探明储量（十亿桶）		0.600	16	1317	40	0.600
产量		441	11195	103977	36	0
消耗量		660	20284	104425	35	0
净进/出口		-219	-9428	—	28	-170
探明储量		3550	200745	6124016	51	2225
煤炭（百万吨）						
		38.496	790	6779	20	39.140
		44.410	1050	6737	19	45.460
净进出口（万亿瓦）		-90.256	-6117	—	30	-139.211

① ***，罗马尼亚能线图，2007，美国信息局，2010，http://tonto.eia.doe.gov/country/country_energy_data.cfm? fips=RO。

续表

日期	2007 年					2008 年
	28 年历史	罗马尼亚	欧洲	世界	等级	罗马尼亚
电（十亿千瓦时）						
净产量		59.28	3554	18015	39	NA
净消耗量		48.43	3297	16379	41	NA
装机能力（GWe）		19.747	810	4012	32	19.22
主要能源总量（百万的四次方千瓦时）						
		1.171	48	469	51	NA
		1.678	86	472	39	NA
能源密集度（1 千瓦时 2000 美元）	8538		—	—	—	NA
二氧化碳排量（百万吨二氧化碳）						
化石燃料消耗总量		98.64		4721	29195	40

根据欧盟 2020 年的能源消耗总量目标，罗马尼亚预计将达到 17.8%的目标。[①]

18.5.2　罗马尼亚能源日程和气候变化问题

罗马尼亚不得不向欧洲委员会递交国家行动计划以实施欧盟在气候变化和"一揽子"能源计划中的指令。金融危机到目前为止已经使政府偏离了对其他优先权的注意力，但是问题不可能摆脱。罗马尼亚的几个地区对自然灾害特别脆弱，作为全球气候变化的结果，该地区的自然灾害已经变得集中和频繁。最受影响的是那些居住在孤立地区不能使用现代基础设施的人。巨大的区域倾向于遭受洪水、泥石流、严重的干旱，最近还发生了龙卷风。近几年在预警系统中和后勤支持的投资使得灾害的发生率减少到了最小值。尽管大多数气候学家预测气候的稳定性会日益增强，极端的天气也会更加频繁，但是气候变化在公共日程里的排名仍然相当低。政治家可能支持更加实际的方法，他们首先担心的还是经济和金融形势。

负责环境政策的罗马尼亚官员似乎依旧喜欢坚持现有的《京都议定书》中的规则，即把剩余排放量的遗留物补贴放在下一个《京都议定书》可能的承诺期内。无论情况如何，罗马尼亚应当充分利用可用的欧洲和国家工具、机制、资金和政策。

---

① ***，电力生产 2009~2010，实际和图表，VGB PowerTechwww.vgb.org/daten_stromerzeugung.thml? dfid=25744。

欧洲罗马尼亚研究所在 2009 年公布了一项关于能源和气候变化对罗马尼亚经济影响的研究。[①] 一些相关的结论和建议与本章的内容相关。

（a）国际气候变化政策及其对罗马尼亚立法的影响。

我们生活在"不同寻常的时代"[②] 且面临着许多威胁：社会的、经济的和环境的。然而，对于未来人类社会，气候是最不可预测和最危险的。这是在政府间气候变化专门委员会拉奎拉峰会上一群专家和科学家的主要结论。[③] 政府间气候变化专门委员会的总结性结论被授予诺贝尔奖，也就是在全球温度增长超过 2℃门槛的情况下所描述的四种情景的可能效果。

2001 年哥德堡峰会标志着对应对气候变化的影响努力找出一个全球共同方案的重要时刻。这是贯彻《京都议定书》的早期努力，[④]《京都议定书》签订于 1997 年，其目标在于减少工业国家的温室气体排量，并为提升能源利用效率和降低温室气体水平的发展中国家提供帮助。那时的行动、计划被认为是失败的，因为最大的全球污染国：美国和中国（占全球温室气体排放的 1/3[⑤]）没有签订《京都议定书》。

作为 7 个欧盟成员国之一，罗马尼亚游说欧盟分配的单位数量超过 2012 年末的第一次《京都议定书》执行期。与保加利亚、波兰、拉脱维亚、立陶宛、匈牙利、斯洛伐克一起，罗马尼亚签订了《京都议定书》，这需要把排量减少到 1990 年的确定水平以下（对于罗马尼亚来说是 1989 年水平）。实际上，罗马尼亚的减排已远远超过了《京都议定书》所要求的排量（是 1989 年的一半），但是这是作为限制工业化的自然结果。

另外，更多的发达国家在减排上困难重重，因为它们在能源部门技术方面比 1990 年的罗马尼亚更加先进。《京都议定书》允许这些国家在第三世界国家增加减排，而在本国投资于对环境更加友好的技术。

因《京都议定书》到 2012 年就会终止，希望 2009 年 12 月 FCCC 哥本哈根会议后能够形成跟踪程序。

一项处理气候变化的协议必须实现全球温室气体减排的路径与现实全球温度变暖保持在 2℃以下的目标相兼容。任何对分配数量单位剩余的姑息行为将会使

---

① Studii De Strategie Si Politici （SPOS 2009）：Sinteze，Coordinator Prof.Dr. Ing. Aurel Leca，Institutul European Din Romania，Bucuresti，2009.

② 下一次委员会的政治制度方针，http：//ec.europa.eu/commission_2010 –2014/president/pdf/press_20090903_en.pdf。

③ http：//www.ipcc.ch/publications_and_data/publications_and_data.htm.

④ http：//kyotoprotocol.com/.

⑤ http：//www.climateavenue.com/ct.ghg.sect.ctry.htm.

得这一目标极难实现。

2012 年后在国际上形成有法律约束力的共识最依赖于发展中国家的参与（确定担保）；这主要是由于国际碳市场上具有吸引力的价格提高促成的，其主要目的是为了实现清洁发展机制（清洁发展机制是在欧盟气候变化框架公约下允许交易排量的平台）。

● 欧洲委员会现在正在执行目标相似性评估，这些目标是哥本哈根协议里非欧盟国家所制定的，同时也评估欧盟采用比 20%目标更加具有雄心承诺的可能性。

● 2009 年，欧盟成员国封闭的分配数量单位总共达 114.7mt。然而，欧盟可能的分配数量单位销售能力被估计为 1740mt。欧盟最大的交易国是捷克共和国（当然也是全球最大的分配数量单位卖方），其 2009 年销售额为 68.5mt，2012 年的储备品销售超过 100mt。其他的交易国是波兰、拉脱维亚、匈牙利、斯洛伐克、立陶宛、保加利亚和罗马尼亚，它们正在准备把它们的分配数量单位推向市场。

2008 年 12 月，欧盟通过共同决策（现在是一个普遍的立法程序）的方式采用气候变化和能源"一揽子"计划。这一变革性立法方案孕育了欧洲在欧盟气候变化基本立法上十年的努力。伴随着 2013 年转型的最后期限，它由以下四条准则构成：[①]

努力共享：其目标是在能源和气候变化领域内实现成员国之间不断增长的技能交换，以减少欧盟少数发达国家实现"20-20-20"目标的负担（到 2020 年减少 20%的温室气体排放，增加 20%的能源效率，提升可再生能源资源在欧盟混合能源 20%的比例）。

排量交易体系：创造温室气体排放交易平台，一个"限额交易系统"使用了 3 亿津贴（1 津贴等于 1 吨温室气体）。这项准则是在欧盟与清洁发展机制相互联系的水平上创造的碳交易市场。

可再生能源资源：支持成员国实现可再生能源资源占比提升 20%的目标并鼓励在这一领域的未来投资和实验。

碳捕获与储存：为了储存工业污染物质（如发电厂、重工业设备）排放的温室气体，为创造地下填埋物制定立法基础。罗马尼亚有一个依赖于煤炭和非精制石油产品的重要工业部门。

这些立法方案必须代表罗马尼亚实现以缓解气候变化为目标的战略核心要素。

全球气候变化政策最后的重要步骤是 2009 年 12 月召开的哥本哈根会议，这

---

① http://ec.europa.wu/environment/climat/climate_action.htm.

次会议被期望在减少温室气体排放至少 20% 的共同约束目标上达成全球性的共识。不幸的是,没有具体的共识与这一目标相符合。然而,存在一个普遍的共识是需要帮助发展中国家,到 2020 年,1000 亿美元将被分配以支持应对气候变化所造成的严重影响及调整新形势的行动。这些资金将会在前 3 年里第一次实行 300 亿美元的分配。

作为里斯本经济增长和就业战略的成功典范,欧盟新战略"欧盟 2020"[①] 已经成为"欧洲资源效率"重大行动之一。这在支持 20-20-20 目标上是一个充满雄心的计划。如果存在政治上的一致,那么该目标能够实现超过温室气体减排目标的 20% 并将其增加到 30%。EC 通信的政治动机能够促进国家气候政策迈入"后哥本哈根时代"。该行动通过充分的国家行动计划来强化应对全球气候的变化的行动。[②] 在对下一届委员会的政治指导方针里,Barroso 主席把气候变化放在了项目的中心地位以开创温室气体排放交易的单一市场,依靠强有力的研发部门和明智的创新政策,以实现强大且高竞争的低碳经济和以知识为基础的经济。所有这些政策之间具有很强的依赖性,它们在开发一项有效的数字设备(未来单一数字市场的数字议程)方面具有几乎相同的标准,这项设备将会最大化地提升欧洲电信标准市场和温室气体排放监管系统的效率。

就数字设备而言,罗马尼亚一直落后于欧盟其他成员国,仅有 33.4%[③] 的人口接入了互联网。为了实施意义深远的数字化项目,罗马尼亚不得不充分利用用于欧盟成员国内部的 10 亿欧元以到 2013 年实现 100% 的网络连接。

在欧盟水平和全球水平上,经济和金融危机没有降低增长的竞争性的节奏,也没有确保其全球绿色、低碳市场的霸权地位。美国和中国正在向这些具体的工业部门进行大规模的投资。未来碳交易市场的财政价值被评估为 14000 亿欧元。[④]这一巨大的资本额应当为欧盟未来绿色经济提供基础。欧洲经济审查计划为支持风电场、碳捕获和储存设备的投资投入了 40 亿欧元。玛格丽特基金,[⑤] 在欧洲投资银行的支持下由一个欧盟国家财团融资,投入了 15 亿欧元以支持气候变化项目。到目前为止,罗马尼亚没有将这些资金用于任何项目,可能错失了一个重要的机会。

如果在有意义的行动上缺乏全球一致性,那么应对气候变化的努力将会是徒

① http://ec.europa.eu/eu2020/index_en.htm.

② http://ec.europa.wu/environment/climat/pdf/com_2010_86.pdf.

③ http://www.internetworldstats.com/stats.html.

④ http://www.bloomberg.com/apps/news? pid=20601130&sid=aEMSUQUFvK6Q.

⑤ http://www.eib.rog/about/press/2009/2009-242-europes-leading-public-financial-institutions-launch-marguerite-the-2010-european-fund-for-energy-climate-change-and-infrastructure.html.

劳的。根据第四个 IPCC 情景，2020 年后，气候变化的影响将不可逆转。一些科学家认为即使温度有很少的提升也会对地球产生严重的影响：冰盖在快速融化，火山活动也在增多。过去深深埋在冰盖之下的火山群现在正蓄势待发，冰岛的情况也是如此。最重要的是，一种风险仍然存在着，即从永冻层融化中释放高浓度的甲烷[①]（超过 300 万亿吨的 CH_4）。

（b）罗马尼亚气候变化行动方案。

2008 年 12 月 26 日于华沙，对欧洲事务负责的匈牙利、罗马尼亚、保加利亚、波兰斯洛伐克的部长们采取了一项联合声明，这项联合声明表达了人们担心《京都议定书》的延期处理会使这些国家的经济增长陷入危机并做出更多的牺牲。华沙声明叙述道："温室气体减排计划与增加可再生能源来源份额应当以一种成本效益的方式并最小程度地降低欧盟成员国的经济负担，特别是这些仍然处于经济和社会融合过程的国家。不够富足这一特殊情况应当考虑在内。减排最终分配方案的努力（包括一些处于排量交易体系之内或之外的努力）同样也应当反映一些国家所制定的共同目标的贡献，这些国家是在《京都议定书》第一个承诺期下实现与它们初始水平相比显著减排的国家。"

外交语言隐藏着在追赶上更加富有、更加发达的西方国家之前对支付高价格的失望。这两个群体在心态上的差别是很明显的。然而，罗马尼亚的决策者声称在洽谈期间，与波兰、匈牙利的更为僵化的立场相比，罗马尼亚将会持一个灵活的态度。

通过支持处于不灵活地位的群体，罗马尼亚把自己置身于仅仅最小程度地履行后《京都议定书》承诺的欧洲国家之中。根据议定书的条例，罗马尼亚能够有效地把自己多余的温室气体许可证出售给发达国家，以买进先进的技术作为交换。起初，罗马尼亚政府不想出售自己多余的温室气体，他们认为罗马尼亚可能需要为以后储备温室气体。同时，与欧洲平均水平相比，罗马尼亚吸引了更多的绿色领域的投资。后来，官员们改变了他们的看法并努力出售多余的温室气体许可证。因此，更大程度的减排的承诺似乎是有问题的。一个原因是罗马尼亚脆弱的环境活动无法给政府施加更大的压力，也没有实施任何的分配数量单位交易。它现在减少了 43% 的排量，而《京都议定书》所设定的排量要比这高，因此它们正在想办法出售多达 2 亿的分配数量单位。考虑到华沙声明的签约国不可能改变所参考的年份，罗马尼亚不得不执行 B 计划，并协商从欧洲委员会和其他成员国那里获得潜在的补偿。

罗马尼亚正在寻找 2010 年内销售的分配数量单位，计划到 2012 年达到 12

[①] http://www.sciencedaily.com/releases/2007/08/070808213844.html.

亿~15 亿欧元，到 2015 年增加到 20 亿欧元。① 分配数量单位的销售在过去两年里已经被计划出来，但是因缺乏合适的法律体制而没有实施（罗马尼亚的目标是在 2010 年前半年实施）。罗马尼亚从销售分配数量单位中获得的钱将被用于"绿色风险方案"，包括火力发电厂的复原和重建等其他项目。

随着时间的流逝，欧盟对后"京都议定书政策"的一致性没有对罗马尼亚产生良好的作用。在 2000 年改变几年排量的决定意味着：

● 自 2000 年来呈现出最低程度的能源消费及隐含的排量，罗马尼亚可能会丢失出售温室气体许可证的可能性。

● 罗马尼亚将被迫在经济快速增长的时期减少比正常的后《京都议定书》承诺更多的排量。

对于参考年，所有的西方欧盟成员国或多或少地处于相似的情况下，因为它们都经历了经济的转型。一个合作的平台早已建成。

在哥本哈根，罗马尼亚支持减少 40%的温室气体。② 罗马尼亚政府反对会把欧盟工业处于危险地位的单一措施，是讨论欧共体设定的二氧化碳配额的六个成员国之一。

1989 年以来，罗马尼亚 CO_2 排量就有了一个下降的趋势，最近研究表明：③ 现在所达到的水平是 50%，低于《京都议定书》所规定的水平。罗马尼亚工业拥有确保额外收入的机会，这些额外收入是通过使用欧共体的排量交易体系所使用的证书获得的，在罗马尼亚，这一证书将会基于国家行动计划分配。通过支持可再生能源资源和创新领域，这些收入将被用于加强罗马尼亚的能源安全。

和比利时一样，罗马尼亚必须为三种不同的情景④ 做准备：

——为了补偿多余的温室气体排放成本，实际的收入被直接分配到国家预算之中。

——该收入被分摊在能源基础设施中。

——该收入被使用以补偿社会安全的保护税，与比利时一样，这一情景最有可能被采用，因为能源价格会对低收入社会群体产生巨大的影响。

——为了适应气候变化，罗马尼亚战略识别出四个安全风险区域⑤。

---

① http://english.hotnews.ro/stiri-top_news-7177857-romanian-government-approves-the-sale-co2-emission-certificates-romania-could-get-around-2-billion-euros.html.

② http://www.greenpeace.fr/presse/climat/passage-de-I-UE-a-30.pdf.

③ 罗马尼亚能源部，http://www.mmedium.ro/departament_mediu/schimbari_climatice/1_Decumentatie/SNSC_ro.pdf, accessed on 5 June 2009.

④ Méouffe, Cline, "Paquet Energy-climat: Quells Impacts Pour La Belgique?", Conseil Central De l'Économie in Lettre Mensuelle Socio-économique, NO.140, Septemer2008, p.14.

⑤ 罗马尼亚能源部，http://www.mmediu.ro/departament_mediu/schimbari_climatice/GASC.doc, accessed on 5June 2010.

——在过去 10 年里，严重的干旱和洪水影响着农业部门。

——集中的砍伐树木、干旱和农业产量反映出林业部门将会在 2040 年以后受到严重影响。国家气象部发布的一项研究显示，与 1961~1990 年相比，在 2001~2030 年，在一般的商业情景① 中，罗马尼亚的温度很有可能升高 1.5℃。

高气温会导致水储备量的减少。不期而遇的洪水将会使自然形成的和人工建造的大坝处于破坏的高度危险中。这同样对占混合能源 17%② 的水电系统产生影响。低水电产量所引发的能源赤字将会使得罗马尼亚有必要向传统的能源资源求助，这也会产生更多的 CO_2。

最重要的安全风险将会危及面临风暴极其脆弱的居民区，这些风暴可能会损害电网并影响多种不同类型的发电厂。

在罗马尼亚，能源部门在抵御气候变化中发挥着重要的作用。当气候变化和能源 "一揽子" 计划实施时，传统的发电厂将不再获得 CO_2 排量的免费配额并为每吨 CO_2 支付 21 欧元。③ 这一价格有望升高到每单位证书（1 吨 CO_2 排量）为 40 欧元。因此，在这些发电厂产生的能源价格将会持续升高，并接近可再生能源的价格水平。能源部门专家设想，电力产量的 40% 将会来源于燃煤发电厂并以 12 亿欧元的成本（比每一单位证书的成本要高）生产出来，④ 这可能导致价格的不稳定。因此，罗马尼亚必须把负面影响纳入终端消费者要素之中并设计出战略，进一步减少 CO_2 的排量。欧盟和国家政府出于这一目的在 2007~2013 年筹备了 4.33 亿欧元。⑤ 考虑到每年每台碳捕获和存储设备能够储存 1mt 的 CO_2，通过碳捕获和存储设备技术，这一方案能够为欧盟筹备大量的资金。

（c）结论。

气候变化政策已经进入全球政策的日程之中。在实验和创新技术上的投资正在增加以支持这些行动。欧盟已经利用这一动机发展低碳的、以知识为基础的经济，因此这能够保持欧盟的产品具有全球竞争力，对欧洲实验中心的支持变得尤为重要。

罗马尼亚必须成为驱动力的一部分。这就是为什么要给能源部门的行动配备特别的实验、技术和创新项目的原因，其目的是为了在世界范围内增加罗马尼亚

① 2001~2030 年罗马尼亚气候变化情景，罗马尼亚能源部，http：//www.mmediu.ro/departament_mediu/schimbari_climatice/1_Doumentatie/SNSC_ro.pdf；Accessed on 5 June 2009。

② 罗马尼亚能源部，http：//www.mmediu.ro/departament_mediu/schimbari_climatice/1_Doumentatie/GASC.doc，Accessed on 5 June 2009。

③④ 首都报，http：//www.capital.ro/articlo/planul-20-20-20-condamn-x103-rom-nia-la-energie-scump-x103-107514.html，accessed on 6 June 2010。

⑤ 首都报，http：//www.capital.ro/articol/pachetul-schimbarilor-climatce-starneste-furtunal-la-bruxelles-113374html，accessed on6 June 2010。

防止、缓解气候变化的努力。

18.5.3　罗马尼亚 2013—2020—2030 国家持续发展战略

可持续发展和系统弹性已经成为现代发展的核心概念，它们必然和能源安全相关。现代可持续发展概念的来源可追溯到约 40 年前最早的罗马俱乐部关于经济增长限制的报告（1972）。接下来联合国机构中的一系列国家会议进一步提炼了该概念并最终产生了一个全球都认可的对发展路线的定义，即 "既满足当代人的需求，又不损害后代人满足其需求的能力"，G. H. Brundtland 在世界环境与发展委员会上所做的报告里指出了这一定义（1987）。这一新概念结构建议在政策设计和行政决策中采取一体化的方法，试图修复与保护合理且具有持久力的在经济发展需要和社会能够理解、接受和支持的方式对自然环境整合之间的平衡。作为可持续发展必要补充的系统弹性这一观点是近几年才产生的。它的出现是对行为的数学建模和复杂系统的相互作用的结果。新概念框架以运营为目标并以一种有意义的方式第一次应用在能源安全上绝非巧合。

在罗马尼亚的特殊案例中，与和支持自然资本能力相关的流行发展模型之间不协调的意识在 20 世纪 70 年代和 80 年代慢慢扎根。在立场坚定的共产主义政权背景下，这些担心被限制在相当有限的学术界和知识界，对政治决策者的指导也很有限。

在 1989 年末的变革性系统改革之后，在新型可获得的信息自由和公共讨论的影响下，经济发展、环境担忧和社会责任之间的联系成为官方政府的政策焦点。在几个月之内，许多环境议程方面的非政府组织甚至是政治党派形成，并监督（在一些案例的模拟下）已经在西欧存在很长时间的措施。新型机构也被建立起来，如环境和可持续发展方面的专门部门和议会委员会。

在罗马尼亚成为欧盟可靠的成员国候选人之前，主要及次要的环境立法基本构成要素被颁发出来以与联合国的建议相符合。罗马尼亚是第一个在《联合国气候变化框架公约》下批准《京都议定书》的欧洲国家。[①] 在罗马尼亚转向多元民主政治和多功能市场经济的前几年里，罗马尼亚首先建立了相互联系的能源政策并形成了国家对环境的关心并把它作为一项正式的政府学说。

至于罗马尼亚能源政策的路径正逐渐与可持续发展的原则和需求联系越来越密切。以下是两个不同的阶段：

（1）经历了一个持久的且痛苦的转型期之后，在 19 世纪 90 年代末以及 21

---

① 2001 年 2 月 2 日法律 3/2001。

世纪的前几年，罗马尼亚的战略行动起初集中在碳氢化合物供应来源的多样性上。自从它在国家水平上限制个人行动后，实施这一方法存在着诸多很好的原因，事后看来，这种方法不是太成功。值得记住的是，即使在共产主义时期以及硬通货时期，罗马尼亚在所有苏维埃制的经济联盟的成员国里是支付进口石油和天然气价格最高的国家。国家碳氢化合物资源的快速消耗促使了该问题的产出。所以，在转型的几年时间里，罗马尼亚花费了许多时间并努力确保其在东西战略能源通道和整个黑海地区拥有一个受欢迎的地位。政治行动和外交行动方针都充满着一种急迫感，即确保至少一些最重要的石油和天然气管道到达并通过罗马尼亚。能源设施关键要素的展现被作为一种提升罗马尼亚在北约和欧盟成员国身价的战略资产。因此政治是其基本原理，尽管供应安全相当重要，但是它也只是作为次要的考虑因素。

（2）第二阶段开始于罗马尼亚加入北约（2004）和欧盟（2007）时实际所做的准备工作。引入国家战略与执行措施的目的是为了充分实现与原则、目标及这两个组织的制度程序保持一致，政治政策也会随之调整。为了符合加入欧盟条约（签署于 2005 年 3 月 25 日，生效于 2007 年 1 月 1 日）的承诺，罗马尼亚准备并批准了连同国家改革项目和收敛项目一起的国家发展计划和国家战略参考项目 2007~2013，附带的还有专门业务领域的一系列项目。在这一阶段，罗马尼亚同样也拥有北约、欧盟能源安全的战略设计和政策方向。为了促进罗马尼亚具体利益的实现，积极参与塑造共同评估和共同能源政策已经成为政府措施的基本方向。

为了符合欧盟成员的要求，罗马尼亚政府于 2008 年 12 月 8 日准备并批准了罗马尼亚 2013—2020—2030 ① 国家可持续发展战略。战略在合理、现实的时间框架下设置了能够产生高附加值的新型发展模式，这种模式由知识和创新激发而成，其目标在于持续改善生活质量和人类与自然环境之间和谐的关系。战略目标展望了三个阶段：2013 年——在所有国家项目和公共政策中融入可持续发展的原则与实践活动；2020 年——达到欧盟成员国现在的平均水平；2030 年——就可持续发展指标而言，和该年的欧盟评价业绩相匹配。

我们必须澄清的是，目前的危机及其影响可能会在短期和长期内引起对优先权和民间目标的调整，但是它不会对长期目标做出根本的改变——为了实施新型发展模式。有些顽固的是，危机揭示的一个明显的事实即过时的、废弃的、不经济的生产和消费模式不再是可持续的，因此要对此做出变革。

与更新欧盟可持续发展战略的逻辑相同，罗马尼亚国家战略于 2006 年 6 月 9 日被欧洲委员会批准通过。

---

① 2008 年 11 月 12 日 "第 1460 号政府决议"，Monitorul official［政府公报］编号 824/2008 年 12 月 8 日。

该文件描述了罗马尼亚能源部门的状态依赖于 2007 年可供使用的数据。在经历了向多功能市场经济转型的痛苦的 10 年之后，这 10 年由困难的历史遗产混合而成，在 2001 年到 2007 年，罗马尼亚宏观经济业绩得到巨大的改善，平均每年 GDP 增长率超过 6%，是该地区最高的国家之一，2007 年的 GDP 总额达 1213 亿欧元，是 2000 年的 3 倍，但罗马尼亚购买力平均水平仍只是欧盟水平的 41%。经济结构的调整以及更高的资源使用效率促进了每 1000 欧元 GDP 中初级能源强度和电力强度大幅度的建设，但是仍然比欧盟平均水平高 2 倍。据估计，国家能源节约的潜力主要是通过在系统中提高效率及减少损耗而实现的，能源节约总额是主要资源使用的 30%~35%（制造业节约 20%~25%，建筑业节约 40%~50%，运输业节约 35%~49%）。

2007 年对进口主要资源的依赖性有所降低，天然气约为 39%，原油约为 60%，这是由于国家资源的提前消耗。这日益影响着国际收支。尽管国内的煤炭产量仍然相对充足，但是煤炭质量很差且在成本上不具有竞争性。国内核储量也趋于枯竭。

大多数正在运行的化石燃料发电厂和水电站都超过了它们的设计使用年限，它们所使用的技术仍然是 20 世纪 70 年代使用的技术。同样的，应用在高压电传输线（50%）、变电站（60%）和主要气体管道（69%）的技术早以过时。

所有商业活动的能源消耗量是能源消耗总量的 68.6%（制造业占 17.5%），而居民使用占 31.4%，欧盟平均水平为 41%。区域供热网络相对充分地得到开发，主要覆盖了城市居民用户的 29%。然而，大多数大型热电联产机组和分配网络使用了严重过时的技术并在燃料消耗方面具有很高的损耗（在 35%~77%）。

国际可持续发展战略 2008 制定了在现在的欧盟财政规划运动下 2013 年的具体目标：

● 通过立法和行政措施、自发协定、拓展的节能服务、特殊的金融工具和合作计划减少最终能源消耗总量的 13.5% 来提高能源效率；

● 更新热电联产系统，恢复至少 25% 的多层住宅开发和办公大楼的供暖；

● 为了以能够承受的成本提供能源服务，降低能源的贫困度，修改补贴系统并为最脆弱的客户提供支付，开始在农村引进现代、经济有效的供热系统；

● 为启用使用清洁能源技术的新型电力生产和热电联产设施的投资寻找选择性支持，这种技术能够大量减少温室气体和其他污染气体并改善国家能源系统的运营安全；

● 增加可再生能源电力生产总量的 11.2%；

● 完成绿色证书规划和欧盟范围的排放交易系统的实施。

下面是 2020 年的额外目标设想：

● 与欧盟 20% 的总体目标相比，将可再生能源（风能、太阳能、生物能、地热能和沼气等）占最终能源消耗总量的比例增加到24%；

● 进一步提高能源效率，从而减少20%的主要能源消耗、18%的最终能源消耗总量；

● 把主要、最终能源强度水平减少到接近2006年时欧盟平均水平；

● 修复35%的多层住宅、行政和商业楼；

● 为了满足预计上升的需求，包括切尔纳沃达核电站的两个新的核反应堆及几个核电站，授权新型发电机组并把它们和国家电网联系在一起；

● 为了实现欧盟能源网络的充分一体化，更新国家电力网络和管道系统，开发周边国家的新型互联系统。

出于谨慎、专业的现实主义的考虑，没有对2030年设置详尽的目标。罗马尼亚将会继续坚持国际和欧盟达成共识的指导方针，在能源安全和气候变化问题上构建并执行共同的目标。

2011年6月，欧洲委员会完成并提交了罗马尼亚国家可持续发展战略的更新版本。鉴于现在金融和经济危机的影响引进了一些必要的更正；认真考虑了在能源相关技术最近突破的现实潜力；对能源市场的新实际情况进行了调整并在欧盟和世界范围内缓解气候变化的需求，它将不得不把2008年战略的准备和提前实施所带来的教训考虑进来。

欧盟战略文件欧洲2020提供了这一努力的概念框架，欧洲2020为成员国和其作为社区整体设置精确的、强制性的目标。该文件的标题建议在后危机时期欧盟要追求新型的质量增长：依靠知识和创新应当是明智的；促进资源的使用效率、提高生态性能、改善竞争力应当是可持续的；促进欧盟国家的就业、增强社会和地域团结应当是包罗广泛的。

非常值得注意的是，描述新欧盟战略的五个主题目标和七个主要倡议中分别有三个和五个能够直接影响能源安全和相关的政策。

18.6　关键基础设施保护——能源安全

18.6.1　关键基础设施概念

对于任何国家的经济繁荣、国家安全和生活质量而言，基础设施都是必需的。正常运转的基础设施因而是现代社会保障其现在与未来发展的工具。

依据它们所处的位置、角色和对稳定运行的经济和社会结构的重要性，以及对社会安全系统的重要性，基础设施被划分为 3 大类：

● 普通基础设施；

● 特殊基础设施；

● 关键基础设施。

普通基础设施代表开发与运行系统的框架。除了那些可以证明自己的存在是合理的以及系统和程序框架中存在的基础设施，这些基础设施不显示特殊的性质。

例如，一个国家总会有道路、铁路、城镇、学校、图书馆等，随着时间的流逝，依据它们可能扮演的新角色、它们推动事物变化的重要性及其他标准，这些基础设施可能会成为特殊的甚至是关键基础设施。例如，在确定环境下，拥有飞机场、强大的通信中心、核电站、铁路站点的城市能够成为特殊基础设施甚至是关键基础设施的一部分。

特殊基础设施在系统和程序的运行中扮演着特别的角色，以确保它们能够提高效率、质量、舒服度和性能。一般而言，特殊基础设施就是具有性能的基础设施。其中这些，特别是经历拓展或转型（现代化）的特殊基础设施在稳定与安全的系统扮演着重要的角色，它们同样也是关键基础设施。

关键基础设施一般是系统和程序的稳定、安全和保障都依赖的设施。它们是特殊基础设施的一部分。然而，所有基础设施的类型都不是一定的，它们是关键设施，或者在能够成为关键设施的同时，也属于特殊设施。

在不同情况下，其他元素同样也能干扰一些普通设施——例如国家道路、灌溉系统等，它们也会成为关键基础设施。这就引出了一个结论，即在结构的识别和评估中存在灵活的标准。

2006 年欧洲关键基础设施项目建议采用以下定义："关键基础设施构成了这些物理与信息技术设备、网络、服务和资产，如果它们被中断或摧毁的话，那么它们将会对健康、安全、保障或居民的经济福利或成员国政府的有效运行产生严重的影响。"

基础设施被认为很关键出于以下几个原因：

● 在系统或程序的基础设施框架内的特点；

● 作为一种物质或对系统的运行和程序的演变过程——经济、社会、政治、信息、军事等的实际支持都是很重要的；

● 它们在稳定、可靠性、安全和功能性，特别是安全系统中发挥着重要的、不可替代的角色；

● 增加了直接威胁的脆弱性，并且这些基础设施是威胁目标系统的一部分；

● 条件变化，尤其是突然变化时特别的敏感性。

能够被定义成作为产业能力、服务和设备的关键设施同样也显示了关键基础设施的重要性，一旦它们的正常运行被中断，就会影响到人类的生活，而且也会损害或摧毁人的生命。对生命和人民生活方式的保护预示着要保留这些继续运行的服务和设备。

对于系统和程序的管理者们，以及把系统和程序作为袭击、破坏或摧毁为目标的人来说，识别、优化和保护关键基础设施是一项不可争辩的关注。

关键基础设施没有也不会成为问题的关键，这不仅是因为袭击，还因为其他原因，如人类和技术原因，其中一些是很难被识别和分析的。特别是 2001 年 9 月 11 日恐怖分子对美国世界贸易中心和五角大楼袭击之后，基础设施被认为能够成为关键设施，原因是恐怖分子的袭击或其他威胁，特别是不对称性。

尽管包括的范围是相同的，但是用于分析的标准是多变的，如在一些文章中提到的一样，分析的主要标准如下：

● 物理标准，就其在其他基础设施中的定位（大小、传播、耐性、可靠性，等等）而言；

● 功能标准，就基础设施的角色（它真正能做什么）而言；

● 安全标准，在系统的整体安全和保障中扮演的角色而言；

● 灵活标准，在定义的基础设施中把反映动力和灵活性作为标准；在确定的环境下，一些普通基础设施成为关键设施，反之亦然；

● 不可预测的标准，考虑到一些普通基础设施能够瞬间成为关键基础设施；

● 关键基础设施至少有三个关键阶段。

内部成分，通过增加（不是直接的也不是诱发的）脆弱性而定义为在系统的运行和安全中扮演重要的角色；外部成分，涉及与系统相关的外部稳定性和运行；过渡成分，通过许多相邻基础设施定义，这些设施不属于系统的一部分，但是对稳定性、运用和安全有影响。

18.6.2　关键基础设施的地缘政治

除了典型的民事保护概念、居民的"人体保护"形式和抵御重大威胁的保护外，新型脆弱性已经在现代日益全球化的社会里得到演变。

恐怖分子对航空、铁路、地铁和陆上运输工具或对关键信息系统的袭击已经对政府层面上的讨论、政治和军事决策以及 2001 年 9 月 11 日之后的文件和决策问题产生了影响。

可以从以下三个角度来实现对关键基础设施的保护：

(a) 许多现在运行的关键基础设施系统是东西方"冷战"的结果（特别是共

产主义体系中遗留下来的)。

（b）两种新型脆弱性的前景，保持关键基础设施运行的急迫性和现代化需要相当数量的金融支持。直到泰米尔猛虎组织袭击卫星，关键基础设施在空间范围内都没有遭受重大事件。

通过对波罗的海的小国家爱沙尼亚进行的 3 个星期的大规模网络袭击的影响，才知道对国家的袭击事件如此具有杀伤性，这引起了欧盟和北约联盟的警惕；这两种结构都需要检查进攻方、造成的影响和进一步需要的措施。

自 2008 年以来，海底光纤电缆已经遭受了好多次的中断，因此影响了大陆之间的互联网信息传递，所造成的损害至今无法确定。对这些电缆的袭击强调了使用海底电缆系统的巨大互联网流量，它所拥有的流量是卫星系统的数倍。[①]

（c）朝着多极世界的演变，涉及的能源安全和信息能源问题将会产生目前难以评估的影响。美国和俄罗斯因此都采取了适当的措施，但是"游戏"越来越复杂，原因是来自亚洲地区新参与者的地位很重要且它们拥有经验。

与风险和脆弱性的新维度一样，我们能够谈论主要在能源安全领域的关键基础设施的地缘政治，但是在接下来的几年里，从水供应到食品供应安全的关键基础设施增加了新的领域。在给定的环境下，对特定系统的复杂评价，或者是系统中的系统以及具体措施中将会出现新发展。

第一，需要开发对正在发生或者已经发生的事件的预测和分析能力，如自然危害、人类活动造成的灾难、技术事件、外部刑事方面的干扰、"内鬼"，或者在主要事件的早期阶段里很难识别或决定的可能性恐怖分子袭击。

第二，日益复杂的系统和现有不同类型的基础设施之间的独立性需要专门的跨学科培训，包括国际经验和来自先前重大事件"经验教训"的具体方面。

在这一背景下，对于现有经营场所里平稳运行的关键基础设施，以及与国家、跨国网络相联系的设施来说，公共和私营企业的管理高层必须为人们提供更多的时间和资源（财政、人和物料）。

同时，需要具体的"安全文化"行动以为员工和一般公共部门特别是机构运营所在的当地社区确保正确、完整和及时的信息流。

第三，考虑到安全环境的动力学，有必要注意对日期的新型威胁和关键基础设施各自的弱点。新的弱点因此能够呈现在任何关键基础设施上，而不仅仅是呈现在连接地方网络、国家网络及国家网络的"节点"上。

第四，以目标优先级为基础，当局应当建立需要保护措施的关键基础设施的

---

① Prof. Dr. Adrian Gheorghe, Dr.Liviu Muresan, "Critical Infrastrutures Protection, Resiliency and Maritime Security-MIPS", Organized by the 5th US Fleet, Bahrain, 2008.

清单。因为客观原因、预算有限、缺乏符合资格的人员、缺乏具体保护技术以及在复杂环境下缺乏寻找方案的时间，当局不能采取广泛的措施来保护同一水平上的关键基础设施。

一种存在于普通基础设施和特殊基础设施之间的选择能够被采用，这开始于国家层面报道"历史事件"、国际经验、具体的分类信息以及从具体服务中所得出的修改，等等。

第五，在具体案例中采取保护措施的决议不仅是出于技术考虑而且出于政治、社会、经济和文化影响如业务连续性、生活质量及其他因素的考虑。一些关键基础设施的平稳运行或故障都会直接影响到生活质量、现代社会的运转（电和水的供应、供暖、运输、医疗、废物处置等）、对民众产生直接影响，且要承担很高的政治成本。因此，如果这样的情况发生，特别是那些"管理选举潜力"的情况，政治决策制定者将会谨慎地对所做出的反应进行管理。

第六，当出现高度专业化的关键基础设施如信息系统部门或防止对能源安全进行网络威胁的部门，当权者与公共、私营部门的领导人必须雇用员工并及时地提供所有资源。对于在竞争环境下所有部门的劳动力流动问题，培训和留住完全符合资格的信息专家是一种挑战。

在这一领域内，国家安全部门的机构、IT 行业、金融和银行机构、国家和跨国私营企业、国家组织和诸如犯罪和恐怖分子集团组织的非国家参与者对专家非常有兴趣。随着上百或上千公里距离的迁移，海外企业的 IT 服务的外包能够提供高收入的工作。

第七，中央和地方当局必须意识到需要对国家基础设施继续评估，特别是关键基础设施并对保护制定具体的标准和清晰的责任。为了把它们的活动整合到综合民事保护概念里，为了使培训人员具有具体的责任，为了把所有的要素整合成一个具有凝聚力、灵活的系统，需要对当权者和关键机构设置相应责任进行合理立法。

第八，考虑到私营企业在这一领域中占据多数的比例，公私合作伙伴在关键基础设施中是命令式的。

立法必须为相互之间的权利和责任提供承认书和规章制度。当权者和私有企业之间需要就基础设施问题方面进行一次持续性的谈话。在正常的环境下，应当开始对话，一旦遇到意外事件或关键环境，应使合作能够正常运行。

在这一方面，当权者必须区分功能性合作伙伴的动机，同时当使用具体基础设施受到阻碍时能够申请制裁。

一个特殊的案例是外国公司或机构在本国领土内运营，且这些公司或机构不是独立的公司也不是跨国公司。

第九，提供位置、物理状态、关键基础设施的法律方面的信息，其责任归结于国家和地方当局。尽管关键基础设施保护必须限制信息流通，但是根据国家立法，必须设计并管理国家数据库，同时作为欧盟和北约成员国的罗马尼亚也依靠这些规章制度和义务。

在欧盟扩张、能源供应面临的新挑战、变化的可再生能源气候政策和新投资项目的通知之后，欧盟现有的法律并不能反映能源领域的新环境。欧洲议会允许委员会每四年需要成员国收集和公布能源基础设施投资项目的数据，这涉及产量、储存、石油、气体、煤炭、可再生能源和电的运输，同时也涉及区域供暖与冷却的重大项目、二氧化碳捕获、运输与存储、国土领域结构下的规划，包括与第三国的连接。

能源公司将有义务为它们的成员国提供数据：容量、位置、时刻表、为供应而使用的技术、碳捕获系统的翻新机制、延迟的评论和实施中遇到的障碍。[①]

第十，关键基础设施及对其保护的需要是关键的问题，必须包括国家战略、能源安全、信息安全、食品供应安全、健康安全、运输安全等。

关键基础设施的连贯性国家战略，整合到以上所提到的战略网络之中，是决定国家顺应能力的决定因素。

当下国际安全的演变已经展示了一个相当不稳定性的时期，接下来可能是"不稳定中求稳定"的时期。

在这一背景下，我们考虑几个问题，如关键基础设施，对它们的保护和恢复能够有助于安全和稳定。如果我们把关键基础设施和一个铰接式砌块（用于河岸的稳定）相比较的话，几个铰接式砌块可以被当作是打破现有"不稳定浪潮"系统的一个子系统。

在这一背景下，下一代基础设施研究项目由荷兰的 Margot Weijnen 教授在2004 年推出，它联系了符合复杂的世界、使得基础设施更好地为未来做准备的技术、政策、发展方式和技术。伴随着政府干预的弱化、市场自由化、不断增加的世界人口、开放发展的经济、技术的提升、环境问题、金融危机和化石燃料的不断枯竭，世界基础设施的管理者、监督者和决策者处于不断的变化之中。

18.6.3 关键基础设施保护：欧洲和欧洲—大西洋视角

随着自然灾害的发生范围和频率在不断上升，恐怖事件波及前所未有的范

---

① Adina Ioana Velean（欧洲自由暨民主同盟，可再生能源），行业委员会——欧盟议会，"能源基础设施投资：更多数据以帮助提升计划"，这份报告 551 人支持，24 人反对，25 人弃权，2010 年 2 月。

围，关键基础设施应不断提高面对威胁和风险的保护能力。因此，世界范围内的政府已经展示出特别的关注以确保人口和国家主权的安全。

欧盟成员国在关键目标领域里一般把下列要素包含在内：电信、水和能源来源、分配网络、产品和食品分配、健康机构、运输系统、金融和银行系统、国防和公共秩序的机构（军队、宪兵和警察）。从这种意义上说，一种关键基础设施代表着一个好材料或一个复杂的目标，这对经济和社会的整体运行至关重要，且通常还和其他基础设施互相连接。

通过对这一主题的分析，以下两个原理被接受：

● 事实上，对关键基础设施进行100%的保护是不可能的；

● 不存在单一或普遍方案能解决这一问题。

在危机和战争时期，对手能够通过袭击关键基础设施和经济的基本功能，或腐蚀公众对政府或信息系统的自信以尽力威胁或干扰国家政治领导人的自由活动。

对任何国家信息网络的攻击都会带来严重的影响，如扰乱关键组件的运行，引起物质和知识产权甚至是人生命的丧失。

18.6.4　欧洲关键基础设施

前述提到的行动产生了一个事实，即在欧洲委员会开始一个程序以在关键基础设施保护领域内开发规范建议。欧洲议会展示了这些项目并为其进行融资。其中一些在2005年就已经开始，剩下的开始于2006年12月。

到现在，奥地利、法国、德国、英国、意大利、挪威、瑞典、瑞士和西班牙已经为它们所定义的关键基础设施保护建立了具体的组织、开发了相应的方法、分配了大量的资金。

欧洲理事会在其2004年6月的会议中要求欧洲委员会和高级代表为关键基础设施的巩固和保护开发一种全球战略。

特别是2001年9月11日在美国、2004年3月11在马德里以及2005年7月7日在伦敦发生的重大事件之后，袭击欧洲基础设施的相关风险在上升。这些袭击所产生的影响被认为是不确定性的。

据估计，网络袭击不会或很少会对人类造成直接的危害，但是它能够导致关键基础设施运行的中断。例如，对传输网络的网络袭击将会导致手机通话、数据传输、电视和无线电的中断。因为通过对人产生心理影响和对地方及国家的政府机构的重大破坏所产生的社会影响，如果造成的损害不能恢复，那么严重后果就像链条一样导致不可预测事件的蔓延。

然而在关键基础设施袭击方面还存在另一个视角。袭击电力能源或气体石油产品类化学装置或运输分配网络的指挥控制系统能够危及人的生命并产生重大的物资损失。甚至由于连接系统的相互依赖性，其影响将会成倍地增加并产生连锁反应。

对电力网络的袭击能够对工业设施的运行、计算机网络、银行部门、通信网络等产生重大的影响。哪里没有充足的电力能源资源，哪里就会对病人在手术中或在监测控制下所使用的关键医药设备产生严重的影响。在美国北部和欧洲这片广阔的土地上长期持续的断电再次指明，能源领域的关键基础设施是至关重要且脆弱的。

根据 2008 年 12 月 8 日欧洲理事会的欧洲理事会指令 2008/114 中所提到的关于对欧洲关键基础设施进行识别、选派以及提高关键基础设施保护需要的评估等的定义，关键基础设施代表着"一种资产、系统或部分位于成员国地区但对其重要社会功能的维护、健康、安全、安保、居民的经济或社会福利都是必需的。对关键基础设施的破坏及摧毁都会因成员国无法维持以上功能产生严重的影响"。

"欧洲关键基础设施"文件同样把成员国关键基础设施定义为对其的破坏或摧毁都会对至少两个成员国产生影响。对严重影响的评估应当运用跨领域的标准，这包括来自其他部门对其他基础设施的依赖带来的影响。

欧洲委员会认为三个必要的标准能用于潜在关键基础设施的识别：

程度或表面。对关键基础设施破坏程度的评估依赖于受其影响的地理区域；国际、国家、地区或区域或地区维度。

严重程度。影响范围或退化可以是零、最小、中度或严重的。对严重程度进行评估的主要标准为：经济影响；公众影响；环境影响；依赖性、政治影响。

影响时间。这一标准展示了基础设施退化能够产生重大事件或严重影响的时刻，而这些影响是即时的，在 24~48 小时、一周或更长的时间内。

每一个国家都有义务通过政府结构识别该领土内的关键基础设施。然而，欧洲国家并不是孤立的；它们不是孤立的而是在极严密且复杂的关系中运行。绝对独立概念已经消失了很长时间。欧洲对国际关系、每个国家领土的依赖性越来越强且对每件即将发生的事情都负有责任。

换句话说，在日益增加的相互依赖性及不断增加的威胁下，识别、评估、保护及保障关键基础设施的责任成为人类社会运行良好的重要方面。

这是关于关键基础设施安全管理的另一个结论。

这一责任的国际维度归结于以下事实：

● 大多数关键基础设施，或者那些可能成为关键基础设施的设施，超越了一个国家或地区地缘政治的范围；

● 一个国家的关键基础设施的脆弱性不断增加，这就以一种方式或其他方式决定着该地区或该网络内所有基础设施的脆弱性也在不断地上升；

● 网络的结构和原理强调了相互之间的依赖性，所有参与结构及它们的容量对不安和威胁的抵抗力正在不断地削弱。

明显的是，对所有关键基础设施进行完整和不间断的保护是不可能的。

在这一背景下，安全管理被欧盟委员会定义为一种"精心策划的程序，这种程序展望了对风险的评估并且通过执行行动将这些风险降低在确定的以及可接受的水平、成本之内"。这就需要：

识别与关键基础设施系统和程序弱点相关的风险，所面临的危险和威胁；

分析和评估风险；

控制动态的风险；

把风险控制在期望范围之内。

由于在最开始时所提到各方面的复杂性，欧洲委员会项目仅仅涉及在同样的框架下的跨国关键基础设施、欧盟成员国保护的本国关键基础设施的责任。

从这个意义上讲，许多指令和监督措施已经强加在发布突然事件的信息、建立与民事保护、行政机构和突发事件服务等相关的干预计划的工具和程序之中。例如，在民事和军事意外事件中就存在着行动和反应计划，如核、产业、化学、环境、石油相关的事件、自然灾害等事件。

相关的欧洲委员会通信涉及所有的分析数据、部门措施，构成了欧洲关键基础设施保护计划的基础并以寻求关键基础设施安全为目标。该计划的目标为：

根据建立欧洲关键基础设施保护计划的优先权，通过成员国的政府机构识别每一个国家的所有基础设施并把它们加入到中央库存中；

伴随着政府对相关信息的传播、减少对关键基础设施更具有持久力干扰事件发生的风险，企业和公司在各自的领域内展开合作；

关键基础设施安全问题的常见方法要归功于私营和公共参与者之间的合作。

在其他目标之间，欧洲计划的目标在于把每一个专攻成员国关键基础设施保护的机构重新合并为一个网络。这能够促进关键情形的早期预警网络的发展：关键基础设施预警信息网络——CIWIN。

欧洲关键基础设施保护计划有下列主要目标：

识别并指出欧洲关键基础设施以及需要保护和改善这些设施的措施。建议性指令为识别和标出欧洲关键基础设施设置程序，并为改善这些基础设施的保护提高可接受性的措施；

一些具体措施的提升能够有效地促进欧洲关键基础设施保护计划的实施，这些措施包括欧洲关键基础设施预警信息网络（CIWIN）保护法案，有用信息的永久交换系统以及识别并分析关键系统之间的相互依赖性；

成员国对国家关键基础设施的支持能够有选择地被其他国家利用；

为一些达成共识的措施提供财政支持，特别是欧盟计划所涉及的在 2007~2013 年期间的"防御、保护和消除恐怖行动影响及其他安全风险"提供财政支持，为有潜力成为转让和应用在欧盟国家的关键基础设施保护提供财政支持。

领域	产品或服务
Ⅰ. 能源	1. 石油和天然气的保护、提炼、处理和储存，包括管道 2. 电力资源产品 3. 能源、天然气和石油的运输 4. 能源、天然气和石油的分配 5. 信息网络系统
Ⅱ. 系统与通信技术	6. 命令、自动化和仪表系统 7. 移动与陆地电信服务 8. 导航和无线电信服务 9. 卫星通信服务 10. 广播服务 11. 饮用水供应
Ⅲ. 水供应	12. 水质量控制 13. 大坝建造与水质量控制
Ⅳ. 食品供应	14. 食品供应，食品安全、保障和保护
Ⅴ. 健康	15. 医疗支持和医院服务 16. 药品、血清、疫苗和医药产品 17. 生物实验室和生物机构
Ⅵ. 金融	18. 支付服务及相关的体系 19. 政府金融系统
Ⅶ. 国防、公共秩序、国家安全	20. 国防、公共秩序、国家安全 21. 一体化的边疆管理
Ⅷ. 行政机关	22. 政府 23. 军事力量 24. 行政机关与服务 25. 意外事件服务
Ⅸ. 运输	26. 公路运输 27. 铁路 28. 河流和海洋运输 29. 空运
Ⅹ. 化学物质、核能	30. 化学物质和核物质的产品、加工和储存 31. 危险的化学物质管理
Ⅺ. 空间	32. 航空运输 33. 外层空间（在 2007 年 9 月的 ESRIF 专题研讨会上由 EURISC 基金会的 Adrian Gheorghe 教授、Liviu Muresan 博士和 Dumitru Prunariu 博士、航天员提议建造）

欧洲关键基础设施保护计划把注意力集中在与它们相联系的 33 个关键领域和服务。

18.6.5　欧洲能源供应安全

2007 年 9 月 19 日在布鲁塞尔，欧洲能源政策迎来了一个新的时刻。欧洲委员会采取第三套立法建议以确保为供应商提供真正有效的选择机会以及为每一个欧盟市民提供累积收益的机会。委员会的建议把顾客选择、更公平的价格、更清洁的能源和供应安全列入了方法的核心地位。

立法体系的构成：

建立欧盟机构以实现国家能源监管者合作的规章制度；

电力方面的修改并完成现有电力指令 2003/54 的指令；

天然气方面的修改并完成现有气体指令 2003/55 指令；

电力方面的修改并完成现有电力规章制度 1228/03 的规章制度；

气体方面的修改并完成现有气体规章制度 1775/05 的规章制度。

以上所提到的"一揽子"计划通过刺激能源效率并确保即使是很小的公司，如投资可再生能源并进入能源市场的小型公司，都实现可持续发展。

讨论到欧洲基础设施的议程，Susanne Nies 认为要把未来两个重要因素考虑在内：液化天然气和新技术的开发。[①]

为了让内部市场对所有的消费者都起作用，无论消费者的数量是多还是少，为了帮助欧盟实现更加安全、更具有竞争力和更持续的能源，委员会建议采用诸多措施补充现有的条例。

传输网络中生产和供应的分离：网络的所有权及运行应当"分类定价"。这涉及电气运输供应与电力生产活动领域内的分离。该建议使得所有权分类成为委员会在这方面的首选——换句话说，一个单一的企业不再同时拥有自己的传输设备和能源产品或供应活动。此外，委员会建议另一种选择，即"独立系统运营商"，它使得现有垂直一体化的公司保留网络所有权成为可能，它假设该资产由单一的公司或人实际操作而独立于"独立系统运营商"。这些选项将为公司投资于新基础设施、互联能力、新型电力生产能力创造新的激励，因此可以避免阻碍和无保证的价格飙升。

为跨国能源贸易提供便利：由于决策权力受到约束，委员会决定为国家能源监管机构的合作建立机构以完善国家监管机构的工作。这一机构承担着确保合适跨国案例的任务，因此这能够促使欧盟开发一个真正的欧盟网络以作为一个单一

---

① Susanne Nies, "Gazet Petrolevers 1 –Perspectives Pourles Infrastrutrues", Les Etudes IFRI, Paris, 2008.

网络并促进能源多样化及供应安全。

更有效的国家监管机构：委员会建议采取能够加强并保证成员国国家监管机构相互独立的措施。

促进跨国合作与投资：委员会建议为输电系统运营商建立一种新型欧洲网络。欧盟电网运营商将合作并开发一致的商业化技术代码和安全标准，同时也将计划并协调欧盟国家所需的投资。这也将使得跨国贸易变得容易并为运营商创造一种公平竞争的环境。

更高的透明度：采用措施以提高网络运营和供应市场的透明度将会确保参与者具有平等的机会获得信息，使得价格更加透明，增加市场信任度并有助于避免市场操控。

增进团结：通过使国家市场的关系更加紧密，委员会预见了成员国帮助其他国家面对能源供应威胁的潜力在不断上升。

消费者也会受益于发行于 2008 年的能源消费者新法案。它包括解决能源贫瘠的措施，为消费者选择供应商和供应选项的信息，减少能源供应商更改时的繁文缛节以及保护市民面对不公平的销售活动时的行动。一场单独的信息运动将会使消费者了解他们的权利。

委员会为内部能源市场所提供的建议将成为里斯本战略与欧盟能源战略这一整体的一部分，并将在国家、政府首脑的定期峰会上做出进一步的讨论。

2008 年 12 月 23 日，欧盟在官方公报公示了新的"识别与标识欧盟关键基础设施的指令和改善其保护的评估需求"（委员会指令 2008/114/EC）。

为了有助于对公民的保护，这一指令建立了识别和标识欧洲关键基础设施的程序，以及与改善这些基础设施保护的评估需求相同的方法。

就能源部门运作特别是电力生产和运输（电力供应）的工具而言，可以理解的是，无论它放在哪里都被认为是恰当的，电力生产可能包括电力传输中的核电站部门，但是这将特别使相关的核立法，包括条约和社区法律在内的核元素排除在外。

18.6.6　罗马尼亚关键基础设施保护

从一些基本的观点来看，罗马尼亚基础设施几乎全部处于关键性能之中：

它们被用于联系大型工业设备，它们不具有灵活性且几乎不符合市场经济的需要；

罗马尼亚社会和经济处于转型的不同阶段，仍然需要使经济和社会同步化；

人类活动，森林的大量砍伐，土地利用率低以及缺乏连续有效的农业、生态和环境的安全政策导致了环境的退化，这又对关键基础设施产生了威胁；

罗马尼亚积极参加反恐联盟和其他维护和平、危机管理以及冲突预防的任务，这能够为人类生命或生活条件，以及重要的经济、社会和通信设施构成不同类型的威胁。

当然，潜在的危险和威胁更多。通过立法行动、国家安全战略所包括的其他行动、能源安全项目和其他重要文件，一些应对方案被提供出来，但不是所有的应对方案都可以被充分地监督、管理和控制。

18.6.7　概念的提升

罗马尼亚总统、议会（下议院的国防、安全和公共秩序委员会）、罗马尼亚情报服务（由自动化公司 RASIROM 和安全文化信息中心提供）在经济部框架内（通过能源政策总理事会的安全体系和国家电网公司 TRANSELECTRICA S.A.实施）在制度化的水平上采取了显著的措施。

在私人部门中，EURISC 基金会、罗马尼亚国家电网公司 TRANSELECTRICA S.A.、UTI 集团、RASIROM 公司以及最近的罗马尼亚安全技术协会在促进概念、组织一系列的圆桌会议、国家和国际会议或专题研讨会和其他组织一起开发实验项目中扮演着重要的角色。国家国防大学"Carol"，国家国防学院、经济研究院、布加勒斯特大学、国家情报学院、政策学院等都开设了关键基础设施问题这一学科。罗马尼亚科学家研究院（"Academia Oamenilor de Stiinta"）开设了部分关键基础设施科目。

EURISC 基金会在早先阶段组织了以关键基础设施保护为主题的几件大事，此时新的观念正在美国和欧盟兴起：

国防部、总参谋部和由 EURISC 基金会主办的"克林顿报告"涉及关键基础设施（1997）；

EURISC 基金会在罗马尼亚总统的赞助下组织了风险治理与关键基础设施的国际研讨会，来自美国和瑞士国家的专家及来自罗马尼亚国防部最高委员会的共200 名平民和军事方面专家参加了此次研讨会（2001）；

国家公司 TRANSELECTRICA S.A.和 USAID 组织了关键基础设施保护国际研讨会（2003）；

EURISC 基金会在罗马尼亚总统的赞助下组织了风险治理与关键基础设施的国际研讨会，来自美国和瑞士国家的专家及来自国防部最高委员会的共 150 名平民和军事专家参加了此次研讨会（2004）；

由下议院的国防、安全和公共秩序委员会，RASIROM 公司，国家公司

TRANSELECTRICA S.A.和罗马尼亚能源监管局联合组织,并由 EURISC 基金会、UTI 集团和罗马尼亚情报服务旗下的安全文化信息中心共同在布加勒斯特的宫殿议会上组织了一次国际关键基础设施研讨会(2005);

国家公司 TRANSELECTRICA S.A.和 EURISC 基金会、RASIROM 公司、UTI 集团与"网络运输供电"公司联合组织了国际 C.I.P.研讨会(Sibiu,2006);

国家公司 TRANSELECTRICA S.A.和 EURISC 基金会组织了经济贸易部关于关键基础设施的圆桌会议(2006);

EURISC 基金会组织了关键基础设施保护的圆桌会议,由罗马尼亚总统代表、国家公司 TRANSELECTRICA S.A.、RASIROM 公司、UTI 集团及其组织的代表参加(Bucharest,2007);

EURISC 基金会组织了由世界安全论坛赞助的关键基础设施保护国际研讨会,此次研讨会由罗马尼亚总统、政府、经济金融部、对外事务部、国家公司 TRANSELECTRICA S.A.、RASIROM 公司大使以及其他来自美国、挪威、希腊和罗马尼亚的能源安全关键基础设施保护与风险分析的专家和外交官参加。到会人员建议起草地区安全战略,组织管道经过国之间的联合以及推动能源良好治理的新观念(Bucharest,2007)。

伴随促进欧洲关键基础设施保护计划在罗马尼亚贯彻执行目标的实施,从 2007 年到 2010 年,EURISC 基金会和以上提到的合作者在罗马尼亚及国外组织了以城市安全和关键基础设施弹性为主题的五次研讨会、四次会议、六次专题研讨会、八次圆桌会议、两次北约与欧盟专家会议、四次公私合作伙伴国家论坛。

2009 年 11 月 13 日召开的能源与环境国际会议是促进关键基础设施保护观念重要的一步,此次会议由罗马尼亚科学家研究院和布加勒斯特理工大学、电气工程学院联合举办。它为学术界、各领域的专家和学生提供了一次展现他们在关键基础设施理论与实践方面的研究、意见和建议的机会。

同样值得注意的是,欧洲和欧洲—大西洋委员会已经把来自罗马尼亚经济部、国家电网公司 TRANSELECTRICA S.A.、内务与行政部、EURISC 基金会的专家囊括在自己的范围之内。

自 2009 年 7 月,EURISC 基金会和罗马尼亚总统下的国家安全部门、罗马尼亚内阁首相下的国家安全体系合作,以创造一个有效的团队来决定关键基础设施保护国家立法的改善。

大多数超过部门结构职责的干预措施由意外情景督查总办实施,它从属于内政管理部并与关键基础设施保护部级工作组处于平行位置(2007)。

经济与商业部的工作组为电能源安全战略开发的讨论和决策提供了一个普遍的框架。

　　能源安全咨询专家小组建立在罗马尼亚首相所采用的行动措施之上，它在能源部门内的关键基础设施保护问题方面展示出了有价值的远见，罗马尼亚能源战略 2007~2010 接受并吸纳了这种远见。

　　在科学技术框架计划（FP7）下，罗马尼亚研究单位积极参加欧洲项目也为接触欧盟其他成员国有经验的合作伙伴提供了一次很好的机会，同时也为促进安全相关领域的技能转移提供了一次很好的机会。

　　在罗马尼亚航天局的支持下，罗马尼亚教育与实验部为安全实验项目的融资组织了全国比赛，其中一些项目以能源安全和关键基础设施保护为主题。

　　在安全实验的框架下，罗马尼亚在过去几年里建立了几个公私合作伙伴关系以讨论与能源安全和关键基础设施保护（EURISC 基金会、国家电网公司 TRANSELECTRICA S.A.、RASIROM 公司、UTI 集团等）相关的诸多项目。

　　考虑到欧洲只有大规模且高水平的行动措施，对于 ROSTREC 项目而言，ESRIF 报告是获得具有价值的实验知识的重要来源。[①]

18.6.8　从军事领域的"战争游戏"到能源领域的"严肃游戏"

　　"战争游戏"可能和人类冲突一样古老。数千年来，由人操控战争游戏版本的军队使用的工具是地图、人和设备标志、模拟冲突、战术和战略。现在情况不同了，军队正在使用精密的设备和软件来操控 21 世纪的战略游戏。

　　在新安全环境下能源问题的复杂性，不仅在国家层面，而且在国际层面，都是时候从能源领域的古典地图、数据分析、报告等，向增加能源模拟和决策的新工具，隐含命题为"严肃游戏"的情况转变了。

　　从过去到未来可供选择的情境中得到的教训是，不可能存在同时在同一水平的国有和私有公司，不可能存在国家机构去管理管制、监管框架开发或监控能源参与者等，不可能存在国际组织、机构、协会或利益团体及时"挖掘"大量的数据、管理、建议和决策。

　　能源的"严肃游戏"目前正在帮助来自知之甚少的动态过程的挑战，通过接纳许多不同观点和特殊能力者，有助于应对来自知之甚少的利益相关者间相互作

　　① 欧洲安全实验与创新研讨会以欧盟和 27 个欧盟成员国的联合行动为基础，它于 2007 年 9 月召开。600 多名专家和来自 32 个国家包括来自行业、公共和私有终端用户、实验机构、大学、非政府机构以及欧盟机构的独立代表共 65 成员参加了该研讨会，对接下来 20 年的欧洲安全实验和创新议程进行讨论。作为 ESRIF 全体会议成员之一，EURISC 基金会主席 Liviu Muresan 博士积极参加该项目。更多信息见 www.esrif.eu。

用的挑战。随着时间的流逝，以国家为基点，游戏者很有可能在操作责任、分析实验等领域内做好准备［见 Brewer, G. 2007. 投资未来："情景、想象、掌握和控制"，可持续发展科学 2（2）159–177］。

在这一计划框架下，Adrian Gheorghe 教授为实际的能源安全开发了一项 ROSTREC 情景游戏方案，它于 2010 年 3 月 26 日在布鲁塞尔公布。[①]

18.6.9 未来工作的总结

18.6.9.1 欧盟层面上的行动

欧洲机构认为欧洲关键基础设施的合理运作对能源供应安全来说必不可少，但是从所有治理层面上看，对这些关键基础设施的保护却是不足的。因此，以新方法和技术以及与欧盟官方、运营商和用户更深层次的对话为基础，欧洲安全组织[②] 欧洲委员会采取以下行动：

（1）为保护和恢复能源基础设施开发一种包罗万象的欧洲政策，这种政策必须与欧盟安全（供应）政策联系在一起。

（2）为了建立一种有效且水平相同的跨国保护，并因此增加欧盟能源网络的适应能力，在欧盟能源基础设施保护和恢复计划下开发一种持续的适用于欧盟的方法。

（3）通过建立足够的激励措施并定义以可接受风险为基础的可靠模型，解决运营商的财政问题以及阻碍运营商为能源基础设施实施安全措施的操作障碍。

欧洲安全组织认为："现在的欧盟能源战略，与从某种程度上允许对所有能源目标进行协调且同步追求的不同部门能源活动相联系，它没有把保护基础设施和增加网络弹性包括在内。缺乏全球性的方法与治理造成了对现有资金的无效利用以及行动计划间缺乏联系。"

为了支持并培养欧盟全球性能源治理，开创一项能源安全计划，欧洲安全组织提出了一系列行动以供参考。这些建议提供给欧洲委员会并有可能服务于罗马尼亚未来能源安全战略中的食品问题。

欧盟短期的措施（2010~2012 年）：

● 为能源基础设施的保护和恢复开发一项欧盟政策；

● 为公私领域的对话（欧共体、保险与能源产业组织以及能源供应商）召

---

① "欧洲能源安全政策以现实的还是一个凤愿？"安全防务议程，欧盟盟友与 EURISC 基金会，2010年 3 月 26 日。

②《欧洲安全组织白皮书》，一直全球性的能源基础设施保护与恢复的欧洲方法，欧洲安全组织能源基础设施保护与恢复工作组，http://www.eoseu.com/。

开一次能源基础设施保护的全欧洲研讨会，讨论共同的背景、问题、可供选择的想法、良好的实践、现有的方法和技术等，以定义一项全球性欧盟能源政策；

● 为产品和服务创立最低要求以实现安全产业和所有相关的利益相关者之间的合作；

● 改善协调性，支持安全的研发项目、试点项目以及处理能源基础设施保护的实验；

● 为风险与威胁评估所使用的常用方法以及识别弱点开发一个框架；

● 采用一种管理安全风险以及最大效率改善恢复力度的责任模型；

● 扩大欧盟关键基础设施指令范围，并把国家关键基础设施包括在内；

● 为新的欧洲委员会、欧洲议会和成员国提供条件以证实在欧盟能源基础上保护和恢复计划的合理性，并且证实在 2014~2020 年欧盟金融视角所产生的金融支持是合理的。

欧盟中期的措施（2013~2016 年）：

● 对于 OSPs 的范围，通过开发、组织、分享运营良好的实践和程序精心设计出始终如一的执行战略及协调措施；

● 为鼓励安全措施的实施，对能源关键基础设施运作提供金融及操作激励；

● 支持能源关键基础设施指令的使用，包括必要的贯彻与监督机制以确保指令的遵守；

● 创建一个欧洲委员会赞助的实体组织、一个成为开发共同需求和良好实践的"欧洲能源安全操作委员会"，以实现持续性的管理和发展；

● 建立验证风险管理的方案和程序的试点项目；

● 建立欧盟能源基础设施保护和恢复项目。

欧盟长期的措施（2016~2020 年）：

● 利用早期建立的欧盟政策，以及通过欧盟 MS 和监管机制预见必要且连贯的执行措施来保证一致性；

● 在运营商的基础设施相一致的能源关键基础设施指令内，为安全环境的开发采取并使用一种特定且一致的预算，当这种预算被需要时就成为具体规定。

18.6.9.2　罗马尼亚所设想的行动

（a）现在的立法、规范、生效的条例以及特定部门的提前发行、采纳、调和及公布始于 2003 年罗马尼亚官方报纸的其他规章制度提供的大量立法数据，为了促进一项单一的立法行动以定义罗马尼亚关键基础设施概念，行政机构和中央机构必须考虑这些数据。

（b）为了为风险评估与分析设计工作程序、规范和标准，在专业结构间进行信息交换，在中央、部级和地方或者部门中涉及的指导、控制及协调的资格和责任，后勤资助（物资和财政）以及为必要干预权利的分配所设计的工作程序、规范和标准，需要做进一步的努力。

（c）罗马尼亚战略选项拥有考虑快速开发有效且专业的基础设施网络，这一网络应当与欧洲及欧洲—大西洋的网络相一致并且能够维持经济发展、加快经济的现代化以及增强国家安全。出于此目的，罗马尼亚将不得不与欧盟及北约其他成员国一起合作开发完整的国家投资项目。

（d）通过对标准化方法的开发，政府应当采取适当的措施提升国家、国际关键基础设施的保护。这些方法涉及对威胁的识别和分类、充分沟通、共同协调和有效合作的条款、连续实施保护措施的构建、为这一领域内所有附属结构设置清晰的责任，特别应关注恐怖分子的威胁。

（e）对于能源和运输领域内的关键基础设施应当给予特别的关注，这些关键基础设施特别具有敏感性并对国家安全、经济活动和公民的人身安全构成巨大的影响。如果这些关注无法实现，那么将会对人民产生负面的心理影响，也会引起政府和国家行政机构信用的丧失。

（f）尽管是可操作性的，但是能源基础设施领域内的设备没有充分满足国内市场的所有需要。必须采取进一步的措施以加强罗马尼亚作为可靠传输国的地位，罗马尼亚在中欧和西欧的现在及未来能源路径安全方面具有重大的发展潜力并具有重要的责任。

（g）罗马尼亚更具有潜力积极参加现有在欧盟机构、欧洲议会和其他机构包括北约框架下的讨论，其目标在于开发相同的能源战略，设计所有合作伙伴都接受的规则以调节生产商、消费者和管道通过国家的关系。

（h）罗马尼亚有兴趣制定在能源领域方面达成一致的良好治理标准以与自由市场规则保持一致，为能源贸易与运输、相关信息交换、公共或私人合作伙伴关系的促进、地方当局的参与和民间团体分享合作方法的责任与好处方面提供一套灵活的监管机制。

（i）罗马尼亚国家当局强制执行关键基础设施保护、能源供给、运输安全以及北约、欧盟层次上强大网络防御方面的新型国际设备，并在这一敏感的领域内强加了开发与贯彻执行一系列有效政策的具体义务。

（j）为确保有效的风险管理和应对威胁时提升国家能力，罗马尼亚当局设计了一种识别、分析、评价以及管理国家关键基础设施的新型、长期战略，其依靠的主要来源是欧盟和北约设置国际标准所需要的技能、更先进的成员国开发相关立法。

（k）考虑到罗马尼亚在促进更广泛的黑海地区安全与稳定方面有着持久的兴趣，可以指定一个重要的角色以采取进一步的措施解决关键基础设施方面的主要问题，改善地区合作以确保链接系统的正常运作，同时把重点优先放在电力、天然气与石油的运输系统以及航空、海运、铁路及道路运输网络上。

(1) 根据罗马尼亚所遵循的承诺，在受不对称信息支配的地理区域中，罗马尼亚作为该地区稳定的一个要素，其官方代表和专家将会继续积极参加欧盟与北约高级民事意外计划委员会专业结构的工作。其他项目目标在于促进民事保护的改善，包括与所有邻国签署谅解备忘录，与其他欧洲国家和美国联邦应急管理局签订双边协议等。

(m) 随着罗马尼亚与欧盟、北约的一体化，罗马尼亚的几个专家在民事保护和关键基础设施保护领域内作为系统设计人员或顾问赢得了国际上的认可。其中一些专家在能源基础设施保护、恢复与缓解或在促进风险评估方面的新概念方法和缓解系统之间的相互依赖程度上做出了重大的贡献。

(n) 2008 年 4 月在布加勒斯特召开的北约峰会为罗马尼亚在深入研究关键基础设施保护相关问题的具体贡献上提供了一次良机，她特别强调能源安全是所有成员国与作为整体的北大西洋联盟的国家安全的重要因素。布加勒斯特峰会宣言高度强调了对关键基础设施保护目标的新型北约式方法，并调强北约在能源安全中所扮演的角色对盟国防御能力有着重要的影响。

18.7　挪威模式——区域合作框架

18.7.1　挪威能源安全的国家框架

挪威议会为挪威的能源部门和水资源管理设置了政治框架。石油能源部对这些领域负有总体行政责任。该部的责任是确保管理能够符合挪威议会所设定的指导方针。

石油能源部：石油与能源部在以有效利用能源资源为基础的一体化能源方针上负有全部责任。

它由四个部门构成：

——能源与水资源部；

——石油与气体部；

——技术与产品部；

——经济与行政事务部。

石油与天然气部：负责管理挪威大陆架上的石油与天然气活动。

技术与产品部：责任研发活动、能源与石油部门的实验项目，授权挪威以国际竞争性的能源产业为基础的开发。该部门同样也负责石油与能源部关于国家气候政策的工作并跟进国际环境问题，包括国际气候洽谈、区域性气候合作工作。该部门对 Gassnova 公司进行行政管理。

经济与行政事务部：监督政府所有者在石油活动上的利益。该部门同样也管理石油与能源部的行政任务与一般服务。这包括组织方面、人事管理、制定预算和经济事务等。

能源与水资源部：其责任是确保能源与水方面的目标。就经济与环境而言，该部门的主要目标是确保噪音、淡水与水电资源以及其他国内能源资源的管理。该部门是 Statnett 公司与 Enova 公司的政府所有者。

2002 年 1 月 1 日，实行政府对挪威国家电网公司所有权运作的责任从石油与能源部被转移到了贸易与产业部。

能源与水资源部由下列部门构成：

● 水资源和区域规划。该部门的工作职责包括水资源管理（河道的使用、保护相关的问题以及小型发电站许可管理）、能源工厂的土地使用规划、突发事件规划、河道安全。对挪威能源决策部门的行政责任同样属于这一领域。

● 水电与能源法以及欧洲经济区协议。该部门主要责任在于能源部门管理相关的法律问题，包括河道的管制与水电开发、收购瀑布的许可证、继承权、发电厂的许可证管理、电线、符合能源行动的区域供暖。该部门同样也对欧洲经济区协议相关的河道与能源管理以及北欧能源合作负责。

● 电力市场。该部门的主要工作职责是：与挪威电力市场相关的问题、对外电力贸易、跟进挪威国家电网公司的所有权、跟进 Statnett 公司与电力密集型产业的合作。对电网的管制与电网关税相关的问题同样也是该部门工作的一部分。该部门工作也包括电力产业的金融问题，包括税费并对电力供应突发事件规划负责。

● 能源政策。该部门的主要责任在于能源和电力平衡方面的一般能源政策问题与分析。它对使用有用工具以供能源使用和产品的重组负责。跟进国有独资公司的所有权、其他国际能源问题以及行政问题同样也是该部门工作职责的一部分。

挪威水资源与能源理事会：挪威能源决策部门是石油与能源部的一个子机构，它负责挪威水资源与能源资源的管理。它的工作是确保河流系统清晰且环保的管理，促进有效的电力贸易、能源系统的成本效益以及有效的能源利用。它同样也在应对洪水和大坝故障、运营中的突发事件中扮演着核心角色。其他职责与研发工作、责任范围内的国家合作相关。该理事会为挪威国家水文研究所服务。

挪威国家石油理事会：它是石油与能源部的子机构。从 2004 年 1 月 1 日起，该理事会被分为两个独立的机构即挪威国家石油理事会和挪威石油安全局。

挪威国家石油理事会的主要职责是：

运用行政和金融控制权确保石油产品及开发符合法规、规章、决策、许可条款等；

确保石油资源产品及开发符合石油与能源部所制定的指导方针；

在海底自然资源产品或开发的相关方面为石油与能源部提供建议。

挪威石油安全局：挪威石油安全局建立于 2004 年 1 月 1 日，它是挪威国家石油理事会下的一个部门。这一调节者对安全、应对突发事件以及石油商业的工作环境负责，它是劳动与社会保障部的一个子机构。

挪威国家电网公司：该公司创立于 1992 年。石油与能源部代表该公司的政府所有者，并作为 1991-8-20 法案规定的相关国家企业的具体例子（见图 18-2）。挪威国家电网公司负责中央电网的组建与运作，它拥有中央电网 87% 的份额，并运作整个系统。挪威作为输电系统运营商，挪威国家电网公司同样也对短长期的系统协调负责。这就意味着它负责协调整个挪威电力供应系统的运作并确保电力产量一直与消费量相等。该公司的收入由挪威能源决策部门所有并作为它对垄断操作监管的一部分。

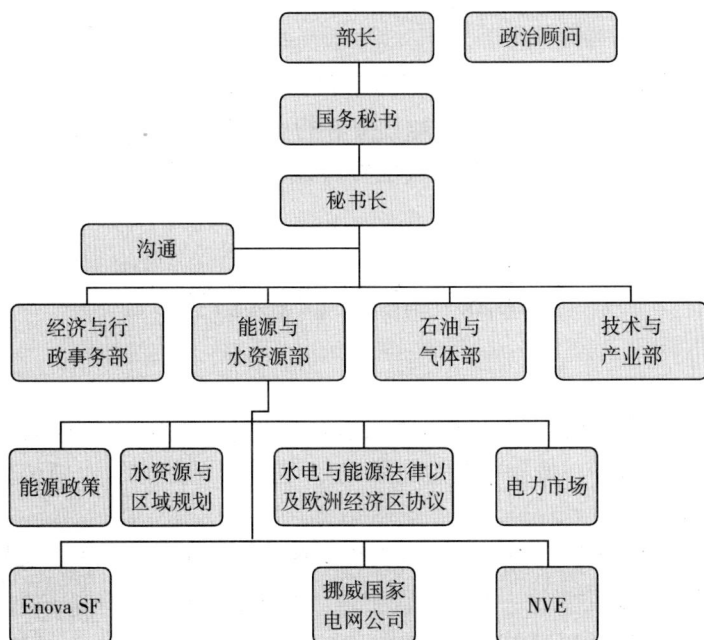

图 18-2　石油与能源部组织结构图

Enova SF：Enova SF 于 2001 年 6 月 22 日在特隆赫姆组立，它是石油与能源部的一个子机构。2002 年 1 月 1 日，Enova 对政府在重组能源产品与使用方面的工作负责。这一工作原先由挪威能源决策部门 NVE 和电力分配公共事业单位负责。能源基金会为 Enova 的活动负责。该基金从每千瓦时电中征收 0.01 克朗的税收中获得收入。它的任务是促进更有效率的能源利用、新形式的可再生能源产品以及环境友好型的天然气使用。Enova 已经设置了大量的行动目标。

Gassnova 公司：Gassnova 公司建立于 2005 年 1 月 1 日，它的建立是对集中开发燃气发电厂的 CO_2 处理进行管理。Gassnova 公司的目标是通过为试验和示范项目提供金融支持，从而为发电站的 CO_2 处理实现成本效益并开发出具有未来导向的技术。通过它的工作，Gassnova 公司在实现政府目标相关的开发以及 CO_2 处理技术上做出了贡献。该活动的主要财政来源是 20 亿克朗的气体技术基金。在 2006 年这几乎达到了 9.2 亿克朗。

18.7.2　主要战略框架——能源 I21

石油和能源部部长 Odd Roger Enoksen 于 2007 年冬季发起了能源 I21 倡议，其主要目标在于为能源部门设计出一项基础深厚且集体性的研发战略。该倡议授权识别潜在的价值创造、环境考虑、供应安全以及能源资源的有效利用并把它们作为该战略的基本标准。此外，最重要的是对现有的实验和产业技能做进一步的开发。

在形成以共同增长为基础的共同愿景和研发战略背后，能源 I21 第一次把能源利益相关者统一起来。尽管该战略建立在行业优先之上，但是它同样强调政府当局、贸易与行业以及该研究领域其他参与者之间的紧密合作。

18.8　能源 I21 程序

挪威石油与能源部部长 Odd Roger Enoksen 发起了对数十年的挪威能源实验有决定性影响的程序。该程序就是能源 I21，它的目的是在能源领域内建立一种广泛但统一的战略。

Enoksen 在 2008 年初为有兴趣的合作伙伴及机构展示了该战略文件。Enoksen 指出战略委员会将对这一努力进行管理。Statkraft 公司的 Sverre Gotaas 领导这一委员会，来自挪威科研理事会的 Hans Otto Haaland 领导其秘书处。

委员会授权在聚集大量研发目标与社区的能源领域内成立一种广泛战略。该战略的目标是通过促进并协调委员会的新技术实验、开发、示范以及商业化，为可持续发展的经济活动以及能源领域中的供应方安全提供一个安全的平台。

18.9　整个创新链条

能源 I21 的重点是与能源的固定产品、能源运输和能源使用相关的主题。此外，能源 I21 包含了除独立基本实验之外的整个创新链条——换句话说，从战略能源实验到市场内新技术引进的每一件事都包括在内，相关的社会科学实验也包括在内。

万能程序：

在包含全部能源产业（能源公司、供应商和研发团体）的万能程序背景下，这一战略已经产生了大部分得到公认的研发战略。

为了建立路线图和识别最重要的技术挑战与知识缺陷，该战略已经取代了能源领域内研发的地位，这就为确定诸多战略目标区域奠定了基础——这是决定战略结构与焦点的必要步骤。在该程序的以后阶段，这些目标区域已经制订出了独立的目标计划。

具体目标：

战略努力的一个方面已经识别出了具体的研发目标并且设计出了实现这些目标所需要的行动建议。

能源 I21 包括哪些方面？

能源 I21 为所有相关的技术敞开大门：

固定的能源产品

能源分配（运输）

能源使用

伴随着潜在的国际应用程序，焦点是挪威所使用的技术。

18.10　对　话

战略小组邀请了有兴趣的党派参加对话并通过一定的渠道提供意见或建议。

该小组激励有兴趣的政党提供意见，包括通过他们自己的组织与让小组成员面对面的交流，通过具体收集的数据和 www.energi21.no.网站提供观点。该网站有一个可以相互交流的博客，其意图是在最大范围内得到好的主意和意见或建议。

18.11　结果与战略导向

战略委员会很有自信的认为这是一个引进战略的理想时刻；然而，应当注意的是，如果这种性质的集体努力是成功的，那么三个必要元素必须被给予合适的关注：

● 产业在研发方面的投资取决于人们对研发可获得未来收益的信心。因此，稳定且具有竞争力的框架条件是关键性的。

● 针对行业的公共研发配置以及金融激励，增加研发活动的空间是必要的。SkatteFUNN 税收减少规划就是其中一个例子，其他因素也必须被考虑进来。

● 在综合战略下活动必须得到优先权——它是本章的核心内容。

能源 I21 全部战略的关键点是减少耽误的事情并增加对产业部门的贡献。投资能源领域中的研发需求很难达到标准。考虑到集中在可再生能源与环境友好型能源的关注，战略委员会认为应当心怀高远又符合实际的雄心壮志。

战略委员在 2009 年建议石油与能源部的研发贡献增加一倍，而 2010 年以后的贡献需求将会更大。这包括每年 4 亿克朗的公共分配（不包括用在 CO_2 管理与核电的资金），随着时间的流逝，这些资金被期望吸引至少每年 24 亿克朗的私人投资。很难估计出用在示范和商业项目的资金需求。经验显示了这一类型的投资需要大量的资金。因此，预算框架内的研发增加会带动示范项目更多的资金需求以确保研发结构的商业化。

以付出的努力为基础，战略委员会已经为能源 I21 建立了以下视角。

挪威：欧洲具有能源与环保意识国家——从国内能源平衡到绿色能源出口，挪威拥有着自然资源、社区专家和社会机构，使其成为欧洲主要的能源和具有环保意识的国家，这又反过来使挪威成为：

● 温室气体排放量低与能源利用效率高的社会；

● 提供给欧洲的环境友好型能源的主要供应商；

● 拥有吸引世界上最重要的能源和技术公司的研发战略与产业政策。

为了实现这一设想，战略委员会建议：

● 集中在五个优先领域建立研发措施、投资与跨国教育以及基础和应用研究。

● 以两年为期限，通过包括增加今天的资金配额在内的一项逐步升级的资金计划来加大能源的研发。

● 组织能源 I21 活动以作为该董事会的持久性活动，目的在于确保利益相关者保持参与并承诺实现能源 I21 构想。

● 该产业与当局必须在目标和能源实验组织上紧密合作。

战略委员会也同样建议集中于以下五个优先领域：

● 对于建筑、家庭和产业方面有效使用能源的研究将成为能源 I21 的关键要素。该领域的实验将不仅包括技术研发，而且包括如消费者行为方面的社会科学实验。

● 考虑到挪威自然条件的优越性和它所在技术与产业领域内的优势，建议措施的目标放在水电、风电、太阳能这些对环境更友好的电力上。

● 建议进一步增加社区实验太阳能电池技术的投资。

● 与 CO_2 中和加热相关的研发，包括生物资源、从环境中利用热量和废热等。

● 在生物能领域内，措施应当包括资源的获得、生产过程、分配与市场系统。

这一战略是一个工具，挪威利用它努力地找到解决方案作为应对来自全球环境变化的战略。能源 I21 程序已经建立，部分股东很愿意对这种集体战略做出承诺和贡献。

18.11.1　欧洲与地区框架下的挪威能源部门

18.11.1.1　参加欧盟能源项目

自 1996 年起，挪威就积极参加欧盟在能源效率和可再生能源资源方面的保存与再生项目。2003 年 6 月 26 日，欧盟决定在 2003~2006 年建立一种新型的综合能源项目。这就拓展了保存与修改项目并引进了运输领域的 Steer 项目以及合作开发发展中国家能源问题的 Coopener 项目。2003 年 11 月，欧洲经济区协议把智能能源欧洲囊括在内，不久之后的 2004 年 11 月，又把 Coopener 项目包括在内。委员会建立了一个对项目的运作进行负责的智能能源行政机构，同时委员会将继续与欧盟/欧洲经济区成员国一起处理与政策相关的问题。2007 年，智能能源欧洲的下一阶段计划已经通过能源项目的整合而实施，这一能源项目包含在更广领域内的综合项目之中，"竞争与创新项目"将会在 2007~2013 年投入运营，挪威积极参与了这些项目的工作。挪威对项目资金的投资以及它们的兴趣能够应用在智能能源欧洲项目的项目支持之中。这些应用必将吸引来自欧盟一国或多国的合作伙伴。

18.11.1.2 北欧合作

北欧国家在能源领域内具有久远的合作传统。在政府层次上，在北欧委员会各部长的参与下，合作已经被建立起来。此外还存在每个国家中的系统运营商网络之间的广泛合作以及在 NordREG 内北欧监管者之间的合作。

每年北欧能源部长们都有一次会晤。在这些会议之间，委员会的高级行政人员领导能源合作。能源领域内的合作主要集中在以下几个方面：电力、可持续能源、气候、能源效率的贯彻、可再生能源技术与相邻国家和地区的区域合作。能源部长已经在 2006~2009 年内北欧政治能源合作的行动计划方面达成共识。挪威于 2006 年举行了会议。2004 年 9 月 2 日的部长会议和 2005 年 8 月的格陵兰会议之后，在阿库雷里会议上，北欧国家同意进一步开发北欧电力市场并就斯堪的纳维亚地区的能源安全问题进行合作。斯堪的纳维亚地区的国家特别就集中在协调运营商责任以及用相同方法投资于中央网络上的概率。斯堪的纳维亚地区的系统运营商网络组织 Nordel 将会就进一步协调斯堪的纳维亚电力市场递交一份报告。

18.11.1.3 波罗的海地区的合作

北欧各国总理于 1997 年签署了关于波罗的海地区能源可持续供应的《卑尔根宣言》。它构成了该地区能源合作的基础，能源部长们因此继续跟进此宣言。随着 1998 年斯塔万格和 1999 年赫尔辛基召开的能源部长会议，作为波罗的海地区能源合作的一部分，一项更持久的地区能源合作被建立起来。作为波罗的海委员会合作的一部分，波罗的海地区能源合作被组织起来。其中波罗的海委员会包括 11 个国家——俄罗斯、德国、波兰、爱沙尼亚、拉脱维亚、立陶宛、瑞典、芬兰、丹麦、冰岛和挪威——以及由一些能源高级官员主持的欧盟委员会。2005 年在雷克雅未克召开的波罗的海地区能源合作能源部长会议为波罗的海地区能源合作提出了新的指令，这将运用在 2006~2009 年期间。波罗的海地区的电力公司已经建立了自己的合作伙伴如 Baltrel 公司，以帮助该地区建立一个单一的市场。Baltrel 公司与 Baltic Gas 合作，而 Baltic Gas 是与煤气公司相似的组织。

18.11.1.4 欧洲经济委员会

欧洲经济委员会是联合国五大区域委员会之一，建立于 1947 年，该委员会从事可持续能源的工作，而挪威也参与其中。该委员会为 55 个国家提供会议地点，包括美国、加拿大、欧洲国家以及中亚的大多数前苏联国家。它拥有在能源效率、气体与石油方面的工作小组，除了讨论关键能源政策的互利问题，这些小组还集中在国家之间的信息传播与知识转移，特别强调中欧能源效率的措施。

18.11.1.5　《欧洲能源宪章》

《欧洲能源宪章》构成了全欧洲能源合作的政治框架，包括前苏联共和国、东欧国家以及日本与澳大利亚。1991 年 12 月签署的该宪章，其目标在于促进以市场经济与非歧视性原则为基础的长期能源合作。1994 年《欧洲能源宪章》条约在里斯本签署。51 个国家同时签订了该条约与能源效率协定，这两个协议于 1998 年春季开始生效。挪威签署了该会议的总结性文件并于 1995 年签署该条约，但还没批准该条约的实施。

18.11.1.6　俄罗斯与巴伦支海地区的合作

1996 年，挪威和俄罗斯签订了能源效率协议。该协议的目标是为能源效率目标提供便利以及利用俄罗斯西北地区的新型可再生能源资源。在该协议下，六大能源效率中心在俄罗斯的巴伦支海地区建成。这两个国家在该领域内的合作将会持续到 2002 年协议终止时。在这一双边合作中，技能转移、示范项目、融资模式的开发、信息传播是重要的元素。1998 年，巴伦支海欧洲—北极理事会采用了一项行动计划以改善俄罗斯的巴伦支海地区的能源供应。它同样也指出了能源工作小组能够实现计划目标。能源工作小组包括来自挪威、芬兰、瑞典和俄罗斯等国家中众多领域的代表。丹麦和冰岛偶尔参加该小组，而欧盟充当着观察员的角色。能源工作小组的工作集中在网络的建立以及信息的传播上。特别的关注已经集中在能源效率和可再生能源资源的使用上。通过能源工作小组，在挪威的支持下，俄罗斯西部地区的能源效率中心已经获得了在巴伦支海能源焦点的官方地位，2002 年组成了在生物能方面的特别专家组并于 2004 年春提交最终报告。挪威在 2001~2004 年期间举行了能源工作小组主席会议。2004 年该地区更加积极地纳入该小组之后，能源工作小组的领导角色由芬马克郡自治区和俄罗斯共同承担。

18.11.1.7　国际能源机构

国际能源机构包括经济合作与发展组织 30 个会员中的 26 个，欧盟委员会也参加了该组织。国际能源机构的建立是为了响应 1973~1974 年的石油危机，并作为一个独立的组织与经济合作与发展组织联系在一起，因此它成为组织与经济合作与发展组织国家追求能源方面政治与科学合作的重要因素。通过一项独立的协议，挪威与国际能源机构联系在一起。这项协议提供了挪威在能源供应危机事件中不会与其他成员国遵守相关的义务。挪威在合作、董事会以及下属机构方面与其他成员国享受同样的条款。电力生产与供应、能源使用与能源效率相关的问题主要在委员会的长期合作中讨论，同样也在产量/产品以及各种能源载体如电、气、煤炭和核电的需求中进行分析。国际能源机构的活动同样也包含了能源研发。成员国的能源政策是关于来自其他成员国代表所讨论的定期详细评论的主题。国际能源机构确定了所有成员国在原油与石油产品方面的最小存储量并操作着一个重要的危机分享系统。最后一次对挪威进行评估发生在 2005 年。能源与环境问题已经位于国际能源机构关于能源政策议程的显著位置，该机构已经成为各种国际论坛重要的贡献者。

18.12 能源治理的结论和建议

在过去的 20 年间，新能源中不存在单一的资源能够替代石油与天然气。

即便存在能够产生贡献的许多资源，但是研制周期太长，我们不能假设市场这一"看不见的手"会及时提供解决方案。

政府干预这双"可以看见的手"可能会通过补贴、投资支持、税收等进行补充，但是天下没有免费的午餐，随着经济危机的持续，焦点就转移到财政纪律而不是财政激励上。

罗马尼亚的地位相当优越，这要感谢对核电的开发和大量的石油与天然气产品。

为了实现气候目标并改善竞争力，找出最低成本（每减少一吨 CO_2 所需的成本）是重要的：在满足 2020 计划目标的预期能源结构内改善能源效率。

主要的欧洲项目的实施可能为罗马尼亚提供一个令人振奋的机会。

罗马尼亚战略目标应当：

● 改善能源安全、脆弱或恢复力的清晰程度；

● 减少 CO_2 排量；

● 减少石油和天然气的进口需求量；

● 增加经济活动、最大可能地利用欧盟的金融支持，实现私人和外国资本的流动。

Ⅰ. 放松管制带来的挑战

> 国家能源战略回顾
> 处理对其他领域的负面影响
> 能源消耗的社会保护工具

（1）回顾现有的国家能源战略，在利益相关者之间就应对能源领域内转型阶段的负面影响进行一次公共讨论。

（2）通过决议、采用措施实现向资源市场/领域的转型来减少金融和经济危机带来的影响。

（3）在重组过程背景下，特别是在核领域，当然也包括需要高素质劳动力的其他能源领域，减少对能源领域内人力资源的影响。

（4）考虑实施放松管制的过程中对国家经济，特别是产业活动产生的所有可能的负面影响。

（5）考虑到主要能源来源将会保留在媒体能源领域这一事实，在与煤炭能源产品标准相关的欧盟建议内，罗马尼亚应当在煤炭能源使用方面开发出一个长期且清晰的愿景。

（6）把减少财政补贴和能源消耗的社会保护工具考虑在内，为了提供一项保护选项就需要找到一个解决方案。例如，欧盟的联合基金或可能性收入的使用能够给国家和消费者提供大量的社会利益。

Ⅱ. 监管机制和能源安全问题

（7）尽管主要的规范框架存在许多次修改，但是应当有所改进。

（8）一体化能源战略的主要目标是提供并确保能源的竞争价格。

（9）作为积极的国家参与者，应增强罗马尼亚能源监管局在能源市场中的作用，并使其成为连接欧洲框架的一个接口。

罗马尼亚能源监管局应当解决计划能源部门、竞争力、国家能源市场融入地区、欧洲和国际市场中，改善能源部门的质量方面的问题。

（10）根据欧洲在竞争方面的条款，一项清晰且综合的战略应当涉及能源领域内的私营企业。

（11）按照欧盟建议，改善涉及新能源资源的监管框架。

> 改善主要的规范框架
> 确保能源的竞争价格
> 增强罗马尼亚能源监管局的作用
> 提升新能源资源的多样性与能源效率
> 欧洲政策与广阔的黑海地区之间的协同作用

（12）重新审视与罗马尼亚战略中非欧盟能源参与者相关的现有法律框架。

（13）更好地利用欧盟市场之外的现有工具（黑海协同区、黑海经济合作组织、区域双边以及三边战略伙伴关系）。

（14）罗马尼亚有兴趣同意能源领域方面的良好治理标准以与自由市场规则协调一致，并为能源贸易与运输、相关信息的交换、公/私合作伙伴关系的促进、地区与民间团体参与分享合作途径的责任与利益提供灵活的监督机制。

（15）根据最新国际环境的变化及其形式必须与欧盟立法的转型保持一致，以下规划给予了修改与更新。而且，为了能够包括所有欧盟国家的气候变化行动计划，下列行动措施赋予了更加广阔的范围。

→ 修改环境保护与气候变化法案的国家战略以实现欧盟新行动的整合。

→ 大气保护战略与行动计划保护着过时的信息，它必须从欧洲环境局那里得到新的数据。

→ 罗马尼亚气候变化战略必须被修改以与国际合作的成果保持一致，它总结出为了实现对欧盟与"欧盟气候变化框架公约"所做出承诺的罗马尼亚战略。

→ 气候变化的国家行动计划由以下几个方面构成：

→ 罗马尼亚产业政策。

→ 能源部门网络，罗马尼亚政策决议（HG 号 890/2003）。

→ 与能源效率相关的国家战略（HG 号 163/2004）。

→ 可再生能源战略（HG 号 1535/2003）。

→ 罗马尼亚国家经济发展中期战略。

（16）罗马尼亚必须采取适当的措施缓解成为欧盟侵害诉讼主体的风险，因此，环境与可持续发展部应当谨慎检查它是否遵守所有的欧盟立法。

Ⅲ. 欧洲能源共同体的整合

> 实现 2020 能源效率目标
> 对欧洲能源立法行动的贡献
> 接受包括智能电网碳捕捉和存储资金的欧洲计划
> 废弃物能源项目

（17）作为欧盟成员国，罗马尼亚应当遵守欧洲委员会强调的六个关键区域以制定出顺应其能源安全的政策。

● 欧盟审视自己的能源结构并继续努力实现其 2020 年目标：与 1990 年水平相比，减少 20% 的温室气体排量，可再生能源在最终能源消耗的份额增加 20%，到 2020 年能源效率提高 20%。为了实现这些目标，罗马尼亚应当成为欧盟的成员以努力开发新技术。

● 第一，欧盟迟早将会发起，罗马尼亚也应当准备一项欧盟辩论，以讨论关于在能源效率方面具有法律约束力的框架。

● 第二，加强内部市场。回顾过去的乌克兰危机，这一目标将会是重要的稳定要素。

● 第三，增加欧盟成员国的内部市场的基础建立在基础设施的力量之上。为了对此做出反应，欧盟委员会将会总结 2010 年 11 月的总体情况以说明能源基础设施政策应当是什么样的。目前的能源回收项目已经把 10 亿欧元分配到能源基础设施的开发之中，这一项目将会在 2014~2020 年继续执行金融措施。

● 第四，罗马尼亚应当考虑欧盟对其通过应急准备来更好地应对即将来临危机的建议。

● 第五，欧洲能源供应的多样化，特别是南部通道，包括除 Nabucco 项目（罗马尼亚战略优先）之外的其他项目。欧盟对以下三种元素的多样化很感兴趣：供应国、工业企业与供应路径。

● 第六，用欧盟新框架逐渐替代政府间协议的过程。

（18）罗马尼亚积极参与欧盟能源相关立法和规章制度的准备工作。这些工作最终可能会在以下领域内形成（或影响）一致的国际标准：

● 智能电网与智能仪表；

● 电动汽车所需设施的标准化，包括汽车充电、电池交换设施和可相互操作的插头；

● 碳捕获与存储设备的操作要求；

● 最大限度地激励可再生能源与替代能源电力生产的开发；

● 定义能源匮乏并实施一致的措施应对这一问题。

（19）改善并识别新型国家工具以提高欧盟能源方面资金的利用能力，如智能电网与碳捕获储存项目。对于私人部门来说，罗马尼亚应当鼓励小能量单位的投资。在欧洲水平上，规模经济在能源产品里不起作用。

（20）应当支持、提升废弃物能源项目的工作，并把它作为罗马尼亚政府的优先发展项目，它不仅可以促进"双赢"，而且可以通过使用地方社区的潜力来解决废弃物、能源与工作场所面临的迫切问题。

（21）罗马尼亚应当支持欧洲能源安全工作委员会建立欧共体资助实体机构的建议。欧洲能源安全工作委员会对开发相关需求进行监管并拥有持续管理与开发的良好实践。

（22）在欧盟领域内，罗马尼亚应当为风险及威胁的常用评估方法以及识别劣势建立一个框架。

（23）罗马尼亚必须遵守其他欧盟国家的 MS，必须接受由欧洲决定修改 2000 年之后期间的基年温室气体减排所带来的变化。为了弥补它所丢失的津贴，罗马尼亚应当接受资助以支持向低碳型产业与基础设施的转型。

Ⅳ. 中长期战略愿景

（24）促进罗马尼亚迈向统一的欧洲战略与共同能源市场。对于所有公共和私营部门的利益相关者来说，进入市场是确保能源安全的战略要素之一。

（25）支持现有和未来的旨在实现来源多元化、减少能源依赖性的能源项目。

（26）继续开发旨在实现地区及欧洲范围内所有能源部门相互连接的能源设施，智能电网的贯彻和把电网改造为主动性网络将成为欧洲的两个主要优先方面。

> 来源多元化、减少能源依赖性
> 贡献于欧洲能源设施并参与其中
> 包括新型防御以抵抗网络攻击在内的设施保护
> 区域性关键服务与设施保护的培训和研究中心——恢复领域内新型教育工具
> 公私合作伙伴关系
> 能源外交
> 严肃游戏：ROSTREC 在线申请政策的制定

（27）现存的挑战之一是欧盟成员国之间的技术代沟。为了缩减这一代沟并确保私有企业、合资企业的知识与新技术的传递，以及直接与间接外资投资等，罗马尼亚应当寻找解决方案。

（28）罗马尼亚战略选项志在快速开发与欧洲、欧洲—大西洋网络兼容的有效且专业化的设施网络，有能力维持发展并加快经济现代化进程以及加强国家安全。出于该目的，国家投资综合性项目将会与欧盟和北约其他成员国之间开展合作并建立合作伙伴关系。

（29）政府应当采取适当措施改善国家与国际关键基础设施的保护工作，这些措施包括通过对威胁的识别与分类，提供充分的沟通、协调、有效合作与持续贯彻执行已建立的保护措施，为所有下级机构在这一领域内的能力设置出清晰的责任，并高度重视恐怖分子的威胁。

（30）尽管能源设施领域内的设备是可操作的，但是它们不足以满足国内市场的所有需求。必须采取进一步的措施提升罗马尼亚作为可靠传输国的地位以及对中欧、西欧现在和未来能源路径有重要责任与义务的地位。

（31）罗马尼亚应当为邻国与欧洲气体供应网开发两种途径的互联能力。

（32）考虑到罗马尼亚在促进广阔黑海地区安全与稳定的持久利益，在现有处理关键基础设施主要问题的地区结构内为进一步行动赋予一个重要的角色，并且改善区域性合作以确保互联系统的正常机能。电力、天然气、石油，以及航空、海事、铁路与公路运输网络也是极端重要的。

（33）罗马尼亚存在着一种需求，即在能源领域内建立一种新型的领导文化，考虑到时代的变化，改革应当继续。培训、能源安全方面的长期计划需求将需要广泛、战略性的路线以向欧盟发展的方向靠拢。教育规划将会产生积极的影响，只有它们才受益于有超强集中模拟范围的欧洲一体化设想，如 CAE① 危机管理的应用以及从包括虚拟网络和 E-learling 工具在内的新技术。区域性关键服务与设施保护的培训和研究中心和 EURISC 基金会项目能够在以上提到的因素下，在关键服务与设施的保护与恢复领域内，以能源保护的国家及国际水平来开发一项试点教育项目。

（34）应当特别关注战略性投资者。为能源领域内的公私伙伴关系改善现有法律与经济框架是必需的。双边关系展示了公私伙伴关系：国家部门、罗马尼亚私营部门、国外私有部门（来自奥地利、阿塞拜疆、加拿大、捷克共和国、德国、法国、匈牙利、意大利、俄罗斯、西班牙、哈萨克斯坦、美国等国家的外国能源企业）。

（35）对于连续且一体化的能源战略，罗马尼亚应当把使用、开发和推广，如能源外交概念的新动态作为对外政策的一部分。这一整合性概念包含了政治、经济、安全与对外政策的社会维度。

（36）促进欧盟团结与危机分享，石油与石油产品的国际教育协会系统能够成为一种模型。确定最小存储量与关键管道两种方式的连接。

（37）提高利用罗马尼亚气田枯竭作为战略储气的可能性。

（38）在研发领域，罗马尼亚应当在战略技术计划项目下建立最少化使用欧盟资金的项目。

（39）在欧盟能源效率下，罗马尼亚的一些城市能够在 2020 年前成为倡议智能城市。该倡议应当使欧洲 25~30 座城市成为"低碳未来"的"领头羊"：智能网络、新一代的建筑和低碳交通方案。

（40）罗马尼亚必须积极地参与战略技术计划：可持续核裂变倡议。通过 2020 第一代 IV 原型，欧洲目标将会得到恰当的实施。第一个热电联产反应堆同样也能够出现在示范项目中以实现对该技术在工业过程中的测试。

（41）ROSTREC 项目所建议的方案是改善并使用应用在公私企业、罗马尼亚国家机构的"严肃游戏：ROSTREC 在线"，同时这一倡议能够为帮助如欧盟、北约、世界银行、国际货币基金等在内的国际机构与组织找到解决方案。

① 计算机辅助训练。

第⑲章　输电网络安全的结构性视角

摘　要： 本章将从网络结构的角度出发讨论输电网络的安全性，系统地介绍如何利用网络结构分析的方法进行电力网络的安全性评估。该方法对源于复杂网络理论的拓扑分析进行拓展，使其能够捕获输电网作为"流网络"的物理特性。本章首先回顾了电力系统安全分析中常用的各类术语，并比较了为确保安全运行所使用的模型及分析方法。其次，介绍了网络结构分析法如何在探讨网络结构与系统运行状态之间运用，并简要回顾了过去使用复杂网络理论分析电力系统安全的部分研究工作，尤其是采用纯拓扑分析方法的不足之处。在此之后，本章系统地介绍了作者提出的拓展的拓扑分析方法。

拓展的拓扑分析方法包含以下 4 个不同层级：第一种方法关注的是对单一元件重要性的静态评估，"熵度"和"输电介数"被用来衡量输电网络的母线和线路重要程度。第二种方法关注于通过"网络能力"的衰落对关键元件的重要性进行排列。第三种方法将输电介数与网络能力的衰落结合起来作为对重要元件与关键元件进行区分的指标，并揭示两者之间的关系。第四种方法站在全局的角度从网络能力和"路径冗余度"的新概念出发，发展出网络"残存力"这一新的指标。

19.1　电力系统安全分析的方法与实践

现代社会越来越高度依赖于相互渗透交织的各类系统。电力系统，作为其他基础设施的主要能源供给，更是奠定了其不可或缺的中心地位。作为关键且必不可少的基础设施，电力系统的安全一直被认为与社会稳定及经济发展密不可分而得到广泛关注。因此，系统的安全运行一直是各级政府、机构、职能部门等工作的重中之重。

随着电力系统向着不同的方向发展，如大规模地跨地区、跨国家的互联，广泛地采用及部署新技术及运行控制策略等，均给系统运行带来了巨大的压力。因此，为了分析系统的不同表现，各工业组织及学术界针对其感兴趣的侧面对电力系统安全领域的相关术语给出了各自的定义。表19-1列出了4个重要机构和组织对系统安全相关术语的定义，即国际电工委员会（IEC）、电气和电子工程师协会（IEEE）、欧洲输电运营商联盟（ENTSO-E）和北美电气可靠性委员会（NERC）。

表 19-1　各工业组织及学术机构对安全领域相关术语的定义

	IEC	IEEE	ENTSO-E	NERC
可靠性	给定时间内系统能完成所需功能的概率	系统能长期满意运行的概率	涵盖系统各项能力指标的通用术语。常以数值指标表征为各负荷提供可接受技术标准的所需电力	在出现不可预见的设备故障或其他使得电力减少的情况下亦能满足最终用户的能力
安全性	系统遭受可预知事件时仍能运行而不引发负荷丢失、设备越限、电压或频率越限、失稳、电压崩溃或级联故障的能力	系统受到大扰动（预想故障）后保持稳定运行和正常供电的风险程度	系统抵御如短路、设备故障、负荷变化等突发扰动并正常运行，以及保持系统互连的能力	系统抵御如短路、由于自然原因引起的设备故障等突发扰动的能力
充裕度	系统在设备计划停役和故障时，保持稳态情况下总负荷供给而不引起设备越限、电压和频率越限的能力	系统在发电机、输电及其他设备计划停役或故障时，满足系统负荷需求而不引起主要设备越限的能力	在所有合格的稳态条件下满足系统负荷供给的能力	系统在设备计划停役和合理的预想故障时，始终能满足总负荷供给的能力
稳定性	系统在由于诸如功率波动、阻抗变化等扰动后重获或保持稳态，含发电机同步运行，稳定、可接受电力供给的能力	系统在给定初始运行条件下遭受物理扰动后能重新建立均衡运行点，且绝大多数系统变量不越限，系统不解裂的能力	系统在正常、异常及扰动状态下保持稳态均衡的能力	系统在正常、异常及扰动状态下保持稳态均衡的能力
可用度	在所需额外资源可用的情况下，某设备在指定时间点或时间段内，进入可提供给定条件下所需功能的能力	—	发电设备、输电线路、辅助服务及其他设备（无论是否在线）可以提供必要功能的时间测度	—

为了更好地理解本章后续内容，在此给出我们对于这些术语的理解。

可靠性是指在特定时间内以极高的可能性供给负荷的能力。它蕴含两方面内容：安全性和充裕度。安全性即系统抵御如短路或设备故障等预想事故或大扰动而不中断供电的能力。充裕度是指在考虑运行限制的情况下，系统在不同状态下对用户供电的能力。作为安全性的涵盖范围，稳定性是指在系统遭受扰动或预想事故后保持或重新达到平衡的能力，这里的扰动是指由于计划外事件导致的系统异常。预想事故则是指元件的意外故障或停运。除此之外，脆弱性和稳健性也常被分别用于描述系统的低可靠性和高可靠性。另外，与可靠性概念类似，可用度是指在给定条件下，处于能完成规定功能状态的能力，通常采用在给定时间内系统处于可用或可运行状态的比例来表示。

在目前的系统操作实践中，为了衡量上述各种安全指标，通常采用仿真来确保系统的安全运行及校验预想事故和应对措施。因此，安全性校验皆是基于系统的运行数据与物理模型，如用于不同目的的静态安全分析和动态安全评估。静态安全分析通常每 15 分钟进行一次在线的带 "N–1" 校验的预想故障扫描，以确保在不同的故障下不出现线路流量或电压越限。它也被用于校验每年 4 个极端运行状态（夏季峰/谷，冬季峰/谷）下的系统充裕度。此外，静态安全分析也用于校验新规划设备对系统的影响。相对而言，动态分析常被离线地用于大停电或重大事故后研究故障动态机理。另外，它也常用于分析新投入机组对于系统其他动态元件的影响，如功角稳定、谐振等。虽然不常见，但它也被用于在系统接近静态极限时校验系统的动态安全性。

如前文所述，这些传统的安全性评估方法均取决于给定的预想事故和运行状态。然而，从计算的角度来讲，考虑系统中可能出现状态和预想事故的所有组合是完全不可能的。另外，由于负荷的波动和对网络的操作等原因，系统运行状态一直处于变化之中。因此难以预防系统在非预见的运行条件下崩溃。另外，系统的超大规模，元件的动态物理特性及互联电网中不同运行机构的分散操作和互动等都极大地增加了对全网进行解析求解或电磁仿真的难度。因此，传统方法只能采用简化假设和简化系统来仿真系统对于各种外界扰动的响应。显然，其仿真结果难以真实反映系统的响应。

所以，不难看到，尽管大量投资和新技术被用于确保与增强系统的可靠性与安全性，大停电仍然在全世界范围内时有发生。为了深入洞察系统的安全性问题，有必要转换视角，发展与传统方法互补的新的分析方法。

19.2　输电网络的结构性分析

19.2.1　电网结构与状态之间的关系

在电力系统安全分析中，我们需要区分两个不同方面的影响，即结构与运行状态。如果只关注于由结构因素或运行状态造成的隐患，我们仅能看到问题重要但并不完整的一个部分。为了阐释两个方面之间的相互关系，我们可以采用图19-1的例子作为类比。

图 19-1　结构性缺陷的概念性示例

如图 19-1 所示，我们可将杯子比作输电网络，杯内的水可以比作由发电机和负荷运行状态决定的确切功率流。杯子的容积可以看作网络的承载能力，即使杯中没有水，这种能力也是固定不变的。而杯壁上的圆孔则可以看作杯子的结构性缺陷。这一缺陷是否导致漏水，还要取决于水面的高度。只有水面高过圆孔，这一缺陷才会影响杯子的功能。类似地，电网的结构性缺陷也可由网络结构造成并可能威胁网络完全和电力系统的功能。同样，相应安全问题的出现也取决于发电机、负荷以及潮流的状态。例如，如果网络中没有任何潮流，当然就不存在安全问题。

19.2.2　复杂网络与电网的结构性分析

近来研究大型复杂网络结构取得的成果为电网安全评估提供了一个全新的视角。通过从拓扑结构的角度分析电力网络模型，将可能发现传统模型与分析方法无法识别的特性和行为。

在文献中，作者利用存储在由 Platts 开发的 POWERmap 系统中的数据建立了网络模型。这一系统包含北美电网几乎每一座电厂、主要变电站和 115-765 kV 输电线路的信息。该文认为，如果存在至少一条由输电线路构成的路径，则该路径始端的发电机可将电力输送给末端的用户。实际上，考虑到容量或其他约束，两个母线之间存在的路径并不总是意味着电能可以通过它有效地传输。不考虑这些约束，这一模型给出的仅仅是一种理想化的愿景。

在复杂网络的通用理论中，节点的度是其拓扑重要性的良好标志（但对于电网来说可能并不完全适用，见后文详细讨论），电网中度的分布也因此受到广泛研究和关注。将文献中网络度的累积分布与无标度和随机网络（具有相同数量的点和线）度的累积分布相比，具有数值较高的度的母线概率比无标度网络模型更低，但高于随机网络模型。

文献利用一个无标度网络模型的拓扑和故障传播检验输电系统的可靠性。利用 Barabasi–Albert 网络模型，对北美东部和西部电网的拓扑结构进行了分析以评估它们的可靠性，采用简单的故障传播模型计算了一种通用的电力系统可靠性指标，并将其结果与之前通过标准电力工程方法获得的电力系统可靠性指标进行了比较，建议采用无标度网络模型来评估聚集的电网可靠性。

随着 2003 年 9 月 UCTE 电网的实现，文献的作者对其拓扑结构以及对故障和袭击的静态忍受力进行了分析。尽管在研究中每一个电网都具有度的指数分布，它们中大多不具备典型的小世界结构，但它们对于丧失节点的反应方式与无标度网络相似。

在文献中，一种级联模型被应用于分析美国西部电网，其结论揭示出根据负载进行的主动攻击比随机或根据程度删除节点更有可能触发级联效应。对大负荷单一节点的攻击可能导致网络中具有最多连接线路的母线的连接规模降低至少一半，尽管网络具有高度的耐受力。

文献将另一种级联故障的模型应用于北美电网。该模型使用了实际的拓扑结构和较为可信的变电站负荷及过负荷的假设条件。根据研究发现单一变电站的损失可导致由于网络过负荷级联效应造成传输效率 25% 的损失。对丧失单一节点造成的损失进行系统性研究表明，网络中有 40% 的变电站存在崩溃后可导致级联故障的能力。丧失单一节点造成的初始损失最大，后续的节点移除仅具有递增作用。

在文献中，另一种级联故障模型被应用到意大利电网。作者忽略了电磁过程等细节，而仅关注网络的拓扑属性。该项研究的目的是证实电网的结构可以为系统在级联故障下的缺陷提供重要信息。其所研究的意大利电网模型来源于 GRTN 网站的 220kV 和 380kV 输电线数据。该网络模型共有 341 个节点（变电站）和 517 条线路（输电线），并对不同种类的节点进行了区别处理。

作为衡量网络健壮性的指标，通常可用网络最大互联部分的规模或几何均离作为被移除节点或线路百分数的函数。前面所提的研究，主要关注于需要移除多少元件才能导致这些指标所衡量的系统性能出现显著下降。但是，在安全分析的实践中，同样有意义的是发现哪些元件对于网络至关重要，也就是哪些节点和连线对网络功能是决定性的。

在文献中，以效率作为综合评价网络性能的指标，通过切断高压电网单一线路导致的效率下降，可定位至关重要的线路以及改进措施。文献对意大利380kV、法国400kV和西班牙400kV电网进行了研究，对受控线路移除所造成的损失程度进行分析，并对网络的脆弱程度进行了评价。这些拓扑研究有助于进行脆弱性评估或设计减少网络弱点的具体措施。因为该研究所涉及的网络与前文相同，其部分结论也大体一致。

19.2.3 纯拓扑与扩展拓扑方法

由于规模巨大以及元件连接关系复杂，电网已被公认为是典型的复杂网络。但是，以往的研究工作仅仅从纯拓扑的角度将复杂网络的方法和指标直接应用于电网，没有考虑到电网特有的物理属性和约束对于电力系统安全问题产生了巨大的影响。这里我们将讨论纯拓扑方法用于电力系统安全评估具有的主要缺陷。

在复杂网络理论的指标定义中，平均距离、介数和全局效率，两节点间距和路径长度是重要的基本概念。在无权重无方向图中，连接节点 i 和 j 的路径中连线的数量被称作路径的长度。i 和 j 之间的最短路径是所有连接这两点的路径中长度最短的一条。最短路径的长度就是这两点之间的距离 d_{ij}。但是，从工程实践的角度讲，距离应该具有更实际的意义，应体现一种物理量通过网络在两节点间传输所消耗的"成本"。对于电网而言，在两母线之间传输电力的成本可以从经济和技术两个角度描述，例如输电损耗或电压降落。因此，在电力工程中，利用纯拓扑方法描述的距离无法有效反映这些相关特性，而必须从扩展拓扑理论的角度用"电气距离"来取代。

在复杂网络通用理论中，为避免元件之间差异和动态行为特性造成的困难，对所有节点均不做区分。相应地，在很多指标的定义中，例如介数和全局效率，所有节点被认为完全一致，因此物理量的传输被认为可以在任意两节点间进行，甚至是在电网中进行。然而，电网的本质功能是将合格的电能从任意发电节点输送到任意负荷节点。通常我们可以将输电网络的母线划分为发电节点 B_g、输电节点 B_t 以及配电节点 B_d。从扩展拓扑的角度而言，仅考虑由发电节点到负荷节点的电力输送。

另外，在纯拓扑方法一些相关的指标中，例如距离、度和介数，线路通常以无权重的方式描述。但是，输电线具有线路流量极限这一重要属性，即经济和技术等多个相关因素限制了线路的输电能力。鉴于这一属性对网络完成其实质功能至关重要，因此在安全分析中不应被忽略。从扩展拓扑的角度，不同线路在这一属性上可能具有完全不同的数值，因此它的分布对于安全评估而言也极为重要。

　　在距离、介数以及全局效率的定义中，总是假设物理量通过最短路径在两个节点之间传递。在许多关于电网的研究中依然保持着这一假设。但从电力工程的角度看，这是最不符合现实的一种假设。将电力从发电机节点 g 输送到负荷节点 d，绝大多数的线路和大量的路径都会有不同程度的参与和贡献。在线性潮流模型中，不同线路对电力输送的贡献可以通过功率传输分布系数（PTDF）来描述。PTDF 可用矩阵表示，当电力从某一母线注入并在参考母线节点流出时，它反映了线路潮流对于该注入变化的敏感度。对于一个具有 N 个节点和 Y 条线路的网络，其 PTDF 矩阵可以描述为：

$$A = \begin{bmatrix} a_{11} & a_{12} & \cdots & a_{1N} \\ & & \vdots & \\ a_{Y1} & a_{Y2} & \cdots & a_{YN} \end{bmatrix} \qquad (19\text{-}1)$$

其中，a_{ij} 是节点 j 注入功率发生单位变化时，线路 i 中的功率变化。与节点 g 和 d 对应的列可以写成 $\{a_{ig}\}$ i = 1, $\cdots$, Y 和 $\{a_{id}\}$ i = 1, $\cdots$, Y。线路 i 对在节点 g 注入功率并在节点 d 输出功率的分布系数可以写为：

$$a_i^{gd} = a_{ig} - a_{id} \quad (i = 1, \cdots, Y) \qquad (19\text{-}2)$$

　　在纯拓扑复杂网络理论中，网络模型是无权重无方向的。基于图论对连接两个节点间路径的识别，输电线路被假定为双向的。但是，如前文所述，电能在两节点间的输送完全取决于物理规律，可用 PTDF 来近似反映。由于 PTDF 是有符号的系数，因此与某线路相连的节点应指明是线路始端还是末端。因此，一些无向模型中的路径在有向的输电网络中可能是无效的。

　　基于以上对于纯拓扑方法缺陷的讨论，我们认为新的考虑电力工程特有物理特性的扩展拓扑方法不仅必要且前景光明。

19.3　评价网络元件关键性的指标

19.3.1　熵度

　　对于某一节点的连通性，在无权重模型中通常使用度来衡量，在有权重模型中则用强度来衡量。在无权重无方向模型中，根据传统图论的定义，节点 i 的度是与其相连的边的数量（或与其相邻的节点的数量），可以写为：

$$k_i = \sum_{j \in \beta} c_{ij} \qquad (19-3)$$

在有权重模型中，则将相连的边的权重总和定义为强度来描述连通性，可以写为：

$$s_i = \sum_{j \in \beta} w_{ij} \qquad (19-4)$$

其中，w_{ij} 代表连接 i 和 j 的边的权重。

实际上，作为衡量节点连通性的指标，在有权重网络模型中度的定义应该体现以下因素：

——以边的权重反映连接的强度；

——与节点相连的边的数量；

——权重在各边之间的分布。

很显然，式（19-3）没能体现第一点因素，式（19-4）没能体现第二点因素，两者都没能体现第三点因素。

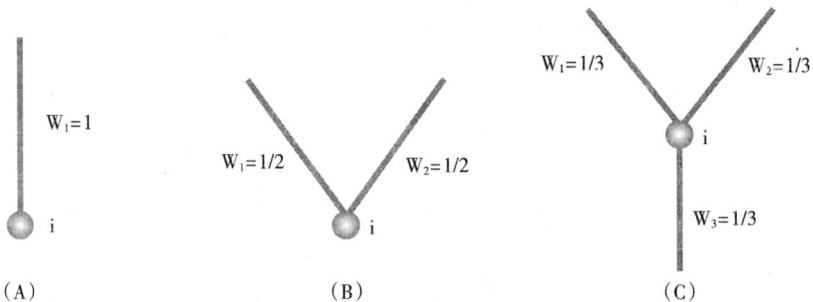

图 19-2 相同的权重与不同的连接

例如在图 19-2 中，式（19-3）和式（19-4）的计算结果完全不同：

$k_i(A)=1$；$k_i(B)=2$；$k_i(C)=3$

$S_i(A)=S_i(B)=S_i(C)=1$

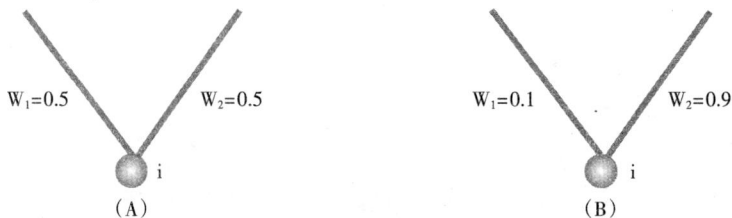

图 19-3 权重的不同分布

在图 19-3 中，两种情况下（3）和（4）的计算结果完全相同：

$k_i(A) = k_i(B) = 2$

$S_i(A) = S_i(B) = 1$

但是，对于（A），两条边对节点的重要性相同。对于（B），由于一条边承担了 90% 的连通，它明显比另一条更重要。在最重要一条线路故障的情况下，（B）显然比（A）更脆弱。

我们可以通过在度的概念中引入熵来体现以上三种因素。

首先，将连接节点 i 和 j 的任意一条线 l_{ij} 的权重 p_{ij} 在与 i 相连的所有线路中进行标准化：

$$p_{ij} = w_{ij} \Big/ \sum_{j \in \beta} w_{ij} \tag{19-5}$$

显然 $\sum_{j \in \beta} p_{ij} = 1$

其次，定义节点 i 的熵度 g_i 为：

$$g_i = \left(1 - \sum_{j \in \beta} p_{ij} \cdot \log p_{ij}\right) \sum_{j \in \beta} w_{ij} \tag{19-6}$$

由于度是图论的传统概念并被广泛应用于复杂网络的分析中，前文所提出的熵度在有权重网络模型研究中能很好地替代它，包括电网以及其他有权重的网络化系统。对于电网，它能直接给出母线重要性和差异的量化评价。由于最重要的母线在恶意攻击中更可能被选择为目标，因此需要更多的资源加以保护。如果用纯拓扑理论中度的概念来衡量，相应的结论可能与实际相去甚远。所以，熵度不仅考虑了连接的总强度，而且包含了对恶意攻击更敏感的强度分布，它可以对母线的重要性给出更合理的评价。

19.3.2　母线的输电介数

在传统的无权重和无方向模型中，网络 y 中元件 u 的介数被定义为穿越该元件的最短路径的数量，可以写为：

$$\Gamma_u = \sum_{\substack{i, j \in \beta \\ i \neq j}} \sigma(i, u, j) \tag{19-7}$$

其中，$\sigma(i, k, j)$ 是节点 i 和 j 之间最短路径的数量。

直接将这一定义应用于电网则存在以下缺陷：

在纯拓扑的定义中，认为潮流能从任一节点 i 到任一节点 j。但是，电网的本质功能是将电能以合格的质量从任一发电机节点输送到任一负荷节点。因此，应该仅考虑从发电节点到负荷节点的电能输送。

在纯拓扑的定义中，对任意一对节点 i 和 j 或 g 和 d 之间的电力输送给予完全同等的考虑。然而，由于每一条输电线具有其自身的电流流量极限，这些不同电流流量限值的线路相互不同的配置关系以及其内不同潮流的分布，使得整个网络从节点 i 到 j 的电力传输容量可能与节点 g 到 d 完全不同。

在纯拓扑的定义中，假设两节点之间物理量的传递总是通过最短的一条路径，从电力工程的角度讲，这不符合现实。从发电节点 g 到负荷节点 d 的电力传输需要几乎所有线路或大量路径的参与和不同程度的贡献。

对从某一发电节点 g 到某一负荷节点 d 的电力传输，因为 PTDF 具有符号，我们可以将与母线 b（$b \neq g$，$b \neq d$）相连的线路集合 L^b 划分为两个子集：向 b 输入功率流的线路集合 L^b_{in} 以及从 b 输出功率流的线路集合 L^b_{out}。根据电路理论，在不考虑损耗的情况下，注入 b 的总功率与从 b 输出的总功率应该相等，我们可以得到：

$$\Gamma^{gd}_b = \sum_{l \in L^b_{in}} C^d_g \left| a^{gd}_l \right| = \sum_{l \in L^b_{out}} C^d_g \left| a^{gd}_l \right| = \frac{1}{2} \sum_{l \in L^b} C^d_g \left| a^{gd}_l \right| \tag{19-8}$$

其中，C^d_g 是输电网络从发电节点 g 到负荷节点 d 的传输容量。

如果 b 仅与单一线路相连，很明显 $\Gamma^{gd}_b = 0$，因为在这种情况下，b 或是功率流的起点，或是功率流的终点。

因此母线 b 的输电介数定义为：

$$\Gamma^E_b = \sum_{g \in \beta_g} \sum_{d \in \beta_d} \Gamma^{gd}_b \tag{19-9}$$

19.3.3　线路的输电介数

对于从发电节点 g 到负荷节点 d 的电力传输，如果我们为线路 l 制定一个参考方向，则 PTDF 的值 a^{gd}_l 可能是正、负或零。我们可以定义线路 l 的正输电介数为：

$$\Gamma^p_l = \sum_{g \in \beta_g} \sum_{d \in \beta_d} C^d_g a^{gd}_l \left(\forall a^{gd}_l > 0 \right) \tag{19-10}$$

如果没有 $a^{gd}_l > 0$，则 $\Gamma^p_l = 0$。

线路 l 的负输电介数可以定义为：

$$\Gamma^n_l = \sum_{g \in \beta_g} \sum_{d \in \beta_d} C^d_g a^{gd}_l \left(\forall a^{gd}_l < 0 \right) \tag{19-11}$$

如果没有 $a^{gd}_l < 0$，则 $\Gamma^n_l = 0$。

而线路 l 的输电介数可以定义为：

$$\Gamma_l^E = \max \left[\Gamma_l^p, \left| \Gamma_l^n \right| \right] \tag{19-12}$$

基于不同的发电机与负荷分布，电力系统可以在不同的配置状态下工作。沿同一线路 l 的正向电力传输与负向电力传输不会同时发生，所以此处使用它们绝对值的最大值。

19.4　元件排序的拓扑方法

19.4.1　效率

效率概念首先被应用于小世界网络模型，利用平均距离和集群系数来对其进行定义。高效的网络是既高度集群又平均紧密相连。几何均距可以这样定义：

$$D^y = \frac{1}{B(B-1)} \sum_{\substack{i,j \in \beta \\ i \neq j}} d_{ij} \tag{19-13}$$

特征路径长度（又称平均距离）的定义仅对完全连通网络 y 有效，即任意两个节点间至少存在一条由有限数量的边组成的路径。在网络安全研究中，作为故障的结果，移除节点和线路有可能导致网络不连通。如果节点 i 和 j 不连通，相对距离 $d_{ij} \to +\infty$，则式（19-13）中的平均距离趋于无穷。

效率的概念与距离紧密相关。如前文所述，距离作为一种指标，通常被用来衡量在网络中传输物理量的难度、成本或所需的努力。所以与一对节点 i 和 j 相关的效率 ε_{ij} 可以定义为：

$$\varepsilon_{ij} = \frac{1}{d_{ij}} \quad (i, j \in \beta, \ i \neq j) \tag{19-14}$$

如果节点 i 和 j 之间不存在路径，即 $d_{ij} \to +\infty$，则 $\varepsilon_{ij} = 0$。

通过对这些效率进行平均，即可得到网络 y 的全局效率 E^y：

$$E^y = \frac{\sum_{\substack{i,j \in \beta \\ i \neq j}} \varepsilon_{ij}}{B(B-1)} = \frac{1}{B(B-1)} \sum_{\substack{i,j \in \beta \\ i \neq j}} \frac{1}{d_{ij}} \tag{19-15}$$

效率可以用来评价一起故障或袭击对网络的冲击或网络的承受能力；局部效率可以在节点 i 故障后量化 i 的相邻节点的连接性能，同时也可估量临近节点对节点 i 故障的承受力。

采用这些新的指标，小世界网络具有高度的全局和局部效率，这与其较小的平均距离和高度的集群系数所描述的情形基本相同。

由于元件的缺失将影响网络的全局效率，因此通过评价每一次故障导致的效率降低 E_q^Δ，可以识别最关键的元件并对其进行排序。

$$E_q^\Delta = \frac{E^y - E_{-q}^y}{E^y} \tag{19-16}$$

其中，E^y 是原网络的全局效率，E_{-q}^y 是元件 q（节点或边）被移除后网络的全局效率。

评价网络脆弱度的一个全局指标就是其所有元件脆弱度的最大值，即：

$$E_m^\Delta = \max_{q \in \beta \cup L} E_q^\Delta \tag{19-17}$$

19.4.2 从效率到网络能力

在某一网络中，距离可以被理解为在两节点间传递物理量的难度或成本。距离通常取决于两节点间路径的长度，因此，应该被定义为路径中连线的某些特性的函数。对于沿某一路径传输电力，相应的经济或技术难度（最终体现成某种成本）取决于线路的阻抗和功率流：相同阻抗下，更大的功率流就导致更高的成本；相同功率流下，更高的阻抗导致更高的成本。所以，从节点 g 到 d 的路径 k 的长度，不仅与该路径中线路的阻抗相关，也与该路径中线路内流过的功率流相关。因此，我们可以将路径 k 的电气长度定义为：

$$L^k = \sum_{l \in k} a_l^{gd} Z_l \tag{19-18}$$

其中，a_l^{gd} 是路径 k 中线路 l 的电力传输分布系数，Z_l 为其阻抗。

因此，基于拓扑效率并考虑所有路径的贡献（不仅仅是纯拓扑方法中的最短路径），可以将网络能力定义为：

$$A_y = \frac{1}{B_g B_d} \sum_{g \in \beta_g} \sum_{d \in \beta_d} C_g^d \sum_{k \in K_g^d} p_k^{gd} \frac{1}{L^k} \tag{19-19}$$

其中，B_g 是母线集合 B_g 中的母线数量，B_d 是集合 B_d 中的母线数量，p_k^{gd} 是路径 k 在电力传输中所做贡献的比例，C_g^d 为从节点 g 到 d 的传输容量〔见式（19-21）〕。K_g^d 是节点 g 到 d 之间所有路径的集合。

在直流功率流模型中，节点 g 和 d 之间路径 k 的长度恰恰等于在两节点间传输单位功率时的电压位相角差。因此，由于电压位相角差是固定的，所以路径长度 L^k 对于节点 g 和 d 之间路径集合 K_g^d 中的任一路径都是相同的。因此式（19-

19) 可以进一步改写为 (考虑到 $\sum_{k \in k_g^d} p_k^{gd} = 1$):

$$A_y = \frac{1}{B_g B_d} \sum_{g \in \beta_g} \sum_{d \in \beta_d} C_g^d \frac{1}{L^k} \qquad (19\text{-}20)$$

L^k 实质上就是节点 g 和 d 之间的电气距离。

我们可将发电母线 g 以及从它到负荷母线 d 所有相关的路径集合 K_g^d 定义为节点 d 电力消耗的一个有效供电容量 h (g, d)。供电容量 h 可以这样计算: 当所有相关路径中出现线路达到功率流限值时, 节点 g 的注入功率恰从零上升到 C_g^d, C_g^d 便是供电容量 h (g, d)。

$$C_g^d = \max_{l \in L} \left[P_l^{max} / \left| a_l^{gd} \right| \right] \qquad (19\text{-}21)$$

其中, L 是所有线路集合。P_l^{max} 是线路 l 的最大潮流限值。a_l^{gd} 是线路 l 对应于在母线 g/d 注入/吸收功率的 PTDF。

从电力工程的角度, 可以通过等效阻抗来计算电气距离 L^k。电网 y 的网络能力 A 可以定义为:

$$A_y = \frac{1}{B_g B_d} \sum_{g \in \beta_g} \sum_{d \in \beta_d} C_g^d \frac{1}{Z_t} \qquad (19\text{-}22)$$

β_g 是集合 β_g 中母线的数量, β_d 是集合 β_d 中母线的数量。

$$Z_t = \frac{U_{gd}}{I_g} = U_{gd} \Rightarrow Z_t = (Z_{gg} - Z_{gd}) - (Z_{gd} - Z_{dd}) \qquad (19\text{-}23)$$

Z_t 是从发电母线 g 到负荷母线 d 的等值阻抗, 如图 19-4 所示。Z_t 是节点 g 和 d 之间电气距离的扩展概念, 以反映电力传输的经济和技术成本。

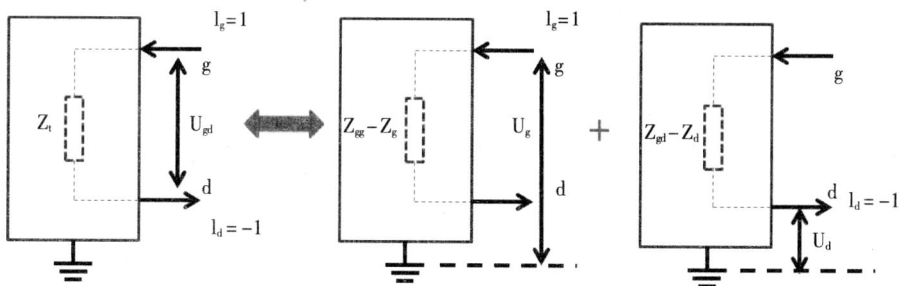

图 19-4　等值阻抗的计算

根据直流功率流, Z_t 的数值就等于在节点 g 注入单位功率、在节点 d 吸收单位功率时两节点间的电压位相角差, 即 Z_t 的数值等于 L^k。

19.4.3 利用网络能力的降落排序

在图 19-5 中，对于理想的无穷大母线示例（A），所有发电机与负荷通过一个具有无穷大容量和零阻抗（距离）的理想母线连接，因此其网络能力为无穷大。在示例（C）中，所有发电机与负荷母线彼此分离，相应的无穷大连接阻抗或零传输容量使得网络能力为零。在现实的示例（B）中，由式（19-22）定义的网络能力介于无穷大和零之间。

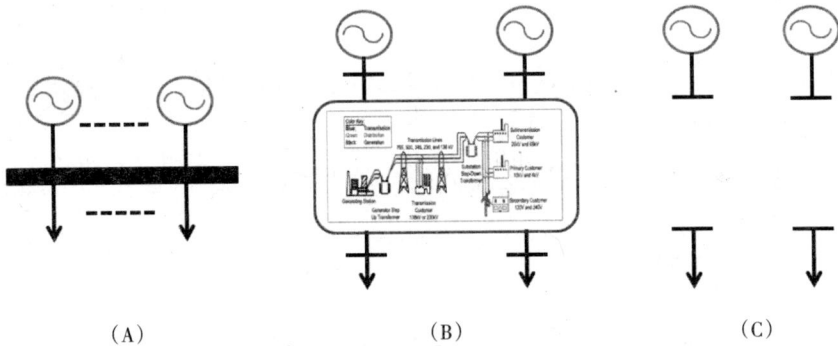

(A)   (B)   (C)

图 19-5　参考示例

类似于效率使用的方法，可以通过每一元件故障导致的全局效率降低来识别关键元件。我们可以分析每一条线路 l 的故障（逐个地移除）并计算每一次故障中网络能力的相对降低：

$$\Delta A^r = \frac{A_y - A_{y-1}}{A_y} \tag{19-24}$$

网络能力的相对降低可以表示出在正常运行条件下，哪些线路对网络运行是至关重要的。进一步地，通过确定关键线路，该方法也可以找出加强网络结构的措施及可以如何改善网络的性能。

但是，对于大型输电网络，计算负担也是一个关键问题。为计算网络能力，须计算 $B_g B_d$ 次任意发电节点和负荷节点之间的 PTDF。如果网络 y 中线路总数是 L，为计算移除每条线路造成的网络能力的相对降低，通常对网络能力的计算要重复 L+1 次。对于大型网络，如 UCTE，相应的计算负担可能难以接受。因此，有必要寻找降低计算负担的有效途径。

19.5　输电网络中的重要元件和关键元件

19.5.1　重要元件与关键元件有何区别？

为清晰地界定和描述重要元件与关键元件的区别，我们以一个团队的成员构成为例。

在该团队中，成员 B 承担了整个团队 60% 的工作，远高于其他两名成员各自 20% 的工作，如图 19-6 所示。可以说成员 B 是该团队的重要成员，因为他承担了整个团队的大部分工作。如果成员 B 离开了该团队，其他两名成员有足够的能力继续承担成员 B 留下的工作，该团队的整体功能和性能与之前完全相同。在这种情况下，我们说成员 B 是重要非关键的。

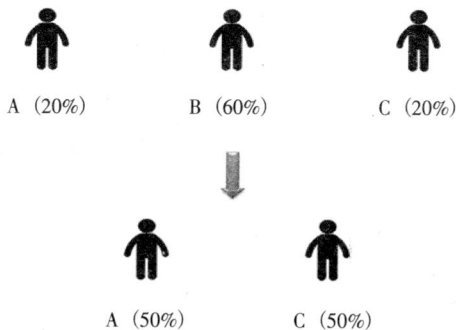

图 19-6　重要但不关键成员的示例

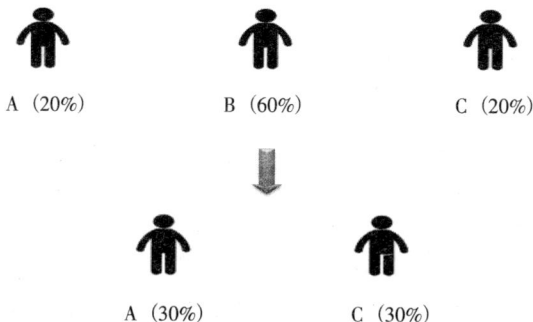

图 19-7　重要并关键成员示例

假定另一种情况，移除成员 B 之前的情形与前例完全相同，即成员 B 依然被看作一个重要成员。但是，如果将成员 B 从该团队中移除后，由于某些特定原因（能力、资源或配置），A 和 C 仅能接手 B 所留下的一小部分工作，整个团队仅能完成 60% 的工作，如图 19-7 所示。成员 B 的缺席可以对整个团队的性能和功能产生极大的冲击和影响。在这种情况下，我们认为成员 B 是既重要又关键的。

这一逻辑可以很容易地转换到复杂网络的环境中，我们可以给出清晰的定义：

如果网络的某一元件基于当前的网络配置条件，所承担的对网络功能的责任显著高于（可由用户量化定义）其他元件，则认为它是重要的。

如果网络的某一元件与其他元件相比，由于网络配置结构的改变，它的缺失将会对网络整体的性能和功能产生巨大冲击（可由用户量化定义），则认为它是关键的。

基于前文的讨论，我们可以看到介数在无权重和无方向的纯拓扑模型中，可以作为衡量某一元件为网络整体功能承担多少责任的指标。由于其仅取决于网络当前的配置结构，因此是一个静态指标。另外，网络整体能力的相对降低可以衡量某一元件的缺失对网络性能产生的影响。由于其取决于该元件故障前后网络的配置结构，因此这是一项动态指标。重要元件和关键元件皆有其确切的定义和含义，不应混淆。

19.5.2　电网中的重要元件和关键元件

根据上节的定义和分析，我们已知，重要元件不一定是关键元件，但是，关键元件必定是重要元件，否则它的缺失无法造成巨大的冲击和影响。或者我们可以说，关键元件应该是重要元件的一个子集。在一个复杂网络中，重要元件的数量大于关键元件的数量。基于前文对复杂网络中重要元件的定义，输电介数可以作为衡量某一元件为输电网络整体功能所承担责任的理想指标。

根据前文提出的定义，识别网络关键元件需要一种衡量其整体性能的指标。效率作为这种指标已经在很多研究工作中得到广泛应用，但是，如文献 [1]、[30]、[31] 所指出的那样，它无法描述电网的特有属性。因此，我们采用网络能力这一概念作为反映输电网性能的指标。

根据式（19-24）的网络能力的相对降低，可以识别哪些元件（线路或母线）在现有正常条件下对网络运行是至关重要的。进一步地，如果能够识别关键输电线路，则对评价强化网络结构的措施及如何改善网络性能也具有积极意义。

因此，电网中的重要和关键元件可以分别通过输电介数和网络能力的相对降低来识别。

尽管输电介数和网络能力是两个不同的指标，但它们之间因 PTDF 和等值阻抗而具有很强的关联性。从定义可见，输电介数和网络能力很多大程度上都受到电力传输容量 C_g^d 的影响，两种指标都是通过 PTDF 和输电线的传输容量以同样的方式定义的。

输电介数中的 PTDF 取决于全网络中各线路阻抗的分布和相互关系。因此，假设传输容量 C_g^d 的影响可以忽略，我们可以大致推断：重要线路应该具有相对较低的阻抗，或者重要母线与阻抗相对较低的线路相连。同时，如果一个关键元件的缺失会导致在众多节点间等值阻抗的巨大变化，那么该元件本身可能具有低阻抗的特性，而这便会导致其具有高输电介数。然而，由于一条或多条具有低阻抗的线路缺失，造成的重要线路或母线故障并不一定必然导致节点间等值阻抗的巨大变化，因为这同时取决于其他线路阻抗的数值和分布。这从另一个侧面也说明了，关键元件一定是重要的，但重要元件不一定是关键的。

根据以上讨论，我们可以推论，输电网关键元件是其重要元件的一个子集。

由于计算所有元件输电介数的负担与计算一次网络能力相仿，我们可以利用输电介数的结论对重要元件进行排序。又由于关键元件为重要元件的子集，因此可以从重要元件排序结果中选择排在前列的有限个元件执行式（19-24）计算网络能力的相对降低，以识别关键元件。通过这种方式，可以大大减轻计算负担。

19.6　网络综合拓扑评价指标

19.6.1　路径冗余度

网络能力起源于效率的概念。基于当前的网络结构和物理条件，网络能力表征出网络实现将物理量在指定节点间传输这一本质功能的能力。我们研究网络的安全问题时，可能更加关注于网络在元件故障或恶意攻击后的性能状况。尽管式（19-24）计算的网络能力相对降低可以提供与指定元件相关的细节信息，但我们仍然需要一个总体评价网络在发生故障或遭到攻击后残存能力的全局指标。

在连通网络中，对于一对给定的节点，至少存在一条由部分边构成的路径。连接系统中任意一对节点的路径越多，系统对于攻击或故障就具有越高的耐受力。

由于 PTDF 可以指示出所有线路在母线 g 和 d 之间的电力传输中所做出的贡献，因此有可能通过考虑构成某一路径的所有线路的 PTDF 来计算该路径对电力传输的贡献（该路径的 PTDF）。如果我们将 PTDF 看作从母线 g 到 d 传输一个单位的功率时各线路的直流功率流，我们可以通过遍历整条路径得到该路径的功率流（即 PTDF）。总体流程可以按以下步骤分解：

（1）从源母线 g 出发，沿一条输出线路作为某一路径 p 的开始，并将该线路的 PTDF 作为路径 p 的初始 PTDF。

（2）当路径 p 抵达一个新的母线节点 i 时，如果 $i \neq d$，则根据 i 的输出线路将路径 p 分解，重新计算每一条路径的 PTDF。

（3）继续跟踪新路径中某一条路径并重复步骤 2，直到当前路径抵达母线 d。

（4）重复跟踪其他所有路径直到它们都抵达母线 d。

由于路径与边的概念不同，多条路径可以经过同一条边，因此在步骤 2 中，重新计算 PTDF 时要考虑图 19-8 中给出的三种不同情形。图中用虚线表示路径，用实线表示边。

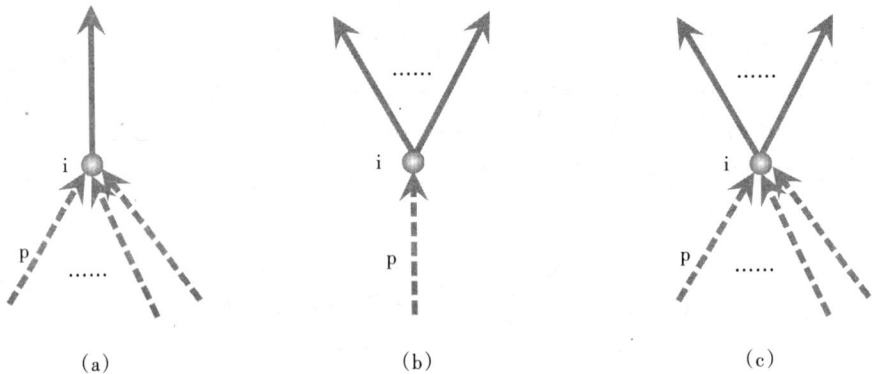

图 19-8　重新计算路径 PTDF 的不同情形

对情形（a），无论有多少条输入路径，因为从节点 i 只有一条输出线路，路径 p 的 PTDF 值依然保持不变。对情形（b），由于只有一条输入路径，它将根据多条输出线路被分解为多条新路径。因此，每一条新路径的 PTDF 就等于对应的输出线路。对情形（c），当存在多条输入路径和多条输出线路时，可假设不同路径注入的功率在母线 i 汇集。因此，我们可以将三种情形总结为：如果节点 i 具有 U 条输出线路 $(l_1, l_2, \cdots, l_U)$，每一条输入路径 p 的 PTDF f_p 将被分解为 U 条新路径。从路径 p 沿线路 $l_k(k=1, \cdots, U)$ 的新路径的 PTDF f_p^k 可以如下计算：

$$f_p^k = f_p \cdot \left(a_{l_k}^{gd} \middle/ \sum_{s=1 \cdots U} a_{l_s}^{gd} \right) \tag{19-25}$$

假定 K_g^d 是从 g 到 d 的所有有效路径的集合，我们可以得到：

$$\sum_{p \in K_g^d} f_p = 1 \tag{19-26}$$

f_p 可看成一种权重，用来表示在从节点 g 到 d 的电力传输中路径 p 所做出的贡献。根据式（19-26），由母线 g 到 d 的路径冗余度可以定义为由母线 g 到 d 的电力传输中所有参与路径 PTDF 的熵：

$$R_g^d = -\sum_{p \in K_g^d} f_p \cdot \log f_p \tag{19-27}$$

由于两母线之间的路径冗余度与路径的数量以及经由这些路径传输的电力的比例相关，因此，整个网络 y 的平均路径冗余度可以定义为：

$$R_y = \frac{1}{B_g B_d} \sum_{g \in \beta_g} \sum_{d \in \beta_d} R_g^d \tag{19-28}$$

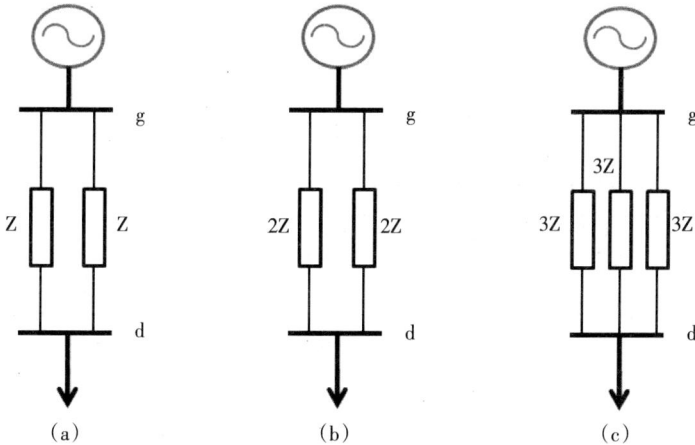

图 19-9 网络能力与路径冗余度的比较

路径冗余度是一个独立于网络能力的概念。在图 19-9 中，假定所有示例中 C_g^d 相同，示例（a）和（b）由于不同的阻抗具有不同的网络能力。但是，由于两者都具有两条等量传输（50%）的路径，它们由式（19-27）衡量的路径冗余度是相同的。示例（b）和（c）由于具有相同的容量和等值阻抗，因而具有相同的网络能力。但是它们具有式（19-27）定义的不同的路径冗余度。示例（c）的较高的路径冗余度使其对于传输网络的攻击或故障具有较高的耐受力。即便具有相同数量的路径，PTDF 在路径中更加平均的分布导致式（19-27）中的熵更高，意味着负荷对于任意一条路径的攻击具有更大的耐受力。

如图 19-5 所示，理想的无穷大母线示例（A），可以理解为从任意发电机到任意负荷具有无穷多的路径、无穷大的容量和零阻抗（距离）。显然，这种情况下的路径冗余度为无穷大。对于相反的示例（C），由于路径根本不存在，显然其路径冗余度为零。式（19-27）也可以为示例（B）给出介于前两种极端情况之间的量化评价。

19.6.2　从网络能力和路径冗余度到残存力

为了对电网结构的缺陷和脆弱性进行一种新的评价，不仅考虑当前的静态性能，而且包括对于故障或攻击可能的耐受力，我们定义一种新的指标，即残存力，以表征网络在承受对于输电路径的有限攻击或故障后继续正常完成其功能的能力。因此，这种残存力既取决于网络能力又取决于路径冗余度：

——在相同的网络能力下，更高的路径冗余度意味着更好的残存力。

——在相同的路径冗余度下，更大的网络能力意味着更好的残存力。

输电网络 y 的残存力定义为：

$$Sr_y = \frac{1}{B_g B_d} \sum_{g \in \beta_g} \sum_{d \in \beta_d} R_g^d C_g^d \frac{1}{Z_t} \tag{19-29}$$

在图 19-9 中，由于示例（a）的网络能力更大而示例（a）和示例（b）的路径冗余度相同，因此前者的残存力高于后者。由于示例（c）具有比示例（b）更高的路径冗余度而两者的网络能力相同，所以前者的残存力高于后者。

如图 19-5 所示，理想的无穷大母线示例（A）可以理解为具有无穷大网络能力和无穷大路径冗余度。或者，由于残存力只是相对于传输网络的攻击或故障而言，而由于这一事例内根本不存在传输网络，因而其残存力为无穷大。对于相反的极端情况（C），由于没有网络能力和路径冗余度，显然其残存力为零。式（19-29）的定义可以为介于两种极端情况之间的示例（B）给出量化评价。

我们再以图 19-1 中的杯子为例来理解网络能力、路径冗余度和残存力之间的关系。容积代表网络能力，路径冗余度则对应杯子的强度（一个由玻璃制成的杯子比一个由钢制成的杯子更脆弱）。杯子在经历一次撞击（攻击）后能够残存并继续完成其盛水功能的能力既取决于其原始的容量也取决于它的强度。因此，残存力应该综合考虑网络能力和路径冗余度以反映两个不同的方面。

对于计算残存力和路径冗余度，一个重要的问题就是计算实际规模的输电网络所有路径的 PTDF 带来的计算负担。对于一个具有几百或几千个节点的网络，两个节点间的路径数量可能数以百万计。这可能导致实际计算的耗时无法接受。但是，PTDF 在输电网络路径中的分布是非常不均匀的。即便有数百万的路径，这些路径中的一小部分（例如数百条）承担了绝大部分的潮流。因此，对于式（19-25）的计算，我们可以定义一个临界值。只有当 $a_l^{gd} > \theta$，线路 l 才会执行式（19-25）的计算。通过这一方法，可以在允许的时间内获得有意义的结论。

19.7　本章小结

电力系统作为不可或缺的重大基础设施，在维护我们正常的社会生产生活中扮演着枢纽性的角色。因此，电力系统自诞生以来，其安全问题便引起了各方的重视。人们发展出一系列的分析方法和工具来仿真系统对于内部或外界变化的反应。但是由于 Newtonian 式的假定，这些方法都依赖于指定的事故和运行条件，这就使得其难以计算和不切实际。作为研究电力系统安全问题思考方向的重要转变，复杂网络理论，确切地说是拓扑分析方法作为一种先驱性的尝试已得到了应用。通过将电力系统抽象成图形，输电网络成为决定性因素。这一尝试在该领域展示出了积极的潜力，例如为系统整体特性提供度量，识别独立于运行条件的重要结构元件等。尽管如此，这些方法也表现出了诸多缺陷，例如不顾及控制电力系统的物理规律，忽视了所研究的系统具有的独特工程特性等。所有这些缺陷都揭示出通过考虑纯拓扑分析所忽略的特性来强化该分析方法是必要的和迫切的。

基于纯拓扑分析方法，我们提出了由一系列扩展拓扑分析指标构成的综合框架。该框架为整体分析系统安全以及识别由结构因素造成的系统缺陷提供了较有前景的工具。更确切地说，基于静态评估，熵度和输电介数可以用来度量单一元件的重要性；而通过对网络能力降落的排序进行的动态评估，可以揭示各元件的关键性。综合考虑静态和动态方法的结论，可以揭示出重要元件与关键元件的内在关联。相比之下，路径冗余度给出了一个度量网络抵御元件故障能力的整体指标。关于系统对于输电路径的有限故障的耐受力，基于网络能力和路径冗余度，我们提出了残存力的概念。

尽管对纯拓扑分析方法进行了改进并取得了一定的进步，扩展拓扑方法在应用于电力系统时仍面临众多挑战。

最首要的问题就是如何在实际系统中证实结论的有效性。由于拓扑结构仅仅是安全问题两个方面中的一个，其结果与考虑系统运行数据或结构以外的属性相比较时，可能无法给出满意的对比。而且，由于扩展拓扑分析结论的统计属性，作为对比验证的仿真并不一定能反映出扩展拓扑分析方法获得的结论。因此，将这些结论与系统运行的统计数据进行比较似乎更加合理。但是，由于停电事故并非频繁发生，因此无法为这种比较构建有意义的统计结论。

另一个争论点涉及了一个更加复杂的问题：动态特性。在电力系统中，动态的含义是指物理量（例如电压、相角的变化）随时间变化，而不是拓扑结构的变化和相应的输电线潮流的变化。对于包括扩展拓扑在内的拓扑分析方法而言，不幸的是大多数停电事故都是由于电压、频率或攻角不稳定造成的，而非线路过载。因此，为体现现实中大停电事故的发展机制，新的工程属性应该与扩展拓扑分析方法进一步结合。但是，这就可能迫使我们为揭示动态失稳而考虑运行条件。此外，为考虑旋转部件（例如发电机等）和离散部件（例如 FACTS），在考虑大规模系统时可能导致数学上和计算上的维数灾难。我们需要在细节与扩展拓扑分析的有效性之间进行平衡。

最后，电力系统的复杂性源于不同技术层面以及不同的运行角色之间繁杂的相互作用。网络本身很难自成一个复杂系统。尽管本章提出的框架仅体现了电力供应与需求之间的相互作用，在其他方面，诸如国内与跨国层面多方繁杂的决策者活动，如政策制定者，调度，市场参与者，输电系统运营商等均未有考虑。在电力系统内，智能电网的重大革新要求扩展拓扑分析方法能够应对多层次相互依存的系统，这为它带来了巨大的挑战。

19.8　致　谢

作者谨对下一代基础设施基金会（Next Generation Infrastructures Foundation）智能基础设施（Intelligent Infrastructures）子项及基于扩展复杂网络技术的基础设施拓扑分析（Assessment of Topological Vulnerability of Infrastructural Systems Based on Extended Complex Network Techniques，05.24. PDT. JRC. UPF（v2）-2011）项目对本研究的支持表示感谢。

参 考 文 献

[1] Steven M. Rinaldi, James P. Peerenboom, Terrence K. Kelly. Identifying, Understanding, and Analyzing Critical Infrastructure Interdependencies. IEEE Control Systems Magazine, 2011, 21: 11–25.

[2] The International Electrotechnical Commission. IEV Number 617–01–01. International Electrotechnical Vocabulary, 2009 March.

[3] IEEE/CIGRE Joint Task Force on Stability Terms and Definitions. Definition and Classification of Power System Stability. IEEE Transactions on Power Systems,

2004, 19: 1387-1401.

[4] The European Network of Transmission System Operators for Electricity [Internet]. Glossary of Terms, Statistical Glossary; [cited 2012 Jul 9]. Available from: https: //www.entsoe.eu/resources/data-portal/glossary/.

[5] The North American Electric Reliability Corporation [Internet]. Company Overview: FAQ; [cited 2012 Jul 9]. Available from: http: //www.nerc.com/page. php? cid=1%7C7%7C114.

[6] The International Electrotechnical Commission. IEV Number 191-21-03. International Electrotechnical Vocabulary, 2009 March.

[7] The International Electrotechnical Commission. IEV Number 191-21-01. International Electrotechnical Vocabulary, 2009 March.

[8] IEEE Working Group. Reliability Indices for Use in Bulk Power System Supply Adequacy Evaluation. IEEE Transactions on Power Apparatus and Systems 1978, PAS-97: 1097-1103.

[9] The North American Electric Reliability Corporation [Internet]. Glossary of Terms Used in Nerc Reliability Standards; [updated 2012 May 25; cited 2012 Jul 9]. Available from: http: //www.nerc.com/files/Glossary_of_Terms.pdf.

[10] The International Electrotechnical Commission. IEV Number 617-01-03. International Electrotechnical Vocabulary, 2009 March.

[11] The Union for the Coordination of the Transmission of Electricity, Glossary of Terms, Version 2.2, 2004 June.

[12] The International Electrotechnical Commission. IEV Number 191-02-05. International Electrotechnical Vocabulary, 2009 March.

[13] A. L. Motto, et al., "A Mixed-integer LP Procedure for the Analysis of Electric Grid Security under Disruptive Threat", IEEE Transactions on Power Systems, Vol. 20, pp. 1357-1365, Aug 2005.

[14] J. Salmeron, et al., "Analysis of Electric Grid Security under Terrorist Threat", IEEE Transactions on Power Systems, Vol. 19, pp. 905-912, May 2004.

[15] G. W. Cai, et al., "Identification of the Vulnerable Transmission Segment and Cluster of Critical Machines Using Line Transient Potential Energy", International Journal of Electrical Power & Energy Systems, Vol. 29, pp. 199-207, Mar 2007.

[16] R. Albert, I. Albert & G. L. Nakarado, Structural vulnerability of the North American Power Grid. PHYSICAL REVIEW E 69, 025103 (R) 2004.

[17] Platts Global Energy, http: //www.platts.com.

[18] D. P. Chassin & C. Posse, Evaluating North American Electric Grid Reliability Using the Barabasi-albert Network Model. Physica A 355 (2005) 667–677.

[19] M. Rosas-Casals, S. Valverde & R. V. Sole, Topological Vulnerability of The European Power Grid under Errors and Attacks. International Journal of Bifurcation and Chaos, Vol. 17, No. 7 (2007) 2465–2475.

[20] A. E. Motter & Y.-C. Lai, Cascade-based Attacks on Complex Networks. PHYSICAL REVIEW E 66, 065102 (R) 2002.

[21] R. Kinney, P. Crucitti, R. Albert & V. Latora, Modeling Cascading Failures in the North American Power Grid. The European Physical Journal B-Condensed Matter and Complex Systems, Volume 46, Number 1 / July, 2005.

[22] P. Crucittia, V. Latora & M. Marchioric, A Topological Analysis of the Italian Electric Power Grid. Physica A 338 (2004) 92 – 97.

[23] GRTN S. P. A. CartograLa Rete Ditrasmissione, http: //www.grtn.it.

[24] V. Latora & M. Marchiori, Vulnerability and Protection of Infrastrcuture Networks. Physical Review E 71, 015103 (R) January 2005.

[25] P. Crucitti, V. Latora & M. Marchiori, Locating Critical Lines in High-voltage Electrical Power Grids. Fluctuation and Noise Lett. Vol. 5, No. 2 (2005) L201–L208.

[26] V. Rosato, S. Bologna & F. Tiriticco, Topological Properties of High-voltage Electrical Transmission Networks. Electric Power Systems Research 77 (2007) 99–105.

[27] L. da F. Costa, F. A. Rodrigues, G. Travieso & P. R. Villas Boas, Characterization of Complex Networks: A Survey of Measurements. Advances in Physics, Volume 56, pages 167–242, Issue 1 (2007).

[28] P. Crucittia, V. Latorab, M. Marchioric & A. Rapisardab, Efficiency of Scale-free Networks: Error and Attack Tolerance. Physica A 320 (2003) 622–642.

[29] V. Latora & M. Marchiori, Efficient Behavior of Small-world Networks. Physi Cal Review Letters, Volume 87, Number 19, 5 November 2001.

[30] E Bompard. R Napoli. F Xue. Extended Topological Approach for the Assessment of Structural Vulnerability in Transmission Networks. IET Generation, Transmission & Distribution, 2010, Vol. 4, Iss. 6, pp. 716–724.

[31] Sergio Arianos, Ettore Bompard, Anna Carbone & Fei Xue, Power grids vulnerability: A Complex Network Approach, Chaos 19. 013119 (2009). DOI: 10.1063/1.3077229.

[32] Ettore Bompard, Roberto Napoli & Fei Xue, Analysis of Structural Vulnerability in Power Transmission Grids, International Journal of Critical Infrastructure Protection, Volume 2, Issues 1-2, May 2009, Pages 5-12.